D1721139

Kinder
Gottesdienst
Gemeinde

Eine Buchreihe für die Praxis –
herausgegeben in Verbindung
mit dem Württ. Evang. Landesverband
für Kindergottesdienst

Die Deutsche Bibliothek – CIP-Einheitsaufnahme

Ein Titeldatensatz für diese Publikation ist bei
Der Deutschen Bibliothek erhältlich.

© 2003 Verlag Junge Gemeinde Stuttgart
Leinfelden-Echterdingen
1. Auflage
Umschlag und Typografie: Dieter Kani, Stuttgart
Titelbild: Kinderzeichnung »Versammelt um einen Tisch«
aus der Diaserie »Die Menschen dieser Welt gehören zusammen«,
© Evangelisches Missionswerk in Südwestdeutschland e.V., Stuttgart
Gesamtherstellung: Ebner & Spiegel GmbH, Ulm

ISBN 3-7797-0400-5 (Verlag Junge Gemeinde)
ISBN 3-932595-52-1 (buch & musik ejw-Service GmbH)

Jürgen Koerver

Herr Gottreich lädt zum Fest

Biblische
und beinahe biblische
Geschichten

Inhalt

Aus der Passionsgeschichte

Die Geschichten um Herrn J. gehen weiter

Vorwort

Die Latzhose gehörte zu seinen Markenzeichen. Sie war für ihn zugleich Arbeitsdress im rheinischen Landespfarramt für Kindergottesdienst.

Geschichten schreiben war für ihn mehr als ein Hobby. Es gehörte zum täglichen Leben, wie seine Vorliebe für gutes Essen und Trinken.

Als wäre es gestern, so sehe ich ihn mit bärtigem Gesicht und Augenzwinkern im Kreis der Mitarbeitenden sitzen und eine seiner Geschichten vortragen.

Sobald seine Geschichte beginnt, gibt es nur noch Erzählen und Zuhören, Staunen und Wundern. Er fesselt die Lauschenden mit gekonnten Gesten und einer variantenreichen Stimme. Sein unnachahmlicher Erzählstil geht im wahrsten Sinne des Wortes unter die Haut. Ich sehe Jürgen Koerver vor mir.

Geschrieben hat er seine Geschichten mit einem gewissen Schalk im Nacken und einer fast detektivischen Beobachtung. Gaben, die im alltäglichen Leben aufblitzten und in seinen Geschichten einen ganz persönlichen Ausdruck fanden.

Schon beim Lesen der Koerver-Geschichten platzt es aus mir heraus: »Was für eine Phantasie! Geniale Auflösung des Problems! Toll, diese Pointe!«

Wie Herz und Verstand gehören Vor- und Nachspann zu seinen Geschichten, stimmen ein, runden ab, bereichern die Dramatik der Handlungen.

Erfundene Personen in einem Anspiel erhöhen die Spannung. Dialoge sind gewürzt mit Witz und feiner Ironie. Die biblische Geschichte wird in mir lebendig – wie Kino im Kopf.

Seine Art und Weise eine Rahmenhandlung in Szene zu setzen, bewirkt, dass die biblischen Erzählungen als innere Bilder weiterleben und sich die biblische Botschaft einprägt. Mit den Rahmenhandlungen gibt er seinen Figuren einen größeren Spielraum und ein dynamisches Eigenleben, das sich nahtlos mit der biblischen Vorgabe verknüpft. Seine ausgefeilten Ideen, Handlungen zu inszenieren, seine schöpferische Quelle, den verdichteten Text in ein geistvolles Gespräch zu verwandeln und die Botschaft konsequent auf den Punkt zu bringen, lassen die Figuren lebendig werden.

Seine Geschichten sind für Erwachsene und Jugendliche, zum Teil schon für Kinder ab dem Grundschulalter. Vor allem sind seine Geschichten ein Weg zum Verstehen der guten Nachricht. Für die Mitarbeitenden in der Kinderkirche sind sie ein hilfreicher Zugang zum biblischen Text und eine lebendige Erzählung mit Esprit.

Das vorliegende Buch ist ein Schatz für jede Kindergottesdienst-Bibliothek.

Und einer, der Erzählen vor-lebte, wäre immer dabei: Jürgen Koerver.

Ewald Schulz

(Religionspädagoge, Leiter der Geschäftsstelle Süd
im Rheinischen Verband für Kindergottesdienst)

Anmerkung des Verlages

Die *kursiv* gesetzten Einführungen zu den Geschichten wurden von Peter Hitzelberger, Lektor im Verlag Junge Gemeinde, oder von Jürgen Koerver selbst (J.K.) geschrieben.

Bei den Bibelstellen-Angaben unter den Überschriften der Erzählungen bedeutet das Kürzel »i.A.« (z.B.: 1. Mose 29–31 i.A.) = »in Auszügen«.

Wir danken Herrn Ewald Schulz für die Unterstützung bei der Herausgabe dieses Buches.

Statt einer Einführung

Im Abschlussgottesdienst des Rheinischen Helfertages 1993 in Bad Kreuznach – es war ein Dreivierteljahr vor seinem Tod – trug Jürgen Koerver folgende Erzählung zu Johannes 15,1–5 (der Rede vom wahren Weinstock) vor. Die kleine Erzählung zeigt, wie er die Aufgabe der Kindergottesdienstmitarbeiterinnen und -mitarbeiter – und damit auch seine eigene Aufgabe – gesehen hat.

Jürgen Koerver hatte eine große Liebe zu den (jungen) Mitarbeiterinnen und Mitarbeitern. Er traute ihnen in der Vermittlung des Glaubens an die Kinder etwas zu. An seinen Geschichten, die er für sie geschrieben hat, spürt man, dass er selbst im Glauben tief gereift war. Er erzählt nie nur um des Effekts oder Gags willen, obwohl fast alle seine Geschichten einen besonderen Pfiff haben.

Die Geschichten tragen seine unverwechselbare theologische und spirituelle Handschrift. Wenn er an der Bibel entlang und über sie hinaus denkt, dann geht es ihm dabei immer um authentische Glaubensweitergabe. Wie bei den biblischen Texten selbst kann die erste Frage nicht die sein, ob das, was erzählt wird, genau so passiert ist, sondern ob es authentische Theologie und Glaubensüberlieferung ist, die da erzählt wird. Bei den Geschichten von Jürgen Koerver kann man das uneingeschränkt bejahen. Der Satz des jungen Mannes in der folgenden Geschichte gilt auch für Jürgen Koerver selbst: »Und da habe ich nicht anders gekonnt, als den Kindern zu vermitteln, was du den Großen sagst, aber so, dass Kinder es begreifen.«

Jesus sah ihn zum ersten Mal, diesen noch recht jungen Mann, als man die Kinder zu ihm brachte, damit er sie segnen solle, und seine Jünger sich dem Vorhaben in den Weg stellten und Jesus ihnen sagen musste: »Lasst die Kinder zu mir kommen, denn ihnen gehört das Reich Gottes.«

Da also sah er ihn zum ersten Mal, und in der Zeit danach tauchte der junge Mann immer wieder auf und blieb eine Weile dort, wo Jesus das Wort von Gottes Herrschaft verkündete und als Zeichen dafür Menschen heilte.

Und - das war das Auffällige: Der junge Mann war eigentlich nie da, ohne Kinder um sich herum zu haben. Wie es dazu kam, war nicht zu erkennen. »Wahrscheinlich«, dachte Jesus, »wahrscheinlich hat er einfach Kinder gern und das merken sie und das zieht sie zu ihm hin.«

Den Eltern war es recht; denn so konnten sie Jesus ungestört zuhören. Und den Eltern, die sich nicht für Jesus interessierten, war es wohl auch recht, denn so hatten sie ihre Ruhe.

Und Jesus war es auch recht; denn seine Rede war ja nun mal – das wusste er natürlich – im Wesentlichen für Erwachsene bestimmt.

Aber Jesus war doch neugierig zu erfahren, was es mit dem jungen Mann auf sich hatte.

»Wieso taucht er immer wieder auf, wo ich bin?«, fragte sich Jesus. Und so pirschte er sich eines Tages leise und vom jungen Mann unbemerkt – denn der saß mit dem Rücken zu ihm im Kreis der Kinder – schlich sich Jesus also heran und hörte zu, was der junge Mann erzählte. Und er war nicht wenig erstaunt, denn der erzählte von einem Hirten und seiner Herde, und wie ein kleines, dummes Schaf sich selbständig machte und beinahe umgekommen wäre, hätte der Hirte es nicht mühsam gesucht und zur Herde zurückgebracht.

Jesus war ziemlich verblüfft. Denn genau diese Geschichte hatte er just den Leuten erzählt, wenn auch nicht ganz so dramatisch wie der junge Mann. Und was er den Leuten mit der Geschichte hatte sagen wollen, das hatte der junge Mann offenbar nicht mitgekriegt oder nicht recht verstanden.

Dennoch rief Jesus: »Bravo!« Da erschrak der junge Mann, sprang auf und bekam einen ziemlich roten Kopf, als er Jesus vor sich sah und merkte, dass der ihm zugehört hatte.

Jesus lächelte ihn an und fragte: »Warum machst du das – das mit den Kindern?«

»Weil ich Kinder mag«, entgegnete der junge Mann, »und weil du, Rabbi Jesus, gesagt hast, man soll die Kinder nicht daran hindern, zu dir zu kommen. Und das meint ja: Du hast sie lieb, so ..., so wie Gott sie lieb hat, die Kinder. Und da habe ich nicht anders gekonnt, als den Kindern zu vermitteln, was du den Großen sagst, aber so, dass Kinder es begreifen.«

Jesus nickte und klopfte ihm freundlich auf die Schulter: »Ein sehr fruchtbarer Einfall, junger Mann!«, sagte er. »Du solltest in meiner Nähe bleiben!«

»Tu ich doch«, sagte der junge Mann. »Manchmal bist du aber tagelang weg«, erwiderte Jesus. »Was machst du da?«

Der junge Mann druckste ein bisschen herum; dann sagte er: »Ich ..., ich ..., ich suche ... Ach, ich weiß es nicht genau, wonach ich suche.«

»Du wirst finden«, sagte Jesus. »Du solltest bei mir bleiben.«

Wochen vergingen. Wie zuvor war der junge Mann hin und wieder ein paar Tage weg. Aber immer häufiger blieb er da, wo Jesus war und zog mit ihm von Ort zu Ort.

Die zwölf Freunde Jesu nahmen ihn in Kauf, aber nicht ganz ernst und nannten ihn herablassend-spöttisch: »Unseres Meisters Kinderjünger«. Das ärgerte ihn nicht im Geringsten – im Gegenteil. Aber wenn sie – allerdings nur in Abwesenheit Jesu – über Kinder abschätzig redeten oder schimpften oder gar behaupteten, Kinder seien ja doch viel zu dumm, um die tiefen Gedanken Jesu oder die großen Taten Gottes zu verstehen, dann wurde der junge Mann sehr erregt. Er nahm die Kinder in Schutz und sagte: »Vielleicht verstehen sie es nicht, so wie ihr es zu verstehen meint, aber sie ahnen es, sie fühlen es, sie ergreifen es, halt anders. Und«, fügte er fast trotzig hinzu, »manchmal vielleicht besser als Erwachsene!«

Über solche Reden schüttelten die Zwölf verständnislos die Köpfe und knurrten: »Na ja, unser Kinderjünger!«

Der aber tat wie zuvor. Er zog die Kinder an sich, mal mehr, mal weniger, und oft waren es wirklich nur wenige, was den jungen Mann ein bisschen traurig machte. Aber er blieb dabei.

Und er erzählte ihnen, was er bei Jesus gehört hatte. Und je genauer und intensiver er hinhörte, desto mehr davon blieb in ihm, und desto länger hatte er auf dem Gehörten herumzukauen, bis er meinte, es auch Kindern sagen und sie erleben lassen zu können.

Hin und wieder setzte sich Jesus dazu, wenn er erzählte, was dem jungen Mann nicht gerade angenehm war. Aber Jesus lobte und ermutigte ihn und sagte: »Man merkt, dass du jetzt oft länger bleibst. Da ist allerlei Frucht herangereift.«

Der junge Mann sagte verlegen: »Na ja ...!«

»Doch, doch«, erwiderte Jesus. »Du erzählst ja nicht nur die Geschichten von der Liebe Gottes und machst sie für die Kinder erfahrbar, sondern ich habe auch gesehen, wie du dem kleinen Jungen die Hand verbunden hast, wie du die Streithähne getrennt und begütigt und wie du mit der Mutter gesprochen hast. Und was du meinen zwölf Freunden über Kinder gesagt hast – ich habe es ja doch mitgekriegt! –, das hat mir Spaß gemacht. Ich sage es dir noch einmal, da ist mehr und mehr Frucht gewachsen!«

Da sagte der junge Mann wieder: »Na ja ...!«

»Aber«, fuhr Jesus fort, »nun möchte ich doch gerne wissen, was du machst, wenn du ab und zu weg bist?«

Da sagte der junge Mann lachend: »Ach, Rabbi Jesus, die Welt ist so groß und interessant und aufregend, das will ich alles irgendwie mitbekommen und lernen und erleben! Die vielen Meinungen und Gedanken und Religionen und die Bücher, ... die Erfindungen und die Ideen ... und die Feste und die tolle Musik und ... und ... und nette Mädchen gibt's auch!«, setzte er hinzu und grinste.

Jesus lächelte und nickte: »Gut so. Mein Vater im Himmel hat die Welt und die Menschen sehr vielgestaltig geschaffen, und da gibt es eine Menge, was man entdecken, woran man sich freuen und wofür man sich begeistern kann. Ja, gut so.« Und nach einer Pause fragte Jesus: »Du hast mir mal gesagt, du suchst etwas ... hier und wenn du weg bist. Hast du es gefunden?«

Da sagte der junge Mann zögernd: »Manchmal meine ich, ich habe es, besonders dann, wenn ich den Kindern deine Geschichten, von deinen Taten und von dir erzähle. Manchmal habe ich es – und dann ist es wieder weg, scheint woanders zu finden zu sein. Ich will es festhalten und bin mir ganz sicher, es bleibt und ich bleibe dabei – und dann gehe ich doch wieder anderswo suchen ... das Bleibende ... den ... den Sinn des Lebens ... meines Lebens.«

»Ich bin es«, sagte Jesus.

Von Herrn Omnibus bis Jakob

*Aus der Schöpfungs-
und Vätergeschichte*

Aber was war vorher?

Ein Anspiel zur Entstehung der Schöpfungsgeschichte

Im »Kindergottesdienst-Helferhandbuch« (VJG, vergriffen) gibt Jürgen Koerver den Mitarbeiterinnen und Mitarbeitern für den Umgang mit Bibeltexten folgenden Rat: »Für das Verstehen biblischer Texte gibt es viele Hilfsmittel: Kommentare, Wörterbücher, Synopsen der ersten drei Evangelien. ... Ich möchte Sie motivieren, auch andere Instrumente einzusetzen, die von größter Wichtigkeit sind. Ich meine Ihre eigenen Gedanken, Gefühle, Wahrnehmungen, Vorstellungen und Fragen. Ich bin überzeugt, dass die Beschäftigung mit biblischen Texten Ihnen Spaß macht und Gewinn bringt, wenn Sie sich nicht nur belehren lassen über das sogenannte richtige Verständnis, sondern wenn Sie alle Ihre Kräfte und Möglichkeiten einsetzen zu einer aktiven und kreativen Beschäftigung mit dem, was Sie in der Bibel lesen.« (Kindergottesdienst-Helferhandbuch, hrsg. im Auftrag des Rhein. Verbandes für Kindergottesdienst, 4. überarbeitete Auflage 1989, S. 125)

Viele Fragen älterer Kinder und vor allem der Mitarbeiterinnen und Mitarbeiter selbst richten sich immer wieder an die Schöpfungs- und Vätergeschichten. Vieles, was da erzählt wird, wirkt für naturwissenschaftlich geprägte Menschen unglaubwürdig und unverständlich. Zu vielen Geschichten fehlt den meisten das kultur- und religionsgeschichtliche Hintergrundwissen. In einer kurzen Spielszene zeigt Jürgen Koerver kindgerecht, wie es zur Entstehung der Schöpfungsgeschichte in der Bibel gekommen sein könnte. Die Spielhandlung verdeutlicht mit einfachen Mitteln, was die eigentliche Absicht der biblischen Redakteure war.

Spieler: Die Schriftgelehrten Ben-Mosche und Ben-Hosea
Alter: Ab 10 Jahre, wenn das Hinterfragen der Bibel einsetzt.

(Schriftgelehrter Ben-Mosche am Tisch, hat eine große Schriftrolle vor sich und schreibt. Auf dem Tisch liegen weitere kleinere Schriftrollen, ein Tintenfass usw.)

Ben-Mosche: *(liest das zuletzt Geschriebene für sich selbst)*
»Und der Herr sprach zu Abraham: Geh aus deinem Vaterland und von deiner Verwandtschaft und aus deines Vaters Haus in ein Land, das ich dir zeigen werde. Und ich will dich zu einem

großen Volk machen und will dich segnen und dir einen großen Namen machen, und du sollst ein Segen sein.« *(Lehnt sich zurück.)* Gut – sehr gut ausgedrückt! So kann ich's lassen. Ein großartiger Anfang unseres Buches!

(Es klopft.)

Herein!

(Ben-Hosea tritt ein.)

Schalom, lieber Ben-Hosea!

Ben-Hosea: Auch dir wünsche ich den Frieden Gottes, verehrter Ben-Mosche! Ich sehe, du sitzt schon wieder fleißig über unserem Buch von den großen Taten Jahwes!

Ben-Mosche: So ist es. Ich habe soeben noch mal den Anfang gelesen, den Ruf unseres Gottes Jahwe an den Erzvater Abraham.

Ben-Hosea: Sehr gut, Ben-Mosche. Das war es ja, was uns noch fehlte. – Dann wären wir ja eigentlich fertig mit unserem Buch, oder?

Ben-Mosche: Oh, es eilt ja nicht!

Ben-Hosea: Und ob es eilt! Du musst wissen: Eben war ich bei König Salomo – Gott segne ihn! – Er hat sich erkundigt, wie weit wir mit dem Buch sind. Als ich sagte, wir wären demnächst wohl fertig, wurde er etwas – nun ja – unwillig. Er will das Buch von den großen Taten Jahwes beim Erntedankfest dem Volk vorstellen. Und es soll an den folgenden sieben Sabbat-Tagen nach und nach im Tempel vorgelesen werden.

Ben-Mosche: Ha, ob da sieben Tage reichen? Für dieses riesige Werk, an dem wir nun Jahrzehnte arbeiten?

Ben-Hosea: Nun, das ist ja seine Sache. Aber er will es eben fertig haben ...

Ben-Mosche: Mein lieber Ben-Hosea, nun haben wir viele, viele Jahre daran gearbeitet und jetzt soll es plötzlich so rasch gehen? – Wie viele Jahre haben wir allein in unserem Lande Israel gesammelt: all die vielen Geschichten von Abraham und Isaak, von Jakob und Josef – und die vielen, vielen Geschichten von Mose, und wie Gott, der Gütige, unser Volk aus der Sklaverei in Ägypten befreit und mit starker Hand geführt hat, bis es schließlich hier im versprochenen Land angelangt ist unter Josuas Leitung! – Und wie viele Jahre haben wir dann all diese Geschichten zusammengefügt und aufgeschrieben! – Wie lange haben wir darüber nachgedacht, wie wir die Güte und Gnade unseres Gottes Jahwe darin zum Ausdruck bringen, die große Barmherzigkeit, mit der er an den Vorvätern einst und an Israel gehandelt hat – und es ja noch tut! – So viele Jahre Arbeit an diesem gewaltigen Buch und jetzt soll es so rasch gehen!

Ben-Hosea: Das ist ja alles richtig, lieber Ben-Mosche, aber der König hat ...

Ben-Mosche: *(unwillig)* Ja, ja, ich hab's gehört.

Ben-Hosea: Und unser Werk ist ja auch fertig. Du hast es selbst eben gesagt.

Ben-Mosche: Ich weiß nicht, Ben-Hosea, ich weiß nicht. – Sicher, ich habe gesagt: Nun ist auch der Anfang mit Abraham endlich geschrieben. Das war ja das Letzte, was wir noch daran zu tun hatten. Aber ist es wirklich das Letzte? Hat es so angefangen, das Handeln Gottes an Israel, an den Menschen?

Ben-Hosea: Ich ..., ich versteh dich nicht. Wir waren uns doch völlig einig: Mit Abraham fängt alles an. Vorher ...

Ben-Mosche: Ja, eben! Vorher! Was, lieber Ben-Hosea, was war vorher? Das frage ich mich. Und das werden auch die Leute fragen, wenn sie das hören oder lesen: Was war vor Abraham?

Ben-Hosea: Jahwe, der ewige Gott, der war vor Abraham ...

Ben-Mosche: Natürlich. Selbstverständlich. Aber: waren da nicht auch Menschen vorher auf der Erde?

Ben-Hosea: Ich denke doch! – Ja, die waren da! Erzählt man sich nicht – ich weiß jetzt nicht mehr *(er kramt in den Buchrollen)*, wo wir es aufgeschrieben haben, –

	erzählt man sich nicht vom Bau eines Turmes durch die Völker, und dass sie sich plötzlich nicht mehr verstanden und darum auseinander gingen in alle Himmelsrichtungen?
Ben-Mosche:	Ja, diese Geschichte gibt es! – Und davor? Was war davor?
Ben-Hosea:	Irgendwo, hier unter unseren Aufzeichnungen *(kramt wieder)*, also da gab es so eine Erzählung von einer großen Flut, der nur eine Familie entkommen ist.
Ben-Mosche:	Auch gut, ja! – Und was war davor?
Ben-Hosea:	Verehrter Ben-Mosche, wir wissen es nicht. Niemand weiß, wie es einmal mit den Menschen begonnen hat.
Ben-Mosche:	Gewiss, niemand weiß es! Aber glaubst du nicht auch, dass Jahwe, unser Gott, die Erde und den Menschen geschaffen hat ...?
Ben-Hosea:	Hmm, schon! – Ja, natürlich! – Ich glaube, dass er ... wer sonst als er? Aber wir wissen doch nichts darüber, wie es war, als Gott die Welt geschaffen hat!
	In Babylon und in Ägypten und hier bei den Kanaanäern im Lande erzählen sie sich allerlei Geschichten von ihren Göttern, wie sie die Erde und die Menschen gemacht haben. – Natürlich alles Unsinn! Alles heidnische Erfindungen! Und unsere Volksgenossen plappern es nach!
Ben-Mosche:	Sehr richtig, Ben-Hosea! Um so wichtiger wäre es, dass wir bezeugen und sagen: Unser Gott, der Eine, Wahre, Ewige, der Gott Israels ist der Schöpfer der Erde und des Menschen! Er allein! Davon müssen wir erzählen! Wie Jahwe den Menschen geschaffen hat, ... wie der Mensch zum Sünder wurde, ...wie Mord und Totschlag in die Welt kamen, ... und wie Gott darauf geantwortet hat und ...
Ben-Hosea:	Aber, lieber Freund, deinen Eifer in Ehren. Und ich sehe ja ein, dass das alles sehr wichtig sein

mag. Aber wie lange willst du daran arbeiten? Der König Salomo will ...

Ben-Mosche: Der König wird sich gedulden müssen. Von Gottes großen Taten, von seiner Güte und Gnade, von seiner Schöpfung zu erzählen ist wichtiger als der Wille des Königs. Sag ihm, dass er erst nächstes Jahr das große Buch bekommen kann, wenn der Anfang, der eigentliche Anfang fertig ist. – Und nun lass uns gleich beginnen! – Hier sind Pergament und Tinte! Schreib!

(nachdenkliche Pause)

Ob wir so beginnen können?

»Es war zu der Zeit, als Gott der Herr Erde und Himmel machte ...«

Ben-Hosea: *(erfreut)* Ja, das ist der Anfang! So könnte es beginnen: »... als Gott der Herr Erde und Himmel machte.«

Die Geschichten von Herrn Omnibus

Eine »erfundene« Erzählung zu 1. Mose 1–4

Diese Geschichten entstanden im Zusammenhang mit einer Kinderbibel-woche unter der Überschrift »Heißa – wir dürfen leben!« Das Arbeitsthema der Woche hieß: »Spielraum und Anforderungen in der Gemeinschaft«.
Die biblischen Texte und die Arbeits- und Spielvorhaben zu den einzelnen Tagen der Woche waren gut vorbereitet, jedoch fehlte ein sozusagen sicht-barer »roter Faden«, der die Tage und Unterthemen durchlief. Das ergab schließlich die in Fortsetzungen erzählten »Geschichten von Herrn Omnibus« (lateinisch: omnibus = »für alle«), die das tägliche Unterthema »anspielten« (siehe die den einzelnen Geschichten vorangestellten Überschriften).
So entstand eine »moderne Schöpfungs-Geschichte«.

Alter: Ab 8 Jahre.

Wie bei allen wirklich guten Geschichten können Erwachsene auch manche tiefere Weisheit in der Erzählung für sich entdecken. Und Kindern gefällt einfach die schöne Geschichte.

Gottes Welt – unser schöner Spielraum

Kennt ihr den Herrn Omnibus? Vermutlich noch nicht. Ich möchte euch also mit Herrn Omnibus bekannt machen. Er wohnt in ... – Ach, das tut nichts zur Sache. Jedenfalls sehr weit weg, in einem sehr schönen Land. – Und reich ist er, unwahrscheinlich, sagenhaft reich. Das Land, in dem er wohnt, das ganze Land gehört ihm: Die Wälder, die Wiesen, die Felder und Flüsse, Gebirge und Tiere – das gehört alles ihm. Unglaub-lich, aber wahr. Ja!
An dem Tag, von dem ich euch erzählen will, morgens an dem Tag, trat Herr Omnibus wie jeden Morgen auf die Terrasse seines Hauses. Da sein Haus ziemlich hoch lag, hatte er von da eine weite Aussicht auf sein Land. – Und wie jeden Morgen schaute er auch jetzt ringsumher, dahin, dorthin, rieb sich die Hände und freute sich.

»Schön, schön, schön!«, rief er und lachte. »Heute«, rief er, »heute fahr' ich mal – dahin!« Und er zeigte mit dem Arm die Richtung an, wohin er wollte. Dann sprang er in seinen Wagen und fuhr los, das Land zu betrachten.

Er durchkreuzte Wälder, rollte an saftigen Wiesen vorbei, Ochsen und Kühe nickten ihm freundlich zu. Er kam am Meer vorbei und an einem See, wo übrigens zwei Hechte heraus sprangen und sich in der Luft vor ihm verbeugten. – Und als er kurz mal im Urwald anhielt, kam eine Affenfamilie zum Wagen und gab ihm die Hand.

Soweit – so schön.

Bis die Sache mit dem Elefanten passierte. Das war gegen Mittag, als er am Rande des Urwalds eine kleine Pause machte. Da kam in der Nähe ein Elefant vorbei, der trompetete so vor sich hin. Aber es war kein fröhliches Trompeten, sondern es klang wie »laaaangweilig!«. Und noch einmal »laaaangweilig!«.

Das hatte Herr Omnibus noch nie erlebt und daher war er etwas verwirrt. Kurz danach – Herr Omnibus war inzwischen weiter-gefahren – kam er bei ein paar Hunden vorbei, Dackel, glaube ich. Die hatten die Köpfe auf die Vorderpfoten gelegt und rührten sich nicht im Geringsten, als Herr Omnibus bei ihnen hielt. Statt dessen gähnten sie lang und anhaltend, gähnten noch einmal, legten die langen Ohren über die Augen und schliefen ein. – Das verwirrte Herrn Omnibus sehr. »Was ist denn bloß los?«, dachte er. »Das ist noch nie vorgekommen!«

Beunruhigt fuhr er weiter und kam zu einem Bienenstock. Aber statt fleißig herum zu fliegen, saßen die Bienen einfach da und wedelten nur gelangweilt mit den Flügeln.

»Was habt ihr denn?«, fragte Herr Omnibus. »Warum fliegt ihr nicht herum und sammelt Honig?«

Die Oberbiene zuckte mit den Flügeln. »Wozu«, summte sie, »wozu sollen wir Honig sammeln? Alle Waben sind vollgestopft mit Honig der besten Qualität, aber niemand holt ihn heraus. Selbst der Bär, der Honig ja sehr gern mag, will nicht mehr, er hat schon Bauchschmerzen. Wozu also Honig sammeln, den doch keiner will?«

Jetzt war Herr Omnibus völlig verwirrt. Und je länger er durch sein schönes Land fuhr, desto mehr merkte er: Irgendwas stimmte hier nicht! Die Blumen wehten ihm zu: »An uns freut sich keiner, wir langweilen uns!« Die Kühe muhten: »Unsere Milch will keiner!« Die Pferde wieherten: »Niemand reitet auf uns!« Die Berge polterten: »Keiner klettert auf uns rauf und genießt die Aussicht!« Und selbst die Fische blubberten missvergnügt vor sich hin: »Für wen schwimmen wir hier? Oh, Herr Omnibus, was ist das langweilig!«, und der Rest ging in Blubbern unter.

Herr Omnibus war jetzt richtig verstört. Und das Schlimmste, das Allerschlimmste: Er langweilte sich inzwischen auch.

Gewiss, er konnte sich sein schönes Land ansehen und mit den Bienen, Eichhörnchen und Löwen ein Wort wechseln, aber was war das schon? War das nicht auch langweilig?

Schließlich kam Herr Omnibus wieder in seinem Haus an. Er setzte sich auf die Terrasse und überlegte angestrengt.

Und nicht lange danach ging ein Lächeln über sein Gesicht, dann fing er an zu lachen und klatschte in die Hände. »Ich hab's, ich hab's!«, rief er. »Natürlich, das ist die Idee: Menschen müssen her! Mein Land ist ja wie geschaffen für Menschen! Das ist es: Menschen!«

Am anderen Tag war alles ganz anders, als Herr Omnibus durch sein Land fuhr. Überall begegnete er Menschen: Jungen und Mädchen, Männer und Frauen. – Und damit es recht viel Abwechslung gab: Schwarze und Weiße, Rotbraune und mehr Gelbliche, Blonde und Dunkelhaarige und Braune, Ernste und Fröhliche. – Die meisten, denen er begegnete, die meisten waren fröhlich.

Die Kinder kletterten in den Bäumen herum, schaukelten an Lianen oder ließen Boote aus Baumrinde auf den Bächen fahren. Sie schwammen im See, einige wanderten mit ihren Eltern durch die Wälder, andere sah er Bananen, Birnen oder Ananas pflücken, und wieder andere kletterten auf einen Berg. Einige waren auf Pferde gestiegen, einige saßen sogar auf einem Elefanten und ließen sich tragen. Wieder andere spielten mit Kokosnüssen Boccia und »Eins-zwei-drei – wer hat die Nuss«. Etliche hatten sich aus Schilf ein Floß gebastelt und trieben jetzt auf dem Fluss dahin. Kurz: überall war etwas los. Überall freuten sich die Menschen. Sie winkten Herrn Omnibus zu, klatschten Beifall, wenn er vorüber fuhr, und die Tiere sagten übereinstimmend: »Jetzt ist es wieder schön, es ist gar nicht mehr langweilig!« Und ein alter Hecht kicherte: »Hihi, eben hat mich ein Junge an der Flosse gekitzelt, nein, war das komisch!«

Und Herr Omnibus war sehr glücklich und fuhr am Abend voller Freude nach Hause. Bis zu seinem hoch gelegenen Hause hinauf hörte er das Lachen und die Fröhlichkeit, als er auf seiner Terrasse saß und sagte: »Siehe, das ist alles sehr gut!«

Gottes Gabe des Spielraums findet seine Grenzen an den Aufgaben, die er uns stellt.

So war es mit Herrn Omnibus gewesen: »Mein Land«, rief er voller Freude, »mein Land ist ja wie geschaffen für Menschen! Menschen müssen her!«

Und so war's geschehen.

Überall in seinem Land gab es jetzt Menschen, kleine und große, junge und alte, schwarze, rote und weiße. Und sie freuten sich über alles, was sie in dem Land des Herrn Omnibus fanden. Und die Tiere und Blumen, die Berge und Seen mussten sich nicht länger langweilen. Jedesmal, wenn Herr Omnibus im Land herum fuhr, traf er fröhliche Menschen, die sich vergnügten. Sie ritten und schwammen, fuhren Boot und kletterten auf die Berge, spazierten durch die Wälder, melkten die Kühe und tranken ihre Milch, holten sich den Honig der Bienen und die Früchte von den Bäumen.

Kurz: Sie hatten ein vergnügliches Leben. Und wenn Herr Omnibus mit ihnen sprach, dann sagten die Menschen immer wieder: »Es ist sehr, sehr hübsch hier – vielen Dank auch!«

So verging einige Zeit.

Eines Tages fuhr Herr Omnibus wieder durch sein Land. Da kam er an einen Wald. Und da saß ein Junge. Er saß alleine da und guckte vor sich hin. Herr Omnibus hielt an und ging zu dem Jungen.

»Tag, Junge«, sagte er.

Der Junge brummte: »Tag, Herr Omnibus.«

»Na«, sagte Herr Omnibus, »du sitzt hier so alleine herum?«

»Jo«, sagte der Junge.

»Wo sind denn deine Eltern?«, fragte Herr Omnibus.

»Die sind durch den Wald, da auf den Berg, und wenn sie oben sind, rutschen sie auf dem Hosenboden wieder herunter.«

»Ha, wie lustig!«, rief Herr Omnibus. »Was für eine hübsche Idee!«

»Jo«, sagte der Junge, »beim ersten Mal ist es ganz lustig, auch beim zweiten und dritten Mal, aber dann ...«

»Nun ja«, sagte Herr Omnibus, »dann – eh – dann kannst du doch was anderes machen! Zum Beispiel auf einen Baum klettern!«

»Jo«, sagte der Junge, »und dann?«

»Und dann«, sagte Herr Omnibus, »dann – eh – dann guckst du in mein schönes Land, so von oben.«

»Jo«, sagte der Junge, »und dann?«

»Dann kletterst du wieder herunter«, sagte Herr Omnibus.

»Jo«, sagte der Junge, »habe ich schon oft gemacht. – Was soll ich sonst machen?«

»Nun, schwimmen im See!«

»Jo«, sagte der Junge, »mache ich jeden Tag.«

»Oder mit Kokosnüssen spielen?«

»Jo«, sagte der Junge, »mache ich ja auch jeden Tag.«

»Oder den alten Hecht an den Flossen kitzeln?«

»Jo«, sagte der Junge, »der hat sich inzwischen totgelacht.«

»Ach!«, sagte Herr Omnibus und machte: »Mhm, mhm, mhm«. Er schüttelte den Kopf und schwieg ratlos.

Der Junge schwieg auch.

Nach einiger Zeit sagte der Junge: »Ihnen fällt wohl auch nichts mehr ein?«

»Oh, doch«, sagte Herr Omnibus, »ich habe eine Idee, aber ich weiß nicht, ob sie dir gefällt.«

»Jo«, sagte der Junge, »lassen Sie mal hören!«

»Ein Haus bauen«, sagte Herr Omnibus.

»Ein Haus bauen!«, schrie der Junge und sprang auf, »Eine klasse Idee! Ein Haus! – Und was ist das: ein Haus?«, fragte er.

»Na, so vier Wände und ein Dach drauf. Da kann man sich hinein setzen und drin wohnen, wenn es regnet und schneit und wenn der Wind weht.«

»Toll, großartig!«, rief der Junge, klatschte in die Hände und sprang vor Begeisterung in die Luft. – »Und wie macht man Wände?«

Herr Omnibus erklärte ihm, wie man Steine aufeinanderlegt und wie dann Wände entstehen und wie man oben ein Dach drauf macht.

Der Junge war begeistert. »Ich fang gleich an!«, rief er und rannte los. Herr Omnibus setzte sich in seinen Wagen und fuhr weiter. Als er ein paar Stunden später wieder vorbeikam, da konnte er schon den Anfang von vier Wänden sehen. Der Junge schleppte gerade wieder zwei Steine heran; er war ganz außer Atem, der Schweiß lief ihm übers Gesicht und er war furchtbar dreckig.

»Wie finden Sie das?«, japste der Junge.

»Gut!«, sagte Herr Omnibus, »sehr gut!«

Da kamen gerade die Eltern des Jungen von der Rutschpartie zurück. »Guten Tag, Herr Omnibus!«, sagten sie.

»Guten Tag, Eltern!«, sagte Herr Omnibus.

»Was macht denn unser Junge da Komisches?«, fragten sie.

»Er arbeitet«, sagte Herr Omnibus.

»Er – was macht er?«, fragten sie und machten große Augen.

»Arbeiten«, sagte Herr Omnibus. »Er macht was Nützliches mit den Steinen, die überall herumliegen. Er schleppt sie heran, legt sie übereinander zu Mauern. Später wird er aus Baumstämmen ein Dach drauf machen. Und dann kommen Tische und Stühle und Betten und Schränke rein und dann kann man da drin wohnen. Und das alles nennt man ›arbeiten‹.«

»Ei, ei, ei«, sagten die Eltern, »arbeiten. Was es nicht alles gibt!« Und auch sie begannen mitzumachen.

Und einer sagte es dem anderen: »Du, es gibt da was Neues! Man nennt es ›arbeiten‹!« Und ein paar Tage später arbeiteten fast alle Menschen im Lande des Herrn Omnibus.

Sie bauten Häuser, sägten Möbel, machten sich Wagen, dachten sich Werkzeuge und Maschinen aus, holten sich Tiere, die ihnen halfen, bauten Straßen und Brücken und tausend andere Dinge.

Und im Handumdrehen gab es Arbeitswillige und Arbeitswütige, es gab Vorarbeiter und Facharbeiter und Schwarzarbeiter. Es gab Kopfarbeiter und Handarbeiter. Es gab Arbeitskleidung, Arbeitsleistung, Arbeitsamt, Arbeitsminister, und es gab Teilarbeit, Schwerarbeit, Schwerstarbeit, Knochenarbeit, und für Kinder erfand man etwas ganz besonders Hübsches: Schularbeiten und Klassenarbeiten ...

Das wäre ja alles ganz schön gewesen, wenn die Menschen es nicht sehr bald übertrieben hätten.

Herr Omnibus musste erleben, dass die Menschen bald nur noch ans Arbeiten dachten und viel zu viel arbeiteten, weniger die Kinder, aber die Erwachsenen.

Und darum erfand er für sie neue Sachen: die Pause, den Feierabend, das Wochenende mit dem Sonntag und den langen Urlaub, damit sie wenigstens hin und wieder die vergnüglichen Dinge machen sollten, die sie früher so gern gemacht hatten.

Das ging auch ganz gut – lange Zeit.

Bis zu dem Tag, an dem Herr Omnibus das große Schild am Weg sah.

Gottes Aufgaben schränken den Spielraum aller ein. Die Folge – besonders für die Kinder – ist die Erfahrung: Vieles ist für viele verboten.

So war es ja zuerst gewesen: Da war der Herr Omnibus allein in seinem wunderschönen Land, das ihm gehörte: die Wiesen und Wälder, die Seen und das Meer, die Berge und Flüsse und Tiere – alles war für ihn allein da.

Dann aber erkannte Herr Omnibus: Dieses schöne Land ist ja wie geschaffen für Menschen! – Und als die Menschen da waren, da freuten sie sich an all den schönen Dingen in dem Land. Sie spielten und vergnügten sich, sie lachten und amüsierten sich bis zu dem Tag, an dem Herr Omnibus dem Jungen zeigte, wie man arbeitet.

Daraufhin fingen alle Menschen an zu arbeiten. Sie bauten Häuser, Straßen und Brücken. Sie erfanden Maschinen und Schulen, sie errichteten Fabriken, Büros und Flugplätze. Bald waren alle so sehr mit dem Arbeiten beschäftigt, dass Herr Omnibus rasch die Pause und das Wochenende und den Urlaub einführen musste, sonst hätten die Menschen immer weiter und weiter und weiter gearbeitet.

Aber es gab noch schlimmere Dinge.

Die entdeckte Herr Omnibus, als er eines Tages wieder einmal durch sein Land fuhr.

Plötzlich nämlich tauchte da, wo der Wald zu Ende war, neben der Straße ein Zaun auf, ein Stacheldrahtzaun. Und wo der zu Ende war, fing ein neuer Zaun an, ein Holzzaun. Und wo der zu Ende war, fing ein neuer Zaun an, einer aus dicken Eichenbohlen. Und wo der zu Ende war, da kam eine Mauer. Die war so lang, dass Herr Omnibus ein Fernglas nehmen musste, um deren Ende sehen zu können. Aber er konnte ihr Ende nicht sehen, sie war schier endlos.

Das Ende der Mauer also kam nicht, dafür aber kam ein Tor in der Mauer und neben dem Tor stand ein Schild. Und da erst fiel Herrn Omnibus ein, dass schon viele solcher Schilder unterwegs an den Zäunen gestanden hatten. Hier also stand auch ein Schild, und auf dem Schild – pechschwarz war es, mit blutroten Buchstaben – auf dem Schild stand: »Eingang verboten! Durchgang verboten! Ausgang verboten! Über- und Untergang verboten! Bissiger Hund! Der Besitzer.«

Dem Herrn Omnibus wurde es schwarz vor den Augen und dann sah er rot: denn so etwas hatte es bisher nie gegeben. Und er riss das Tor auf – und »rrrrwau!« machte der Hund, der bissige, und schoss heran. Zum Glück war er an einer Kette befestigt. Aber da kam auch schon der Besitzer.

»Eingang verboten! Durchgang verboten! Ausgang verboten! Über- und Untergang verboten!«, schrie er und wurde dabei rosarot im Gesicht. »Können Sie nicht lesen?«

»Gewiss«, sagte Herr Omnibus, »ich kann lesen. Aber ich will es nicht lesen!«

»Eingang verboten! Und Durch- und Aus- und Über- und Untergang verboten!«, schrie der Mann und wurde jetzt dunkelrot. »Ich bin der Besitzer!«

»Ach«, sagte Herr Omnibus, »das ist mir neu. Bisher war das mein Land, wenn ich nicht irre!«

»Eindurchausüberunternochmal!«, schrie der Mann und färbte sich violett vor Wut. »Das ist mein Besitz und das Betreten streng verboten!«

»Nununu«, sagte Herr Omnibus. »Sie sollten, glaube ich, mal Urlaub machen.« – »Pffffft!«, machte der Besitzer und wurde wieder normal im Gesicht. »Haben Sie eine Ahnung! Dafür habe ich keine Zeit! Ich muss ständig arbeiten.«

»Was arbeiten Sie denn?«, fragte Herr Omnibus neugierig.

»Ich mache«, sagte der Mann stolz, »ich mache Mauern und Zäune und Verbotsschilder und Hunde bissig!«

»Oh, wie scheußlich!«, rief Herr Omnibus, »wie kann man nur so eine Arbeit machen!«

»Ha!«, sagte der Mann, »das ist etwas sehr Nützliches! Und was ich herstelle, ist seeehr gefragt! Die Menschen reißen sich geradezu um meine Ware! Kommen Sie mal mit, sie werden staunen!«

Und er führte Herrn Omnibus in seine Fabrik. Die war so groß wie ein Flugplatz und Hunderte von Leuten standen an langen Tischen und malten auf pechschwarze Schilder mit blutroten Buchstaben Verbote. Am laufenden Band malten sie: »Das Betreten des Rasens ... das Betreten des Rasens ... das Betreten des Rasens ... das Betreten des Rasens ist verboten, verboten, verboten, verboten, verboten ...«

Herrn Omnibus wurde ganz schwindelig und er drehte sich schnell weg. In einer Ecke saßen Frauen und strickten mit riesigen Stricknadeln kilometerlange Maschendrahtzäune und in einer anderen Ecke häkelten Männer mit großen Häkelnadeln Stacheldrähte zusammen.

»Wollen Sie auch die Bissige-Hunde-Abteilung sehen?«, fragte der Mann.

»O nein, o nein!«, rief Herr Omnibus, »ich möchte schnell zum Ausgang!«

»Bitte sehr!«, sagte der Mann und brachte ihn zum Ausgang.

Da stand eine vielhundertköpfige Schlange von Leuten.

»Was tun die denn hier?«, fragte Herr Omnibus.

»Die kaufen die Mauern und Zäune und Verbotsschilder und bissigen Hunde«, erklärte der Mann stolz und rieb sich die Hände; denn die Kassen klingelten ununterbrochen.

Herr Omnibus wandte sich an einen, der da stand und fragte: »Was kaufst du denn hier?«

»Ich kaufe«, sagte der, »ich kaufe 5000 Meter Stacheldraht und ein Schild ›Fußballspielen verboten!‹«

»Aha!«, sagte Herr Omnibus, »und du?«

»Ich kaufe«, sagte der, »eine zwei Meter hohe Mauer. Die stelle ich zwischen meinen und meines Nachbarn Garten. Er könnte mir ja sonst vielleicht meine Kirschen und Pflaumen stehlen oder sein Hund könnte auf meinen Rasen machen.«

»Aha!«, sagte Herr Omnibus. »Und du?«

»Ich kaufe«, sagte der Mann, »ein Schild ›Singen verboten!‹.«

»Warum das?«, fragte Herr Omnibus.

»Ach, nur so«, sagte der Mann. »Ich bin schwerhörig und meine Frau völlig taub. Aber wir möchten halt unsere Ruhe haben.«

»Aha!«, sagte Herr Omnibus und wandte sich kopfschüttelnd ab. Dann sagte er zu dem Besitzer der Verbotsschilder- und Stacheldrahtfabrik: »Ich sehe hier gar keine Kinder!«

»Haha!«, sagte der Besitzer. »An Kinder verkaufen wir nicht! Das wäre ja noch schöner, wenn die auch Zäune und Schilder errichteten! Nein, für Kinder ist hier Eintritt verboten.«

»Und wo können die Kinder spielen?«, fragte Herr Omnibus.

»Auf der Straße«, sagte der Besitzer, »wenn es nicht verboten ist!«

»Natürlich«, sagte Herr Omnibus, »das hätte ich mir ja denken können.«

»Aber«, sagte Herr Omnibus, »warum machen die Menschen das alles mit den Schildern und so?«

»Aber bitte!«, sagte der Besitzer, »das könnten Sie sich doch auch denken! Wenn die sich etwas erarbeitet haben, etwas erworben, etwas besitzen, etwas haben oder auch nur vorhaben, dann müssen die das doch auch schützen! Die Autos vor den Rehen und die Straßen vor den Dummen und den schönen Rasen vor den Fußballern und den Besitz vor den Besitzlosen und die Ruhigen vor den Lauten und so weiter!«

»Aha«, sagte Herr Omnibus, »ich verstehe ja, dass man hier und da Ordnung schaffen muss. Das ist sicher nötig, wo viele Menschen zusammenleben. Ohne Ordnung geht es sicher nicht. Aber muss das auf diese Weise geschehen? – Also, ich finde es ganz scheußlich, was Sie da in Ihrer Fabrik machen!«

»Oh, das tut nichts!«, rief der Besitzer fröhlich. Die Menschen finden meine Ware sehr nützlich!«

»Ja«, sagte Herr Omnibus traurig, »das merke ich. – Ich hätte noch eine Bitte: Ich hätte gern auch ein Verbotsschild!«

»Sie – ein Verbotsschild? Aber selbstverständlich!«, rief der Besitzer. »Was darf es denn sein?«

»Ich hätte gern«, sagte Herr Omnibus, »ich hätte gern ein sehr großes Schild, wo drauf steht: ›Das Aufstellen von Verbotsschildern ist verboten!‹.«

»Oh«, rief der Besitzer, »das haben wir natürlich nicht! Das müssen Sie sich selber malen!«

»Aha«, sagte Herr Omnibus, »das habe ich mir schon gedacht.« Und er stieg in seinen Wagen und fuhr an der langen Mauer entlang in sein hoch gelegenes Haus, setzte sich auf seine Terrasse und dachte angestrengt nach.

Gott will, dass nicht jeder an sich denkt, sondern wir einander das Leben ermöglichen.

Es war gewiss nicht ganz im Sinne des Erfinders, dass das Arbeiten die Menschen so sehr in Anspruch nahm, dass sie ans Spielen kaum mehr dachten. Selbst die von Herrn Omnibus erfundene Pause und die Wochenenden und der Urlaub halfen da nicht gerade viel.

Viel schlimmer war, dass die Menschen überall Zäune und Mauern zogen und Verbotsschilder aufstellten und sich auf diese Weise voneinander abgrenzten und einander ausschlossen.

»Sicher«, dachte Herr Omnibus, »muss Ordnung sein und manchmal müssen einfach Verbote sein.« Aber wenn er jetzt sein schönes Land ansah, dann war Herr Omnibus ganz traurig über so viele Zäune und Mauern und Schilder, die die Menschen voneinander trennten. Vor allem die Kinder taten ihm leid.

Und dazu und obendrein kam dann die Krankheit, die nach und nach die Menschen in seinem Land überfiel. Es war, wie man später feststellte, die sogenannte »Wir-aus-Krankheit«. Sie war ansteckend, aber schmerzlos. Herr Omnibus begegnete dieser Krankheit zum ersten Mal, als er über Land fuhr und in einen Laden ging, in dem es Obst und Gemüse gab. Vor ihm war eine Frau, die schon Tomaten und Äpfel gekauft hatte. Dann sagte sie: »Ich hätte gern noch zwei Kilo ...sing!«

»Ja«, sagte die Gemüsefrau, »der ...sing ist ganz frisch.«

Und die Frau sagte: »... aßen früher ...sing immer mit Kartoffeln durcheinander. Aber mein Mann will nicht und die Kinder mögen keinen ...sing. Jetzt koche ich ...sing nur noch für mich allein.«

Herr Omnibus war so verwirrt, dass er völlig vergaß, was er in dem Laden eigentlich wollte. Er setzte sich in seinen Wagen und fuhr weiter, bis er zu einem kleinen Gasthof kam; dort wollte er sich ein bisschen von seinem Schrecken erholen.

Als er die Gaststätte betrat, wunderte er sich, denn an jedem Tisch stand nur ein Stuhl, auch an den Tischen, an denen vier, fünf oder sechs Personen hätten sitzen können.

Er setzte sich und da kam ein Mann und eine Frau, offenbar das Besitzerehepaar.

»Guten Tag!«, sagte der Mann. »Ich bin der ...t und das ist meine Frau, die ...tin. Womit dürfen ... Sie be...ten?«

*Auch so komisch! Was war das bloß?

Er fragte: »Haben Sie das schon lange?«

Der Besitzer der Gaststätte verstand das falsch und sagte: » ... richten uns nach unseren Gästen. Darum habe ich die ...tschaft jetzt so eingerichtet – alles Einzeltische. Jeder will nämlich für sich sitzen, verstehen Sie? Die ...kung ist großartig! ... haben jetzt viel mehr Gäste, die ... be...ten können!«

»Alle wollen allein sitzen?«, fragte Herr Omnibus stirnrunzelnd.

»Ja«, sagte der Besitzer ganz stolz, »das ...d jetzt modern. Es hat uns ja auch erst ein bisschen ver...rt. Aber man gewöhnt sich dran.«

»Ich nicht!«, rief Herr Omnibus. »Daran kann ich mich nicht gewöhnen; das ist ja schrecklich, wenn jeder nur an sich denkt!«

»Nun machen Sie keinen ...bel, lieber Herr!«, sagte der Besitzer. Aber da war Herr Omnibus schon hinaus und fuhr weiter. Er war ganz bleich vor Schrecken: »Was war da nur in seinem Land los?«

Er kam an eine Schule. Er hielt an, wie er es oft tat. Die Fenster standen offen. Er wollte hören, was sie da machten. Er hörte, wie der Lehrer sagte: »Jetzt einmal alle Formen von »werfen« – alle zusammen!«

Und die Kinder sagten im Chor: »Ich werfe, du ...fst, er-sie-es ...ft, ... werfen, ihr werft, sie werfen.«

Jetzt war Herr Omnibus so wütend, dass er aus seinem Wagen sprang und zu einem der offen stehenden Fenster lief.

Was er sah, machte ihn noch wütender: da saßen die Kinder alle an Einzeltischen in einem großen Kreis, aber alle mit dem Rücken zueinander, so dass einer den anderen nicht sehen konnte.

Gerade hatte der Lehrer einen Jungen über's Knie gelegt, haute auf seinen Hintern und schrie: »Du sollst nicht immer ... sagen! ... sagen ist nicht gestattet! ... sagen ist unmodern! Wann ...st du dir das mal merken?«

»Ich ... Ich ... Ich«, heulte der Junge.

»So ist es gut!«, sagte der Lehrer. »Nur immer schön ‚ich› sagen! Du ...st es schon noch lernen! Langsam ...kt meine Erziehungsmethode!«

Herr Omnibus war so erschüttert, dass er gar nichts von dem sagte, was er eigentlich hatte sagen wollen. Selbst Kinder waren also schon von der Krankheit erfasst! Von dieser Krankheit, bei der jeder nur an sich und nicht mehr an andere denkt! Das war ja noch viel, viel schlimmer als das mit den Zäunen und Verbotsschildern!

»Diese Krankheit«, dachte Herr Omnibus, »diese Krankheit muss ich bekämpfen! Die muss ich ausrotten! Diese Krankheit ist – vielleicht tödlich? Ja, sicher ist sie tödlich: wenn jeder nur noch an sich denkt, dann gibt das Mord und Totschlag! Ich muss sofort etwas unternehmen!«

Herr Omnibus dachte nach.

Dann schrieb er ein Lied – das sollten alle in seinem Land lernen. Und dann malte er Bilder zu einer Geschichte, die allen erzählt werden sollte, damit sie von dieser schrecklichen »Wir-aus-Krankheit« befreit würden.

Gott will, dass wir füreinander da sind.

Als die Menschen in seinem schönen Land überall Zäune und Mauern zogen und sich voneinander abgrenzten mit Verbotsschildern – und als die Menschen gar von der schrecklichen »Wir-aus-Krankheit« befallen wurden ... (Sie sagten zum Beispiel: ...sing statt Wirsing oder ...kung statt Wirkung.), als dies Schreckliche geschah, da dachte Herr Omnibus lange nach, wie er das abgrenzen und die Krankheit bekämpfen könnte.

Und da erfand er zuerst ein Lied, das alle in seinem Land singen lernen sollten. Und das ging so:

Wir gehören zusammen. Ich gehöre dazu.
Keiner soll allein sein. Wichtig bist auch du.
Ja, Gott ist unser Vater und du bist ja sein Kind.
Ja, er führt uns zusammen, damit wir Freunde sind.

(Text und Melodie: Eberhard Laue; aus »Songs für Gott«. Rechte: Mundorgel Verlag GmbH, Köln/Waldbröl)

Und als zweites malte er Bilder zu einer Geschichte, die überall in seinem Land erzählt werden sollte. Es war die Geschichte von einem Mann, den hatten sie halbtot geschlagen. Drei Männer kamen an ihm vorbei. Zwei von ihnen waren auch von der »Wir-aus-Krankheit« geschlagen, sie dachten nur an sich und gingen an dem Halbtoten vorbei. Der Dritte aber war anders. Er dachte nicht an sich, sondern an den verletzten Mann und half ihm (Lk 10).

Mit diesem Lied und dieser Geschichte fuhr Herr Omnibus jetzt durchs Land. Er rief die Menschen aus ihren Häusern, und wenn sie beisammen waren, sang er ihnen sein Lied vor und erzählte die Geschichte und zeigte die Bilder.

Zuerst war das sehr, sehr schwierig.

Er kam da z.B. in ein kleines Dorf. Überall waren natürlich Hecken und Zäune um die Häuser herum. Und hinter den Hecken und Zäunen saßen die Menschen. – Er aber stand auf der Straße und sagte: »Wir gehören zusammen, du gehörst dazu ...« Er sang es einmal – aber er sang ganz allein –, er sang es zweimal, er sang es dreimal. Und dann hörte er die ersten, die mitsangen, ziemlich leise zwar – aber immerhin, sie sangen mit. Jeder sang hinter seiner Hecke, hinter seiner Mauer, hinter seinem Zaun – jeder für sich.

»Rauskommen!«, rief Herr Omnibus. »Alle herkommen, denn:

Wenn du singst, sing nicht allein, steck andre an,
Singen kann Kreise ziehn.
Wenn du singst, sing nicht für dich, bring andre mit:
Zieh den Kreis nicht zu klein, zieh den Kreis nicht zu klein.«*

Ein andermal kam Herr Omnibus in ein Dorf. Da war es auch so, dass die Menschen hinter ihren Hecken und Zäunen saßen. Und auch da sang er sein Lied: einmal, zweimal, dreimal. Und dann

– ja, dann kam doch tatsächlich ein Mann durch ein Zauntor heraus.

»Das ist ein hübsches Lied, das ich da gehört habe«, sagte er. »Ich würde es gern mitsingen.«

»Gut!«, sagte Herr Omnibus. »Natürlich kannst du mitsingen. Nur eine Frage zuvor: Wohnst du allein in deinem Haus?«

»Ja«, sagte der Mann, »ich wohne allein.«

»Aber du hast Nachbarn?«, fragte Herr Omnibus.

»Ja«, sagte der Mann, »neben der Mauer links und rechts, da wohnen Nachbarn.«

»Haben die auch gesungen?«, fragte Herr Omnibus.

»Ich glaube schon, dass sie mitgesungen haben«, sagte der Mann.

»So, so«, sagte Herr Omnibus, »dann sei bitte so nett, geh zu ihnen und sag ihnen, sie sollen auch kommen! Denn:

Wenn du hörst, hör nicht allein, steck andre an,
Hören kann Kreise ziehn.
Wenn du hörst, hör nicht für dich, hör für mich mit!
Zieh den Kreis nicht zu klein, zieh den Kreis nicht zu klein.«*

(*Text und Melodie: Heinz-Georg Surmund; aus: »Weitersagen«.

Alle Rechte beim KiMu Kinder Musik Verlag Gmbh, 42555 Velbert)

Einmal kam Herr Omnibus in einen Ort und erzählte seine Geschichte von dem Mann, den sie halbtot geschlagen hatten. Als er fertig erzählt hatte, blieb es lange Zeit ganz still und Herr Omnibus dachte: »Jetzt habe ich vergeblich erzählt. Sie verstehen die Geschichte nicht.«

Da ging plötzlich eine Tür auf und eine Frau kam heraus. Und die Frau sagte: »Mein Mann ist krank, so wie der, von dem Sie eben erzählt haben. Ich kann ihn nicht mehr allein pflegen. Können Sie mir helfen?«

Herr Omnibus überlegte.

Dann nahm er die Frau am Arm und führte sie zum Nachbarhaus. Er klopfte da und die Tür wurde geöffnet.

Herr Omnibus sagte: »Guten Tag! Diese Frau, Ihre Nachbarin, hat Ihnen etwas zu sagen« – und zu der Frau sagte er: »Sprechen Sie, liebe Frau, sagen Sie, was Sie mir eben gesagt haben!«

»Denen?«, sagte die Frau. »Ja!«, sagte Herr Omnibus, »denn:

Wenn du sprichst, sprich nicht allein, steck andre an,
Sprechen kann Kreise ziehn.
Wenn du sprichst, sprich nicht für dich, sprich andre an.
*Zieh den Kreis nicht zu klein, zieh den Kreis nicht zu klein.«**

Dann kam Herr Omnibus in eine kleine Stadt. Da war überhaupt kein Platz. Überall waren Häuser und Straßen und Fabriken und Schulen und Läden.

Herr Omnibus fuhr lange umher, bis er einen Platz fand, wo er singen und erzählen konnte: das war der Spielplatz für die Kinder. Dieser Spielplatz war nur so groß wie eine mittelgroße Tischplatte und drum herum war ein Zaun.

Herr Omnibus dachte: Hier bleib ich.

Als er Atem holte zum Singen, machte der erste Zaundraht »pling« und zersprang. Und als er nochmal Atem holte für sein Lied, machte der nächste Draht »pling« und ging kaputt. Und als er seine Gitarre zückte, haute er das Schild um, auf dem stand »Dieser Spielplatz ist für mehr als zwei Kinder verboten!«

Da lachte ein Mädchen, das ihn gesehen hatte.

»Hast du gelacht?«, fragte Herr Omnibus.

»Der da auch!«, sagte das Mädchen und zeigte auf einen Jungen.

»Und der da hinten hat auch gelacht!«, rief der Junge.

»Dann lacht doch zusammen!«, sagte Herr Omnibus: »Denn:

Wenn du lachst, lach nicht allein, steck andre an,
Lachen kann Kreise ziehn.
Wenn du lachst, lach nicht für dich, lach andern zu.
*Zieh den Kreis nicht zu klein, zieh den Kreis nicht zu klein.«**

(*Text und Melodie: Heinz-Georg Surmund; aus: »Weitersagen«.
Alle Rechte beim KiMu Kinder Musik Verlag GmbH, 42555 Velbert)

Und so zog Herr Omnibus durch die Städte und Dörfer. Er zog um die ganze Welt.

Und immer wieder geschah es: es kamen Menschen aus ihren Häusern und sangen mit und steckten andere mit ihrem Singen an. Und sie hörten den Herrn Omnibus und sie sprachen zu ihren Nachbarn jenseits der Mauer:

»Kommt mit! Das ist der Herr Omnibus, den muss man erlebt haben!«

Und sie vergaßen die Hecken und Zäune und Mauern, die sie trennten. Und sie vergaßen, nur noch »Ich« zu sagen.

Bei Herrn Omnibus lernten sie aufs Neue, dass man auch »Wir« sagen kann.

Sie nahmen sich bei der Hand und schauten Herrn Omnibus an und dann sagen sie mit ihm:

»Wir gehören zusammen. Ich gehöre dazu.
Keiner soll allein sein. Wichtig bist auch du.
Ja, Gott ist unser Vater und du bist ja sein Kind.
Ja, er führt uns zusammen, damit wir Freunde sind.«

(Text und Melodie: Eberhard Laue; aus: »Songs für Gott« Rechte: Mundorgel Verlag GmbH, Köln/Waldbröl)

Der Herr ist mein Hirte

Erzählung zu 1. Mose 12,1–5 in Verbindung mit Psalm 23

Das Vertrauen darauf, dass Gott die Menschen begleitet und er ihren Weg kennt, brachte Jürgen Koerver in seinen Geschichten immer wieder zum Ausdruck. Er verstand es mit einfachen Mitteln, Kindern diese Haltung nahe zu bringen. Hier erfindet er für eine Grundschulgottesdienstreihe, bei der es um die Abrahamgeschichten ging, eine kleine Geschichte, die den bekannten Psalm 23 in eine Erfahrung des Abraham während seiner Wanderung hineinlegt. In die Liturgie zu dieser mehrere Wochen umfassenden Reihe konnte Koerver den Psalm 23 damit als »Sprechstück im Wechsel« einbringen.
Der auf einem Liedblatt stehende Psalm wurde durch die Geschichte den Kindern veranschaulicht, und sie konnten an deren Ende gleich mitsprechen.

Abraham war also aus Ur, seiner Heimat, aufgebrochen. Die Leute in der Stadt waren sehr erstaunt, als er, der bekannte Mann, eines Tages aus der Stadt zog.
Die Leute blieben stehen und schauten und schauten.
»Der ist aber reich!«, sagen sie, als sie den langen Zug sehen. Vorneweg reitet Abraham auf einem Kamel. Dahinter kommt seine Frau Sarah auf einem Kamel. Dann folgen noch mehr Kamele und Esel. Die haben große Packen und Körbe und Kisten aufgeladen bekommen. Ein paar Esel haben zusammengebundene Zelte auf dem Rücken.
Dann kommt Lot. So heißt der Neffe des Abraham. Ein junger Mann. Er führt die Schafe an. Die Leute am Straßenrand versuchen, die Schafe zu zählen. »Sechzig!«, ruft einer.
»Nein, neunundsechzig!«, ruft ein anderer. – »Ach, dahinten kommen ja noch mehr. – Ich geb's auf! – Die kann man ja gar nicht zählen!«, ruft der eine.
Es ist eine sehr große Herde. Hirten begleiten die Herde. Und dann kommen noch ein paar Frauen, die unterwegs helfen sollen. Einige Jungen und Mädchen sind auch dabei. Das sind die Kinder der Hirten und der Frauen.
So zieht Abraham aus Ur weg. – Mit Sack und Pack. Mit allem Vieh, das er besitzt. Mit Kind und Kegel, wie man so sagt. Wenn

man mit so vielen Tieren auf Wanderschaft ist, dann gibt es eine Menge Probleme. Kann man sich ja denken. Nicht wahr?

Es geht ziemlich langsam vorwärts. – Und vor allem: Die Tiere müssen etwas zum Fressen haben. Gras oder Blätter von Sträuchern. Sie müssen etwas zum Trinken haben. Ein Bach muss da sein. Eine Quelle. Irgendwo.

Und das ist alles sehr schwer zu bekommen, wenn man in einer Wüste wandert. Steine und Felsen und Sand und ein paar kümmerliche Bäume gibt's. Aber Gras und Wasser für die Tiere nur mal da, mal dort.

Schon am zweiten Tag der Wanderung wird es schwierig. Lot, der Neffe, kommt und sagt: »Onkel Abraham, die Tiere brauchen heute unbedingt Wasser! Den Eseln hängt die Zunge zum Maul heraus und die Schafe können kaum noch blöken, so durstig sind sie. – Wohin führst du uns? Wo ist Wasser? Und auch Gras brauchen wir!«

»Ich weiß«, sagt Abraham. »Ich mache mir auch Sorgen, Lot.«

»Was sagt denn dein Gott, Onkel Abraham?«, fragt Lot.

»Nichts!«, sagt Abraham und ist traurig. Er sieht die durstigen Tiere, die sich mühsam dahin schleppen.

»Schau mal, Mann!«, ruft Sarah. »Da kommen Leute auf Kamelen, da hinten!«

Richtig, da kommen drei Männer geritten. Sie kommen schnell näher. Bald sind sie da. Abraham begrüßt die Männer.

»Na!«, sagt einer von ihnen. »Deine Tiere brauchen aber unbedingt Wasser. Da hinten, da ist eben schon ein Esel zusammengebrochen!«

»Ich weiß«, sagt Abraham. »Aber wohin? Ich kenne mich hier nicht aus, alles Wüste! Alles Steine und Sand und Sonne!«

»Ja, das merkt man, dass du nicht von hier bist«, lacht einer von den Männern. Wo willst du denn hin?«

»In ein Land, das mir Gott zeigen will«, sagt Abraham. Da lachen alle drei Männer. »So etwas Komisches haben wir noch nie gehört«, lachen und rufen sie. »In ein Land, das Gott ihm zeigen will! Das ist ja ein herrlicher Witz! Aber im Ernst: Dein Esel ist zusammengebrochen. Du musst ans Wasser. Pass auf, du komischer Land-Gottes-Mann, geh eine halbe Meile zurück und dann in das südliche Quertal eine viertel Meile hinein. Da ist eine

Quelle und da wächst Gras. – Herrliches Gras. In einer Stunde bist du da und kannst deine Tiere füttern und tränken!«

»Danke!«, sagt Abraham. »Und morgen? Wie ziehe ich morgen von da aus weiter?«

Da lachen die Männer wieder und einer sagt: »Morgen? – Wegen morgen fragst du am besten mal deinen Gott, lieber Mann. Soll der doch für dich sorgen! Lebe wohl, Land-Gottes-Mann! Wir müssen weiter!«

Und die Männer reiten weg. Und Abraham folgt dem Weg, den sie ihm beschrieben haben. Und nach einer Stunde schlürfen die Schafe das Wasser aus der Quelle und die Esel rupfen Gras.

Und da kommt Lot mit einigen Männern und Frauen zu Abraham und sagt: »Das hast du großartig gemacht, Onkel! Du bist ein fabelhafter Führer für so eine Wanderung. – So denken wir alle!«

Abraham sagt: »Ich habe unterwegs ein Gedicht gemacht. Es ist ein Gedicht, bei dem könnt ihr mitsprechen. Übrigens, es handelt nicht von mir. Ihr merkt das bei den Worten, die ihr mitsprechen könnt. Ihr sagt: ›Der Herr sorgt für mich, warum soll ich mir Sorgen machen?‹ – Sagt ihr's mal? ... *(Kinder sprechen lassen.)*

Und ich sage:

Was ein Hirte ist für seine Tiere,
ist für mich Gott: Mein Herr.
Der Herr sorgt für mich,
warum soll ich mir Sorgen machen?

Täglich gibt er zu essen.
Frisches Wasser finde ich,
wo er mich hinführt. –
Leben gibt er und Kraft.
Der Herr sorgt für mich,
warum soll ich mir Sorgen machen?

Mein Weg ist richtig,
führt nicht in die Irre.
Denn es ist Gott, der mich führt.
Der Herr sorgt für mich,
warum soll ich mir Sorgen machen?

Wenn ich ganz alleine bin
und Gefahren um mich sind,
fürchte ich doch kein Unheil.
Der Herr sorgt für mich,
warum soll ich mir Sorgen machen?

Du bist bei mir, Herr.
Wie ein Hirte schützt du mich
und gibst mir Glück und Frieden.
Der Herr sorgt für mich,
warum soll ich mir Sorgen machen?«

Verhandlung wegen Sodom

Ein Spiel zu 1. Mose 18,16–33

Für eine Zeitschrift hatte ich eine Reihe von Abraham-Geschichten, u.a.
1. Mose 18,16, zu bearbeiten. Diesen Text zu erzählen ist schwierig. Ich
habe ihn daher ein bisschen eigenwillig »in Szene« gesetzt. Die »Drei« (die
ja fast immer gleichzeitig sprechen) sollten etwas statuenhaft-kühl wirken
im Auftreten und Sprechen, um das seltsam-geheimnisvolle Verhältnis »Die
Drei/Gott«, wie es der biblische Text darstellt, in seiner Zwei-Deutigkeit zum
Ausdruck zu bringen.
Ich stelle mir vor, dass sich das Spiel bis dahin, wo die »Drei« dem Abra-
ham befehlen vorauszugehen, im Gang zwischen den Kirchenbänken oder
irgendwo seitlich abspielt. Dann setzt sich Abraham z. B. auf die Altarstu-
fen und die »Drei« treten nach ihrer Unterredung hinter ihn. Das weitere
Gespräch vollzieht sich so, dass sowohl Abraham als auch die »Drei« zum
Publikum hingewandt sprechen. – Wichtig sind die vielen Pausen und das
beredte Schweigen! (J.K.)

Die Drei:	Wir gehen jetzt.
Abraham:	Ich darf euch ein Stück geleiten?
Die Drei:	Wie du willst.
Abraham:	*(Er macht jene Geste, die man macht, um den Vortritt zu lassen.)* Bitte!
Die Drei:	Geh du voran!
Abraham:	Wie ihr wünscht! – Und in welche Richtung darf ich euch führen?
Die Drei:	Nach Sodom.
Abraham:	Oh, nach Sodom. Das ist ja die Stadt, in der Lot jetzt wohnt!
Die Drei:	Ja.
Abraham:	Ihr kennt Lot?
Die Drei:	Ja.
Abraham:	Und wie geht es ihm?
Die Drei:	*(Schweigen)*
Abraham:	Es ist ihm doch nichts zugestoßen?
Die Drei:	*(zögernd)* Noch nicht.
Abraham:	Gott sei Dank!

Die Drei:	*(leiser, so wie »gern geschehen!«)* Bitte!
Abraham:	Ich habe gehört, Sodom sei ... Sodom sei eine Stadt voller Versuchungen und Gefahren ...
Die Drei:	Ja.
Abraham:	*Ihr wisst darum und geht trotzdem dahin?*
Die Drei:	Eben deswegen! Ja.
Abraham:	Grüßt ihn von mir – und von Sarah! Und sagt ihm: Wir beten für ihn zu Gott.
Die Drei:	Wir wissen es.
Abraham:	*(stockend)* Ihr ... wisst, dass ich ... für ihn ... bete?
Die Drei:	*(Schweigen. – Sie bleiben stehen.)*
Erster:	Geh ein Stück voraus, Abraham.
Zweiter:	Setz dich da auf die Anhöhe.
Dritter:	Wir müssen miteinander reden, Abraham.
Abraham:	*(geht ein Stück, setzt sich, schaut ...)*
Die Drei:	*(wenden sich zueinander wie zu einer Beratung)*
Erster:	Wir können es nicht geheim halten.
Zweiter:	Wir sollten ihn einweihen.
Dritter:	Wir werden es ihm sagen.
Erster:	Soll doch ein großes Volk von ihm abstammen.
Zweiter:	Sollen doch alle Menschen Segen durch ihn haben.
Dritter:	Soll er doch seine Nachkommen den rechten Weg lehren!
Die Drei:	Er soll es erfahren! – Abraham!
Abraham:	Ja, ich höre!
Erster:	Sodom liegt vor dir – du siehst es.
Zweiter:	Sodom, eine Stadt voll böser Menschen!
Dritter:	Sodom, ihre Verdorbenheit stinkt zum Himmel.
Abraham:	So schlimm ist es in Sodom?
Erster:	Wir werden Sodom aufsuchen.
Zweiter:	Wir werden Sodom kontrollieren.
Dritter:	Wir werden feststellen, wie böse Sodom ist.
Abraham:	Und wenn ihr nun seht, dass in Sodom viele Menschen Böses tun, was – was wird dann geschehen?
Die Drei:	Es wird gerichtet!
Abraham:	Und – und wie wird das Urteil sein?
Die Drei:	Es wird vernichtet!

Abraham:	Nein!!!!!
Die Drei:	*(Schweigen)*
Abraham:	Die ganze Stadt – wird vernichtet? Alle Menschen müssen – sterben ...?
Die Drei:	*(Schweigen)*
Abraham:	Aber es sind doch gewiss nicht alle Menschen böse, da in Sodom? Vielleicht – vielleicht sind doch ein paar Gute darunter?
Die Drei:	Vielleicht.
Abraham:	Oh ja, gewiss werden einige darunter sein, die nach Gottes Willen fragen und Gottes Willen tun, ... sich wenigstens bemühen, kein Unrecht zu tun. – Vielleicht sind es fünfzig?
Die Drei:	Vielleicht.
Abraham:	Wenn nun – fünfzig gute Menschen in Sodom sind, dann wird Gott doch die Stadt verschonen? Er kann doch nicht Gute und Böse ver ..., nicht wahr, dann ...
Die Drei:	Wenn fünfzig Fromme dort in Sodom wohnen, wird Gott der Stadt vergeben und sie schonen.
Abraham:	Fünfzig! – Ich hab die Zahl natürlich nur so gesagt. – So genau kann man es ja nicht wissen. – Ich meine: Es könnte ja sein, dass es nur fünf weniger wären. – Wenn es nun ...
Die Drei:	Wenn fünfundvierzig Gute in der Stadt dort wohnen, wird Gott der Stadt vergeben und sie schonen.
Abraham:	Die Stadt und ihre Menschen – das soll ja sehr schlimm sein, habe ich gehört. Möglicherweise sind es doch viel weniger, die auf Gottes Worte achten und sich danach richten. – Vielleicht sind es – in Wirklichkeit nur – dreißig. Wenn es nun nur dreißig ...
Die Drei:	Wenn dreißig Rechte dort in Sodom wohnen, wird Gott der Stadt vergeben und sie schonen.
Abraham:	Ach, je länger ich darüber nachdenke, wer ist schon vor Gott recht? Wer vergeht sich nicht an seinem Mitmenschen und tut ihm Böses an? Es sind doch

wohl nur wenige. – In Sodom bestimmt nur wenige. – Vielleicht sind es ja nur zwanzig. – Und die Zwanzig müssen mit den Bösen ...? Ich kann mir's nicht vorstellen, dass Gott ... Würde Gott das Gericht halten, wenn zwanzig ...?

Die Drei: Wenn zweimal zehn Gerechte dort in Sodom wohnen, wird Gott der Stadt vergeben und sie schonen.

Abraham: Ach Gott, ich wage ja kaum mehr zu reden – und zu fragen – und Einwände zu erheben. – Zweimal zehn? – Vielleicht sind es nur einmal zehn, gerade zehn Menschen in der großen Stadt, an denen Gott Wohlgefallen haben kann. – Wirst du ... Wirst du, guter Gott, auch bei nur zehn ... gut sein zu Sodom?

Die Drei: Auch wenn nur zehn Gott Wohlgefällige in Sodom wohnen, wird Gott der Stadt vergeben und sie schonen.

Abraham: *(schweigt. – Pause – dann)* Hab Dank, o Gott, dass du mit mir geredet hast – und mit dir hast reden lassen über die Menschen da in der Stadt. Du bist ein gerechter und gnädiger Gott und wirst das tun, was recht ist. Darauf vertraue ich. Danke, dass du mich ins Vertrauen gezogen hast, o Gott. Amen.

Erster: Der Herr segnet dich, Abraham.

Zweiter: Der Herr ist dir gnädig, Abraham.

Dritter: Der Herr gibt dir Frieden, Abraham.
(Dabei heben sie nacheinander die Hände zum Segen.)

Die Drei: *(gehen ab)*

Abraham: *(erhebt sich und ruft ihnen nach)* Und Frieden für Sodom!

(Winkt ihnen nach, geht ab.)

Jakob will den Segen um jeden Preis

Perspektivische Erzählung zu 1. Mose 25,20-28; 27, 1-40

Wer die gut und ausführlich erzählte Geschichte in der Bibel liest, der liest eine Geschichte voll Hinterlist, Lüge und Betrug, verantwortet von einer Frau, von der wir nach 1. Mose 24 ein recht »liebliches« Bild haben dürften.

Sie ist in unserem Text die Handelnde. Anstifterin zum Betrug gegen den (blinden!) Ehemann und gegen den eigenen Sohn, zu Gunsten ihres offenbar abgöttisch geliebten Jakob. Man ist versucht, sich zu empören.

Andererseits: Nach 1. Mose 25, 22 befragt sie den Herrn (Orakel?) und erfährt in Vers 23 u. a.: Der Ältere (Esau) wird dem jüngeren Jakob dienen. Von daher kann man fragen: Ist ihr Tun vielleicht letzten Endes davon bestimmt, dieser erklärten Absicht Gottes gegen alle Ordnungen und (moralischen) Widerstände zu dienen und zum Ziele zu verhelfen?

Sieht sie sich sozusagen gezwungen, den ihr bekannten Willen Gottes gegen die Prinzipien menschlicher Gesetze (Segen für den Erstgeborenen) durchzusetzen – koste es, was es wolle?

Das sind Vermutungen. Der Text sagt nichts über die Motive ihres Handeins. Nur die nicht weiter begründete eigentümliche (familienspaltende?) Liebes-Verteilung der Eltern (Vers 28) wird erwähnt.

Von Gott ist – sieht man von 25, 21-24 ab – nirgendwo die Rede. Man gewinnt den Eindruck, er stehe über den Machenschaften dieser Menschen. Und doch ist diese (und jede) Geschichte von Jakob trotz aller Sünde und Schuld der Beteiligten verknüpft mit Gottes Heilsplan für sein Volk (und letzten Endes für die Welt).

Die Geschichte ist schon in der Bibel so ausführlich erzählt, dass es kaum Schwierigkeiten machen dürfte, sie Kindern darzubieten.

Reizvoll schien es mir, sie aus der Sicht der Rebekka zu erzählen als der eigentlich Handelnden. Vermutlich wird nur eine Mitarbeiterin in dieser Weise vorgehen können – oder wagt auch ein Mitarbeiter, als Rebekka aufzutreten?

Die andere Möglichkeit ist, die beiden Szenen zu nutzen – entweder als szenisches Spiel oder als Schattenspiel. (J.K.)

Erzählung der Rebekka

(Erleichtert seufzend) So, das wäre geschafft! Mein Jakob ist in Sicherheit samt dem Segen. Meinem Liebling kann nichts mehr passieren. Hoffe ich jedenfalls.

Esau hat zum Glück nicht gemerkt, dass sein Bruder auf und davon ist. Er war ja so wütend und hat ja so geheult – da hat er gar nicht mitgekriegt, dass mein Liebling das Weite gesucht hat.

O Gott Abrahams, was ist das für eine Familie!

Und was war das für ein Tag heute!

Seit Jahren leben wir nun in Ruhe und Frieden hier in unserem Zeltdorf beim Städtchen Beerscheba: Isaak, der Sohn Abrahams, mein Mann – und ich, Rebekka, seine Frau – und unsere Söhne Jakob und Esau – und unsere Schafhirten und Eselstreiber – und meine sieben Mägde fürs Kochen und Wasserholen und Holzhakken und Weben. ...

Ich selber muss ja erfreulicherweise nur sehen, dass alles gut läuft: Dass unsere sehr großen Herden gehütet und versorgt werden und die Hirten nicht faulenzen, und dass für alle das Essen zur rechten Zeit bereitsteht und die Zelte in Ordnung sind und ...also kurzum: Ich trage hier die Verantwortung für alles!

Isaak, mein Mann, ist zu alt und schon recht gebrechlich und vor allem: er ist blind. Und da muss eben *ich* für alles sorgen. Ja, und natürlich habe ich auch für die Erziehung der Kinder, unserer Söhne, sorgen müssen. Vor allem, als sie noch klein waren. – Es sind Zwillinge, muss man wissen. –

Zuerst habe ich den Esau geboren. Offengestanden: Ich ... ich habe ihn vom ersten Augenblick an nicht ... so besonders gemocht. Er war kein ... hübsches Kind. Insbesondere: Er war wie ein kleines Tier, ganz haarig überall. Ein ... hässliches Kind. Irgendwie abstoßend.

Ach, aber dann: mein süßer, kleiner Jakob! Ganz kurz nach Esau, als Zweiter, kam er zur Welt. Welch ein reizendes, niedliches Baby war das! Immer wieder habe ich meinen kleinen Jakob angeschaut und gestreichelt, geherzt und geküsst! Und wie hat er gelacht und fröhlich gekräht!

Esau hat nur immer gebrüllt und gestrampelt und die Hände geballt und damit geschlagen. Schrecklich!

Wie froh war ich, dass mein Mann einen Narren an Esau gefressen hat! Stundenlang hat er mit ihm gespielt, hat ihn auf seinen Schultern getragen und ihn überall mit hin geschleppt. – Immer war Esau Papas Liebling. Ist aber ja auch verständlich. Esau ist der Erstgeborene, und der bekommt nach der üblichen Ordnung den Segen und damit alle Güter vom Vater vererbt. – (Lacht leise) Wenn es nach der üblichen Ordnung geht, ja dann ... Aber da gibt es eben noch die schlaue Rebekka, die die Ordnung ein bisschen ..., mhm, ... ändert ...

Aber das ist auch nicht mehr als recht, bitte sehr!

Der Esau – also nein und nochmals nein! Das konnte ich einfach nicht mit ansehen!

Der Bursche hat doch nichts anderes im Sinn, als tagelang durchs Gelände zu streifen und Kaninchen und Steinböcke zu jagen! Ein Jäger, sonst nichts!

Kommt dann nach Tagen heim, verdreckt, verschwitzt, abgerissen, total verhungert, wirft mir einen Hasen oder so einen Bock ins Küchenzelt, knurrt: »Ich hab Hunger!«, geht zu seinem Vater und erzählt dem stundenlang seine Jagdabenteuer! – Und der soll hier mal alles erben: die Herden und die Zelte und die Knechte und die Mägde, Korn, Wein, Silberstücke ...? Der versteht doch überhaupt nichts von diesen Dingen.

Aber mein Jakob! Ach, Leute, was für ein großartiger junger Mann!

Hübsch ist er, und umsichtig und fleißig und klug und lieb und ... *Der* versteht was von Schafen, und *der* kann mit den Hirten umgehen und ...also einfach großartig!

Und darum wie geschaffen, das alles hier mal zu erben!

Und dafür habe ich gesorgt, jawohl! Ordnung hin, Ordnung her, Rebekka weiß, wie man es anpackt, damit alles richtig läuft! Und ich hab's geschafft! Heute! Heute habe ich's geschafft: Ich hab meinem Jakob den Segen verschafft, jawohl!

Beinahe wäre es ja schiefgegangen.

Zufällig war ich gerade neben meines Mannes Zelt, als er mit Esau sprach. Und Zeltwände sind nun mal dünn, auch wenn der Stoff dicht gewebt ist.

Isaak also, mein Mann, liegt auf seiner Liegestatt aus Tierfellen. Ich hab ihm gerade seine Ziegenmilch gebracht und eingeflößt;

er kann ja nichts sehen, da muss man ihm beim Trinken helfen. Wie ich hinaus gehe, geht Esau rein. Und da höre ich draußen, wie Isaak zu ihm sagt:

»Mein Sohn, ich spüre, dass ich nicht mehr lange unter euch weilen werde. Meine Kräfte verlassen mich, ich ... ich werde bald sterben. Und darum, lieber Sohn, mach deinem Vater noch einmal eine Freude: Jage ein Wild, wie du es schon so oft getan hast, und mach mir daraus ein schönes Essen; du weißt ja, wie ich es gern habe. Und dann bring es mir – und dann, mein Esau, dann sollst du den Segen bekommen, wie er dir als Erstgeborenem zusteht!« O Gott Abrahams, wie ist mir da der Schreck in die Glieder gefahren!

Isaak will dem Esau den Segen geben! Jetzt schon! Und mit dem Segen alles Gute und alle Güter, die er zu vererben hat. Alles soll Esau bekommen. Alles! Esau? Der? Nur weil das so üblich ist?

Nein, habe ich gedacht, nein! Jetzt, Rebekka, lass dir was einfallen!

Kaum war Esau weg mit Pfeil und Bogen, habe ich meinen Jakob von den Ziegen weggeholt, wo er gerade deren Hufe untersuchte.

»Komm, mein Junge!«, habe ich gesagt. »Lass mal die Ziegen und komm rasch. Ich habe etwas mit dir zu bereden.«

»Aber das kannst du mir doch auch hier sagen«, hat er eingewendet.

»Was ich dir zu sagen habe, das ... das sollen noch nicht mal die Ziegen hören«, habe ich geantwortet. Da hat er gelacht. Ach, mein Jakob kann so reizend lachen ...

Und ich habe gesagt: »Bringe mal gleich das Ziegenlamm mit – das da. Es soll ... äh ... Ziegenbraten geben!«

Er hat mich verwundert angesehen und gemeint: »Aber es ist doch heute nicht der siebte Tag, der Sabbat des Gottes Abrahams, Mütterchen!«

Ich hab kurz und knapp geantwortet: »Tu, was ich sage, Jakob! Das Ziegenlamm schlachten und abhäuten und dann rasch zu mir in mein Zelt!«

Kurze Zeit später ist er zur Stelle; er hat das Ziegenlamm bratfertig dabei und guckt mich neugierig an.

Ich erzähle ihm kurz, was ich eben an Isaaks Zelt gehört habe, und sage: »Aber nicht Esau, o nein, mein Liebling! Sondern du kriegst den Segen; denn du hast ihn verdient, mein Schatz!«

Jakob wird rot vor Stolz. Doch dann sagt er: »Aber Mutter, das merkt doch der Vater sofort, dass ich nicht der Esau bin, auch wenn er mich nicht sehen kann ...«

»Hör zu«, sag ich. »Das ist ganz einfach. Während ich aus dem Ziegenlamm ein Wildgulasch à la Esau herstelle, gehst du hin und ziehst Esaus Festgewand an. Vater sieht es zwar nicht, aber du hast dann diesen grässlichen Geruch wie Esau. Und du bindest dir das Fell von einer Ziege um den Arm und Hals für den Fall, dass er dich betastet; dann bist du so haarig wie dein Bruder. Und schließlich übst du ein bisschen, so zu sprechen wie Esau, so mit etwas heiserer Stimme und ein wenig stockend – na, du weißt ja, wie er redet. Alles klar?«

»Ja, ja«, stottert er und macht ein ziemlich erschrockenes Gesicht. »Aber – aber das ist doch Betrug, Mutter!«

Doch ich erwidere: »Möchtest du dein Leben lang die Nummer Zwei sein? Esau hat zu sagen und du hast zu gehorchen? Er besitzt hier alles und du musst um alles bitten?

Er versteht nichts von Schafzucht und wirtschaftet in kurzer Zeit alles herunter und du musst zähneknirschend und weinend zugucken? Möchtest du das, Jakob? Dann ...«

»Nein, nein!«, ruft er. »Das will ich natürlich auch nicht. Aber, liebe Mutter, was sagt denn der Gott Abrahams, unser Gott, dazu ...?«

»Gott«, sag ich und merke, dass ich daran noch gar nicht gedacht habe. »Gott? Nun, Gott ... Gott wird schon einverstanden sein ... Wenn erst mal der Segen gesprochen ist, kann Gott daran auch nichts mehr ändern, denke ich. –

So, und nun ans Werk! Wer weiß, wie schnell Esau zurückkehrt ... Also vorwärts, mein Sohn!«

Nun – wir beide sind an die Arbeit gegangen – und als die Sonne am höchsten stand, ist Jakob hinüber zu Isaaks Zelt.

Er war schrecklich aufgeregt. Der Kessel mit dem Ziegenlammgulasch klapperte vor Aufregung in seinen Händen.

Ich bin gleich hinterher und hab draußen gelauscht – und auch gezittert! Denn Isaak hat gleich gefragt: »Wer bist du von meinen Söhnen?«

Und Jakob hatte in der Aufregung das mit der Stimme noch nicht geschafft, als er sagte: »Ich bin Esau, der Erstgeborene. Setz dich auf, Vater, und iss von meiner Speise, die ich dir zubereitet habe, und – und dann segne mich!«

Isaak hat geschnuppert, und das Wasser ist ihm wohl im Munde zusammengelaufen, denke ich.

Aber er hat doch erst gefragt: »So bald hast du was gefunden und erlegt?«

Jetzt hatte sich Jakob wohl beruhigt, und er hat auf Esaus Art gebrummt: »Der Herr, dein Gott, hat mir einen jungen Steinbock direkt vor den Pfeil gelenkt, ganz hier in der Nähe.«

Aber Isaak ist ja so misstrauisch, seitdem er blind ist, und er hat ihm befohlen: »Komm mal ganz nah heran, dass ich dich betasten kann, ob du auch wirklich Esau bist!«

Dann war es einen Augenblick still, und ich hab gedacht: „O Gott Abrahams, lass es gutgehen! Und – ja, es ging gut! Denn ich hörte Isaak sagen: »Deine Stimme ist zwar die von Jakob, aber dein Arm ist so haarig wie der von Esau. – Bist du wirklich Esau?«

»Aber ja«, hat Jakob mit Esaus Weise geknurrt, »klar bin ich's, Vater!«

Da hat Isaak sich zufrieden gegeben und nach dem Essen verlangt, und es gab Deckelklappern, und Isaak hat viele »Ahs« und »Ohs« und »Wie köstlich!« von sich gegeben. Wie gut, dass ich immer wieder mal zugeschaut habe, wenn Esau so ein Wildgericht zubereitet hat. Offenbar hab ich's genauso gut hingekriegt, denn Isaak hat ohne jede Bemerkung das Essen zu sich genommen.

Aber dann kam noch einmal ein aufregender Augenblick. Er hat nämlich gesagt: »Komm her, mein Sohn, küsse mich!« Das muss Jakob denn ja wohl getan haben; dabei hörte ich, wie Isaak schnupperte – offenbar wollte er am Geruch feststellen, ob er auch wirklich Esau vor sich hat. Aber das hat auch geklappt – wegen dem Festgewand! Wie gut, dass ich daran gedacht habe!

Und dann – dann kam der Segen. Endlich!

Vermutlich legt Isaak jetzt seine Hand auf den Kopf meines Lieblings – ja, und dann sagt er mit lauter Stimme:

»Der Geruch meines Sohnes ist wie der Geruch des Feldes.
Gott hat das Feld gesegnet – und so soll er dich segnen.
Reich sollst du sein und viel Korn und Wein haben.
Dein Bruder soll sich vor dir beugen.
Und wer dich segnet, der soll auch gesegnet sein!«

Geschafft! Ja, er hat meinem Jakob den Segen gegeben! Das sind
ja nicht nur irgendwelche Worte, sondern das ist schon so gut
wie geschehen! Jetzt ist mein Jakob reich und bekommt Korn
und Wein in Fülle und ist der Herr von allem hier. Ja!
Und da stolpert Jakob auch schon aus dem Zelt – direkt in meine
Arme.
»Er hat es getan und nichts gemerkt«, flüstert er mir zu. »Ich hab
den Segen!«
Ja, und dann musste alles schnell gehen. Ich reinigte den Kessel,
Jakob zog rasch alles aus, hängte das Festgewand an seine Stelle.
Jeden Augenblick konnte Esau zurückkommen …
Und tatsächlich: Er kam bald, einen fetten Hasen über der Schul-
ter.
Ich sagte: »Oh, ein Hase! Soll's den heute abend geben?« Esau
warf den Bogen und den Köcher mit den Pfeilen hin, murmelte:
»Nein, ist für Vater. Ich brauche die Küche. Sofort!«
Und er verschwand im Küchenzelt.
Und schon kurze Zeit später sah ich ihn zu Isaaks Zelt gehen.
– Mit dem Kessel in der Hand. – Lächelnd, glücklich. – Armer
Esau!
Ich lief hinterdrein und horchte. Und es kam, wie es kommen
musste.
Er bat Isaak, sich zum Essen zurechtzusetzen. Isaak – völlig ver-
wirrt – fragt: »Wer bist du?« – Esau antwortet.
Isaak voller Entsetzen: »Aber da war doch schon wer, eben, und
ich habe gegessen – und habe den Segen gegeben!«
Oh, und dann der Schrei und das Wimmern von Esau: »Segne
auch mich, Vater!«
Und immer wieder: »Segne doch auch mich!«
Ich gebe zu: Er tat mir leid, mein Sohn Esau, wie ich ihn da
weinen hörte. Und wie auch mein Mann mit den Tränen kämpfte
und nur feststellen konnte: »Dein hinterlistiger Bruder hat sich

alles an Segen abgeholt, was ich geben konnte. Alles. Restlos alles. Ich habe nichts mehr für dich. Ich kann dir, mein geliebter Esau, nur sagen:

Arm musst du sein.
Von dem, was du mit Pfeil und Bogen jagst,
musst du leben,
und deinem Bruder musst du dienen.

Ich hatte genug gehört und schlich mich weg.
Ja, ich schlich. So gehe ich sonst nie. Aber jetzt schlich ich dahin ...
Immer noch hörte ich jenes verzweifelte »Segne auch mich, Vater« und das Schluchzen meines Mannes.
Beide habe ich betrogen. Sie meinen natürlich, Jakob sei es gewesen. Er allein. Aber in Wirklichkeit war es ja mein Plan. Angestiftet habe ich ihn, meinen Liebling Jakob. Er hat nur getan, was ich ihm geraten habe. Allerdings, getan hat er es ...!
Ich fand Jakob schließlich bei den Ziegen. Aber er schaute nicht ihre Hufe nach, sondern saß nur so da. Er schaute mich von unten her an, so als ob er sagen wollte: Und jetzt?
Ich sagte: »Es ist natürlich rausgekommen. Ich fürchte, jetzt sinnt dein Bruder auf Rache. Du wirst wohl eine Zeit lang verschwinden müssen von hier, bis er sich beruhigt hat.«
Jakob erhob sich wortlos und klopfte den Staub von seinen Kleidern. Dann ging er zu seinem Reitesel und sattelte ihn. Ich gab ihm ein Bündel mit getrocknetem Fleisch und Brotfladen und einen Wasserschlauch.
»Wohin ziehst du?«, fragte ich. »Zu Nahors Quelle«, antwortete er. »Lass mich wissen, wenn – wenn ich wiederkommen kann.«
Er hatte Tränen in den Augen. Auch ich weinte. »Denk dran«, flüsterte ich, »du hast den Segen! Du hast ihn!« Er sah mich traurig an. Dann ritt er davon.
»O Gott Abrahams«, habe ich gemurmelt, »mache gut, was ich getan habe!«

Gott stellt sich auf die Seite des Betrügers

Tagebuch des Jakob zu 1. Mose 27,41-45; 28,10-22

Wie die vorausgehende Erzählung stammt auch diese Darbietung in Tagebuchform aus einer Bearbeitungsreihe in der Zeitschrift »Evangelische Kinderkirche« (Jahrgang 1992).

Jürgen Koerver wählte diese Erzählform, weil sich die Ereignisse dieses Bibeltextes über einen längeren Zeitraum erstrecken. Dies bietet für die Darbietung durch die Mitarbeiterinnen und Mitarbeiter auch den Vorteil, dass sie daraus ohne Weiteres vorlesen können. Trotzdem muss der Text auch für das Vorlesen gut vorbereitet werden.

Die Geschichten zeigen, dass Gott in der Tat zu Jakob, dem Betrüger, steht und durch ihn seinen Heilsplan für sein Volk fortführt. Die Gnade wirkt in allen Menschen.

An Nahors Quelle

3. Tag nach meinem Weggang aus Isaaks Zeltdorf

Nach zwei Tagen auf meinem Esel bin ich hier angekommen. Die Hirten Amos und Ben-Edom, die eine unserer großen Herden hüten, haben mich unterwürfig und ziemlich erschrocken begrüßt. Wenn der Sohn von Isaak, ihrem Herrn, erscheint, dann – denken sie – um ihre Arbeit zu überprüfen. Ich habe sie bei dieser Meinung gelassen und auch tatsächlich die Schafe ein wenig kontrolliert. Im Übrigen habe ich meine Lagerstatt abseits unter einer alten Terebinthe aufgeschlagen, um für mich zu sein und nachdenken zu können.

Ich bin sehr unruhig und schaue hundert Mal am Tag Richtung Sonnenuntergang. Denn wenn, dann kommt er von da, mein wütender Bruder Esau.

Oh, ich verstehe das ganz gut, dass er rasend ist vor Zorn, habe ich ihm doch den Segen weggenommen. Allein wäre ich nie auf die Idee gekommen, so was zu machen. Ich habe mich zwar manchmal geärgert, wenn ich daran dachte: Dieser fiese Bursche, dieser haarige Kerl, der bloß tagelang im Gelände herumstrolcht mit Pfeil und Bogen und Tiere jagt und erlegt – dieser

Esau bekommt mal alles, was Vater Isaak in seinem langen Leben angesammelt hat: Riesenherden, den Dattelgarten, die Ölbäume, die zehn großen Zelte, die Kiste mit Silberstücken – all diesen Reichtum. Ja, ich habe mich geärgert bei dem Gedanken, dass er alles kriegt, nur weil er zuerst geboren ist, ganz kurz vor mir, der Zwillingsbruder. Geärgert habe ich mich, weil ich eigentlich der Richtige bin, um diesen Reichtum gut zu verwalten und zu vermehren. Schließlich habe ich mich schon seit Jahren tüchtig geplagt mit den Herden und alles. Mutter hat mich immer gelobt, weil ich so fleißig und umsichtig bin, und sogar Vater hat hin und wieder was Anerkennendes gesagt, obwohl er Esau viel lieber hat als mich.

Dafür bin *ich* eben Mutters Liebling. Sie hat schon immer gesagt: Eigentlich müsstest du, mein Schatz, alles erben.

Und dann hat sie ja diesen Plan gehabt. Da wäre ich nie drauf gekommen. Ich musste Esaus Gewand anziehen, damit ich so rieche wie er; und auch meine Stimme verstellen musste ich. Und sie hat aus einem Ziegenlamm was gekocht, was so schmeckte wie so ein Wildgericht, was Esau manchmal zubereitet für Vater. Und dann kam ich zu Vater ins Zelt, wo er immer liegt, seit er so gebrechlich und blind ist. Und da habe ich den Esau gespielt. Zuerst war er ja misstrauisch, aber dann hat er wirklich gemeint, Esau wäre bei ihm. Und er hat gegessen, und dann musste ich neben ihm niederknien, und er hat mir den Segen gegeben – den Segen, den Esau eigentlich kriegen sollte.

Er hat gesagt: »Gott soll dich segnen, und reich sollst du sein, und dein Bruder soll sich vor dir beugen.«

Und ich habe gewusst: Das gilt, was er da in seinen Worten sagt; das ist so gut wie schon geschehen, eines Tages tritt das ein. Und wegnehmen kann mir das keiner mehr, was er mir da zugesprochen hat. Das ist jetzt so wie festgebunden an mir, dieser Segen. Nun müsste ich ja eigentlich froh und glücklich sein; denn ich habe ja, was ich mir manchmal erträumt habe. Aber um welchen Preis habe ich's?

Zu Vater kann ich nie mehr gehen, ihn nie mehr sehen, kein Wort mehr mit ihm reden.

Und Esau hasst mich und verfolgt mich mein Leben lang.

Und mein Zuhause habe ich auch schon verloren, weil ich

flüchten muss vor Esau. Und das heißt ja: Mutter werde ich vermutlich auch nicht mehr sehen können.

Und der Gott Abrahams, unser Gott, was sagt der dazu? Wie wird der mit mir verfahren? Mit mir, der ich seinen Segen mit List und Betrug an mich gebracht habe! Was tut der Gott Abrahams mit einem Betrüger, wie ich einer bin?

An Nahors Quelle
15. Tag nach meinem Weggang aus Isaaks Zeltdorf

Eben, kurz vor Sonnenuntergang, habe ich mich sehr erschrokken. Plötzlich war da eine Staubwolke in der Ferne, die rasch größer wurde. Da habe ich gedacht: Jetzt kommt er, der Esau! Ich habe gleich die Keule zur Hand genommen für den Fall, dass er mich angreift. Aber dann war es nur Daniel, einer unserer Knechte. Er ritt erst zu den beiden Hirten, und die wiesen ihn dann zu mir.

Mutter hat ihn geschickt, ich soll heimkommen. Jedenfalls vorübergehend. Esau ist, so berichtet er, mit einigen Jagdgenossen aus Beerscheba auf große Steinbockjagd. Das dauert immer zwei bis drei Sabbate lang. Also ist von ihm nichts zu befürchten – im Augenblick jedenfalls. Seine Wut, sagt Daniel, ist aber noch nicht vorbei. Tagelang ist er nicht aus unserem Zeltdorf weg wie sonst, sondern hat auf der Lauer gelegen, immer mit Pfeil und Bogen in der Hand. Mutter muss schreckliche Angst gehabt haben, dass ich plötzlich auftauchen könnte.

Nun also kann ich nach Hause. Morgen früh reiten wir los.

Irgendwo im Gebirge –
auf dem Weg zwischen Beerscheba und Haran

Ich habe es ja schon geahnt: Mein Aufenthalt daheim in unserem Zeltdorf war nur kurz. Nach einem anstrengenden Ritt von Nahors Quelle nach Beerscheba konnte ich endlich am Abend Mutter in die Arme nehmen. Ach, ich war glücklich, wieder bei ihr zu sein, und auch sie strahlte, allerdings nur anfangs.

Sie hatte mir meine Lieblingsspeise zubereitet, gebratenes Kaninchen mit Dattelkompott, und wir saßen zusammen in ihrem

Zelt. Unterhalten konnten wir uns nur flüsternd. Vater nebenan in seinem Zelt sollte nicht merken, dass ich da bin; es würde ihn schrecklich aufregen, und er würde es Esau gleich erzählen, wenn er zurückkehrt. Doch dafür werden schon die Knechte sorgen ...

Mutter strahlte gar nicht mehr, als sie mir berichtete: »Esau will dich umbringen. Er wartet nur noch, bis Vater gestorben ist, und das kann jeden Tag sein. Dann will er dich umbringen! Und darum, mein Jakob, musst du fort. Für längere Zeit und weit weg. Ich habe es mir schon überlegt: Du wirst nach Haran, zu meinem Bruder Laban, ziehen.«

Ich habe voller Schrecken gesagt: »Aber das ist ja über zwanzig Tagesreisen entfernt! Das ist ja am Ende der Welt!«

»Ja«, hat Mutter gesagt, »aber da bist du in Sicherheit, mein Liebling!«

Heute morgen bin ich aufgebrochen. Es war ein sehr trauriger Abschied. Vater werde ich nie wiedersehen, Mutter vielleicht auch nicht. Und unsere Knechte und Mägde und alles wahrscheinlich auch nicht. Und das alles, weil ...

Mutter hat mir zwar noch einmal gesagt: »Du hast den Segen Gottes, denke daran!« Aber ich kann mir nicht vorstellen, dass unser Gott etwas mit mir zu tun haben will und mir Gutes tun wird.

Ich komme mir jedenfalls sehr einsam und verlassen vor, jetzt am Abend und in diesem unbekannten Land, hier in diesem öden, unheimlichen Gebirge, fern von jeder menschlichen Behausung. Nur hier und da wächst ein Baum oder Strauch, sonst nur Steine und Geröll.

Ich habe mir einen ziemlich großen Stein ausgesucht, einen, der eine Aushöhlung hat; da kann ich wenigstens meinen Kopf wie in ein Kissen legen. Gleich wird mein Feuerchen verlöschen; dann wickele ich mich in meinen Fellmantel und versuche zu schlafen. Ich bin zwar sehr müde, weil ich den ganzen Tag marschiert bin – und es liegen noch viele solche Marschtage vor mir bis Haran –, aber ob ich schlafen kann, wenn ich dauernd daran denken muss, was ich getan habe?

Zu Hause haben wir abends immer zu unserem Gott gebetet, und Vater hat manchmal von seinem Vater Abraham erzählt und was

Gott dem alles gesagt hat. – Zu mir wird er gewiss nie reden. Ich bin ja ein Betrüger. – Beten kann ich auch nicht.
Was für ein schreckliches Leben!

Immer noch zwischen Beerscheba und Haran – noch am gleichen Ort wie gestern

Eben erst ist die Sonne aufgegangen, und ich sollte wohl schon unterwegs sein Richtung Haran. Doch zuerst muss ich aufschreiben, was mir diese Nacht Wunderbares widerfahren ist. Ich bin sehr rasch eingeschlafen, und dann habe ich einen Traum gehabt.

Isaak, mein Vater, hat mir immer wieder gesagt: »Gib gut Acht auf deine Träume, Junge, die haben Bedeutung! Ja, es kann sogar geschehen, dass der Gott Abrahams im Traum zu dir kommt!« Ich habe mir das nicht vorstellen können. Jetzt aber weiß ich, dass es stimmt!

In meinem Traum, da war zuerst der Nachthimmel mit den vielen Sternen zu sehen. Aber dann fiel plötzlich ein heller Strahl vom Himmel. Der wurde immer länger, bis er die Erde berührte. Und dann war es kein Lichtstrahl mehr, sondern so etwas wie eine helle, unendlich lange Leiter oder Treppe. Und darauf stiegen Gestalten hinauf und hinunter. Unentwegt waren viele Gestalten zwischen Himmel und Erde unterwegs, Gestalten aus Licht.

Und jetzt weiß ich: Das waren Boten des Himmels, welche die Gedanken Gottes zu den Menschen bringen und die Gedanken der Menschen zu Gott hin. Ob auch meine Gedanken dabei waren?

Ja, ich glaube, sie waren dabei. Denn auf einmal stand ganz oben, wo die Leiter in den Himmel hineinging, da stand eine Gestalt, die war anders, größer und heller als die anderen. Und sie sagte: »Ich bin der Herr, der Gott Abrahams und Isaaks, deines Vaters, und auch dein Gott. Das Land, auf dem du jetzt liegst, das soll einmal dir und deinen Nachkommen gehören. Viele Nachkommen wirst du haben, und alle Welt soll durch sie gesegnet werden. Und siehe, ich bin mit dir und will dich behüten. Ich werde dich nicht verlassen, bis ich tue, was ich dir versprochen habe.«

Dann verschwand die Gestalt, und auch die Leiter schwand allmählich, und das Licht erlosch. Nur der Himmel und die Sterne blieben.

Das habe ich geträumt. Aber das war ja mehr als nur ein gewöhnlicher Traum. Da hat Gott wirklich zu mir gesprochen. Zu mir, zu Jakob, dem Betrüger!

Jetzt bin ich voller Jubel und Freude und Zuversicht: Gott hat mich nicht verstoßen und verlassen, wie ich es ja wohl verdient hätte. Nein, er will mit mir sein! Danke, Gott, dass du so gütig und gnädig bist und vergibst!

Jetzt muss ich aber aufbrechen. Die Sonne steht inzwischen hoch und es ist schon sehr heiß.

Zwischen Beerscheba und Haran – eine Tagesreise von Beth-El

Es ist wieder Abend und ein langer Tagesmarsch liegt hinter mir. Ich bin ja auch sehr spät erst aufgebrochen, noch später, als ich heute morgen hingeschrieben habe.

Als ich nämlich noch ein wenig da saß, wo ich das geträumt habe, und noch einmal darüber nachdachte, da ging mir erst richtig auf, dass das ja ein heiliger Ort ist. Wo die Leiter des Himmels auf die Erde stößt und die Boten Gottes hin- und hergehen und wo Gott zu einem Menschen, zu mir, gesprochen hat, da ist ein heiliger Ort!

Und ich hab gedacht: Das soll doch jeder wissen, dass das hier so was ist wie die Pforte des Himmels! Das soll jeder wissen, der hier vorbeikommt, und soll zu Gott beten und ihm vielleicht ein Opfer bringen.

Ich habe überlegt, wie man diese Stelle kennzeichnen kann, und da bin ich auf die Idee gekommen, den Stein, auf dem ich mit dem Kopf gelegen habe in der Nacht, aufrecht zu stellen. Das war allerdings eine mächtig schwere Arbeit, so einen Stein ganz allein und ohne Gerät aufzurichten. Ich habe tüchtig geschwitzt, zumal die Sonne inzwischen vom Himmel brannte.

Aber ich hab's hingekriegt! Sicher hat mir auch die Freude, dass Gott so gut zu mir sein will, die Kraft dazu gegeben. Dann habe ich noch das Geröll ringsum weggeräumt, damit man gleich sieht, dass das ein besonderer Stein ist, ein Denkmal. Und schließlich habe ich gedacht: Nun müsstest du Gott noch ein Opfer darbringen, weil er so gut und gnädig ist. Aber was sollte ich ihm opfern?

Da fiel mir ein: Mutter hat mir ins Reisegepäck ein kleines Tonkrüglein mit einem kostbaren Öl gesteckt; das soll meine Füße vor dem Wundlaufen schützen. Dieses Öl habe ich herausgenommen und oben auf den Stein gegossen und mich noch einmal bei Gott bedankt.

Und dann habe ich gesagt: »Wenn du, Gott, mit mir bist und mich behütest auf meiner Reise, mich unterwegs nicht verhungern lässt und auch machst, dass ich eines Tages wieder in Frieden nach Hause ziehen kann, dann will ich dich mein Leben lang verehren und preisen! Ja, ich will dir, Gott, hier an dieser Stelle ein schönes Haus bauen, ein Gotteshaus! Und so soll diese Stelle schon ab heute heißen: Haus Gottes – Beth-El.«

Und über all dem ist es dann Mittag geworden, bis ich losging. Und jetzt bin ich natürlich sehr müde. Ich werde noch zu dem Gott beten, der mir gestern in der Nacht so Gutes versprochen hat, und für Vater und Mutter und auch für Esau beten, dass Gott ihnen Gutes tun möge. Und dann schlafen, gut schlafen!

Gott überschüttet Jakob in der Fremde mit seinem Segen

Ein Briefwechsel zu 1. Mose 29–31 i.A.

Es empfiehlt sich, diese sehr ausführlich erzählte Geschichte mit ihren Irrungen und Wirrungen einmal ganz zu lesen.

Sie umfasst den zwanzig Jahre währenden Aufenthalt Jakobs bei Laban, seine Werbung um Rahel, die Betrugsmanöver Labans bei der Heirat, den aus den Ehen entsprießenden Kindersegen, den wachsenden Reichtum Jakobs und schließlich die Heimreise mit ihren Begleitumständen.

Die Fülle der Ereignisse und die Breite der Darstellung bedingt, dass wir eine Auswahl der wichtigsten Momente treffen müssen.

Das Tragikomische ist, dass hier der Betrüger Jakob einem Menschen in Gestalt des Laban begegnet, der nun ihn betrügt – und wiederum umgekehrt, als es um das Vieh geht.

Jakob geht aber schließlich als der reich Gesegnete aus diesen ganzen Machenschaften hervor, wobei deutlich wird, dass Gott – getreu den Worten in 28,13-15 – das Leben und die Wege des Jakob begleitet und der Segnende ist.

Die Stofffülle verlangt eine Auswahl. Da sich die darzubietenden Ereignisse über einen langen Zeitraum erstrecken, wäre auch hier eine Darbietung in Tagebuchform denkbar.

Ich habe hingegen einen Briefwechsel zwischen Jakob und Rebekka gewählt, nicht nur, um die Form zu wechseln, sondern auch rein akustisch die Länge der Darbietung aufzulockern, was erreicht wird, wenn zwei Mitarbeiter bzw. Mitarbeiterinnen sich im Vortragen abwechseln.

Wer das nicht kann oder will (oder wem das zu lang zu werden scheint), kann gewiss ohne große Mühe aus den Briefen Jakobs eine Ich-Erzählung des Jakob machen. (J.K.)

►►►

1. BRIEF

An   von
Rebekka, Frau des Isaak Ben-Abraham   ihrem Sohn Jakob,
Oase Beerscheba   unterwegs

Liebe Mutter,

ich hoffe, die ägyptische Karawane hat dir meinen Brief inzwischen gebracht, so dass du von meinem seltsamen Traum weißt, den ich an dem Ort hatte, dem ich den Namen Beth-El gegeben habe.

Eben nun habe ich bei einer Rast drei babylonische Reiter getroffen, die mit Nachrichten nach Ägypten unterwegs sind und also an unseren Zelten vorbeikommen werden. Leider habe ich nur noch eines der Silberstücke, die du mir bei der Abreise gegeben hast. Darum bitte ich dich, sie zu entlohnen, wenn sie diesen Brief abliefern.

Viel habe ich dir nicht zu berichten. Getreu deiner Anweisung bin ich auf dem Weg nach Haran zu Onkel Laban. Gestern habe ich die Stadt Aleppo hinter mir gelassen, und vorhin las ich zum ersten Mal auf einem Wegweiser die Angabe »Haran, 4 Tagesreisen«. Nun ist es nicht mehr weit bis zum Ziel.

Das müsste mich eigentlich rascher ausschreiten lassen, aber ich habe zum schnellen Gehen einfach nicht mehr die Kraft. Meine Füße sind nach über 20 Tagen Wanderung wund gelaufen, und zu essen habe ich kaum mehr was. Ich bin schon darauf angewiesen, Beeren am Wegesrand zu pflücken. Ein Kaninchen, das ich fangen wollte, ist mir entkommen. Ach, wenn ich doch wie mein Bruder Esau ein Jäger wäre!

Nun, bis Haran werde ich es schon schaffen. Aber wer weiß, was mich da erwartet? Ob Onkel Laban mich wirklich aufnimmt, auch wenn er dein Bruder ist?

Die Sache mit dem Segen werde ich ihm wohl besser nicht erzählen, vor allem, weil es ja deine Idee war, liebe Mutter. Ich werde einfach sagen, ich wolle bei ihm das Hirtenhandwerk lernen, weil mein armer, alter, blinder Vater mich nicht darin unterweisen kann – irgend so was.

Nun drängen mich die drei Reiter; sie wollen weiterziehen. Ich umarme dich, liebe Mutter, und küsse dich. Vater kannst du grüßen, wenn du willst. Esau verschweigst du wohl besser, dass ich geschrieben habe.

Der Gott Abrahams, dessen Heimat ich mich jetzt nähere, sei mit dir!

Dein Sohn Jakob

Übrigens: Von dem Segen Gottes verspüre ich bislang nichts. Im Gegenteil.

2. Brief

An
Rebekka,
Frau des Isaak Ben-Abraham
Oase Beerscheba

von
ihrem Sohn Jakob
Haran vor der
Stadtmauer,
bei Laban ben-Betuel

Mein liebes Mütterchen,

der Gott Abrahams sei gelobt! Ich bin in Haran bei Onkel Laban angekommen und nun schon einige Vollmonde hier. Doch erst morgen geht ein Postreiter nach Süden ab, darum schreibe ich erst jetzt.

Der Onkel hat mich sehr freundlich aufgenommen und lässt dich herzlich grüßen. Immer wieder muss ich ihm beschreiben, wie du jetzt aussiehst, was du tust, wie es dir als Frau des reichen Isaak ergeht usw. usw.

Zu berichten gibt es viel seit meinem letzten Brief, der dich hoffentlich erreicht hat.

Damals war ich noch vier Tagesreisen von Haran entfernt. Als ich schließlich noch etwa eine halbe vor mir hatte, machte ich Rast bei einer Zisterne, wo eine Riesenherde Schafe blökend darauf wartete, von ihren drei Hirten getränkt zu werden.

Ich habe gleich nach Onkel Laban gefragt. Sie sagten: »Natürlich kennen wir den! Den kennt jeder hier, reich wie er ist. Und vor allem kennt jeder Rahel, seine schöne Tochter!«

Kaum hatten sie das gesagt, da streckte einer die Hand aus und behauptete: »Da kommt sie, die Rahel mit ihren Schafen!« Und tatsächlich: Ein paar Augenblicke später war sie da.

Ein tolles Mädchen mit schönen braunen Haaren und schwarzen, lustigen Augen. Ich habe sie angestarrt; sie hat gelacht und gefragt, wie das mit dem Stein ist, der oben auf dem Wasserloch liegt, wer den wegrollt. Die drei Hirten haben sich nicht gerührt. Da habe ich es getan, obwohl er verdammt schwer war für einen Einzelnen. Und dann habe ich Rahels Schafe getränkt.

Sie hat mir die ganze Zeit zugeschaut, und ich habe sie auch immer wieder angeguckt, dieses schöne Mädchen.

Und als ich schließlich fertig war, hat sie gesagt: »Sag mal, fremder Mann, warum tust du das alles für mich?«

Und ich hab gesagt: »Weil ich dein Verwandter bin, der Sohn von Isaak und Rebekka, der Schwester deines Vaters. Ich bin der Jakob.«

Und dann habe ich sie umarmt und geküsst. Sie ist rot geworden, und dann ist sie davongerannt mit wehenden Röcken.

Da habe ich ihre Schafe zusammengetrieben und bin mit denen nach Haran.

Die Schafe haben natürlich gewusst, wo ihr Stall ist, und so habe ich Onkel Labans Haus vor der Stadtmauer von Haran leicht gefunden.

Allerdings: Die letzten paar hundert Schritte kam mir ein kleiner dicker Mann entgegen, mit lustigen und zugleich listigen Augen. Er rief schon von weitem: »Willkommen Schwestersohn, willkommen in Haran und meinem Hause!«

Und dann nahm er mich in die Arme, dein Bruder, liebe Mutter! Er führte mich zu seinem großen, schönen Steinhaus – und da standen sie alle vor der Tür: Onkels Frau und seine Söhne und Töchter und auch eine Menge Knechte und Mägde. Sie wussten durch Rahel schon alle von mir und haben mich begrüßt und umarmt.

Dann habe ich in erwärmtem Wasser gebadet. Welch ein Genuss nach fast 30 Wandertagen! – Und dann gab es ein festliches Essen, und ich musste natürlich erzählen. Dabei habe ich dann doch durchblicken lassen, warum ich nach Haran gekommen bin – das mit dem Segen –, und der Onkel hat gelacht und gesagt:

»Typisch meine Schwester Rebekka, immer weiß sie einen Vorteil zu erkennen und zu nutzen!«

Dann hat er gefragt, wie lange ich bleiben werde, und ich habe ihm gesagt: Ein paar Vollmonde, vielleicht ein Jahr, und dass ich als Hirte bei ihm arbeiten will.

Damit war er sehr einverstanden.

Erst habe ich mich ein paar Tage erholt in seinem Haus und dabei jede Gelegenheit genutzt, um mit der schönen Rahel zu plaudern – sie zu küssen habe ich nicht gewagt! – und bei ihr zu sitzen, wenn sie Gemüse putzte oder webte. Wirklich: Ein tolles Mädchen!

Und die heirate ich – die und keine andere!

Nun, jetzt bin ich beim Onkel richtig angestellt: Er hat mir eine sehr große Herde Schafe anvertraut und ist sehr zufrieden mit mir. Von einem Vollmond zum anderen habe ich nicht *ein* Schaf verloren! Gut, nicht wahr?

Wie gesagt: Ich bin richtig angestellt bei ihm. Er kam nämlich zum Weideplatz, lobte mich und sagte: »Du sollst natürlich nicht umsonst arbeiten, Jakob. Nein, du sollst wie jeder andere deinen Lohn kriegen. An wieviel denkst du?«

Darüber hatte ich nie nachgedacht. Wenn ich an etwas gedacht habe, dann an Rahel.

Nun, ich habe lange herumgedruckst und mich gewunden, aber dann habe ich schließlich gesagt: »Ich möchte die Rahel zur Frau, Onkel Laban, sonst nichts. Und ich bin bereit, dafür sieben Jahre bei dir zu arbeiten!«

Zuerst war der Onkel ein bisschen sprachlos und ist herumgelaufen und hat sich die Schafe beguckt. Aber dann hat er gesagt: »Gut, Jakob. Zwar wird in der Regel zuerst die ältere Tochter verheiratet, und das wäre ja meine Lea. Doch man kann es ja mal anders machen. Arbeite sieben Jahre bei mir, dann kriegst du sie zur Frau, die Rahel. Besser, sie kriegt dich als irgendeinen Fremden. Abgemacht!«

Da bin ich herumgesprungen wie eins der Lämmer und habe gejuchzt und den Onkel geküsst, und er hat gelacht und gesagt: »Nicht doch! Noch hast du sie ja nicht.« Und ich hab gerufen: »Aber so gut wie!«

Ist das nicht großartig, Mutter? Die schöne Rahel wird meine

Frau! Bloß sieben Jahre und sie ist meine Frau! Was habe ich für ein Glück! Und das alles, weil du mich hierher geschickt hast nach dem kleinen Trick mit dem Segen!

Nun muss ich aber schließen. Das Pergamentblatt ist vollgeschrieben und meine Hirtenhand ist lahm vom vielen Schreiben. Ich umarme dich und küsse dich.

Dein fröhlicher Jakob

3. BRIEF

An
Jakob Ben-Isaak
bei Laban Ben-Betuel
Haran

von
Rebekka
Frau des
Isaak Ben-Abraham
Oase Beerscheba

Geliebter Sohn, mein Jaköble,

welch große Freude haben deine Briefe mir gemacht und wie erleichtert bin ich, dich bei meinem Bruder zu wissen! Immer, von der Stunde deines eiligen Aufbruchs an, habe ich an dich denken müssen, hab ich dich in Gedanken auf dem ganzen langen Weg begleitet, habe ich an Räuber und wilde Tiere gedacht, an Erkrankung und die wunden Füße! Oh, es waren schlimme Zeiten für mich, dich unterwegs in der Fremde zu wissen. Vor allem aber fehlte (und fehlen!!!) mir dein Lachen und deine fröhlichen Geschichten, mein Jaköble!

Dein Vater, alt und blind wie er nun mal ist, liegt zumeist auf seinem Fell im Zelt, knurrt und seufzt, will jetzt dies, dann jenes. Und vor allem jammert er ständig, dass er sich hat täuschen lassen und sein abgöttisch geliebter Esau den Segen nicht bekommen hat. Und dass der vom Segen nichts abgekriegt hat, das merkt man: Esau ist unausstehlich, mürrisch und frech, wenn er hier mal auftaucht, was selten genug ist. Und wenn, dann hockt er beim Vater und füttert ihn mit Steinbockgulasch und versucht immer noch, ihm einen guten Segensspruch abzuluchsen. Und dann weint Vater und spricht böse Worte über dich, mein Jakob.

Aber die können dich glücklicherweise nicht erreichen und dir nichts antun. Im Gegenteil: Ich entnehme deinen Briefen, vor allem dem letzten, dass der Segen schon wirkt! Du hast die lange Reise überstanden, du hast ein Dach überm Kopf und bekommst zu essen, du hast Arbeit – und du kriegst eine schöne Frau! Wie glücklich mich das macht! Wie gerne käme ich zu deiner Hochzeit! Aber selbst wenn ich mich noch heute auf den Weg machen würde, wäre ich in sechs Jahren noch immer nicht in Haran. Ich bin schließlich nicht mehr die Jüngste ...

Nun grüße meinen Bruder und sag ihm meinen Dank, dass er dich aufgenommen hat, und grüße auch seine Frau unbekannterweise, auch meine Neffen und Nichten – insbesondere Rahel! – von ihrer Tante. Und dich, mein Jaköble, küsse und umarme ich.

Deine Mutter Rebekka

Vater habe ich von deinem letzten Brief erzählt. Er hat darauf etwas gesagt, was ich hier nicht wiedergeben will. Grüßen lässt er dich nicht.

4. Brief

An	von Jakob,
Rebekka,	ihrem Sohn
Frau des Isaak Ben-Abraham	bei Laban Ben-Betuel
Oase Beerscheba	im 8. Jahr in Haran

Lange habe ich dir, liebe Mutter, nicht geschrieben; denn es gab nichts zu berichten in all den Jahren. Ich habe Schafe gehütet – das war alles. Natürlich war ich immer wieder in Onkels Haus für ein paar Tage, und das waren herrliche Unterbrechungen meines sonst eintönigen Lebens auf den Weideplätzen – herrlich vor allem weil ich in der Nähe von Rahel sein konnte, sie bewundern, mit ihr reden, ihr von meiner Liebe erzählen und von unserer Hochzeit sprechen konnte.

Und von dieser Hochzeit muss ich dir jetzt berichten, liebe Mutter. Wenn ich an das denke, was sich da vor etwa vierzehn

Tagen abgespielt hat, dann bekomme ich wieder die Wut, wenn es auch jetzt nicht mehr gar so schlimm ist.

Also: Auf den Tag genau nach sieben Jahren bin ich vor Onkel Laban getreten und habe gesagt: »Jetzt, Onkel, ist es soweit, die sieben Jahre sind vorüber.«

»Ich weiß«, hat er gesagt, »also machen wir Hochzeit!« Und dabei hat er fröhlich gelächelt. Heute würde ich sagen: Er hat listig gegrinst. Und: Sie haben ein Riesenfest veranstaltet, die halbe Stadt war eingeladen zu dieser Hochzeit.

Nun musst du wissen, liebe Mutter: Hierzulande macht man es nicht so feierlich wie bei uns, so mit frommen Liedern und Gebeten und der Mann sagt »Ja« und die Frau sagt »Ja« und der Segen Gottes wird erbeten. Nein, alles das nicht. Man ist den ganzen Tag fröhlich, singt und tanzt und isst miteinander. Und am Abend wird der Bräutigam in die dunkle Schlafkammer geschickt. So auch ich. Und nach einer Weile tat sich die Tür einen Spalt auf. Und Laban sagte kichernd: »Hier ist deine Frau, lieber Jakob!« Er schob sie herein und schloss die Tür. Und lachte draußen.

Ich umarmte Rahel und küsste sie. Und draußen sangen und lärmten sie.

Und am Morgen schien die Sonne durch das kleine Fensterchen der Schlafkammer. Ich wurde wach und gab meiner Frau einen Kuss in den Nacken. Und sie wurde wach und drehte sich um. Und da schrie ich – ich musste einfach schreien: »Du bist ja gar nicht Rahel! Du bist ja die Lea!«

»Ja«, sagte sie vergnügt, »und ich bin jetzt deine Frau!«

Ich bin, rasend vor Zorn, aus der Schlafkammer gerannt, und da stand auch schon Laban und lachte schallend. Und ich habe gebrüllt: »Du Betrüger du! Ich hab nicht für Lea geschuftet, sondern für die Rahel und nur für die! Ein Betrüger bist du!«

Und er hat gesagt: »Nun ja, bei uns ist es nun mal Brauch, dass zuerst die ältere Tochter verheiratet wird und dann erst die jüngere. Und darum ...«

»Aber ich will die Rahel!«, habe ich geschrien.

»Kriegst du«, hat er seelenruhig gesagt. »Kriegst du. Nach unserer Sitte kann ja ein Mann zwei oder mehr Frauen haben. Also kriegst du morgen noch die Rahel dazu.«

Da habe ich erst mal gar nichts mehr sagen können, so durcheinander war ich. Ich habe bloß noch gedacht: »Jetzt bekomme ich sie also doch, meine schöne, geliebte Rahel!« Und dann bin ich dem Onkel um den Hals gefallen und habe »Danke! Danke!« gemurmelt.

Aber der Onkel hat gesagt: »Bedanke dich nicht zu früh, mein lieber Jakob. Die Rahel kriegst du, aber dafür hütest du mir noch einmal sieben Jahre meine Schafe!«

O Mutter, was ist dein Bruder für ein gerissener Hund!

Aber ich liebe nun mal die Rahel. Und darum habe ich eingewilligt.

Und jetzt habe ich also zwei Frauen, die Lea und die Rahel. Aber die ist mir natürlich am liebsten!

So also stehen die Dinge, liebe Mutter. Dass ich immer noch Wut habe auf Onkel Laban, wirst du verstehen. Aber ich lass mir nichts anmerken und hüte weiter seine Schafe – sieben Jahre noch. Und in dieser Zeit, denke ich, wirst du, Mutter, gewiss mehrfache Großmutter werden!

Rahel und Lea lassen dich herzlich grüßen. Ich umarme dich und küsse dich.

Dein Jakob

Und danke für deinen Brief! Wie geht es Euch? Schreib doch mal wieder!

5. BRIEF

An	von
Jakob Ben-Isaak	Rebekka,
bei Laban Ben-Betuel	Frau des
Haran	Isaak Ben-Abraham
	Oase Beerscheba

Mein lieber, leidgeprüfter Sohn,

gestern habe ich deinen Brief bekommen, in dem du von deiner Hochzeit und den Betrügereien meines Bruders schreibst. Das hat mich furchtbar aufgeregt. Du siehst an meiner krakeligen Schrift, wie erregt ich noch immer bin! Ich habe viele Stunden geweint und war zu keinem vernünftigen Gedanken fähig.

Nur dein Vater, dem ich deinen Brief vorgelesen habe, ist guter Dinge. Er hat gekichert und gelacht wie lange nicht mehr und immer wieder gesagt: »Wie gut, wenn ein Betrüger mal einen Betrüger am eigenen Leibe erlebt!«

Ah, dieser alte Mann ist widerlich! Keine Spur von Mitleid mit dir, du Ärmster! Wie tust du mir leid, mein Jaköble! Und wie ärgerlich und erbost bin ich über meinen Bruder!

Wenn er dich fragt, kannst du ihm sagen, dass ich ihn diesmal nicht grüßen lasse!

Und nun musst du noch einmal sieben Jahre für diesen Schuft arbeiten! Schrecklich!

Aber wenn diese Zeit um ist, dann kommst du heim, mein Junge! Und sieh nur ja zu, dass mein Bruder dich nicht wieder betrügt, wenn es um die Gaben geht, die er seinen Töchtern – also deinen Frauen – mitzugeben hat! Du weißt, dazu ist er verpflichtet!

Hoffentlich erlebe ich deine Heimkehr noch! Ich bin jetzt alt und ein bisschen gebrechlich auch. Ich möchte ja so gerne noch meine Enkel sehen, deine Kinder. Ist schon was unterwegs?

Esau weiß, dass du in Haran bist. Und ab und an knurrt er: »Wenn ich den Jakob in die Finger kriege, dann kann er was erleben.«

Aber das sind bloß große Worte! Komm ruhig heim, wenn deine Zeit da um ist. Ich warte auf dich und Rahel und Lea und die Kinder!

Grüße sie alle von mir und sei auch du gegrüßt und umarmt.

Deine Mutter Rebekka

An	von
Rebekka,	Jakob Ben-Isaak
Frau des Isaak Ben-Abraham	Weideplatz 7
Oase Beerscheba	3 Tagesreisen
	südlich von Haran

Liebe Mutter,

eben macht eine Karawane bei meinem derzeitigen Weideplatz eine Rast; sie ist nach Ägypten unterwegs und kommt gewiss an unseren Zelten vorbei. Darum will ich rasch schreiben, damit du schon Bescheid weißt: Ich komme heim!

Fast 20 Jahre habe ich hier in Haran verbracht, nun ist es genug.

Dieser Meinung ist auch der Gott Abrahams und meines Vaters Isaak; er hat zu mir gesagt: »Mache dich auf und zieh fort aus diesem Land, kehre in deine Heimat zurück!«

Aber das ist nun nicht so einfach wie damals, als ich von dir, liebe Mutter, und unseren Zelten weg musste – das ging so schnell wie das Tränken von zehn Schafen, denn ich war ja allein.

Jetzt aber habe ich meine beiden Frauen – sie lassen dich grüßen – und 12 Kinder, 11 Jungen und 1 Mädchen! Dazu kommen noch viele Knechte und Mägde; die brauche ich, weil meine Schaf- und Ziegenherden riesig sind – Hunderte von Tieren sind es – und dazu kommen noch viele Kamele und Esel.

Ich bin, wie du siehst, ein reicher Mann geworden! Der Segen, den Vater mir gegeben hat, tat seine Wirkung und ist sichtbar geworden – unserem Gott sei Dank!

Weil ich aber nun so reich bin und so viel habe, geht der Aufbruch von hier und die Reise in die Heimat und zu dir nicht so rasch vor sich. Und darüber hinaus muss es auch noch so geschehen, dass Onkel Laban und seine Söhne es möglichst nicht gleich merken, dass ich weg bin.

Du kannst dir gar nicht vorstellen, wie sie in den letzten Jahren immer wieder versucht haben, mich um meinen wohlverdienten

Lohn zu bringen, also mich schon wieder zu betrügen! Aber für so was habe ich inzwischen eine gute Nase. Ich merke es sofort, wenn mich einer um Gottes Segen bringen will! Und weil ich keinen weiteren Streit mit Laban haben möchte, ziehe ich sozusagen heimlich von hier weg in ein paar Tagen.

Allerdings muss ich dir gestehen: Ich habe Angst, Angst vor Esau! Er wird es ja erfahren, wenn ich in eure Nähe komme – was wird er tun nach dem, was ich ihm angetan habe? Die Rechnung ist ja immer noch offen ...! Oder hat unser Gott sein Herz und Sinne verwandelt, ihn friedlich gestimmt?

Ich jedenfalls komme in Frieden und will nichts anderes, als in dem Land wohnen, das Gott mir und meinen Kindern zu geben versprochen hat!

Ich grüße dich, liebe Mutter, und bin bald bei dir, um dich zu umarmen.

Dein Jakob

Gott schenkt Jakob Heimkehr und Frieden

Erzählung mit »Sprechchor« zu 1. Mose 32 i. A.

Eine Erzählform, die Jürgen Koerver besonders liebte, war die »Erzählung mit Sprechchor«. Im Verlag Junge Gemeinde erschien 1982 sein Büchlein »Die verlorene Drachme« mit einer ganzen Reihe solcher Erzählungen. Darunter auch die nachfolgende Erzählung, die dann 1992 von ihm nochmals in der Bearbeitung der Jakobsreihe in der Zeitschrift »Evangelische Kinderkirche« aufgegriffen wurde.

»Erzählung mit Chor« – wie verkürzt gesagt wird – ist eine dramaturgische Erzählform, bei der ein »Chorführer« einzelne Sätze vorspricht, die von allen wiederholt werden. Ebenso dürfen gezielte Gesten und der Gesichtsausdruck des/der Chorführers/in nachgeahmt werden. Die Zuhörer werden so an der Handlung der Geschichte beteiligt. Sie werden selber Teil der Geschichte.

Diese Darbietungsform hat – gegenüber dem Rollenspiel – den Vorteil, dass keine Texte auswendig zu lernen sind. Vorbereiten müssen sich nur die erzählenden Personen, hier: Erzähler und »Chorführer«.

Der Erzähler ist »Jakob«, die Zuhörer sind seine Familie, Gesinde usw. (was man nicht unbedingt vorher sagen muss!). Der Erzähler darf daher ein bisschen schauspielern, wozu er seinen Text gut beherrschen sollte.

Erzähler: Kommt, ihr Frauen, kommt, ihr Kinder,
                kommt, wir ziehen in die Heimat,
                kommt, wir ziehen in das Land,
                wo ich, Jakob, einst geboren,
                wo mein Bruder Esau wohnt.
Chorführer: Ist der Esau nicht dein Feind?
Alle: Ist der Esau nicht dein Feind?
Erzähler: Ja - ich hab ihn einst betrogen,
                habe böses Spiel getrieben
                mit dem Segen meines Vaters.
                Doch ich denk: er hat's verwunden,
                hat vergessen, was ich tat.
                Oder – soll ich besser prüfen,
                ob er mir noch böse ist?
Chorführer: Besser ist, du sendest Boten!

Alle:	Besser ist, du sendest Boten!
Erzähler:	Guter Rat! Das werd ich tun.

(zeigt auf irgendwelche Kinder)

Ihr, ihr zwei da, geht zu Esau,
sprecht zu ihm: »Dein Bruder Jakob ...«
nein, sagt besser: »Diener Jakob ...
Ja: Dein Diener Jakob kommt,
der so lang bei Laban war!
Groß sind seine Rinderherden,
Esel, Schafe – viele Tiere
und auch viele Menschen kommen
in die Heimat jetzt zurück.
Nimm ihn, bitte, freundlich auf!«
Geht, und sagt das Esau an!

(Um die zeitliche Unterbrechung anzudeuten, kann der Erzähler z.B. einmal um den Altar gehen oder dergleichen.)

Chorführer:	Und was melden deine Boten?
Alle:	Und was melden deine Boten?
Erzähler:	Ach, ihr Frauen und ihr Kinder,
	Schlimmes haben sie berichtet:
	Esau kommt uns schon entgegen,
	kommt mit viermal hundert Mann!
	Will mich sicherlich vernichten!
	Ach, was fang ich jetzt bloß an?
Chorführer:	Jakob, rette deine Herden!
Alle:	Jakob, rette deine Herden!
Erzähler:	Ja, ganz schlau werd ich es machen:
	Teilen werde ich die Herden.
	Ein Teil Rinder, Schafe, Esel
	sende ich nach Norden weg –
	und den andern Teil nach Süden!
	Greift nun Esau nach der Herde,
	die im Norden sich befindet,
	rette ich doch alle Tiere,
	die im Süden ich verborgen! –
	Ha! Ich bin ein schlauer Bursche!
	Immer fällt mir etwas ein!

Chorführer:	Jakob, hast du nichts vergessen?
Alle:	Jakob, hast du nichts vergessen?
Erzähler:	Was soll ich vergessen haben?
Chorführer:	Willst du's nicht mit Gott bereden?
Alle:	Willst du's nicht mit Gott bereden?
	(unbedingt Pause!)
Erzähler:	Ja, Herr, du mein Gott und Vater,
	(könnte evtl. von einem Platz hinter dem Altar
	gesprochen werden)

du rietst mir: »Zieh jetzt nach Hause.«
Deinem Wort bin ich gefolgt.
Reich bin ich geworden, Herr,
denn du hast mich sehr gesegnet. –
Als ich von zu Hause ging,
hatte ich nur einen Stock,
und nun hab ich Riesenherden!
Doch was nützt der ganze Reichtum
jetzt, wenn Esau böse ist?
Rette mich, die Frau'n, die Kinder
vor dem, der mich schlagen will!
Du hast mir versprochen, Herr,
dass du gut sein willst zu mir!
Schütze mich! – Die mit mir kamen
(Erzähler tritt evtl. wieder vor alle wie oben)

schütze auch, ich bitt dich. Amen.

Chorführer:	Willst du Esau nicht was schenken?
Alle:	Willst du Esau nicht was schenken?
Erzähler:	Ja, ich werde mal versuchen,

Esau freundlicher zu stimmen
durch Geschenke. Hört, ihr Knechte:
Du da – nimm zweihundert Ziegen
(zeigt auf jemand; so auch im Folgenden)
und auch zwanzig Ziegenböcke! Du da – du nimmst
viele Schafe,
so zweihundert, und auch Widder!
Du, Knecht, treibe viel Kamele
und auch Kühe vor dir her!
Und dann du: 'ne Herde Esel!

Nimm die besten! Es soll wirken!
Jeder zieht mit seiner Herde
– eine Herde nach der andern! –
zu dem Bruder Esau hin.
Wenn er fragt: »Von wem sind diese
schönen Tiere?«, gebt zur Antwort:
»Sie gehören deinem Diener Jakob, Herr,
und er schenkt sie, Esau, dir!
Und, so haben wir vernommen:
Morgen wird er selber kommen!«
Und nun geht – ich bleibe hier. –
Allerdings: Die Frau'n und Kinder
sollen heut noch übern Fluss.
Morgen woll'n wir dann gemeinsam
meinen Bruder Esau treffen.
Ich bleib diese Nacht allein.

Chorführer:	Hast du, Jakob, keine Angst?
Alle:	Hast du, Jakob, keine Angst?
Erzähler:	Vor wem sollte ich mich fürchten?

Ich tat alles, was ich konnte.
Hab in Sicherheit die Herden,
Frau'n und Kinder schlafen gut.
Esau sandte ich Geschenke.
Was ist jetzt noch zu befürchten?

Chorführer:	Deine Schuld bedrückt dich nicht?
Alle:	Deine Schuld bedrückt dich nicht?
Erzähler:	Zugegeben: diese Schuld,

der Betrug ist nicht vergeben.
Ich geb zu: Das quält mich sehr!
Jedesmal, wenn meinen Namen,
wenn man »Jakob« zu mir sagt,
also man »Betrüger« ruft,
denk ich an die böse Tat!
Wird der Esau morgen wieder,
morgen mich »Betrüger« nennen?
Morgen werd ich es erleben.
Jetzt kommt erst die finstre Nacht.

(Erzähler geht wieder – wie oben – einmal um den Altar.)

Chorführer:	Guten Morgen! – Gut geschlafen?
Alle:	Guten Morgen! – Gut geschlafen?
Jakob:	Schlecht geschlafen! – Nicht geschlafen
	habe ich vergang'ne Nacht!
	Und doch ist's ein guter Morgen
	und viel gute Tage folgen!
	Stellt euch vor, was ich erlebt!
Chorführer:	Was geschah in dieser Nacht?
Alle:	Was geschah in dieser Nacht?
Jakob:	Als ich mich zur Ruhe legte,
	packte »Etwas« mich im Dunkeln,
	»Etwas« rang mit mir gewaltig,
	»Etwas« zwang mich in die Knie,
	»Etwas« schlug mich auf die Hüfte
	und ich brach beinah zusammen. –
	Seit der Stunde hinke ich.
Chorführer:	Ließ es dich dann endlich frei?
Alle:	Ließ es dich dann endlich frei?
Jakob:	Ja, es wollte von mir fliehen,
	doch ich hielt's mit letzter Kraft,
	und ich sprach: Ich lass dich nicht,
	nicht, bevor du mich gesegnet!
Chorführer:	Und es sprach dir Gutes zu?
Alle:	Und es sprach dir Gutes zu?
Jakob:	Ja! – Es fragt mich nach dem Namen.
	»Jakob«, sagt ich, »nennt man mich.« –
	Und es sprach: »Nicht länger ›Jakob‹,
	nicht ›Betrüger‹ sollst du heißen.
	Vielmehr sei dein neuer Name
	›Israel‹, der Gottesstreiter.
	Israel soll man dich nennen.
	Alle Welt soll einst dich kennen«,
	sprach das »Etwas« in der Nacht.
Chorführer:	Wer war das »Etwas«, Israel?
Alle:	Wer war das »Etwas«, Israel?
Jakob :	Nun – das konnt ich nicht erfahren. –
	Doch ich denke: Gott der Herr
	ist mir in der Nacht begegnet

und hat gnädig mich gesegnet.
Wer sonst kann die Schuld vergeben
und wer sonst gibt neues Leben
und wer einen neuen Namen?
Nur der Herr! – Was meint ihr?

Chorführer: Amen!
Alle: Amen.

Von Mose
bis Jeremia

Aus der Geschichte Israels

Die Geburt des Mose

Erzählung zu 2. Mose 2,1–10

Der König von Ägypten, der Pharao, stand am Fenster seines Palastes. Von hier aus konnte er mit einem Blick alles übersehen: seine Stadt, den Fluss, das Sklavendorf und das Baugelände. – Das Wichtigste und Interessanteste war für ihn das Baugelände, wo die großen Vorratshäuser gebaut wurden. Eines war fast fertig – ein riesiger Ziegelkasten, bei dem nur das Dach fehlte. Das andere war schon ziemlich hoch, aber noch längst nicht so weit, wie er es sich wünschte. Noch heute Morgen hatte er angeordnet, die israelitischen Sklaven stärker anzutreiben, damit der Bau schneller hochkäme; der Oberaufseher hatte erwidert: »Göttlicher Pharao, die Hitze ist zu groß. Die Männer kippen reihenweise um, wenn ich sie noch mehr antreibe.« – Aber der Pharao hatte bloß mit den Schultern gezuckt und gesagt: »Tu, was ich sage! Und wenn sie tot umfallen, um so besser, dann sind wir sie schneller los, diese Fremden! Man hätte sie schon damals wegjagen sollen, als sie von Kanaan während der Hungersnot in unser Land kamen, dann wären sie jetzt nicht so zahlreich und mächtig. Nun, wir werden schon mit ihnen fertig!«

Unten im Israelitendorf saß die kleine Mirjam auf der Stufe vor dem winzigen Haus, in dem die Eltern, ihr dreijähriger Bruder Aaron und sie lebten. Und – noch wer lebte. Aber schon bei dem Gedanken daran zitterte sie vor Angst und schaute die kleine Straße hinauf und hinunter, ob vielleicht wieder ein paar Soldaten oder Aufseher daherkämen.

Nein, es kam keiner. Und es war auch ganz still. Mutter Jochebed schlief, und das war gut so. Sie hatte die halbe Nacht gewacht und den ganzen Vormittag Acht gegeben, bis ihr die Augen zufielen. Jetzt also schlief sie, und Mirjam saß als Wachtposten vor der Tür. Wie lange sollte das noch so weitergehen? Bestimmt nicht mehr lange! Vater war den ganzen Tag auf dem Baugelände des Pharao und musste Steine schleppen; Mutter konnte sich nicht ewig im Haus aufhalten, ohne dass es den Nachbarn auffiel. Und auch Aaron, der kleine Bruder, war eine Gefahr – man konnte nie wissen, ob er nicht doch mal was verraten würde beim Spielen oder bei den Nachbarn ...

Nein – sehr lange würde das nicht gutgehen mit dem Baby, das sie da in ihrem Haus versteckt hielten. Jetzt war Mose noch ein winziger Junge, aber schon jetzt krähte oder schrie er manchmal, und dann musste Mutter alles versuchen, um ihn still zu kriegen. Sie gab ihm zu trinken, sie gab ihm Zuckerrohr zu lutschen, sie wiegte ihn hin und her, bis er schlief. »Aber so ein Kind kann man ja nicht immer ruhig halten«, dachte Mirjam. Was würde bloß werden – morgen oder übermorgen?

Aber Mutter bestand darauf: »Ich gebe diesen kleinen Schatz nicht her!«, hatte sie gesagt. »Unser Gott wird ihn schützen und mir erhalten; ich gebe ihn nicht her und lasse meinen kleinen Mose nicht vor die Krokodile werfen!«

So hatte die Mutter gesagt, und sie hielten Mose versteckt.

Mirjam war fast eingeschlafen, da hörte sie den kleinen Mose wimmern, und dann fing er an zu schreien. – Und da kamen zwei Soldaten die Straße herunter. Sie hörte, wie drinnen die Mutter den Kleinen zu beruhigen suchte, aber es half nichts, Mose schrie. Mirjam überlegte fieberhaft. Was tun? Dann fiel ihr Blick auf den kleinen Schellentambourin in ihrem Schoß. Sie sprang auf und begann darauf herumzuschlagen und zu tanzen und zu singen. Ach, es war mehr ein schrilles Geschrei, was sie da ausstieß. »Singt dem Herrn und Gott zum Namen, er ist unsere Hilfe!«, sang sie mit schriller Stimme und hüpfte herum und schlug dazu den Tambourin. Drinnen im Haus schrie Mose, aber Mirjam sang lauter als er.

Die Soldaten kamen näher, sahen sie kaum an, und gingen vorbei – hinunter zum Flussufer. Endlich konnte Mirjam aufhören. Sie stürzte ins Haus und warf sich erschöpft auf eine der Schlafmatten. »Ich kann nicht mehr!«, stöhnte sie und sagte: »So geht es nicht weiter, Mutter!«

»Du hast recht!«, seufzte die Mutter Jochebed. »So geht es nicht mehr! Gott hat uns geholfen, eben noch durch deinen Einfall zu

tanzen und zu singen –, aber so geht es nicht auf die Dauer.«
»Was sollen wir denn tun?«, fragte Mirjam verzweifelt.

»Ich habe einen Gedanken!«, sagte die Mutter nach einer Weile.
»Ich habe eine Idee, wie wir dem Befehl des Pharao scheinbar
gehorchen und doch unseren kleinen Mose retten. – Komm, sei
lieb, gib eine Weile auf den Kleinen Acht, ich bin bald wieder
zurück!« Die Mutter ging. – Nach einer Stunde kam sie wieder.
Sie trug ein dickes Bündel Papyrusrohr, so eine Art Schilfrohr,
ins Haus. »Was hast du denn vor?«, fragte Mirjam erstaunt.
»Warte ab«, sagte die Mutter, »du wirst schon sehen. Mit Gottes
Hilfe werden wir Mose retten vor dem Pharao.«

An Schlafen war in dieser Nacht nicht zu denken. Dafür war es
viel zu heiß in dem kleinen Raum, in dem Vater und Mutter,
Mirjam und Aaron und das Baby Mose wohnten. Sonst stand
nachts die Tür auf und auch zu dem kleinen Fenster kam ein
wenig Nachtluft herein, aber heute war die Tür fest verschlossen und das Fenster mit einem dunklen Tuch verhangen. Denn
niemand sollte hereinschauen. Und darüber hinaus: Mirjam
hätte auch sonst nicht schlafen können, denn was die Mutter
da machte, war viel zu aufregend. Da musste man einfach
zuschauen.
Seit die Mutter am späten Nachmittag mit einem großen Bündel
Papyrusstangen hereingekommen war, saß sie da und flechtete.
Es waren fingerdicke, dreikantige Stengel mit schmalen, zähen
Blättern dran. Diese Blätter hatte Mirjam von den Stengeln
abreißen und stapeln müssen – und die Mutter flechtete aus
den Stengeln. So taten das hier die Frauen, so machten sie sich
Einkaufskörbe. Was aber die Mutter hier machte – das war – ja
was war das? Ein Einkaufskorb jedenfalls nicht – mehr länglich,
fast wie ein Boot.
Mirjam fragte ein paar Mal: »Was wird das?« Aber die Mutter
lächelte bloß und wies zu dem kleinen Aaron hin, der auch
gespannt zuguckte. Und das hieß: »Ich kann jetzt nicht drüber
reden, sonst geht Aaron noch hin und erzählt's in der Nachbar-
schaft.« Mirjam verstand: Es musste geheim bleiben.
Als sie schon beim Licht der kleinen Öllampe saßen, kam der
Vater heim. Er war sehr, sehr müde von der Steineschlepperei

auf dem Baugelände des Pharao, wo die Vorratskammern entstanden. Als er kam, unterbrach die Mutter die Arbeit und ging eine Zeit lang mit dem Vater vor die Tür. Dann kam sie allein zurück und arbeitete weiter. Jetzt flocht sie die Papyrusblätter zwischen die Stengel – das korbähnliche Gebilde wurde jetzt ziemlich dicht.

Dann kam der Vater zurück. Mirjam roch gleich, was er geholt hatte: Asphalt – so eine Art Pech, eine zähe Masse. Wozu sollte dies gut sein? Aber dann sagte die Mutter: »Geht jetzt alle schlafen – vor allem du, Mirjam, denn morgen musst du sehr früh aufstehen!« Mirjam gehorchte. Bald lagen alle, außer der Mutter, auf ihren Schlafmatten. Mirjam blinzelte noch einmal hinüber, wo die Mutter jetzt mit dem Asphalt herum hantierte, es von außen auf das Flechtwerk strich, aber dann fielen auch Mirjam die Augen zu.

Es kam ihr so vor, als hätte sie nur fünf Minuten geschlafen, als die Mutter sie schüttelte und sagte: »Steh auf, Mirjam, und hilf mir!« Es war zwar noch dunkel draußen, aber bald würde die Sonne aufgehen, am Horizont wurde es schon heller. Mirjam staunte: da stand, was die Mutter in der Nacht fertiggemacht hatte. Es sah aus wie ein länglicher Korb mit Deckel, von außen mit Asphalt abgedichtet. Mirjam ging hin und hob den Deckel hoch: da lagen ein paar Tücher darin – wie ein kleines Bett sah das jetzt aus – und da wusste sie, was das sollte.

Mutter hatte jetzt Mose auf dem Arm. Sie weinte. »Gib ihm den Segen!«, sagte sie zum Vater. Leise murmelte der Vater: »Herr segne ihn und sei ihm gnädig, erhebe dein Antlitz auf ihn, gib ihm deinen Frieden.« Und dabei musste auch der Vater weinen. Mutter legte das Baby in das Schilfschiff, deckte den Deckel darauf und sagte: »Komm, Mirjam, es wird Zeit!«

Sie gingen hinaus, die Straße hinunter zum Nil. Es war ein bisschen heller geworden; viele Männer waren schon unterwegs – Israeliten, die als Sklaven für den Pharao arbeiten mussten. Dann kamen sie zum Nil, der träge dahin zog. Sie schlugen einen kleinen Pfad ein, der am Ufer entlang führte. Überall wuchs Papyrusschilf, so dass man den Fluss kaum sehen konnte. Aber man konnte das Plätschern hören, und ab und zu schloss ein Krokodil krachend das Maul. Mirjam erschrak jedes Mal und sah im Geist diese schrecklichen Tiere, die überall im Fluß schwammen.

»Hier«, sagte die Mutter. Sie waren am Badeplatz angekommen. Mirjam sah es gleich. Hier wuchs kein Papyrusschilf, hier war der Strand frei, hier konnte man ins Wasser steigen. Und damit die Krokodile den Badenden nichts tun konnten, hatte man einen dichten Zaun vom Ufer ins Wasser gezogen, so dass der Badeplatz von allen Seiten gegen die Tiere geschützt war.

»An dieser Stelle badet doch die Prinzessin«, flüsterte Mirjam, »die Tochter des Pharao!« »Ja, ich weiß«, sagte die Mutter und schritt ins Wasser hinein. Mirjam folgte ihr. Das Wasser war lauwarm. Da wuchsen ein paar Wasserrosen. Mitten zwischen sie setzte die Mutter das Schiffchen mit dem Baby darin. Es schaukelte ganz sacht auf den Wellen. »O Gott, lass es gelingen!«, betete die Mutter und Mirjam sagte es ihr nach.

Jetzt also hatten sie getan, was der Pharao verlangte. Sie hatten das Kind in den Fluss gebracht – nur: ertrinken konnte es nicht und nicht aufgefressen werden.

»Aber was wird mit dem Kind geschehen?«, fragte Mirjam. »Ich denke«, sagte die ‚Mutter, »einer wird das Kind finden – und was dann geschieht, weiß Gott allein! Komm, wir müssen heim!« Als sie aus dem Wasser gestiegen waren, schauten sie sich noch einmal um: Das Schiffchen lag genau da, wo sie es ins Wasser gesetzt hatten. Sie wollten schon gehen, da blieb die Mutter noch einmal stehen: »Du«, sagte sie, »du, Mirjam, könntest dich doch hier irgendwo verstecken und vielleicht ein wenig Acht geben, was ... verstehst du?«

Natürlich verstand Mirjam. Sie war ja auch so gespannt und ängstlich, was passieren würde. »Ja Mutter«, sagte sie, »geh du nur heim, ich verstecke mich und gebe Acht – und nachher erzähl ich dir alles.«

Die Mutter ging. – Mirjam verkroch sich im Papyrusschilf am Ufer, so, dass sie den Badeplatz im Auge behalten konnte. Lange saß sie da. Die Sonne stand jetzt hoch. Es war heiß. Und dann hörte sie plötzlich Stimmen, Gelächter, Schritte. Zwischen Papyrusstengeln und -blättern konnte Mirjam es sehen: Da kam die Tochter des Pharao, umgeben von ihren Dienerinnen. »Ich möchte baden!«, rief die Prinzessin.

So geschah es. Kurz danach schritt sie, begleitet von zwei der Dienerinnen, ins Wasser des Nil. Sie spritzten darin herum und lachten; sie plantschten, dass das träge Wasser des Flusses Wellen warf und ...

»Seht nur, Prinzessin: ein schwimmender Kasten – da!«, rief plötzlich eine der Dienerinnen.

»Lasst sehen, was es ist, bringt ihn her!«, befahl die Prinzessin. Sie hoben den Deckel ab.

»Ein Kind«, rief die Prinzessin, »ein hübsches Kind! Oh, ein Junge! Ein süßer, kleiner Junge! Sicher ein Sklavenkind, das ertränkt werden sollte. Die Eltern von diesem Hebräerjungen müssen kluge Leute sein, dass sie's so angestellt haben ...Und ich will nicht, dass es getötet wird. – Ich will's behalten und aufziehen. Und einen Namen hab ich auch schon: ›Mose‹ nenn ich ihn, denn ich hab ihn aus dem Wasser gezogen; also soll er ›Mose‹ heißen!«

»Aber wer soll das Kind stillen?«, gab eine der Dienerinnen zu bedenken. Nur wer gerade ein Kind bekommen hat, kann das ja; und ich weiß im Augenblick wirklich niemand ...«

»Aber ich!«, rief Mirjam und rannte auf die Prinzessin zu. »Ich kenne eine Frau, die ...«

Die Prinzessin sah Mirjam verwundert an; aber dann sagte sie kurz entschlossen: »Dann hol die Frau!«

Mirjam lief, so schnell sie konnte, heim. Atemlos berichtete sie, was sich ereignet hatte. Schließlich liefen Mirjam und Mutter Jochebed zum Nilufer. Die Prinzessin befahl ihr, das Kind zu stillen. »Und wenn ich dich rufen lasse, dann kommst du in den Pharaonenpalast und zeigst mir den kleinen Mose!«

So kam der junge Mose wieder nach Hause zu Mirjam und Aaron, zu Vater und Mutter und wuchs da heran. – Und zur Erinnerung an Gottes Hilfe hing noch jahrelang das Schilfschiff an ein paar Stricken befestigt von der Decke in dem Haus, wo sie wohnten.

Die Passion des alten Priesters

Eine Erzählung zu 1. Samuel 3

Diese Erzählung von Jürgen Koerver ist bisher nur in einer kleinen Schrift des Autors, die er 1985 als Weihnachtsgabe zusammengestellt hatte, veröffentlicht worden. Sie ist es wert, einer breiteren Öffentlichkeit bekannt gemacht zu werden, denn sie zeigt etwas von der persönlichen Art, wie er die Bibel gelesen und ausgelegt hat: Eli ist als Priester im Dienst des Herrn alt geworden, alt und müde. Die Leidenschaft der ersten Berufsjahre ist einem routinierten und etwas skeptischen Realismus gewichen. Da wird er von Samuel, seinem jungen Schüler, in seinem Glauben an Jahwe neu herausgefordert.

Eine Erfahrung, die viele im Dienste des Herrn machen, Haupt- und Ehrenamtliche: Glaube muss sich – wie die Liebe – neu bewähren, wenn der Enthusiasmus des Anfangs gewichen ist. So wird diese einmalige Geschichte der Berufung des Samuel zu einer Geschichte, die sich immer wieder neu zwischen Gott und Mensch ereignen kann: »Rede, Herr, dein Diener hört!«

Der alte Priester hatte Zeit seines Lebens nichts anderes getan, als den Dienst zu verrichten im Hause des Herrn. Er hatte ihn mit Leidenschaft getan, unermüdlich. Die Opfer hatte er pünktlich unter Beachtung des Gesetzes dargebracht, den am Heiligtum Versammelten das Wort Gottes vermittelt, sie im Gespräch getröstet und ermahnt. Kurzum, sein Leben war erfüllt gewesen von den Pflichten, die er als Priester hatte.

Eli seufzte. Ja, so war es gewesen. Und es war schön gewesen, sich so ganz hinzugeben in den Dienst und zur Ehre des Gottes Israels zu leben. O ja, es war schön gewesen ...

»Vater Eli, der Lobgesang!«, flüsterte neben ihm die helle Stimme des Jungen. Und der griff seine Hand, um ihn zum Brandopferaltar zu führen.

Unwillig entzog Eli ihm seine Hand und murmelte: »Lass mich! Ich weiß selbst, was ich zu tun habe!« und trat vorsichtig tastend die vier Schritte vor, hob die Arme zum Gebet und begann, das Lob Gottes zu singen. Er brauchte dabei nicht nachzudenken. Die Worte und die Melodie hatte er so oft vorgetragen, dass es wie von selbst über seine Lippen kam.

Hinter sich hörte er die leise Knabenstimme, die mitzusingen versuchte. Aber der Junge kannte nur ein paar Sätze des Liedes, und manchmal sang er ein paar Töne zu hoch oder zu tief. Eli ärgerte sich über den Jungen, der jetzt sicher mit erhobenen Armen in seinem Kinder-Priestergewand dastand, und der – wenn auch falsch, so doch inbrünstig – Gottes Lob sang.

Als das Lied zu Ende war, begann Eli wie vorgeschrieben die Ansprache. Flüssig reihte er Satz an Satz, sprach vom Gesetz des Herrn, vom Gehorsam und davon, dass Herz und Sinn allein dem Gott Israels gehören solle ...

»Ich hätte«, dachte Eli ärgerlich, »ich hätte diese Hannah wegschicken sollen, als sie mit dem Jungen kam und sagte: ›Gott hat meine Bitte um ein Kind erhört, und nun gebe ich es dem Herrn wieder, dass es ihm diene sein Leben lang.‹« So hatte sie gesagt, und Eli hatte das Kind dabehalten aus irgendeiner frommen Regung heraus. Oder war es die geistige und geistliche Müdigkeit gewesen, die er seit langem verspürte? Und jetzt lief dieses Kind hier herum und spielte Priester ...!

Eli schloss die Ansprache. Das Volk murmelte »Amen«. Er drehte sich um und zischte leise: »He, Junge, komm und leg das Fleisch ins Feuer!«

Der Kleine lief eifrig herbei, verbeugte sich ehrerbietig vor dem Altar und strengte sich dann an, das große Stück Lammfleisch auf die Glut zu bringen.

Eli ging zur Bank und setzte sich aufatmend. »Selbst wenn es nur noch gewohntes Handwerk ist«, murmelte er, »anstrengend ist es doch. Ich werde heute früh schlafen gehen«, beschloss er bei sich.

Aber da stand der Junge schon wieder bei ihm. »Der Herr hat mein Opfer mit Wohlgefallen angenommen«, stieß er aufgeregt hervor. »Der Rauch ist ganz steil nach oben gegangen. Das ... das ist doch, wenn Gott sich freut, oder, Vater Eli?«

Eli hatte schon auf der Zunge zu sagen: »Nein, das liegt an der Windstille.« Aber er sagte es nicht, sondern murmelte nur: »Geh, Junge, leg du dich heute im Heiligtum schlafen und bewache die Lade des Herrn!« Und mit leiser Ironie fügte er hinzu: »Wessen Opfer so gut bei Gott ankommt, der sollte auch in seiner Nähe schlafen ...«

»Oh danke, Vater Eli!«, rief der Junge. »Das ... das ist ... ich werde ganz toll Acht geben!«

Eli lächelte; denn er erinnerte sich: So hatte er sich auch gefreut, als er zum ersten Mal ...

Dann erhob er sich und ging, den Schlussgesang anzustimmen.

Später, längst war es Nacht, später auf seinem Lager konnte Eli nicht schlafen. Und er hätte gern geschlafen, einfach um von all den Gedanken loszukommen ...

Früher, ja früher hatte er diese Stunden vor Mitternacht im Gebet verbracht, hatte dem Geraune Jahwes gelauscht, hatte über das Wort Gottes nachgedacht, es sich eingeprägt, um es weiterzusagen. Aber mit der Zeit war das alles irgendwie zu Ende gegangen. Jetzt war da nichts mehr.

Warum war da nichts mehr?

Eli hätte gern geschlafen, aber es gelang ihm nicht. Allerdings war ja auch zweimal der Junge hereingestürzt und hatte behauptet, Eli habe ihn gerufen, was er denn wolle?

Eli hatte ihn zurückgescheucht ins Heiligtum. Na ja, der Kleine war wohl so von dem ihm aufgetragenen Amt erfüllt, dass er phantasierte ... oder?

Unsinn! Kein Oder.

Er – er war der Priester! Hatte er nicht sein Leben lang ...? »Rede doch, Herr, dein Knecht hört ... hier bin ich, dein Knecht ...«, murmelte Eli. Aber da kam nichts.

Doch! Da war das Patschen der nackten Füße auf den Steinplatten! Und da stand das Kind schon wieder neben seinem Lager: »Du hast mich gerufen, Vater Eli?«, flüsterte der Junge.

Eli seufzte. »Geh, leg dich schlafen, Kleiner!«, sagte er. »Niemand ruft nach dir. Du bildest dir das bloß ein.«

Der Junge schüttelte den Kopf. »Dreimal hab ich's deutlich gehört – meinen Namen, ehrlich!«, protestierte der Junge.

»Ja, ja, schon gut«, brummte Eli. »Und nun geh. Und wenn du wieder meinst, dass dich wer bei deinem Namen ruft, dann ... dann bleib schön liegen und sag: »Rede Herr, dein Knecht hört! Dann wirst du ja merken, ob ich was von dir will. Oder sonst wer. – Und nun lass mich schlafen!«

Eli drehte sich zur Wand. Der Junge patschte davon.

»Ein Kind!«, dachte Eli. »Dieses Kind ärgert mich. Es stört mich.

Wahrscheinlich stört es auch Gott? Ja, ganz bestimmt stört es ihn! Warum sonst redet er nicht mit mir? Warum sonst ist das alles nur noch ödes Handwerk – dies Opfern, Beten, Singen, Reden? – Das Kind ...! Das Kind ...?«

Eli wälzte sich auf den Rücken. Und da hörte er die helle Knabenstimme von nebenan: »Rede, Herr, dein Knecht hört!«

»ER!«, flüsterte Eli tonlos. »ER hat das Kind bei seinem Namen gerufen. Es ist sein Knecht ... Und ich? Mit dem Kind nebenan redet ER. Mit mir nicht! Und aus Kindermund werde ich mir jetzt das Wort sagen lassen müssen ..., o Gott!«

Eli war es kalt bis in die Fingerspitzen. Er stand ächzend auf, tastete sich hinaus zum Brandopferaltar und rieb sich die Hände über der restlichen Glut.

»Vielleicht wird durch diesen Samuel noch einmal alles anders mit mir?«, überlegte Eli.

Im Osten wurde es langsam hell.

Berufung des Jesaja

Spielszene zu Jesaja 6,1–8

Diese Bearbeitung von Jürgen Koerver zeigt, dass man auch aus einem lite-
rarisch und theologisch stark geprägten Text wie der Berufungsgeschichte
des Jesaja eine spannende Erzählung machen kann.
Für die Darbietung des Textes hat er die Form eines Gesprächs gewählt, weil
die Berufung des Propheten und seine Tätigkeit in Rede und Gegenrede am
ehesten lebendig werden kann. Dadurch kann er auch vermitteln, welcher
literarischen Form die Darstellung der Berufung vor dem Thron Jahwes ent-
nommen ist (Königskrönungsfeier des Ahas). Vor allem aber kann er die
Gefühle und Empfindungen des Propheten entfalten und damit den Zuhörern
nahe bringen.
Da die »Spieler« vermutlich das Gespräch nicht auswendig sprechen können,
sollten sie – schlägt der Autor vor – die Szene einfach z. B. in einem Gast-
hof spielen lassen – an einem Tisch, auf den sie den Text legen. Sie sollten
aber das Gespräch so gut vorbereitet und geübt haben, dass sie nur »mit
einem Auge« in den Text schauen müssen, damit der Eindruck von zwei »im
Gespräch Befindlichen« weitgehend sichtbar wird. – Jürgen Koerver schließt
mit dem Hinweis: »Es muss wohl kaum gesagt werden, dass recht viel daran
liegt, dass man dem Jesaja etwas von seiner Erschütterung, seinen Erlebnis-
sen usw. abspüren kann.«

PERSONEN:

Acharon, ein Kaufmann aus Ägypten
Jesaja Ben-Amos, der Prophet

Sie sitzen auf einer Bank (oder in einem Gasthof, an einem Tisch, evtl.
Getränke). Offenbar kennen sie sich nicht. – Erst nach einer Weile beginnt
Acharon das Gespräch.

Acharon:	Du bist ... äh ... geschäftlich hier in Jerusalem?
Jesaja:	*(schüttelt den Kopf)* Nein, ich lebe hier.
Acharon:	Aha. – Ich heiße übrigens Acharon. Bin gestern mit einer Karawane aus Ägypten hier angekommen. Reis und Baumwolle.
Jesaja:	Ach ja. – Ich bin Jesaja Ben-Amos.
Acharon:	Ein Name, der für einen Ausländer wie mich recht seltsam klingt.
Jesaja:	Jesaja – das heißt »Jahwe schafft Heil«. Oder auch »Gott hilft in der Not«.
Acharon:	Ein sehr verheißungsvoller Name! ...Mhm ...und was hast du für einen Beruf, wenn ich fragen darf? Was treibst du so?
Jesaja:	Mein Vater, der am Königshof beschäftigt war, hat gemeint, ich sollte vielleicht auch einmal Schreiber oder Rechner bei Hofe werden. Und darum habe ich Schreiben und Lesen und Rechnen gelernt, was ja – wie du sicher weißt – hierzulande nur wenige können. Aber ich bin dann doch nicht Beamter am Königshof geworden.
Acharon:	Nun, was bist du denn?
Jesaja:	*(zögernd)* Ich bin ... Prophet unseres Gottes.
Acharon:	Oh, so einer bist du! Ich erinnere mich an meine letzte Reise hierher, voriges Jahr. Da kam ich bei eurem Tempel mit zweien ins Gespräch, die waren auch Propheten. Die waren sehr stolz auf ihre Ausbildung hier an der Jerusalemer Prophetenschule. Sie hatten ihre Prüfung mit »gut« bestanden und ...
Jesaja:	Mit denen habe ich nichts zu tun. Sie mögen zwar studiert haben, sich sogar Diplom-Propheten nennen, aber ob sie wirklich den Willen Gottes oder bloß ihre eigenen Gedanken predigen, das ist doch sehr die Frage. Ich bezweifle, dass sie Gottes Absichten verkündigen ...
Acharon:	*(unterbricht)* Ach so – da gibt es also solche und solche ...– Und wie bist du Prophet geworden, wenn nicht durch ein Studium?
Jesaja:	*(zögert lange)*

Acharon:	Du ... möchtest nicht darüber reden ...?
Jesaja:	*(immer noch zögerlich)* In der Tat, ich spreche fast nie darüber, weil ..., ja, weil es für die meisten sehr ... phantastisch klingt. Manche behaupten, es wäre ... verrückt. Aber du bist – wie es scheint – ein ernsthafter Mensch, der nicht nur aus purer Neugier fragt.
Acharon:	Du machst mich verlegen, Jesaja. – Aber ich bin wirklich interessiert! – Also ...
Jesaja:	Nun, es ist etwa vier Jahre her, ich war noch ein recht junger Mann. Ich durfte damals mit meinem Vater, der beim Königshof beschäftigt war, an der feierlichen Krönung unseres Königs Ahas im Tempel teilnehmen. Ich saß sogar ganz vorne ...
Acharon:	*(erstaunt)* Nein, sag bloß! Du warst auch dabei? Ich auch! Rein zufällig! Es war eine meiner ersten Reisen nach Jerusalem. Und da bin ich auch zum Tempel gegangen; denn so eine Königskrönung findet ja nicht alle Tage statt. Ich stand zwar recht weit hinten, ... aber ich sehe es noch jetzt vor mir: Der Chor singt herrliche Lieder ...
Jesaja:	Das waren Psalmen aus unserem Heiligen Buch!
Acharon:	Ja – und Trompeten erschallen, dass es nur so dröhnt, Pauken ertönen – und dann der neue König in langem, rotem Gewand vor diesem Gebäude da mitten im Tempel ...
Jesaja:	Dem Allerheiligsten, in dem die Lade mit den Geboten unseres Gottes steht. – Ja, ich merke: du hast erlebt und gesehen, was ich auch sah. Es war sehr, sehr eindrücklich, nicht wahr?
Acharon:	Das kann man wohl sagen! Überwältigend schön! – Und bei der Gelegenheit bist du Prophet geworden?
Jesaja:	*(lacht leise)* Nein, nein, da nicht. Kurze Zeit später erst. – Aber an jenem Tag, an dem ich zum Propheten berufen wurde, da hatte ich eben dieses Bild von der Krönung wieder vor Augen. – Ich war frühmorgens zum Tempel hinaufgegangen – wie so

oft – und stand vor dem Allerheiligsten, in dem unser Gott gegenwärtig ist, wie wir glauben. Nach einem Gebet stand ich da; ein Chor sang »Der Herr ist in seinem heiligen Tempel«, der Rauch vom Altar zog dicht dahin – ich sah die Krönung von damals ... und dann ... *(Jesaja spricht immer zögernder und leiser)* dann sah ich mehr ... viel mehr. Ich sah ... den Herrn aller Herren ... sah Gott auf hohem Thron; die Schleppe seines Mantels erfüllte den Raum ... und Engel umschwebten ihn. – Und die Engel sangen. Sie sangen »Heilig, heilig, heilig ist der Herr Zebaoth, alle Lande sind seiner Ehre voll!«.

Acharon: *(leise und ergriffen)*
Welch wunderbare Erscheinung ...!

Jesaja: Ja, wunderbar. Aber auch erschreckend, ... ganz schrecklich, verstehst du, Acharon!

Acharon: *(verdutzt)* N ... nein ...

Jesaja: Ich stand, ... ich stand ja plötzlich vor dem Herrn, der Himmel und Erde gemacht hat, vor dem Herrn der Welt und aller Menschen! Ich, der kleine, un-bedeutende Mensch Jesaja – vor meinem Gott ...! Ich. ... ich kann nicht schildern, was in mir vorging. – Ich weiß nur, dass ich nicht anders konnte als rufen: »Weh mir! Jetzt muss ich sterben! Denn ich bin ein sündiger Mensch und wohne unter Sündern – und stehe vor Gott dem Herrn ...«

Acharon: Oh, ich glaube, jetzt verstehe ich dein furchtbares Erschrecken! Ein Mensch direkt vor seinem Gott. Entsetzlich! Armer Jesaja, was hast du erleben müssen!

Jesaja: Ja, es war ein schreckliches, aber dann auch ein schönes Erlebnis. Denn Gott nahm alle Schuld von mir und erklärte meine Sünden für abgetan. Er vergab mir und machte mich damit zu einem neuen Menschen ...

Acharon: Aber nicht wahr, das hat Gott doch sicher nicht ohne Grund getan? Ich meine, er hatte eine Absicht dabei, wenn er sich vor dir sehen ließ und das alles?

| Jesaja: | Gewiss. – Es kam gleich darauf. Seine Stimme ertönte und fragte: »Wen soll ich senden? Wer will mein Bote sein?« –
Da wusste ich: Er meint mich. Er will mich. Ich konnte gar nicht anders als antworten: »Hier bin ich, sende mich!« |
Acharon:	*(nickt)* Ich habe es mir gedacht. Gott hat dich ausgesucht. Aber – frage ich mich – warum gerade dich?
Jesaja:	Ich weiß es nicht, Acharon. Ich habe mich immer wieder gefragt, aber ich weiß es nicht. Ich bin nicht besser, nicht klüger, nicht frommer als andere ...
Acharon:	Du kannst schreiben, lesen und rechnen ...
Jesaja:	*(lacht)* Das können auch ein Dutzend anderer Leute hier in Jerusalem! – Nein, nein! – Ich weiß es nicht. Und es ist ja auch unwichtig. Gott hat eben mich gewollt und berufen – und ich bin's nun: sein Prophet.
Acharon:	Das muss ein großartiger Beruf sein: Gottes Bote! Er gibt dir seinen Willen bekannt und du gibst ihn weiter.
Jesaja:	Nun ja, ... er hat mir befohlen: »Geh hin und sprich zu diesem Volk ...«
Acharon:	Und zu wem sprichst du – und wo tust du es?
Jesaja:	Zu den Menschen im Tempel, manchmal auf der Straße oder auf dem Marktplatz. Oder am Tor, wo sie ein- und ausgehen, oder an der Wasserschöpfstelle. Eben überall, wo Menschen hier in der Stadt zusammenkommen.
Acharon:	Ich stelle mir vor, dass die Leute sehr froh sind, dass da einer ist, der ihnen Botschaft direkt von Gott bringt. Denn sie wissen ja dann ganz genau, was sie tun und lassen sollen.
Jesaja:	*(lacht bitter)* Ja, ja, so stellst du dir das vor, lieber Mann! Aber leider total falsch! Sie hören – wenn sie hören – nur mit halbem Ohr zu. Und zu Herzen geht's ihnen überhaupt nicht. Sie sagen: »Da kommt der komische Prophet« – Und sie lachen über Gottes

	Wort. Sie schlagen die Botschaft in den Wind. Sie setzen sich einfach darüber hinweg ...
Acharon:	*(entsetzt)* Nein! Das darf doch nicht wahr sein! Haben die Leute denn einen Kopf aus Holz und ein Herz von Stein?
Jesaja:	Muss wohl. Aber es wundert mich nicht. Gott hat es mir schon damals angekündigt: »Du wirst reden«, hat er gesagt, »aber sie werden taub und verstockt sein, nichts verstehen, nichts wissen wollen, nichts begreifen – kurz: sie werden nichts von dem tun, was ich durch dich sage, Jesaja.«
Acharon:	Dann ... dann ist dein Reden also ... ganz umsonst? Das muss für dich ja schrecklich traurig sein, Jesaja, diese Erfahrung, dass keiner auf dich und deinen Gott hört! Eine ... eine ganz hoffnungslose Sache!
Jesaja:	Ja, ich gebe zu: Es ist alles andere als angenehm und schön. Man könnte oft den Mut verlieren. Aber: ganz hoffnungslos ist es nicht. – Nicht ganz! Ich habe Gott gewagt zu fragen: »Wie lange wird das so gehen, dass die Menschen deinen Willen, Herr, verachten und überhören? Doch nicht immer und ewig?«
Acharon:	Und was hat er dir gesagt?
Jesaja:	Gott hat mir zu verstehen gegeben, dass große Not und viel Leiden über mein Volk kommen werden, weil es nicht hört und tut, was er sagt. Aber dann, ... dann werden eines Tages andere Zeiten anbrechen. Er wird sich erbarmen und einen Retter senden.
Acharon:	Einen Retter? – Und wann wird das sein?
Jesaja:	Das weiß ich nicht. Das hat er nicht gesagt. Aber eines weiß ich: Ich darf diesen Retter ankündigen! – Ich, Jesaja, werde ihn ansagen dürfen! Und darum bin ich nicht hoffnungslos, Acharon. Unser Gott ist ein gnädiger und guter Gott, der sich schließlich erbarmen und alles zum Guten wenden wird. Und weil ich das weiß, darum bin ich trotz allem gerne sein Prophet!

Acharon:	Vorhin habe ich deinem Namen keine besondere Bedeutung geschenkt. Jetzt merke ich, dass er doch zutreffend ist: »Jahwe schafft Heil!« Auf jeden Fall hast du einen starken Glauben, Jesaja. Möge dein Gott dir immer nahe sein und dich stärken mit Geduld und Kraft für deinen schweren Beruf!
Jesaja:	Danke, Acharon. Auch dich begleite der Segen Gottes!
Acharon:	Ob wir uns nochmal sehen? Nächste Woche muss ich zurück nach Ägypten.
Jesaja:	Wer weiß? Vielleicht kreuzen sich noch einmal unsere Wege in diesen Tagen *(erhebt sich)*. Also: vielleicht auf Wiedersehen!
Acharon:	Auf Wiedersehen, Jesaja!

Wie es in Israel zuging

Aus dem Tagebuch des Jesaja (Jesaja 1–5)

In einer Bearbeitung für die Zeitschrift »Evangelische Kinderkirche« (1991) unternahm Jürgen Koerver den Versuch, die Zeitsituation, in die hinein die Botschaft des Propheten Jesaja gesprochen ist, lebendig werden zu lassen. Und so, wie er die handelnden Menschen darstellt, wird deutlich, dass die Verhältnisse damals mit heutigen Erfahrungen der Ungerechtigkeit und »Gott-losigkeit« durchaus verwandt sind. Deshalb sind die Worte des Jesaja auch an uns gerichtet, wie wir mit Reichtum und Besitz umgehen, ob wir die Not der Menschen neben uns sehen und Gerechtigkeit – im Sinne unseres Gottes – üben.

Die konkreten Missstände beschreibt er in fiktiven Tagebuchaufzeichnungen des Propheten: Wenn im Bestreben des Menschen nur Äußerlichkeiten im Mittelpunkt stehen, der Selbstdarstellung und dem Hochmut alles geopfert wird, dann führt dies auch zu sozialen Verwerfungen. Die Gewinn- und Besitzmaximierung von einigen Wenigen hat die Verelendung der breiten Masse zur Folge. Dies alles ist aber nicht nur ein soziales, sondern auch ein religiöses Problem, weil Menschenverachtung auch eine Missachtung Gottes bedeutet.

Diese Zusammenhänge scheinen in den Tagebuchnotizen auf – auch für Kinder schon verständlich. Ein anschließendes Gespräch kann dies vertiefen. Dabei ist die Form allerdings nur für ältere Kinder empfehlenswert und sollte immer mit einem Blick in die Bibeltexte selbst verbunden werden.

Jerusalem, im 2. Rechnungsjahr des Königs Ahas
3. Tag nach dem Tempelweihfest
(Jesaja 3,16–4,1)

Ich, Jesaja Ben-Amos, habe beschlossen, zumindest für einige Zeit aufzuschreiben, was ich sehe und höre bei meinen Gängen durch unsere Stadt Jerusalem.

Ich schreibe es auf, weil früher oder später das große Strafgericht Gottes über diese Stadt und das Land kommen wird wegen all der bösen Taten ihrer Bürger. Dann werden sie nämlich behaupten: »Es war doch gar nicht so schlimm, was wir getan haben!

Das bisschen Sünde, das war doch nicht der Rede wert! Und schon gar nicht haben wir deshalb die Strafe Gottes verdient!« – So werden sie sagen.

Und dann werde ich dieses Tagebuch nehmen und ihnen vorlesen und beweisen, was sie Böses getan haben, wie sie gegen das Gebot und den Willen Gottes gehandelt haben! Darum schreibe ich jetzt alles auf, was ich sehe und höre und erlebe.

Heute zum Beispiel stehe ich nach dem Tempelgottesdienst noch einen Augenblick in der Säulenhalle bei Jimla Ben-Juda, um mit ihm über die Lieferung einer Rolle Pergament zu verhandeln, da kommt eine Frau vorbei oder genauer: da stolziert eine dieser Damen vorbei, wie man sie jetzt immer öfter in den Straßen und auf den Plätzen sieht. Hoch getürmte Frisur mit kostbaren Kämmen als Schmuck darin, ein glitzerndes Stirnband, die Augen schwarz umrandet, die Lippen vorgestülpt, als wolle sie jeden küssen; Kinn und Kopf hoch gereckt, ein hautenges Gewand und einen flatternden Umhang, beides aus bunt schillernder ägyptischer Seide, hochhackige Schuhe, klirrende goldene Kettchen an Fuß- und Handgelenken – kurzum: eine aufgeputzte Person.

Ich sehe nur kurz und zufällig hin, während ich mit Jimla spreche. Nach drei, vier Sätzen trippelt sie schon wieder daher; gerade scheucht sie eine alte Frau, die ihren Weg kreuzt, mit einer heftigen Armbewegung zur Seite. Und ich sehe, wie die Männer, die gerade vom Gottesdienst kommen, hinter ihr her starren. – Ich handele mit Jimla über den Preis fürs Pergament, da ist sie schon wieder da, schaut nach links und rechts, als ob sie kontrollieren wolle, ob man sie auch beachtet. Und das tun die Leute, vor allem die Männer! Der eine oder andere bleibt stehen, tut so als ob er nachdenkt – stiert aber in Wirklichkeit zu der Frau hin ...

Ich frage Jimla: »Wer ist denn diese Person da?«

Und er lacht und sagt: »Das ist die Frau von Ben-Hosea, dem Getreidekaufmann: Die kommt fast jeden Tag her und stellt sich zur Schau, manchmal auch mit anderen Frauen, die genauso aufgemacht sind.«

»Vor oder nach dem Gottesdienst?«, frage ich.

Jimla lacht wieder: »Weder noch. Mit dem Gottesdienst hat das

nichts zu tun. Gottesdienst interessiert die nicht im Geringsten. Nur dass sie gesehen wird, das ist ihr und den anderen wichtig. Und sie hat jeden Tag andere Kleider an und anderen Schmuck.«
»Aber das kostet doch ein Vermögen«, sage ich.

»Sicher«, antwortet Jimla. »Aber ihr Mann hat es ja! Und warum, meinst du wohl, warum steigen z.B. die Getreidepreise ständig? Ben-Hosea muss die Preise erhöhen, damit seine Frau Geld für Schmuck und Kleider hat. Die armen Leute können sich kaum mehr Brot kaufen, aber diese Damen stolzieren in Samt und Seide herum und klirren mit ihren kostbaren Ketten und lassen die Edelsteine funkeln.«

Ich bin sehr erschrocken und wütend. Darüber habe ich noch nie nachgedacht, wenn ich diese aufgeputzten Damen herumlaufen sah ...

Und ich habe es mit dem Herrn aller Herren besprochen, und er hat mir gesagt: »Es wird so nicht bleiben, Jesaja. Es kommt der Tag, da werden diese Frauen kahl geschoren und ohne all ihren Schmuck herumlaufen, in grobe Sackleinwand gehüllt und mit einem Strick um den Leib. Wie die letzten Sklavinnen werden sie sein. – Und das alles, weil sie stolz und hochmütig sind, weil sie mich verachten und die armen Leute um ihr Brot bringen. – Das, hat der Herr gesagt, verkündige ihnen! Warne sie, damit sie von alledem ablassen!«

Oh ja, ich werde es tun, Herr! Ich werde ihnen zurufen: »Wehe euch, ihr Frauen ...!«

5. Tag nach dem Tempelweihfest
(Jesaja 5,8 – 10)

Schon seit einiger Zeit stelle ich fest, dass in unserer Stadt noch nie so viele Häuser gebaut worden sind wie jetzt. Fast in jeder Straße und Gasse ist irgendein Bau im Gange und behindert den Verkehr, und als Fußgänger muss man dauernd damit rechnen, dass man von einem ein Balken getroffen wird oder einem eine Ladung Steine auf die Füße rollt. – Ich frage mich: Wie kommt das, dass plötzlich so viele Neubauten entstehen?

Heute nun war ich – nach langer Zeit – wieder mal oben auf der

Stadtmauer. Ein alter Bekannter, der Geldwechsler und -verleiher Amos Ismoria wollte einen kleinen Spaziergang mit mir machen, und da stiegen wir wegen der schönen Aussicht auf die Stadtmauer.

Ich traute meinen Augen nicht! – »Wo sind denn die Gerstenfelder und die Gemüsegärten und Ölbaumplantagen geblieben, die es vor der Stadt immer gegeben hat?«, rief ich erstaunt aus. »Das siehst du doch!«, entgegnete Amos. »Alles weg. Stattdessen sind es jetzt Grundstücke für den Hausbau. Und eine Menge Häuser stehen ja auch schon oder werden gerade gebaut.«

»Seltsam«, sagte ich. »Die Bauern, die da Gerste oder Gemüse oder sonst etwas anpflanzen, das waren doch immer ziemlich arme Schlucker, die gerade das Nötigste zum Leben hatten – und die bauen sich da jetzt überall Häuser? Und ja nicht nur bescheidene Hütten, sondern Villen und vornehme Häuser mit Springbrunnen und Blumengärten!«

Amos lachte: »Aber Jesaja, doch nicht die Bauern! Ach was. Die waren wirklich recht arm. Das einzige, was sie wirklich besaßen, das war das Land, auf dem sie Getreide oder so was anbauten. Immerhin: sie konnten leben! Aber die haben's nicht mehr. Die Grundstücke und Häuser da, die gehören den Reichen unserer Stadt, den Kaufleuten und großen Handwerkern. Die haben viel Geld, und damit haben sie den Bauern das Land abgekauft – natürlich für einen Spottpreis!«

»Und was machen die Bauern jetzt?«, habe ich gefragt. Da hat Amos die Schultern gezuckt: »Weiß nicht. Einige sind weggegangen, andere arbeiten als Tagelöhner oder auf dem Bau, einige versuchen sich als kleine Händler, so mit Nadeln oder Knöpfen und Sandalenriemen oder was weiß ich. Alles Hungerleider, aber viel schlimmer als früher, als sie noch ihr Land hatten.«

Ich bin schrecklich wütend geworden und habe gesagt: »Aber Gott hat uns verboten, ganz ausdrücklich verboten, das Land zu verkaufen, das er uns gegeben hat! Es soll immer im Besitz der Familie bleiben, damit immer ein jeder sein Auskommen hat. So hat es Gott in seiner großen Güte angeordnet!«

Da hat Amos gesagt: »Gott schon, ja, ja. Aber die Reichen und die Menschen in unserer Stadt fragen nicht viel nach Gottes Verordnungen, nicht wahr?«

Das ist es! – Gottes gute Gebote und Ordnungen werden einfach nicht geachtet, vergessen, umgangen. Wer Geld hat, denkt bloß noch daran, wie er es vermehren oder ausgeben kann. Und dann kaufen die Reichen Landstück um Landstück und bauen ihre Villen dahin. Was aus den ehemaligen Besitzern wird, ist ihnen völlig egal.

Ich habe das alles dem Herrn aller Herren geklagt, und er hat gesagt: »Ich weiß, Jesaja. Verlass dich drauf und sag's ihnen eindringlich: Alle diese schönen Häuser werden verwüstet werden und eines Tages leer stehen. Und wer sich unrechtmäßig Felder angeeignet hat, wird nichts darauf ernten. Das kannst du ihnen sagen, den Reichen!«

Ja, ich werde: Wehe euch, ihr Raffgierigen, die ihr Haus an Haus reiht, euch werde ich sagen, nichts bleibt von eurem Reichtum als nur – Ruinen!

Tag vor Sabbat, an dem wir des Abraham gedenken
(Jesaja 5,11–19)

Heute Morgen gehe ich zum Frühgottesdienst in den Tempel. Noch sind auf den Straßen nur die Müllsammler und Wasserträger unterwegs. Allerdings begegnen mir seltsamerweise auch einige von den Kaufleuten unserer Stadt – der Getreidehändler Ben-Hosea, der Sandalenfabrikant Daniel, der Bürgermeister Ephraim Ben-Mose, der Obstgroßhändler Absalom und andere. Sie streben alle ungefähr in die gleiche Richtung, aber nicht zum Tempel, sondern – wie mir scheint – in die Königsstraße. Seltsam! Es ist mir schon einmal aufgefallen, dass unsere Kaufleute anscheinend Frühaufsteher sind ...

Ich habe ja nicht viel für die Reichen übrig, im Gegenteil. Aber ich denke in diesem Augenblick: »Alles was recht ist, sie sind ja doch sehr fleißig! Schon so früh auf den Beinen, damit der Handel blüht! Erstaunlich!«

Nach dem Tempelgottesdienst treibt mich die Neugier dazu, einen kleinen Umweg durch die Königsstraße zu machen. Diese Straße führt ja zum Königshof, und links und rechts sind zumeist recht hübsche, große Häuser, fast alle mit einem Garten. Hier wohnen Hofbeamte, Richter, Offiziere der königlichen Truppe und etliche Großkaufleute.

Da kommt gerade der Lederhändler Zedekia Iskariot aus der Villa des Wasserversorgungsdirektors Habakuk auf die Straße – oder besser: er stolpert und schwankt daher.

Als er mich sieht, grinst er mich an und lallt: »Na, Prophetchen, schon im Tempel mit dem lieben Gott verhandelt? War er wieder wütend auf uns?«

Mich packt der Zorn, und am liebsten würde ich diesen besoffenen Kerl an seinem Gewand packen und schütteln und ihn anschreien: »Ja, der Herr aller Herren ist zornig!« ...

Aber dazu komme ich nicht. Er bläst mir seinen Weinatem ins Gesicht und lallt: »Ja, ja, Prophetchen, du redest viel davon, dass Gott böse auf uns ist und uns schlimme Leute verhauen will, hahaha. Aber das ist ja alles Schwindel! Ich merk jedenfalls nichts davon! Wann geht's denn endlich los mit dem Gericht, hä, Prophetchen? Ist ihm wohl nicht so ernst, unserm Gott, hä?« Und dann torkelt er lachend davon.

»Weh dir, du leichtsinniger und gottloser Mensch!«, rufe ich ihm nach: »Wie kannst du nur die Strafe Gottes herbeiwünschen? Aber sie kommt, ja sie kommt bald!«

Voller Ärger gehe ich ein paar Schritte. Da dringt mir Musik in die Ohren. Jetzt am frühen Morgen schon Musik? Ich schaue über die kleine Begrenzungsmauer in den Garten der Villa: Da sitzen sie, die feinen Herren, schon mehr oder weniger betrunken vom Wein, der in großen Kannen auf dem Tisch steht. Sie reden miteinander; andere singen irgendwelche dummen Lieder. Dazu spielen Sklaven auf der Leier, auf Flöten, schlagen die Pauke. Und das alles schon am frühen Morgen! Wie wollen die noch arbeiten können, nachher, wenn es heiß wird?

Ein paar Fetzen eines Lied kann ich verstehen:

Weil die Geschäfte laufen
und teuer wir verkaufen,
drum hab'n wir Geld in Haufen
und könn's hier versaufen! Hahaha!

Der alte Gott tut schlafen.
Doch wir sind wach, wir Braven!
Er quatscht, er woll' uns strafen?
Wir sind im sich'ren Hafen! Hahaha!

Von wegen: sich'rer Hafen! Wehe euch, kann ich nur sagen, weh euch, die ihr schon am frühen Morgen – und abends wieder! – daran denkt, euch zu berauschen und euch ein feines Leben zu machen und dabei die Armen unseres Volkes vergesst! Und am schlimmsten: Gott vergesst, ja verspottet! Der Tag kommt, an dem Gott euch ohne Erbarmen zu Hungerleidern und Verdurstenden macht – und auf den Trümmern eurer vornehmen Häuser werden die Schafe weiden!

2. Tag nach »Abrahams-Gedenken«
(Jesaja 1,23ff.; 5,22–24)

Eben zurück von einem Gang in die Stadt. Eigentlich wollte ich heute morgen aus der Stadt aufs Land zu meinem Vetter in Betphage. Aber als ich zum Tor komme, tagt da gerade das königliche Stadtgericht, und weil ich's nicht eilig habe, mische ich mich unter die Zuhörer.
Der oberste Richter – ich kenne ihn, es ist Jehuda Ben-Daniel –, er hängt mehr in seinem Sessel als dass er sitzt, und es sieht fast so aus, als würde er schlafen. Gerade trägt der Weinhändler Ibn-Ephraim lauthals seine Klage gegen die Frau des Bauarbeiters Obadja vor, die ihm die Miete schuldig geblieben ist, und die deshalb – so verlangt es Ibn-Ephraim – aus seinem Haus ausziehen soll.
Als er fertig ist, öffnet der Richter ein wenig die Augen und lallt: »Was-hasn-du-su-sag'n, An'klagte?« – Ich denke: »Ist er etwa betrunken?«
Die Frau schluchzt: »Ich bin Witwe, Hoher Herr Richter. Mein Mann ist vor vier Sabbaten vom Baugerüst gestürzt und dabei zu Tode gekommen. Nun steh ich mit sechs Kindern da. – Ich arbeite schon Tag und Nacht, ich putze im Haus des Gemüsekaufmanns

Joel, ich trage Wasser in verschiedene Häuser, meine ältesten Kinder schleppen die Abfallkörbe der feinen Leute zur städtischen Müllhalde – wir tun, was wir können. Aber es reicht halt noch nicht ...«

Während sie noch redet, sehe ich, wie ein Diener zum Richter tritt und ihm etwas in die Hand drückt und mit ihm flüstert. Der Richter stemmt sich mühsam hoch in seinem Sessel, steckt das Etwas in die Tasche seines Gewandes; dann nickt er dem Weinhändler zu und grinst. Und er wartet nicht ab, bis die Frau zu Ende gesprochen hat, sondern sagt: »Schön-un-gut, Frau ..., äh, Frau ..., is-ja-auch-egal. Kenn ich ja all's, das mit Witwe und hungrige Waisen. Immer selbe. Ab'r mein lieber Ibn-Ephraim mussa-auchsu-sein Geld kommen un-wassu-essen hab'n. Also ziehsu aus sein Haus, Frau, mit dein Kin'erchen. Is Urteil in Namen Gott's un' sein Volk! Nu zieh ab! – Nächster!«

Und so ein Urteil wagt dieser betrunkene Richter im Namen Gottes zu verkündigen? Wo uns Gott geboten hat, Witwen und Waisen stets zu helfen!

Aber ich habe ja gesehen: er ist bestochen worden, er hat Geld genommen von diesem Weinhändler – und *dem* hat er geholfen! Den Gang zu meinem Vetter habe ich aufgegeben und bin stehengeblieben, um die weitere sogenannte Rechtsprechung zu erleben. Und es ist erschreckend, was ich erlebe!

Immer wieder sind es die Armen und Verlassenen, die ohnehin Not leiden – sie werden verurteilt und damit noch tiefer in die Not gestoßen! Und immer wieder tritt jemand zu ihm und drückt ihm so ein »Etwas« in die Hand, besticht ihn mit Geld!

Ich habe es dem Herrn aller Herren geklagt, und er hat gesagt: »Ich sehe es wohl, Jesaja. Sie lieben Bestechung und nehmen Geschenke und verhelfen Witwen und Waisen nicht zu ihrem Recht. Wehe ihnen, die den Elenden das Recht rauben, die Schwachen in Not bringen; sie werden vergehen wie trockenes Gras im Feuerbrand!«

Ja, kann ich nur sagen: »Wehe euch Richtern, wenn der gerechte Gott euch straft!«

Tag nach »Vater-Jakobs-Gedenken«
(Jesaja 1,10–20)

Gestern war ich wie an jedem Sabbat beim großen Tempelgottesdienst, der ja immer besonders feierlich ist: Die Priesterchöre singen herrliche Psalmlieder und das Tempelorchester spielt eine wunderbare Musik zur Ehre Gottes. Und Menschen über Menschen, der Tempel mit seinen Höfen und Plätzen kann sie kaum fassen! Und was sie an Opfern bringen lassen durch die Priester – auf allen Altären häufen sich die Gaben, die sie Gott darbringen, vom Geld ganz zu schweigen, das sie in die Opferkästen legen ...
Bei all dem habe ich gedacht: Es ist doch ein frommes Volk! Gottesfürchtige Menschen; Leute, die Gott die Ehre geben! Wie zahlreich sie hier sind und wie opferfreudig und wie sie Gott zu dienen versuchen!
Noch während ich so denke, redet der Herr aller Herren zu mir. Und er fordert mich auf, seine Worte den versammelten Menschen weiterzusagen. Je länger der Herr aller Herren zu mir spricht, desto mehr graut mir, es den Gottesdienstbesuchern zu verkündigen! Eine erschreckende Rede! – Aber ich muss sie ihnen halten ...
Ich stelle mich an einen Ort, wo mich möglichst viele hören können und rufe:

»Wort des Herrn aller Herren!
Wort Gottes an Euch! So spricht der Herr:
Was soll mir die Fülle eurer Opfer? Ich habe sie alle satt, die Rinder und Lämmer und Böcke und Tauben und was ihr mir da alles heran schleppt.
Es hängt mir zum Halse raus! Eure Sabbatfeiern und Gottesdienste, eure Fest- und Feiertage – all das mag ich nicht im geringsten mehr, ich bin's müde!
Ich kann's nicht mehr sehen, euer frommes Getue; und euren zahllosen Gebeten hör' ich nicht mehr zu, spricht der Herr.
Ihr sagt: Wie – das alles nicht? Ja, was denn?
Ich sage euch: Schafft mir eure bösen Taten aus den Augen, hört auf, meine Gebote zu verachten!
Lernt Gutes tun! Achtet das Recht! Helft den Bedrückten und

Notleidenden! Tretet für Witwen und Waisen ein! Bereichert euch nicht auf Kosten der Armen!

Ihr kennt ja meine guten Gebote und Ordnungen. Richtet euch danach! Wenn ihr umkehrt, spricht der Herr, will ich euch vergeben, und ihr sollt ein gutes Leben haben.

Wenn ihr euch aber weigert, werdet ihr alle umkommen, so wahr ich euer Gott bin!

Das ist das Wort des Herrn aller Herren an euch, ihr Bürger Jerusalems; ich, Jesaja, habe es euch verkündet. Tut, was er sagt!«

So habe ich gerufen. – Zuerst habe ich gedacht: es geht ihnen zu Herzen; denn es war recht still – anfangs. Aber dann kamen die ersten Zwischenrufe: »Hört nicht auf diesen albernen Propheten!« und »Halt's Maul, du Unglücksrabe!«

Andere zuckten die Achseln und gingen weg, etliche lachten oder fingen eine fröhliche Unterhaltung an, so als sei ich nicht der Beachtung wert. – Kurz: Ich habe in den Wind geredet. Gottes Wort ist vergeblich gesprochen.

Wie furchtbar wird es am Tage des Gerichts sein, wenn der Herr aller Herren straft – sein Volk straft, dem er so viel Gutes getan hat!

Das Weinberglied

Ein kleines Sing- und Sprechspiel zu Jesaja 5,1–7

Der Spielszene liegt das Weinberglied aus dem Buch Jesaja (Jes 5, 1-7) zu Grunde. In einigen Dialogen vor dem Lied und nach dem Lied spricht Jesaja mit seinen Söhnen über den Sinn dieses prophetischen Liedes, das er beim Laubhüttenfest singt.

Bei dem Lied können als »Bürger Jerusalems« alle einbezogen werden.

Bei einem Kindergottesdienst oder in Kindergruppen sitzen die »Bürger« am besten in kleinen Grüppchen auf dem Boden beieinander (wie in Laubhütten). Ein Gitarrenspieler singt mit ihnen ein allen bekanntes Lied, das von der Freude handelt (z. B.: »Wir singen vor Freude«, LJ 431). Während Jesaja mit seinen Söhnen auftritt, kann der Gitarrenspieler leise weiter spielen und die »Bürger« können sich unterhalten, bis sie auf Jesaja aufmerksam werden. So wird etwas Live-Atmosphäre erzeugt. Der Gitarrist begleitet später auch das Weinberglied.

Die Namen seiner Söhne hat Jesaja als »Botschaft« an sein Volk ausgewählt. Sie sind hier in deutscher Übersetzung wiedergegeben.

Spieler: Jesaja
                 Seine Söhne: Restkehrtum
                                      Raubebald
                 Bürger Jerusalems (alle Anwesenden)
                 Gitarrenspieler

(Jesaja kommt mit seinen beiden Söhnen aus dem Raum der mitspielenden Zuschauer. Er hat eine Rolle mit dem Text seines Liedes dabei sowie eine Pappe – eventuell mit einer Traglatte –, auf der die von allen gesungenen Texte stehen.)

Raubebald: O Papa, ist das ein Gedränge!

Restkehrtum: Ja, wirklich – so viele Menschen! und wie die sich freuen!

Raubebald: Hier in Jerusalem ist ein Fest, nicht wahr, Papa? Was ist das für ein Fest?

Jesaja: Aber Raubebald, das hab ich euch doch schon zig Mal erklärt.

Raubebald:	Erklär's noch mal, Papa ...
Jesaja:	Restkehrtum – du weißt es! *(Der schüttelt verlegen den Kopf.)*
	Du auch nicht? – Aber ihr seht doch überall diese Lauben, die die Leute aus Zweigen und Blättern gemacht haben. Wie kleine Hütten sehen sie aus. Und da sitzen sie nun drin und haben ihren Spaß. – Na?
Restkehrtum:	Laub ... Laub ... hütten ... fest ... ja, Papa?
Jesaja:	Richtig! Laubhüttenfest feiern wir. Jetzt sind überall die Weintrauben geerntet worden, aus denen man den Wein macht, und da freuen sich die Leute drüber und feiern ein Erntedankfest. Ihr hört ja, sie singen fröhliche Lieder ...
Raubebald:	Wir auch, Papa?
Jesaja:	*(zögernd)* Nun ja ... vielleicht später ...
Restkehrtum:	Später erst?
Jesaja:	Na ja, singen will ich auch ...
Raubebald:	Hier – vor all diesen Leuten?
Jesaja:	Ja, warum nicht? Ich will ihnen ein Lied singen.
Restkehrtum:	Oh, das ist toll! Papa singt ein Lied!
Raubebald:	Das wird den Leuten Spaß machen!
Jesaja:	Da bin ich mir nicht so sicher, mein Junge ...
Raubebald:	Ist es kein lustiges Lied?
Jesaja:	Nein, ein lustiges Lied ist es eigentlich nicht. Eher ein trauriges. Aber ich weiß noch nicht, ob die Leute das merken. Vielleicht hören sie nicht richtig zu – wie gewöhnlich – und merken nicht, was ich ihnen mit dem Lied sagen will. – Nun, ich werd's jedenfalls versuchen! Hier, ihr beiden, helft mir mal. Haltet diese Tafel hoch. Darauf steht, was die Leute singen sollen bei meinem Lied. *(übergibt die Tafel)*
Restkehrtum:	*(ruft)* He, Leute, mein Papa singt jetzt ein Lied!
Raubebald:	*(ruft)* Ja, alle herhören! Jesaja, unser Papa, singt euch was!
Beide:	*(rufen)* Alles aufpassen! Jesaja singt euch ein Lied! *(Das Weinberglied siehe Seiten 108–109)*

Jesaja:	*(spricht)* Oh doch! Noch bin ich nicht zu Ende mit meinem traurig' Weinberglied.
	Denn es gab eine bittere Wende, als mein Freund sich vom Weinberg schied.
	Er hackt nicht mehr, lässt Unkraut schießen, und Dorngestrüpp wächst ringsumher.
	Er lässt das Düngen, lässt das Gießen – wo Rebe stand, ist bald nichts mehr.
	Er reißt die Mauer ein, die schützte und wilden Tieren Einhalt bot,
	was gleich die Tierwelt eifrig nützte: sie frisst und trampelt alles tot.
	Da liegt sie nun, des Freundes Wonne. Der Weinberg – tot, zerstört und kahl.
	Auf öden Berg brennt heiß die Sonne. Mein's Freundes Weinberg – war einmal.
	(Jesaja wendet sich von den »Bürgern« ab, rollt seine Textrolle zusammen.)
Raubebald:	Das war aber gräßlich traurig, Papa, dieses Lied!
Restkehrtum:	Ja, sehr traurig! – Aber, Papa, ist das wirklich deinem Freund passiert?
Jesaja:	Ja … sozusagen …
Restkehrtum:	Komisch – wir kennen doch alle deine Freunde, oder? Aber ich kenne keinen, der so ein Unglück mit seinem Weinberg gehabt hat.
Raubebald:	Das hätten wir doch mitgekriegt, nicht wahr, Restkehrtum?
Restkehrtum:	Ja, das meine ich auch, Raubebald! – Papa?
Jesaja:	Ja?
Restkehrtum:	Ich glaube, du hast gar nicht so einen Freund. Du hast das bloß – erfunden, nicht wahr?
Jesaja:	Nein, hab ich nicht! Es ist wirklich … fast schon so geschehen mit dem Weinberg meines Freundes. – Leider.
Raubebald:	Kennen wir diesen … deinen Freund?
Jesaja:	Ja, den kennt ihr. Es ist … Kommt, setzen wir uns da hin. Ich will es euch erklären.
	(Sie setzen sich.)

Das Weinberglied

Jesaja – Einleitung:

Ich, der Je - sa - ja, sing euch laut ein
ge - wiss Ge-winn euch al - len bringt und

Lied, das si - cher euch er - baut,
hof - fent -lich zu Her – zen dringt.

»Bürger« als Antwort:

Sing ja, Je-sa-ja, sing nur ja, dein Lied, sing

uns! Sing: Was ge - schah?

Jesaja – Strophen-Melodie:

1. Kommt vor die Stadt, kommt mit be-händ, ich

will euch et - was zei - gen:

Mein Freund, mein bes - ter näm - lich, nennt 'nen

Wein - berg dort sein ei - gen.

»Bürger« – ständiger Refrain:

Sag ja, Je-sa-ja, sag nur ja, was mit dem

Wein - berg dort ge - schah!?

2.
Hoch auf dem Berge liegt er da,
beschienen rings von Sonne.
Der schönste Weinberg, den ich sah –
und meines Freundes Wonne!
Refrain

3 + 4:
Der Boden, drauf die Reben stehn,
gibt, dass sie gut gedeihen.
Es ist 'ne Lust, sie anzusehn,
wie sie da stehn in Reihen.

Mein Freund grub um und hackte ihn,
den Boden um die Reben,
tat alles, um sie groß zu ziehn,
was ihnen hilft zum Leben.
Refrain

5 + 6:
Das Dornengestrüpp, das Distelkraut,
was könnt's Gedeihen mindern,
das reißt er aus, und er auch schaut,
dass nichts kann Wuchs verhindern.

Auch zieht er eine Mauer dann
um seines Weinbergs Beete,
dass kein Tier ihn betreten kann
und Reben dort zertrete.
Refrain

7 + 8:
Er dacht sich auch:
        Wenn Trauben dann
gewachsen allerwegen,
press ich sie hier aus. Und begann,
'ne Kelter anzulegen.

Ihr seht: Mein Freund hat viel getan
im Weinberg, den er liebet
und freut sich, dass – wer dächt
        nicht dran?
bald schöne Ernt' es gibet.
Refrain

9 + 10:
Die Erntezeit – sie kommt herbei.
Mein Freund ist voll Erwarten,
dass süße Frucht zu finden sei
in seinem Rebengarten.

Er eilt zum Weinberg, voller Freud
auf pralle, süße Trauben.
Doch – er hat sich umsonst gefreut –
kann's fassen nicht, nicht glauben ...
Refrain

11 + 12:
Ein Träublein hier, ein Träublein dort,
ganz mickrig und ganz sauer,
verschrumpelt, faulig und verdorrt,
erlebt der Weinbergbauer.

Nun frag ich euch, ihr lieben Leut:
Ist das gerecht und richtig?
Er hat doch keine Müh gescheut –
und 's war doch null und nichtig!
Refrain

13 + 14:
Voll Liebe hat er sich bemüht,
dass Früchte er möcht tragen.
Doch war umsonst all Lieb und Güt.
Sollt da mein Freund nicht klagen?

Soll jetzt mein Freund nicht voller Wut
und großem Zorn erbeben?
Wie Gott war er zum Weinberg gut!
Doch was muss – Gott erleben?

Alle:
(Refrainmelodie 2x)
O je, Jesaja, jetzt halt ein;
dein Lied lass jetzt zu Ende sein!
Denn an dem Weinberg je ja sah
man nie was Gutes, Jesaja!

(Melodie: Traugott Weber, Rechte beim Autor)

	Ihr kennt meinen Freund. Es ist auch euer Freund. Ja, es ist der Freund von jedem hier.
Raubebald:	Aaaach so! Meinst du ... Du meinst doch nicht etwa ... Gott?
Jesaja:	Doch – den meine ich. Von dem hab ich gesungen in meinem Lied ...
Restkehrtum:	... und von seinem Weinberg. – Hat Gott denn einen – eigenen Weinberg?
Raubebald:	Ach Quatsch, Restkehrtum! Doch nicht 'nen richtigen Weinberg wie Onkel Amos oder der Herr Josef oder die anderen ...
	Nicht wahr, Papa, du meinst das irgendwie anders ...?
Jesaja:	Richtig, Raubebald! Der Weinberg Gottes – das ist Israel, das ist sein Volk, das sind wir. Sein Weinberg, das sind die Menschen, zu denen er gesprochen hat und spricht, die er lieb hat, und um die er sich kümmert – so wie eben der Weinbergbesitzer sich um seine Reben kümmert: Den Boden um sie herum hackt, sie düngt und begießt, sie pflegt und umsorgt. Ihr kennt das ja von Onkel Amos ...
Raubebald:	Na klar! »Dem geht ja nichts über seinen Weinberg«, sagt Mama immer.
Jesaja:	Seht ihr: So ist das auch mit unserem Gott und seinem Volk: Er hat unendlich viel Gutes für uns getan. Aber ...
Raubebald:	Aber? Was »aber«?
Jesaja:	Aber es geht Gott so wie in meinem Lied, erinnert ihr euch?
	(rollt die Textrolle nochmals auf und liest:)

Die Erntezeit, sie kommt herbei.
Mein Freund ist voll Erwarten,
dass süße Frucht zu finden sei
in seinem Rebengarten.

Er eilt zum Weinberg, voller Freud
auf pralle, süße Trauben.
Doch – er hat sich umsonst gefreut -
kann's fassen nicht, nicht glauben:

Ein Träublein hier, ein Träublein dort,
ganz mickrig und ganz sauer,
verschrumpelt, faulig und verdorrt,
erlebt der Weinbergbauer.

Raubebald: Ja, so hast du gesungen. – Und du meinst ... du meinst damit: Gott findet fast überhaupt keine Früchte, nichts Gutes bei den Menschen ...?

Jesaja: Ja, das ist es, Raubebald! Alles, was Gott für sein Volk getan hat, war – so scheint's – umsonst. Sein Volk richtet sich nicht nach seinen Geboten, und was er in seinem Wort sagt, beachtet es nicht. Die Menschen seines Volkes leben und tun, wie und was sie wollen. – Gott hat als Frucht aller seiner Bemühungen erwartet: Sie tun Gutes. Aber was findet er? Schlechtes!
Er hat erwartet: Sie leben recht. Aber was findet er? Sie sind schlecht! Er hat erwartet Liebe und Huld. Aber was findet er? Sünde und Schuld!

Restkehrtum: Ach, Papa, hör auf! Das ist alles so traurig und schrecklich. Ich mag das nicht hören!

Jesaja: Tut mir leid, mein Junge. Aber leider ist es so.

Raubebald: Und ... und ist es auch so, dass Gott seinen Weinberg – also ich meine, sein Volk – so ... eingehen lässt wie der in deinem Lied den Weinberg?

Jesaja: *(sieht ihn einen Augenblick an)* Weißt du eigentlich, Raubebald, warum du diesen Namen bekommen hast?

Raubebald: Nee. Ich weiß nur, dass es ein ... schrecklicher Name ist. Die Leute lachen immer darüber.

Jesaja: Da gibt es nichts zu lachen, mein Junge! Du heißt so, um die Leute hier daran zu erinnern, dass sie vielleicht bald zum Raub werden können,

	unter die Räuber fallen, ihnen die Fürsorge Gottes geraubt wird. Daran sollen sie erinnert werden, wenn ich oder die Mama dich rufen »Raubebald«.
Restkehrtum:	Aber ich, Papa, ich hab auch so einen seltsamen Namen, über den die Leute lachen, weil sonst niemand so heißt.
	Obwohl ... also eigentlich ist es ja ein schöner Name ...
Jesaja:	Restkehrtum. Ja, das ist meine Hoffnung – nämlich, dass da doch noch ein Rest von Leuten ist, ein paar Menschen leben, die so sind, wie Gott es erwartet. Ein Rest, der umkehrt und sagt: Wir wollen Gott dankbar sein für alles Gute und darum tun, was er sagt.
Restkehrtum:	Papa ... Du hast den Leuten mit dem Lied eben so schreckliche Dinge gesagt und gesungen. Könntest du nicht ...
Jesaja:	Was?
Restkehrtum:	Ich meine: Könntest du nicht – noch eine Strophe dichten?
Jesaja:	Was für eine Strophe soll ich dichten?
Restkehrtum:	Mhm – nicht so sehr Raubebald, sondern Restkehrtum, verstehst du?

(Jesaja sieht ihn länger versonnen an, nickt dann schließlich.)

Jesaja:	Also gut. Ich will's versuchen ...
Raubebald:	*(ruft)* Unser Papa singt noch mal!
Restkehrtum:	Alles herhören! Ganz wichtig! Hört genau zu, ihr Leute!

(Jesaja ist aufgestanden, drückt einem der Söhne wieder die Texttafel in die Hand – wegen des Refrains – und singt, diesmal ohne Textrolle.)

Alle:	*(Refrain)*
	Sag ja, Jesaja, sag nur ja:
	Ist's wahr, dass noch etwas geschah?
Jesaja:	Ihr Leute – ja, hört noch mal her!
	Ein Wunder ist geschehen!
	Ist auch der Weinberg öd und leer

	ein Reblein, das blieb stehen!
Alle:	*(Refrain)*
Jesaja:	Ein kleiner Weinstock unzerstört
	in Wildnis ohnegleichen
	hat meinen Freund ein's Tag's betört
	und tat sein Herz erweichen.
Alle:	*(Refrain)*
Jesaja:	Die Rebe – dieses Weinbergs Rest –
	bracht wundervolle Trauben.
	Er erntet sie, hat sie gepresst:
	ein Wein – er kann's kaum glauben!
Alle:	*(Refrain)*
Jesaja:	»Da hat es doch noch Frucht gebracht!«
	Mein Freund ruft voller Freude.
	»Ein Rest kehrt um!«
	Mein Freund da lacht. –
	Kehrt alle um, ihr Leute!
Alle:	*(Refrainmelodie 2x)*
	Ein gutes Ende ist's von dem Lied!
	Geb Gott, dass es bei uns geschieht.
	Ne gute Rebe, man ja sah,
	bei Gott bringt Freude, Jesaja!

Berufung und Tempelrede des Jeremia

Perspektivische Erzählung zu Jeremia 1; 7; 28 i.A.

Für eine Erzählreihe zu Jeremia wählte Jürgen Koerver bei zwei von drei Bearbeitungen die Form der perspektivischen Erzählung (siehe S. 129). Verschiedene Personen nehmen Stellung zu den Ereignissen. Jürgen Koerver hat bei dieser Erzählform gerade auch die jugendlichen Mitarbeiterinnen und Mitarbeiter im Blick. Sie müssen jeweils nur wenige Verse des Textes übernehmen und nur ihren Erzählpart vor den Kindern vortragen.

Ich bin Michaja Ben-Gemarja

Ich bin Außenminister am israelitischen Königshof. Ich berate unseren König Jojakim – Gott segne ihn! – ich berate ihn in allen Dingen, die das Verhältnis unseres Staates Israel mit anderen Staaten betrifft. – Im Augenblick ist die Lage unseres Staates sehr, sehr schwierig: Von Norden her bedrohen uns die Babylonier, im Süden stehen die mächtigen Ägypter mit ihrem Pharao Necho. Wir Israeliten – und ich muss hinzufügen: wir sind nur ein sehr kleines Volk – wir Israeliten also liegen genau zwischen diesen großen und machtvollen Staaten.

Im Augenblick sind die Ägypter stärker und darum haben wir Israeliten uns mit ihnen verbündet. Aber die Babylonier sind auch sehr stark, und es sieht so aus, als wollten sie einen Krieg beginnen mit den Ägyptern. Was wird aber dann aus uns?

So ist die Lage!

Ich muss allerdings hinzufügen: Die Babylonier und auch die Ägypter sind Heiden. Sie beten irgendwelche nicht vorhandenen Götter an. Sie kennen nicht den einen, wahren Gott, der sein Volk nicht im Stich lässt, wenn es in Gefahr ist.

Das sagen auch die Propheten, die im Dienst des Königs stehen und von ihm bezahlt werden. Sie sagen: Hier in Jerusalem ist der Tempel des einen wahren Gottes! Wenn ihr fleißig seinen Tempel besucht und Gott anbetet und ihm Opfer bringt, kann nichts geschehen! – sagen sie. Darum war ich auch heute Morgen wieder im Tempel, habe gebetet und geopfert. Aber seit heute Morgen bin ich mir nicht mehr so sicher, ob das stimmt, was die sagen ...

Achan

Heute Morgen, also da gehe ich zum Tempel ... Entschuldigung, ich bin so erregt; ich hab vergessen, mich vorzustellen: ich bin Achan, Sandalenmacher, ein einfacher Bürger Jerusalems. ... Ja, also ich gehe wie jeden Sabbat zum Tempel. Denn die Propheten des Königs (ich möchte nicht wissen, was *die* verdienen!), die sagen: »Wenn wir sicher sein wollen vor diesen Babyloniern – und auch auf die Ägypter ist ja kein Verlass, auch wenn sie jetzt unsere Verbündeten sind – also wenn wir sicher sein wollen vor den Feinden, sollen wir schön regelmäßig in den Tempel gehen!« Tu ich, tu ich! Jeden Sabbat! Aber – unter uns gesagt – am Mittwoch, da bring ich regelmäßig dem Gott Baal ein Opfer, ein kleines nur. Man kann ja nie wissen, ob nicht auch ein anderer Gott hilft, nicht wahr! Als Geschäftsmann muss man sich in jeder Weise sichern! Es sind schwere Zeiten, oh ja, sehr schwere Zeiten für einen Sandalenmacher. Da muss man sehen, wie man zurecht kommt ...

Kommt doch gestern wieder so ein Kind zu meiner Werkstatt, und sagt: »O bitte, Onkel, schenk mir einen Lederriemen, meiner ist ganz kaputt, ich kann meine Sandalen nicht mehr binden!« Sag ich: »Geh, mein Kind, hol Geld für Lederriemen!« Sagt es: »Mein Vati ist tot und meine Mutti hat kein Geld!« Sag ich: »Dann musst du ohne Lederriemen gehen!« Sagt es: »O bitte! Gott wird's belohnen!« Sag ich: »Wird er???« – Ist das Kind eben davongegangen ohne Schnürriemen. Ha, wo käm ich hin, wenn ich ...

Aber das wollte ich ja alles nicht erzählen ... Also: Ich geh zum Tempel. Gehe durch den Vorhof, wo die Frauen sind, geh durchs Tor in den Innenhof, wo wir Männer ganz nah an Gottes Heiligtum sind. Wir singen – wir beten – wir sprechen einen Psalm – wir singen wieder und da – es ist nicht zu fassen! Mitten in diesen feierlichen Gottesdienst schreit jemand hinein! Das – das ist noch nie geschehen, solange ich zum Tempel gehe! Ich dreh mich um, wie fast alle Männer: Da steht jemand im Tor zwischen dem Vorhof und uns ... steht da einer und schreit: »Das ist ein Wort von Gott! Bessert euer Leben und eure Taten – nur so werdet ihr weiter wohnen an diesem Ort!«

Ich traue meinen Ohren nicht! Wir sollen unser Leben ändern, bessern? Hab ich denn was Böses getan? Was will der Mann hier im Tempel Gottes? Wer ist das überhaupt?

Ich bin Jeremia, der Prophet

Gott hat zu mir gesagt: »Geh, Jeremia, stell dich in den Tempel und rede zu den Leuten, die von überall herkommen, um im Tempel anzubeten. Sag ihnen, was ich dir auftrage. Lass nichts weg! Vielleicht hören sie und kehren um von ihrem bösen Weg. Wenn sie es tun, werde ich das Unheil, das ich plane, nicht geschehen lassen.« – So hat Gott zu mir gesagt ... –

Ich kann nicht behaupten, dass es mir leicht gefallen ist, sein Wort weiterzusagen. Wenn ich Gutes, wenn ich Heil und Glück hätte ansagen können, wie gewisse Berufskollegen, die ihr Gehalt vom König bekommen ...! Ja, dann ... Aber Gott hat mich beauftragt, den Menschen ins Gewissen zu reden, sie aus ihrer Sicherheit hochzuschrecken, Unheil anzusagen!

Nein, es ist mir nicht leicht gefallen, vor die vielen Leute da im Tempel zu treten und ihnen Gottes Wort zu sagen. Ich wusste ja schon im Voraus: Sie werden empört sein, sie werden mir lauthals widersprechen, ja, sie werden mich vielleicht greifen und schlagen ... –

Aber ich bin gegangen, so wie Gott es mir befohlen hat. Ich habe dabei immer daran denken müssen, was Gott mir versichert hat, nämlich: »Wenn sie auch gegen dich streiten, werden sie dir doch nichts anhaben können, denn ich bin bei dir und will dich erretten!« So hat Gott mir Mut gemacht – und darum bin ich in den Tempel gegangen und habe der Menge zugerufen:

»Dies ist ein Wort von Gott! Ihr Leute in Israel, hört! Es ist eine schlimme Zeit, wie ihr wisst, weil die Großmächte Babylon und Ägypten unser Land bedrohen. Und ihr fragt mit Recht: Was wird aus uns, wenn es zu einem Krieg kommt? Wird man uns vielleicht als Gefangene aus der Stadt schleppen? –

Gott lässt euch sagen: Ihr werdet nur *dann* in dieser Stadt bleiben, wenn ihr euer Leben bessert! Und das heißt: Bedrückt nicht die Gastarbeiter unter euch! Seid gut zu den Kindern, die keine Eltern mehr haben! Seht zu, dass nicht Unschuldige leiden müssen! Hängt euer Herz nicht an andere Götter und Götzen! Kurzum: Ändert euer Leben zum Guten – dann ist Gott euch gnädig und lässt euch hier wohnen! – Glaubt nur ja nicht jenen Lügnern, die sagen: Uns kann ja nichts passieren; denn hier in Jerusalem ist ja der Tempel Gottes – und wenn wir fleißig beten und singen und opfern, dann geschieht uns nichts! Ha – alles Lügen! Der Tempel hier nützt nichts! Nein – bessert euer Leben und eure Taten – nur das nützt was! Sonst macht Gott die Stadt und den Tempel zum Trümmerhaufen! – Das war das Wort von Gott für euch!«

So habe ich im Tempel ausgerufen. Und schon empörten sich die Leute, vor allem die Priester.

Ich bin Eli, ein Priester im Tempel von Jerusalem

Ja, wir haben uns empört! Und wie! Und zu Recht! Eine Un-ver-schämt-heit ist das von diesem ... diesem Jeremia!

Zuerst haben sich die Leute ja nur umgedreht, um zu sehen, wer da redet und stört. Und dann haben sie gemurrt und dazwischen geschrieen, und schließlich habe ich quer über den Tempelhof gerufen: »So packt ihn doch und bringt ihn zum Schweigen, diesen Gotteslästerer!«

Ein paar beherzte Männer haben ihn dann auch gegriffen, und meine Kollegen und ich haben uns durch die Menge gedrängt, zu ihm hin. An Gottesdienst war ja in diesem Tumult nicht mehr zu denken, wir mussten uns einfach mit diesem Mann beschäftigen. Ja, wir mussten ihn sogar vor der Wut der Leute schützen. »Der muss sterben!«, schrien sie und wollten ihm was antun. Auch wir waren uns einig: Das ist ein Gotteslästerer – und so einer muss zum Tode verurteilt werden. Aber das sollte das Gericht entscheiden, wie es bei uns üblich ist. Und darum veranlassten wir, dass er zum Neuen Tor gebracht wurde, wo das Gericht zu tagen pflegt. –

Einer von uns war schon vorausgeeilt und hatte die königlichen

Richter herbeigerufen, und so konnte die Verhandlung gleich beginnen.

Die Anklage war schnell ausgesprochen: »Dieser Mann hat das Leben verwirkt; denn er hat gegen die Stadt geweissagt. Er hat sich auf Gott berufen und gesagt: Der Tempel und die Stadt wird verwüstet und menschenleer werden. So hat er gesagt. Zeugen sind hier mehr als genug, die es gehört haben!«

Damit war die Sache eigentlich klar. Aber unsere Richter wollten – wie es nun mal der Ordnung entspricht - auch den Angeklagten, diesen Jeremia, zur Sache hören ...

Ich bin Jeremia, der Prophet

Auf das, was hier gesagt worden ist, kann ich nur antworten: Der Herr hat mich gesandt, gegen diesen Tempel und gegen diese Stadt alle die Worte auszurufen, die ihr gehört habt. Darum bessert euer Leben und eure Taten, und hört auf die Stimme des Herrn, eures Gottes, so wird der Herr das Unheil nicht kommen lassen, das er angekündigt hat. Ich selbst bin in eurer Hand! Tut mit mir, was euch recht und gut dünkt, aber wisst: Wenn ihr mich tötet, werdet ihr unschuldiges Blut auf euch, diese Stadt und alle ihre Bewohner laden! Denn das ist wahr: Es war der Herr, der mich zu euch gesandt und mir befohlen hat, alle diese Worte vor euren Ohren auszurufen!

Soviel habe ich zu der Anklage der Priester zu sagen.

Ich bin Ben-Mosche, einer der Richter

Wir hatten die Anklage der Priester gehört. Wir hatten Jeremia gehört. Wir zogen uns kurz zur Beratung zurück. Mir kam es dann zu, das Urteil zu verkünden. Ich sagte zu den Priestern und sonstigen Anwesenden: »Der Mann hat nicht, wie ihr gefordert habt, den Tod verdient. Und das aus dem einfachen Grunde: dieser Jeremia hat im Auftrage des Herrn, unseres Gottes, zu uns gesprochen. Er hat es ja selber gesagt.«

Daraufhin stand Ben-Absalom, einer meiner Kollegen, auf und sagte: »Hört her! Erinnert euch bitte: Zur Zeit des Königs Hiskia trat ein Prophet namens Micha auf und verkündete: ›So spricht

Gott: Jerusalem wird zum Trümmerhaufen und der Tempel eine Ruine!‹ – Hat der König Hiskia ihn deswegen töten lassen? Nichts da! Der König hat sich unter Gottes Wort gebeugt und hat sein Leben geändert. Und Gott hat daraufhin das Unheil nicht getan, das er angedroht hatte. – Also, was soll's? Wollt ihr diesen Jeremia umbringen, nur weil er Dinge sagt, die euch nicht passen? Und wenn er nun *doch* ein Prophet unseres Gottes ist – wie steht ihr dann da?« So sprach Ben-Absalom. Das änderte an der Wut der Priester nur wenig. Schimpfend zogen sie ab. »Wir werden ja sehen!«, riefen sie. »Der soll nur ja nicht mehr den Mund aufmachen!« Und: »Na warte, Jeremia, dir werden wir's noch zeigen!«, riefen die Leute. Nun, wir warteten, bis sie sich verzogen hatten. Aber auch dann schien uns Jeremia noch gefährdet, nach allem, was die Leute gerufen hatten. Schließlich übernahm Ahikam Ben-Schaphan seinen Schutz.

Ich bin Ahikam Ben-Schaphan

Ich habe die Gerichtsverhandlung erlebt. – Anschließend nahm ich Jeremia solange in mein Haus, bis sich die Erregung der Leute etwas gelegt hatte. Darüber hinaus, muss ich zugeben, war ich ein wenig neugierig auf diesen Propheten geworden, der so mutig das Wort unseres Gottes verkündet hatte. Wir kamen ins Gespräch.
Ich fragte: »Glaubst du wirklich, dass es so schlimm steht mit unserem Volk Israel?«
»Gott hat mich ein Bild sehen lassen«, antwortete Jeremia, »das Bild von einem dampfenden, überkochenden Kessel – und Gott hat mir dazu erklärt: ›So kocht es von Norden über Israel her. Die Babylonier ergießen sich über dies Volk – und so kommt mein Gericht über die Israeliten, weil sie Böses tun! Sie opfern anderen Göttern, sie sind lieblos zu verwaisten Kindern und alleinstehenden Frauen, ihr Urteil im Gericht ist nicht immer recht – und vieles andere Böse tun sie. Und darum werde ich sie bestrafen, wenn sie ihr Leben nicht ändern!‹«
Ich sagte: »Nun ja, Jeremia, das ist natürlich schlimm. - Aber bist du dir wirklich so sicher, dass Gott zu dir spricht? Ich meine: Bildest du dir das nicht nur ein – oder du gibst einfach deine

Meinung als Gottes Wort aus?« – Das war natürlich unhöflich, ja, es war hart, so zu einem Propheten zu reden, und ich hatte schon erwartet, er würde jetzt sehr ärgerlich werden.

Aber er blieb ganz ruhig und sagte zu mir: »Lieber Ahikam, glaubst du wirklich, ich würde mich in Lebensgefahr begeben, weil es mir Spaß macht oder weil ich ehrgeizig bin? Ich habe nicht – wie gewisse andere Männer – Prophet werden wollen: Gott hat mich gezwungen! Ja, du hörst richtig, er hat mich gezwungen!

Ich war damals 25 Jahre alt und dachte daran, einmal Priester zu werden wie mein Vater. Und oft hatte mir mein Vater aus der Geschichte Gottes mit unserem Volk erzählt – und auch von den Propheten, die er nach Israel gesandt hatte, von Elia und Nathan, von Amos und Micha. Und ich habe dann oft gesagt: ›Nein, ein so gefährliches Leben wie die Propheten möchte ich nicht führen!‹

Aber dann hat Gott mich angesprochen: ›Jeremia‹, hat er gesagt, ›längst habe ich dich ausersehen zum Propheten für die Völker!‹

›Aber nein, Herr‹, habe ich gerufen, ›dafür bin ich viel zu jung und predigen kann ich auch nicht!‹ Aber Gott hat keinen Widerspruch geduldet: ›Sag nicht, ich bin zu jung, sondern geh, wohin ich dich sende. Ich bin bei dir und werde dich bewahren. Und sag auch nicht, ich kann nicht predigen, denn siehe, ich lege dir meine Worte in den Mund. Und diese Worte, Jeremia, werden so viel Macht besitzen, dass dadurch Völker und Staaten zerstört oder aber aufgebaut werden. Und nun geh, Jeremia, und predige alles, was ich dir gebiete!‹

So hat Gott zu mir gesagt. Und so habe ich es heute getan. Du hast es gehört. Und es war nicht mein Wort, sondern Wort von Gott.«

So hat Jeremia mir erzählt. – Ich glaube ihm.

Nun bin ich gespannt, wie es mit ihm weitergeht; ob man den Worten dieses Propheten zuhört und vertraut – oder ob man versucht, ihn zu »beseitigen«. Es wäre nicht der erste Prophet unseres Volkes, den man zum Schweigen bringt. Oder genauer: es wäre nicht das erste Mal, dass man unseren Gott versucht, mundtot zu machen.

Das Joch

Eine Erzählung zu Jeremia 27; 28 i.A.

Die Erzählung zu diesem bekannten Text des Jeremiabuches zeigt Jürgen Koervers großes Talent, Spannung aufzubauen und Personen in ihren Aktionen lebendig werden zu lassen. Die Auseinandersetzung zwischen Jeremia und »Berufspropheten« wie Hananja ist so kraftvoll und markant dargestellt, dass man staunt: »Was so ein Ochsenjoch doch alles bewirken kann!«

Na, mal wieder in Anatoth?«, sagt Simon, als er Jeremia vor der Haustür trifft. Jeremia nickt. »Schalom, Simon!«, sagt er. »Ja, ich bin mal kurz hier. Morgen früh muss ich wieder in Jerusalem sein.« »Und bei so einem kurzen Besuch kommst du ausgerechnet zu mir?«, fragt Simon. Jeremia lächelt. »Nicht ganz ohne Absicht, lieber Simon! Ich wollte nämlich fragen, ob ich mal das Ochsenjoch von dir leihen kann? Du brauchst es doch im Augenblick wohl nicht, oder?« Simon sieht ihn erstaunt an. »Ochsenjoch ...? Ja sicher ... Aber du hast doch da in Jerusalem sicher keine Ochsen? Und auch kein Land ...?«
Jeremia wird ernst. »Wenn diese Ochsen so weitermachen, dann haben wir alle bald kein Land mehr ...!« Simon nickt und seufzt. »Weißt du, Jeremia«, sagt er, »ich habe bald nicht mehr den Mut, mein Land zu bestellen. Wer weiß, ob nicht schon bald dieser Nebukadnezar wieder anrückt und auch uns Bauern wegschleppt. So wie die vornehmen Leute und die Handwerker aus Jerusalem vor zwei Jahren. Und wie all die schönen Geräte aus dem Tempel, die Leuchter und Schalen und all diese Sachen. Hat er doch beim letzten Krieg alles weggebracht nach Babylon ... Und vielleicht sind wir das nächste Mal dran ... Warum dann noch die Felder bestellen?«
Jeremia nickt traurig. »Ich kann dich verstehen, Simon. Aber lass den Mut nicht sinken. Ich hoffe nicht, dass es dazu kommt. Wenngleich ... nun ja: den babylonischen König müssen wir ertragen ... Wir müssen dulden, dass er die Macht über uns hat ... für eine Zeit lang. So ist es der Wille Gottes. Dieses Joch müssen wir tragen ...«

Simon sieht ihn verwirrt an. »Ich ... ich versteh dich nicht, was du da redest. Nun ja - du bist ja ein Prophet. - Aber wozu brauchst du denn nun das Ochsenjoch?«

Jeremia lächelt wieder. »Gib es mir für - sagen wir - vierzehn Tage. Und ich garantiere dir: in ein paar Tagen schon wirst du hören, was ich damit mache. Die Leute werden bestimmt erzählen von dem verrückten Jeremia, der ... Na, wart ab! Also, bekomm ich's nun geliehen?«

Simon zuckt die Schultern. »Na schön«, sagt er, »aber mach mir's nicht kaputt!« »Ich mache bestimmt nichts dran!«, sagt Jeremia. »Du kannst dich auf mich verlassen. Und falls es dich beruhigt: Ich leihe mir's in Gottes Auftrag. - Ist nicht meine Idee - ist Gottes Idee, das mit dem Ochsenjoch!«

Simon schüttelt den Kopf und murmelt etwas von »diese Propheten!« und holt das schwere, aus Eichenholz gefertigte Joch; es ist eine Art gekrümmter Balken mit zwei Vertiefungen, die mit Leder gepolstert sind. Wenn zwei Ochsen z.B. einen Pflug ziehen sollen, dann bekommen sie den Balken mit den Vertiefungen auf den Nacken gelegt, und daran wird die Deichsel des Pfluges befestigt.

»Danke«, sagt Jeremia, »du wirst in Kürze von mir hören. Und von deinem Joch!« Und er nimmt das Joch und geht. Am Vormittag des anderen Tages stehen allerlei Leute vor einem der königlichen Regierungsgebäude in Jerusalem. Sie drängeln sich, um ja alles mitzubekommen. Eben rollte eine prächtige, staubbedeckte Kutsche vor. Die Leute strecken sich, um etwas zu sehen.

»Das ist der Außenminister der Ammoniter!«, weiß ein Mann zu sagen.

»Und der eben reingegangen ist - wer war das?«, fragt eine Frau.

»Der Außenminister von Tyrus!«

»Kommen noch mehr?«, fragt die Frau.

»Ich habe gehört«, sagt ein Mann, »auch der Außenminister der Edomiter und der aus Moab und der aus Sidon sollen kommen!«

»Ja«, sagt ein anderer, »sie machen so eine Konferenz, habe ich gehört. Unser König hat sie eingeladen. Sie wollen ein Bündnis gegen die Babylonier schließen. Die sechs Staaten und vielleicht die Ägypter - und dann wollen sie dem Nebukadnezar an den Kragen!«

»Großartig!«, ruft jemand. »Endlich geschieht etwas gegen den widerlichen Halunken, diesen Heiden, diesen ...«

»Darf ich mal durch?«, fragt einer von hinten. Einige drehen sich um. Sie reißen die Augen auf, und der Mund bleibt ihnen offen stehen.

»Bitte, würdet ihr mal ein bisschen Platz machen?«, fordert der Mann.

Einige fangen an zu lachen. Das ist vielleicht komisch ...

»Mensch, nimm doch das Ding runter, was du da auf der Schulter hast!«, sagt jemand.

»Was soll denn das überhaupt?«

»Geht nicht«, sagt der Mann mit dem Ding auf der Schulter. »Das Joch gehört dazu ...«

»Wozu?«, wollen die Leute wissen.

»Zu meiner Botschaft, die ich auszurichten habe!«

»He – das ist doch der Jeremia!«, ruft eine Frau.

»Der, den haben sie neulich im Tempel beinahe umgelegt!«

Jetzt drehen sich alle um.

»Tatsächlich, das ist der miese Kerl mit seinen Untergangsreden!«, rufen einige. »Der gesagt hat, der Tempel würde ein Trümmerhaufen! Na los, lass ihn durch! Hoffentlich hat er heute andere Sprüche drauf!« Sie machen so viel Platz, dass Jeremia mit seinem Jochbalken hindurch kann, den er quer auf der Schulter liegen hat.

Er geht so weit vor, dass er durch die Säulen des Hauses in den Innenhof sehen kann; da im Innenhof stehen die Außenminister im Gespräch zusammen.

Die neugierigen Leute ringsum sind ganz still. Sie merken: Jeremia wird jetzt was sagen.

»Auftrag des Gottes Israels!«, ruft jetzt Jeremia zwischen den Säulen hindurch. »Sagt euren Herren, den Königen: Gott ist der Schöpfer der Erde und darum ihr Herr. Und er allein kann daher bestimmen, wer die Macht auf der Erde ausübt. ›Und jetzt‹, lässt Gott euch sagen, ›habe ich alle eure Länder in die Hand und Macht des Königs Nebukadnezar gegeben. Ihm habt ihr zu dienen und das auf lange Zeit!‹ – Ihr versucht da in eurer Konferenz einen Widerstand gegen die Babylonier zu organisieren. Gott lässt euch sagen:

›Lasst das!‹ Wer sich nicht unter die Macht des Königs Nebukadnezar beugt, wie ich hier unter dieses Ochsenjoch, den sucht Gott
heim mit Krieg und Hunger und Krankheit! Und lasst euch nur
ja nicht von Wahrsagern und Sterndeutern und Lügenpropheten
einblasen, ihr könntet gegen Nebukadnezar etwas ausrichten!
Alles Lüge! Nur wer sich unter die Macht der Babylonier beugt,
wie unter so ein Ochsenjoch – nur der wird leben in seinem
Land! Das ist die Botschaft Gottes an euch und eure Könige!«

Jeremia wartet nicht ab, was die Außenminister vielleicht zu ent-
gegnen haben. Auch die murrenden und schimpfenden Leute um
ihn herum interessieren ihn nicht. »Du Schwarzseher!«, rufen sie
und »Du Volksverräter!« »Du Babylonierfreund!«
Jeremia drängelt sich durch und marschiert zum Königspalast.
Gerade will der König in seine Kutsche steigen, um zur
Außenministerkonferenz zu fahren.
Jeremia stellt sich ihm in den Weg.
»Einen Augenblick, Euer Majestät!«, ruft er. »Aber einen wichti-
gen Augenblick bitte! Ich habe eine Botschaft unseres Gottes für
Euch!«
Und Jeremia wiederholt seine Rede, die er eben gehalten hat,
dass es Gottes Wille ist, sich unter die Macht des babylonischen
Königs zu beugen ... und niemand solle den Lügenpropheten
Glauben schenken ...
Der König zuckt die Achseln, steigt ein und fährt davon, während
Jeremia weiter eilt, jetzt zum Tempel.
Da geht gerade ein Gottesdienst zu Ende. Jeremia stellt sich den
Leuten, die sich auf den Heimweg machen wollen, mit seinem
Joch in den Weg.
»Hört her!«, ruft er. »Ich kann mir schon vorstellen, was ihr eben
wieder aus dem Munde meiner sogenannten Kollegen zu hören
bekommen habt. Ich vermute, sie haben euch zum hundertsten
Male versichert: All die schönen Tempelgeräte, all die Leuchter
und Schalen, die der König Nebukadnezar hier weggeholt und
nach Babylon geschleppt hat – all das kommt in Kürze zurück! –
Stimmt's? – Stimmt aber nicht, was sie sagen. Es ist alles Lüge,
was diese Propheten erzählen! Nichts kommt zurück! Im Gegenteil: Er wird auch noch den Rest abholen! Und wir werden es

ertragen müssen. Ja, Gott lässt euch durch mich sagen: Beugt euch unter die Macht des babylonischen Königs; denn Gott hat ihn zum Herrn über euch gesetzt. Widerstand ist zwecklos – es sei denn, ihr wollt, dass diese Stadt ein Trümmerhaufen wird! Glaubt also nur ja nicht den Lügen, die hier verbreitet werden von diesen sogenannten Propheten! Findet euch damit ab, dass ihr das Joch der Babylonier tragen müsst, so wie ich hier dieses Ochsenjoch!«

Die Leute sind empört, sie murren, böse Worte über Jeremia ertönen ...

Da drängelt sich ein kräftiger Mann durch die Menschenmenge. Die Leute machen ihm bereitwillig Platz, als sie sehen, wer es ist. Schließlich steht er vor Jeremia.

Der Mann deutet lächelnd so etwas wie eine Verbeugung an und sagt ironisch: »Gestatte, werter Herr Kollege, dass ich mich vorstelle: ich bin Hananja Ben-Asur aus Gibeon. Ich bin einer von denen, die du soeben so überaus freundlich als ›Lügner‹ bezeichnet hast. Nun ja - du hast ein großes Maul – aber sonst ist mit dir nichts los. Du kannst reden, was du willst, ich aber sage hier in aller Öffentlichkeit: So spricht der Herr, der Gott Israels: In Kürze ist zerbrochen die Macht des Königs von Babylon, hin ist seine Herrschaft und damit zu Ende alle unsere Not! Und ehe zwei Jahre vorbei sind, wird Gott der Herr dafür sorgen, dass alles, was hier weggeschleppt wurde, wieder an seinem Platz ist. Und auch die Menschen, die er fortgeführt hat nach Babylon, sie werden wieder hier sein! Denn, wie gesagt, das Joch des Königs Nebukadnezar liegt nicht länger auf uns, es wird zerbrochen. Das ist die Botschaft Gottes!«

Die Leute jubeln. Ja, das ist gut! Das ist eine großartige Botschaft! Jetzt geht's wieder aufwärts! Jetzt kann man wieder fröhlich leben! ...

Jeremia lässt den Jubel schweigend verklingen. Dann wendet er sich an Hananja.

»Amen«, sagt Jeremia, »der Herr tue so!«

Hananja lächelt breit. Die Leute klatschen. Da sieht man's: da muss nur so ein Hananja kommen – und schon ist auch ein Jeremia bereit, ihm zuzustimmen!

»Ja«, fährt Jeremia fort, »wirklich: ich kann nur aus ganzem Herzen sagen: Möge Gott deine Worte bestätigen! Möge das alles so werden, wie du gesagt hast!«

Wieder klatschen die Leute. Aber Jeremia winkt, dass sie ruhig sein sollen.

Und dann sagt er: »Lieber Hananja, als gelernter Prophet wirst du ja aus der heiligen Schrift wissen: Wir haben viele Vorgänger; immer wieder hat Gott Propheten zu unserem Volk gesandt. Das Seltsame ist, wie du ja wissen wirst: Fast immer haben sie von Unheil reden müssen, von Krieg und Krankheit, die kommen werden, wenn sich das Volk nicht nach Gottes Willen richtet. Und immer – leider immer! – ist das Unheil eingetroffen. – Wer Gutes angesagt hat, Heil prophezeit hat, so wie du es tust – nun ja: ob das wirklich eintrifft, das ist offen; das muss sich erst erweisen. Kurz gesagt: Ich fürchte, du lügst und bist kein Prophet Gottes!«

Den Leuten stockt der Atem.

Hananja lächelt immer noch. Es ist ein überhebliches Lächeln ... Wieder deutet er eine kleine Verbeugung an, sagt: »Du gestattest?« und greift zugleich mit beiden Händen nach dem Ochsenjoch. Er nimmt es Jeremia von den Schultern, zieht ein Bein an, legt das Joch vors Knie ... Mit aller Kraft reißt er daran; er kriegt einen roten Kopf vor Anstrengung ... Da splittert das Holz, es knistert, knirscht, birst knackend ... bricht entzwei. Das zerbrochene Joch fällt zu Boden ... Hananja reibt sich die Hände und lächelt schon wieder: »So spricht der Herr«, sagt er höhnisch zu Jeremia, »genauso wie gerade geschehen, will ich, der Herr, zerbrechen das Joch Nebukadnezars und es vom Nacken aller Völker nehmen!«

Die Leute toben vor Vergnügen. Sie klatschen und trampeln Beifall. Ah – dieser Hananja, das ist ein toller Bursche! Ja – das ist ein Prophet! Der ist gut! Ja, der spricht wirklich das Wort Gottes! Mit spitzen Fingern greift Hananja nach den Holzteilen und wirft sie den Leuten zu: »Da – nehmt und macht Feuer damit!«, ruft er lachend.

Jeremia geht schweigend davon.

Langsam geht er nach Hause. – »Nun haben sie Simons Joch

doch kaputt gemacht!«, denkt er. »Und ich hatte ihm versprochen, dass ihm nichts passiert!« Müde, traurig und verzweifelt
verkriecht er sich in seinem Haus.

Aber dann, einige Tage später, ist Jeremia wieder im Tempel.
Er geht umher, schaut sich überall um und fragt die Leute: »Habt
ihr Hananja gesehen?«
Schließlich trifft er ihn.
Rasch sammeln sich Menschen, die neugierig sind, was es nun
geben wird. Hat Jeremia noch immer nicht genug?
»Nun, Herr Kollege?«, sagt Hananja und grinst Jeremia höhnisch
an. »Wieder eine neue Unheilsbotschaft?«
Ohne Umschweife kommt Jeremia zur Sache. »So spricht der
Herr«, sagt er. »Das hölzerne Joch hast du zerbrochen. Diese
kleine Show, sagt Gott, interessiert mich nicht. Ich bleibe den-
noch eisern bei meiner Absicht: Nebukadnezar hat die Macht
und ihm haben sich alle zu beugen.«
»Hört, hört!«, ruft Hananja und lacht.
»Ja: hört!«, sagt Jeremia. »Vor allem du, Hananja, solltest hören,
gut zuhören. Du bist nicht von Gott gesandt. Deine Reden vom
Heil und von guten Zeiten führen dazu, dass sich das Volk auf
Lügen verlässt. Darum lässt Gott dir höchstpersönlich sagen: Du,
Hananja, wirst in Kürze sterben, weil du das Volk verführst!«
»Pfui!«, rufen die Leute. »Stopft dem Kerl doch endlich das Maul!
Jagt den Gotteslästerer fort!«
Aber Jeremia dreht sich um und geht.
Hananja zuckt die Schultern und macht eine Geste, als wolle er
sagen: Was soll's? Achtet nicht auf den Schwätzer!
Ein paar Wochen später ist Jeremia wieder in Anatoth. Wieder
geht er zu Simon. Der runzelt die Stirn, als er Jeremia ohne das
Ochsenjoch vor sich sieht.
»Na«, sagt er, »von dir hat man ja allerlei gehört! Bist mit meinem
Joch da in Jerusalem rumgelaufen und hast den Leuten erzählt,
sie sollen sich unter Nebukadnezar beugen, statt Widerstand zu
leisten. – Und?«
»Aus der Sache ist nichts geworden. Jedenfalls im Augenblick
nicht. Anscheinend haben sie auf Gottes Wort gehört. Jedenfalls
ist es zu einem Bündnis gegen die Babylonier nicht gekommen.

Die Außenminister sind abgereist ... unverrichteter Sache ...«

»So, so«, sagt Simon. »Und mein Joch, wo ist das?«

»Leider zerbrochen. Der Hananja hat es übers Knie gelegt und entzwei gebrochen ...«

»Oh«, sagt Simon, »dann werd ich mir den mal kaufen! Das wird er mir ersetzen müssen!«

»Die Mühe kannst du dir sparen«, sagt Jeremia. »Hananja ist tot. Vorgestern plötzlich gestorben. Wie Gott es durch mich angesagt hat.«

Simon schweigt betroffen.

»Gestern«, sagt Jeremia, »gestern im Tempel, da habe ich was erlebt. Ich habe gehört, wie einer gebetet hat: Herr, unser Gott, wenn es denn dein Wille ist, so lass mich geduldig das Joch tragen, das du uns auferlegt hast, dein Wille geschehe.«

»Was so ein Ochsenjoch doch alles bewirken kann!«, sagt Simon leise und schüttelt bedächtig den Kopf.

Die Schriftrolle

Eine perspektivische Erzählung zu Jeremia 36 i.A.

Ich bin Baruch ben-Neria

Von Beruf bin ich Schreiber. Wenn Leute in Jerusalem oder vom Lande einen Brief schreiben wollen, wenn jemand für das Gericht etwas geschrieben haben will, wenn jemand ein Gedicht gemacht hat und es aufgeschrieben haben möchte, dann kommt man zu mir oder geht zu einem anderen Schreiber in der Stadt. – Wir nämlich, wir haben – im Gegensatz zu den meisten einfachen Leuten – wir haben Schreiben gelernt. Und das ist also mein Beruf: schreiben. Damit verdiene ich mein Geld. Im Augenblick verdiene ich allerdings fast nichts, obwohl ich von morgens bis abends schreibe. Schon fünfeinhalb Fuß Buchrolle habe ich in den letzten drei Wochen beschrieben. Umsonst!

Aber ich sehe ein: es muss so sein. Es ist – Ehrensache, dass ich's tue. Obwohl mir dadurch eine Reihe Kunden weglaufen.

Ich schreibe für Jeremia, den Propheten. Er hat mich darum gebeten. Er hat gesagt: »Gott, unser Herr, hat mir den Auftrag gegeben, alle Reden und Worte aus den vergangenen Jahren aufzuschreiben. Gott hat gesagt: wenn die Leute das hören oder lesen, was ich ihnen an Unheil zu tun gedenke, vielleicht kehren sie dann doch um.« So also lautet der Auftrag an Jeremia. Bloß: Jeremia kann nicht schreiben. Er hat's nicht gelernt. Und da ist er zu mir gekommen. Zuerst habe ich gezögert. Nicht so sehr wegen dem Verdienstausfall. Sondern: Der Jeremia ist hier in Jerusalem unten durch! Keiner will etwas mit ihm zu tun haben, weil er am laufenden Band nur von Unheil und Unglück spricht, das Gott über die Stadt und die Menschen bringen will. Im Tempel darf er schon gar nicht mehr reden; das haben sie ihm verboten.

Und weil er eben so schlecht angesehen ist, habe ich gezögert, für ihn zu arbeiten. Andererseits: Wenn das wirklich ein Auftrag unseres Gottes ist, das mit dem Aufschreiben – wie stehe ich dann vor Gott da, wenn ich mich weigere? Also habe ich zugesagt.

Das Schreibmaterial hat Jeremia besorgt. Das anderthalb Fuß breite Pergament aus guter dünner Ochsenhaut hat er auf meinen Rat in Japho besorgt und dazu tiefschwarze Galle-Ruß-Tinte und ein dutzend ägyptische Schreibrohre aus Spezialschilf. Das sind die besten.

Und nun sitze ich Tag für Tag bei ihm, und er diktiert mir seine Reden – oder genauer: was Gott ihm aufgetragen hat zu sagen.

Und da komme ich aus dem Staunen und Erschrecken nicht heraus! Was hat dieser Mann in den vergangenen Jahren nicht alles unserem Volk immer und immer wieder gesagt! Ich muss gestehen: Ich habe ihn ja nur selten selber gehört – und ihm oft auch nicht recht zugehört. Aber wenn ich das jetzt alles aufschreibe, dann wird mir klar, wie oft Gott unser Volk gewarnt hat, wie groß sein Zorn ist über unser schlimmes Leben – und wie sehr ER sich bemüht hat, uns von unseren bösen Wegen wegzuholen!

Nun, wie gesagt: Ich habe schon eine Menge geschrieben. – Und jetzt drängt Jeremia, ich soll schneller schreiben, damit wir fertig werden. »Denn«, hat er gesagt, »am Buß- und Bettag, soll das Aufgeschriebene vorgelesen werden.« Und zwar an diesem Buß- und Bettag, den sie angeordnet haben für den Sabbat nach dem nächsten Vollmond. Dann kommen nämlich eine Menge Leute auch von fernher nach Jerusalem. Und damit es recht viele hören, soll es genau an diesem Tag verlesen werden, was ich aufgeschrieben habe.

Nun habe ich heute Jeremia gefragt: »Wirst du es vorlesen?« – Aber das war natürlich eine sehr dumme Frage; denn erstens kann der Jeremia ja nicht lesen und zweitens darf er nicht in den Tempel. Das haben sie ihm ja verboten.

Und darum hat Jeremia auch nur leise gelacht und gesagt: »Nein, ich nicht, lieber Baruch! Mich wollen sie ja mundtot machen, oder vielmehr: Gott wollen sie verbieten, zu ihnen zu sprechen. Aber genau das wird ihnen nicht gelingen! Gelesen wird – und zwar von dir, Baruch!«

Mir hat's den Atem verschlagen, und das Schreibrohr ist mir aus der Hand gefallen vor Schreck! Und ich habe gesagt: »Aber …

aber, ich bin doch kein Prophet ... und noch nicht mal ein Redner ... und ich hab auch keine gute Stimme ...!«

Aber der Jeremia hat sich auf nichts eingelassen. »Du wirst vorlesen«, hat er gesagt. »Denk daran, Baruch: es ist wichtig! Wenn die Leute das hören, was Gott ihnen durch mich gesagt hat und sagt, dann – vielleicht werden sie dann umkehren von ihren schlimmen Wegen – und Gott ist ihnen und uns gnädig! Verstehst du, Baruch, es geht um das Geschick dieses Volkes, um Gnade oder Gericht Gottes!«

Nun, was soll ich noch sagen? Ich werde also vorlesen am Buß- und Bettag. Alles vorlesen, was der Prophet gesagt hat. Ob die Priester, die Leute, die Regierenden, der König – ob sie umkehren?

Ich bin Michaja Ben-Gemarja

Ich bin ein königlicher Beobachter beim Tempel. Dieses Amt gibt es erst seit kurzem, nämlich seitdem Jojakim König von Juda ist.

Er selber, der König, geht nämlich fast nie in den Tempel zum Gottesdienst – man stelle sich vor: der König des von Gott erwählten Volkes! Er ist – unter uns gesagt – ein sehr gottloser und schlimmer König.

Seine Minister – Delaja und Elnathan und wie sie alle heißen – die hat er schon mit seinem gottlosen Wesen angesteckt. Die gehen auch nicht mehr zum Gottesdienst. – Sogar heute war keiner da, obwohl Buß- und Bettag war. Den haben die Tempelpriester schon vor Wochen angeordnet. Als ich von diesem Vorhaben dem König berichtete, hat er bloß gelacht und gesagt: »Na schön – wenn das, wie du sagst, mit Fasten verbunden ist, wenn sie also an diesem Tag nichts essen und trinken, um Gott zu gefallen – meinethalben! Wenn sie weniger Geld fürs Fressen ausgeben, haben sie vielleicht mehr Geld für Steuern – das kann mir nur recht sein.«

Ich bin also königlicher Beobachter beim Tempel, und ich muss zu allen Gottesdiensten und hinterher dem König genau berichten, was da gemacht wurde und ob die Priester die Leute in guter Stimmung halten, ob sie immer schön Friede, Freude, Eierkuchen predigen. Widerlich, dieses Amt, aber – nun ja: es ist halt mein Amt ...

Und jetzt müsste ich eigentlich so rasch wie möglich zum König. Vermutlich wartet er schon im südlichen Palast auf mich. Das ist in dieser winterlichen Zeit der einzige Teil des Palastes, der geheizt werden kann.

Warum ich so rasch hin muss? Weil es ihn interessieren wird, dass es heute nichts mit Friede und Freude war! Und das nicht, weil die Priester nicht gespurt hätten. Nein, das war schon alles richtig. Aber dieser Mann – dieser, na, wie hieß er noch? – dieser Baruch! Gott der Gerechte – so etwas!

Der Tempel war knüppeldicke voll mit Menschen – und da steht der plötzlich in der Gemarja-Halle auf, die ja so offen gebaut ist, dass man von da auch jedermann im Tempel ansprechen kann. – Dieser Mann also steht auf, hat eine dicke Buchrolle in den Händen, ruft mit zitternder Stimme: »Alles herhören! Wort Gottes an alle!« Und beginnt zu lesen. Spalte um Spalte. Eine Stunde lang! Und alles hat zugehört! Ich auch. Und ich muss sagen: Ich bin noch jetzt erschüttert! Zutiefst erschüttert und ergriffen! Was hat unser Gott uns nicht schon alles gesagt: wie hat er uns gemahnt, ein neues, anderes, gerechteres Leben zu führen! Wie hat er sich bemüht, uns neue Wege zu weisen! Und wie oft hat er uns mit seinem Zorn gedroht, sein Gericht angekündigt und doch immer wieder hinausgezögert, um uns nochmals die Möglichkeit zu geben, umzukehren, Buße zu tun, uns zu demütigen!

Wie groß ist die Geduld unseres Gottes mit uns gewesen. Aber wie lange noch? Ich war – und bin! – aufs Tiefste ergriffen von dem, was dieser Baruch da vorgelesen hat. – Ein paar Mal wollten die Priester zwar dazwischen rufen, aber die Leute haben sich nicht stören lassen.

Nun habe ich überlegt: Wie sagst du das deinem König? Ich ahne ja schon, wie er mich abkanzeln wird, wie er fragen wird: Herr Michaja, warum haben Sie den Kerl nicht verhaften lassen?

Ja, so wird's wohl kommen. Darum – so habe ich mir gesagt – darum geh ich erst mal zu den Kollegen, zu den Ministern, und berichte denen, was ich gehört habe. Sollen die entscheiden, wie wir's dem König beibringen!

Ich bin Elnathan Ben-Achbor

Ich bin Minister für Straßen und Verkehrswesen. Michaja, unser Beobachter beim Tempel, hat uns eben berichtet, was er da beim Buß- und Bettag erlebt hat ... Er war – nun ja: sehr betroffen von dieser Vorlesung im Tempel. Und wir haben soviel begriffen: Das geht uns alle an! Zugegeben: wir kümmern uns schon lange nicht mehr sonderlich um das, was da alles von Gott und so geredet wird. Hauptsache, die Priester halten die Leute mit ihren Gottesdiensten und Predigten schön ruhig.

Immer schön vom Frieden reden, haben wir angeordnet. Daran haben sie sich ja auch gehalten. Aber nun das!

Wir alle waren irgendwie neugierig. Oder hatte uns schon der Bericht von Michaja betroffen gemacht?

Delaja hat jedenfalls gesagt: »Den Mann muss man offenbar hören! Los, Judi«, hat er zu unserem ständig bereitstehenden Boten gesagt, »such diesen Baruch und bring ihn samt seiner Schriftrolle her!« Und nicht lange danach hat er ihn zu uns gebracht. Und ich habe dann gesagt: »Nimm Platz, Baruch, und lies uns vor, was du da in der Schriftrolle stehen hast!«

Und dann hat er vorgelesen. Eine Stunde lang haben wir zugehört.

Oh, es war kein vergnüglicher Vortrag, nein, ganz und gar nicht. Immer kleiner sind wir geworden vor den harten Worten Gottes. Immer demütiger und stiller. Das Entsetzen hat uns gepackt, ja wirklich!

Und als Baruch fertig war und die Buchrolle zusammengewickelt hat, da hat Delaja leise gesagt: »Das – das alles muss unser König zu hören kriegen! Diese Worte Gottes – die muss er sich anhören! Da geht es um Wohl und Wehe unseres Volkes, da geht es um Kopf und Kragen!«

Und ich habe gefragt: »Sag mal, Baruch, woher stammen diese ganzen Reden eigentlich?« Und er hat gesagt: »Jeremia, der Prophet, hat sie mir vorgesagt, so wie er sie alle einmal in vergangenen Jahren ausgesprochen hat. Und ich habe sie aufgeschrieben.« Wir haben uns bloß gegenseitig angeschaut und alle in Gedanken gesagt: Aha, Jeremia! Den kannten wir alle – vom Hörensagen. Und wir wussten auch alle: Der ist jetzt in Gefahr!

Und darum hat Delaja gesagt: »Baruch, bring dich und Jeremia in Sicherheit! Geht aufs Land, verbergt euch, so gut es geht. Aber rasch! Wir werden dem König Mitteilung machen von diesen Worten Gottes, verlass dich drauf! Für dich und Jeremia aber ist es besser, ihr verschwindet für eine Weile, du verstehst? – Lass uns die Buchrolle hier, wir brauchen sie – zum Vorlesen und, um dem König damit einzuheizen!«

Ha – wenn er gewusst hätte, was er damit gesagt hat ...

Nun, Baruch hat sie – wenn auch zögernd – dagelassen. Kann man ja verstehen: er hat Wochen daran gearbeitet!

Michaja war es dann, der gesagt hat: »Lasst uns die Rolle erst einmal – nun ja: zurückhalten. Man kann ja nicht wissen, wie der König es aufnimmt. Und es wäre ja schade, wenn ...

Ich schlage vor, wir legen sie vorerst mal in den kupfernen Kasten in der Schreiberkanzlei, zu den geheimen Staatspapieren.« So haben wir's gemacht. Und dann sind wir zum König gegangen.

Und jeder von uns – jeder, dafür möchte ich meine Hand ins Feuer legen – jeder von uns hat gedacht: Gottes Wort vor des gottlosen Königs Ohr – wie wird das ausgehen?

Ich bin Judi Ben-Nethanja

Ich bin – na ja, Bote, Diener, Vorleser, Ofenheizer und verschiedenes andere am königlichen Hof. Mädchen für alles sozusagen. Ich ging, wie es meine Aufgabe ist, mit den Herren Ministern zum Winterpalast hinüber, zum König. Ich war vorher noch bei ihm, um Holzkohlen nachzulegen. Er war sehr schlechter Stimmung. Das hatte ich den Ministern sagen können. Ich hätte sagen können: Kommt ihm nur ja nicht mit diesen ... diesen Reden; er ist sowieso schon gereizt! Aber es hat mich niemand gefragt. Also habe ich nichts gesagt. Und also – so kam's denn auch ...

Die Herren entboten ein herzhaftes »Schalom, Euer Majestät!« Er aber knurrte nur und sah in die Glut des Kohlebeckens und hielt die Hände darüber, um sich zu wärmen. Schließlich – die Minister hüstelten nervös – schließlich also murmelte er so was wie: »Was ist denn los? Was wollt ihr?«

Elnathan räusperte sich und sagte: »Wir haben Majestät äußerst Wichtiges mitzuteilen. Es ist nämlich so: heute Morgen beim Buß- und Bettag ...«

Der König gähnte uninteressiert; aber Elnathan berichtete von dem Vorfall im Tempel und von der Lesung aus der Buchrolle. Und er sagte auch einiges über den Inhalt jener aufgeschriebenen Predigten und schloß mit den Worten: »Wir meinen, Majestät: diese Reden Gottes zu uns müssen wir einfach hören! Unser Schicksal, ja das unseres ganzen Volkes hängt davon ab, dass wir diese Worte unseres Gottes hören und ihnen gehorchen, dass wir uns unter seinen Willen demütigen und uns bekehren!«

Danach trat zunächst Stille ein; nur die brennenden Kohlen knisterten. Man hätte meinen können, der König sei ergriffen ...

Plötzlich knurrte er, ohne vom Feuer aufzuschauen: »Judi – hol die Rolle! Irgendwo im Haus werden diese Herren sie ja versteckt haben, wie ich sie kenne!«

Ich sah die Minister fragend an. Elnathan zuckte nur die Schultern, als wolle er sagen: »Ich kann's nicht ändern – tu, was er sagt! ...«

Und ich ging los, holte die Buchrolle aus dem Kupferkasten in der Schreiberkanzlei. Schließlich stand ich wieder im Zimmer des Königs. Die Minister hatten sich nicht bewegt. Vermutlich hatte der König sie zwischenzeitlich keines Wortes gewürdigt. Unschlüssig hielt ich die Rolle in den Händen. Sollte ich sie ihm überreichen oder sie irgendwohin legen? Aber da schaute der König kurz auf, blickte mich an und befahl: »Lies vor, Judi!«

Ich rollte sie am einen Ende auf und sah gleich: Sie war sehr sorgfältig und sauber geschrieben, sehr gut lesbar.

Und ich begann zu lesen.

»Auftrag Gottes an Jeremia: Predige alle diese Worte, ob sie vielleicht hören wollen und sich bekehren, ein jeder von seinem bösen Wege, damit mich reuen könnte das Übel, das ich ihnen anzutun gedenke um ihrer bösen Taten willen. Werden sie aber nicht gehorchen und nicht nach meinem Gesetz wandeln, so will ich diese Stadt und dieses Volk zum Bild des Entsetzens, ja zur ewigen Wüste machen ...«

Und so ging es weiter. Spalte um Spalte. Drohwort um Drohwort. Mahnung um Mahnung Gottes.

Plötzlich befahl der König: »Halt!« Und dann sagte er: »Komm mal näher, Judi!« Ich trat zögernd zwei Schritte vor.

»Ganz hierher zu mir!«, befahl er. Ich trat dicht neben ihn.

»Bis wohin hast du gelesen?«, fragte er. Ich zeigte mit dem Finger auf die Stelle.

Er sah kurz hin und griff dann hinüber zu dem Tischchen neben seinem Sessel. Da lag neben der Obstschale das Messer mit dem Elfenbeingriff. Er packte es – und ratsch – schnitt er damit das Stück von der Buchrolle ab, das ich bereits vorgelesen hatte. Er nahm das Stück Pergament mit zwei Fingern – wie etwas Ekelerregendes und warf es ins Kohlebecken. Sofort flammte es auf; knisternd fraß das Feuer es auf.

Einer der Minister stöhnte; ein anderer brachte ein leises »Aber ... aber ...« hervor. Der König aber knurrte: »Lies weiter, Judi!«

Ich begann wieder zu lesen.

»Wehe euch Hirten«, las ich, »die ihr die Herde umkommen lasst, spricht der Herr. Ihr habt euch nicht um sie gekümmert. Siehe, ich will euch heimsuchen wegen eurer bösen Taten.« Und so ging es weiter, wohl eine Viertelstunde lang.

Und dann befahl der König wieder: »Her mit der Rolle! – Bis zu welcher Stelle bist du gekommen, Judi?« Und ratsch – fuhr das Messer durchs Pergament – und das Stück landete in den Flammen. Minister Gemarja presste hervor: »Bitte – bitte Majestät, bitte verbrennen Sie doch nicht ...«

Aber der König sah ihn höhnisch an und zischte: »Ich bin hier der Herr und tue, was ich will. Verbrenne du dir nicht das Maul, Gemarja, sonst ...«, und zu mir gewandt: »Lies weiter, Judi!« Ich las, las weiter Spalte um Spalte. Mit heiserer Stimme. Und die Rolle wurde immer leichter und dünner. Denn immer wieder befahl der König: »Halt, gib her!«, schnitt ein Stück ab und warf es ins Feuer.

Es stank im ganzen Zimmer nach verbrannter Tierhaut; der stickige Qualm stieg in Augen und Lungen. Unentwegt hustete jemand, und ich konnte fast nichts mehr sehen, so tränten meine Augen.

Aber der König befahl gleichmütig: »Lies weiter, Judi!«

Und ich las, bis es nichts mehr zu lesen gab und das letzte Stück der Rolle im Feuer gelandet war.

Von den vielen Worten, die Gott durch Jeremia gesagt hatte, war keines mehr da, alles in Rauch und Asche vergangen.

Der König legte das Messer weg. Dann beauftragte er mich: »Judi, hol die Palastwache!« – Ich tat's.

Und er befahl der Wache: »Ganze Stadt durchforschen. Jeremia und Baruch verhaften. Erwarte bis zum Abend Vollzugsmeldung. – Und ihr Übrigen: raus jetzt! – Judi: Fenster auf, damit der Gestank von dieser Gottesquatscherei abziehen kann.«

Ich tat, wie befohlen. Aber, ich muss gestehen, ich tat es mit zitternden Händen. O Gott, was hatte dieser König getan!

Ich bin Jeremia, der Prophet

Baruch und ich sind aus Jerusalem geflohen, wie es uns die Minister geraten haben. Jetzt sind wir in Bethlehem, bei einem Onkel von mir.

Ich weiß längst, was sich am Königshof abgespielt hat. Mein Neffe Absalom war in diesen Tagen in der Hauptstadt und hat alles erfahren, auch von dem Versuch, uns zu verhaften. Aber mein Onkel hat uns sicher untergebracht – oder vielmehr: Gott, der Herr, hat uns hier gut verborgen vor allem Zugriff. Im Übrigen sind Baruch und ich stark beschäftigt. Gott hat mich nämlich beauftragt, unverzüglich alles noch mal aufzuschreiben, all die Worte, die er durch mich seinem Volk hat sagen lassen.

Es ist also nichts verloren von seinem Wort. So einfach kann man Gottes Wort nicht beseitigen!

Nun – diese Arbeit geht uns leicht von der Hand, und an einigen Stellen ist mir nachträglich noch dies und das eingefallen, was in der ersten Buchrolle nicht stand. Diese wird also noch etwas ausführlicher und länger. Aber wer, frage ich mich dauernd, wer wird dies alles je lesen?

Denn: es steht jetzt offenbar fest, dass Gott unser Volk mit seinem Gericht heimsuchen wird. Das Unheil kommt unaufhaltsam.

Ich weiß das, weil ich auch dies habe aufschreiben müssen:

»So spricht der Herr: Du, König, hast diese Schriftrolle verbrannt. Darum, spricht der Herr, es soll keiner seiner Nachkommen auf dem Thron sitzen; sein Leichnam soll hinausgeworfen sein und da herumliegen in Hitze und Frost, unbeerdigt. Und ich will ihn und seine Nachkommen und seine Großen heimsuchen um ihrer Schuld willen, und ich will über sie und die Bürger Jerusalems und über die in Juda kommen lassen all das Unheil, von dem ich zu ihnen geredet habe – und sie gehorchten doch nicht.«

So hat Gott mir aufzuschreiben befohlen. Wir haben es getan. Es steht da, wie die vielen anderen Worte Gottes an die Menschen, die in der Buchrolle stehen.

Wer aber wird das je lesen, was da geschrieben ist?

Und: werden die Menschen, die dieses Gotteswort hören oder lesen – werden sie ihm gehorchen?

Von Japho bis Ninive

Aus dem Buch Jona

Wie die Geschichte von Jona »erfunden« wurde

Ein Anspiel zur Entstehung der Jona-Geschichte

Jürgen Koerver hat das Buch Jona besonders geliebt. Es gibt mehrere Geschichten von ihm zu Jona, die er in verschiedenen Schriften und Büchern veröffentlicht hat. Wenn man sie zusammen nimmt, dann bekommt man fast ein neu gestaltetes »Buch Jona«. Diese Zusammenfassung seiner Texte zu Jona zeigt exemplarisch auch die Vielfalt der erzählerischen Möglichkeiten: perspektivische Erzählung, fiktiver Brief, Erzählung mit Sprechchor, Tagebuchaufzeichnung, Zeitungsbericht.

Die Jona-Geschichte ist eine »Lehrerzählung«, von einem uns unbekannten Verfasser im 5. Jahrhundert v. Chr. gedichtet, um bestimmten theologischen Ansichten im Volk Israel zu widersprechen bzw. sie richtigzustellen. Mit dem folgenden Anspiel führt Jürgen Koerver in die Grundfragen der Jona-Erzählung ein: dem Zusammenspiel von Gottes Gerechtigkeit und seiner Barmherzigkeit, von Schuld und Vergebung, von Gericht und Gnade. (Siehe dazu auch das »Nachspiel« S. 180)

Das Spiel kann mit Stabpuppen dargeboten oder auch von Mitarbeiter/innen gespielt werden.

SPIELER: Erzähler
                          Ben-Midrasch
                          Hiskia

Erzähler: Wir versetzen uns in das Jahr 450 vor Christus. Wir sind in Jerusalem. Es ist Abend. In seinem Haus sitzt der Tempelprediger Ben-Midrasch und liest in der Heiligen Schrift.

Ben-Midrasch: So spricht der Herr: Ich bin gnädig und barmherzig, geduldig und von großer Güte. Ich habe alle lieb, die zu mir umkehren, ich habe Erbarmen mit allen, die ihre Schuld erkennen und bekennen ...
(es klopft) Ja, herein!

Hiskia: *(tritt ein)* Schalom, lieber Ben-Midrasch! Der Herr segne deine Tage!

Ben-Midrasch: O Hiskia, unser Psalmendichter! Schalom! Was bringst du Gutes, lieber Hiskia! – Setz dich!

Hiskia: Ich habe einen neuen Psalm geschrieben und komme, ihn dir vorzulesen. Ich dachte, am kommenden Sabbat könnten wir ihn im Tempel sprechen – zur Ehre unseres Gottes.

Ben-Midrasch: Sehr schön, lieber Hiskia – ich bin gespannt zu hören, was du Gutes gedichtet hast. Komm, lies vor!

Hiskia: Also – es ist ein Gebet ... Ich lese mal vor:

O Gott, du Herr aller Herren,
du Gott Israels – erhöre uns!
Erhöre uns, wenn wir dich bitten:
Vernichte, o Herr, vernichte die Feinde!
Siehe – die Heiden, die gottlosen Menschen –
vernichte, o Herr, vernichte sie!
Nicht dich, einziger Gott, beten sie an, darum:
Vernichte, o Herr, vernichte sie!
Vor Götzen fallen sie nieder,
beten an den Mond und die Sterne,
Sonne und Baum – darum:
Vernichte, o Herr, vernichte sie!
Nicht deinem Wort gehorchen sie wie wir,
deine Auserwählten,
sondern sie leben ohne Gesetze,
tun täglich das Böse, das dir nicht gefällt –
darum:
Vernichte, o Herr, vernichte sie!
Sie stehlen, töten, lügen und spotten,
verdrehen das Recht – darum:
Vernichte, o Herr, vernichte sie!
Aber dein Volk, dein heiliges Volk,
die Israeliten, die dir gehorchen,
die zu dir beten und recht vor dir wandeln,
die erhalte, o Herr, erhalte!

Ben-Midrasch: Hmm.

Hiskia: Gefällt dir mein Psalm nicht?

Ben-Midrasch:	Nun ja, lieber Hiskia ... Um offen zu sein: Nein, er gefällt mir nicht. – Ich mag so nicht beten.
Hiskia:	Aber, Ben-Midrasch – ich verstehe dich nicht recht! Sollten wir Gott etwa nicht von Herzen bitten, dass er diese ungläubigen, boshaften, lieblosen, ungerechten Heiden endlich bestraft, ja mit Stumpf und Stiel ausrottet? Haben sie es nicht verdient?
Ben-Midrasch:	Ich weiß nicht, Hiskia, ich weiß nicht, ob das wirklich Gottes Wille ist: vernichten ... ausrotten ... Sollte er diese – diese Menschen nicht genauso lieb haben wie uns?
Hiskia:	Die Heiden, diese Götzenanbeter lieb haben? Diese Bösewichter, diese Terroristen und Kidnapper, diese Diebe und Totschläger, diese Erpresser ... lieb haben? – Ben-Midrasch, das ist doch nicht dein Ernst?
Ben-Midrasch:	Vielleicht ist es Gott ernst damit? – Ich meine in seinem Wort zu lesen, dass er alle seine Geschöpfe lieb hat, ihre Rettung will, sich ihrer erbarmt ...
Hiskia:	Auch die, die nicht nach ihm fragen und nicht nach seinem Wort leben? Das glaubst du doch nicht?
Ben-Midrasch:	Doch – das glaube ich! Er ist nicht nur unser Gott, Israels Gott, sondern er ist der Gott aller Menschen. Sie wissen es nur nicht! Wir müssen es ihnen sagen! – Wir können Gott nicht für uns behalten. Wir müssen von ihm auch zu den Heiden reden, wir müssen sein Wort und sein Gebot auch zu ihnen bringen, damit sie sich bekehren zu ihm, dem Herrn!
Hiskia:	Ha, Ben-Midrasch, also, da kann ich dir nicht folgen, nein, in keiner Weise! Wir sind Gottes Volk, wir allein. Alle Heiden aber sind dem Untergang geweiht! – Aber bitte, wenn du meinst! Sag deine Meinung mal den Leuten,

predige das mal am Sabbat im Tempel! Versuch's nur – und niemand wird dir zuhören! Niemand! Sie alle denken wie ich: Vernichte, o Herr, die Heiden!

Ben-Midrasch: Ja, ich werde am Sabbat predigen. Ich werde es sagen: Gott hat nicht nur Israel – nein: alle Menschen hat er lieb!

Hiskia: Da bin ich gespannt!

Ben-Midrasch: Ja, ich werde es spannend machen! Eine spannende Geschichte werde ich am Sabbat erzählen!

Im Wirtshaus zu Japho

Eine perspektivische Erzählung zu Jona 1,1–3

Ich bin der Wirt vom »Goldenen Anker«. Meine Kneipe liegt in der Hafengasse von Japho. Von meinem Fenster aus kann man das Meer und die Schiffe sehen.

Ich erinnere mich ziemlich genau an den Tag. Es war nämlich kein Mensch in meiner Wirtschaft, nachmittags um vier. Erst gegen Sonnenuntergang geht's meistens wieder los: dann kommen sie auf ein Glas Wein, um sich die trockenen Kehlen zu spülen, die Hafenarbeiter und die Matrosen. Aber um vier ist es meist still. Daher kann ich mich erinnern. – Vor allem aber darum, weil der Mann sich auffällig benahm. Also, das war so:

Plötzlich – bums. Reißt er die Tür auf und stürzt herein. Er ist noch außer Atem. So als wäre er gelaufen. Und ich denke sofort: »Einer, hinter dem die Polizei her ist! Der will sich hier verstekken! Nichts da, lieber Mann, Scherereien mit der Polizei will ich nicht haben! Kann ich mir nicht erlauben als Inhaber einer angesehenen Gaststätte.«

Also – er hetzt herein. Ihm läuft der Schweiß über die Stirn. – Wer rennt auch bei solcher Hitze, ... wenn nicht einer hinter ihm her ist! – Er wirft sich auf die nächstbeste Bank gleich neben der Tür. Seine Tasche plumpst auf die Dielen. Ich gehe langsam auf ihn zu und sage: »Schalom, junger Mann«, und wische mit dem Tuch über'n Tisch, und: »Was soll's denn sein? Ein Weinchen? Ein Wässerchen? Ein Schnäpschen?« –

Er schnappt immer noch nach Luft und wischt sich über die Stirn und dann die nasse Hand am Kittel ab. »Oder was zu essen?«, schlage ich derweil vor. »Huhn auf Ägyptisch mit Oliven habe ich noch von Mittag ...«

Er aber schüttelt den Kopf und »Ein Schiff!«, stößt er hervor. »Ein Schiff!«

Da muss ich lachen. »Wünschen es der Herr gebraten oder gedämpft? – Vielleicht mit gepfeffertem Reis?«, sage ich. Da wird er gleich zornig. »Lass deine Witze!«, sagt er. »Ich brauche ein

Schiff. Wann geht hier ein Schiff ab? – Das nächste? Ich muss weg. Schnell!«

»Polizei?«, frage ich. »Hast was ausgefressen?« – Da lacht er, lacht und lacht. Aber es ist ein Lachen, da läuft es mir kalt den Rücken runter, so schrecklich ist das Gelächter, fast irre. – Schnell sage ich: »Schiffe gehen hier jeden Tag ab!« – Und er: »Auch heute?« – Ich zucke die Schultern: »Ich denke schon«, sage ich. »Spätestens morgen früh. – »Heute nicht mehr?«, fragt er hastig. »Heute abend?«

Statt zu antworten, gehe ich zum Schanktisch und gieße zwei Gläser Wein ein. Die stell ich auf den Tisch und setz mich zu ihm. Der Mann hat mich neugierig gemacht. Ich hebe mein Glas und sage: »Zum wohl – auf das nächste Schiff!« – »Wann geht eines?«, fragt er und trinkt das halbe Glas auf einen Zug. Ich überlege: »Die ›Apollo‹? – Nein. Die geht übermorgen. – Die ›Seekuh‹ – Nee, die muss noch repariert werden. Die ›Hispania‹? – Ja, die ›Hispania‹, die müsste sehr bald ...« »Die ›Hispania‹«, sage ich, »die geht, glaube ich, diese Nacht um drei ab. Ja, um drei ...« »Wohin?«, fragt er.

»Weiß nicht«, sage ich schulterzuckend. »Nach Griechenland oder nach Spanien – weiß nicht genau!« »Das reicht«, sagt er. Er atmet vor sich hin. »Da kriegt er mich nicht!« Vorsichtig frage ich: »Wer ist ›Er‹? Komm, red' schon, ich sag's nicht weiter! Vielleicht – kann ich dir helfen? – Wer ist ›Er‹?« – Da sagt er leise – fast kann ich's nicht hören – er sagt: »Wer hinter mir her ist, willst du wissen? Wer ›Er‹ ist?« Und er sieht mich direkt an und flüstert: »Jahwe, der Gott unserer Väter!«

Mir läuft es eiskalt den Rücken runter. Wenn so ein Irrer neben einem sitzt – nicht wahr, dann kriegt man's mit der Angst! – So als wär's ganz normal und als ob es jeden Tag vorkäme, sage ich: »Aha, Gott ist hinter dir her. Na so was! Und warum das? Hast du was angestellt? – Ich meine – eines der Zehn Gebote ... Oder so?« – Er schüttelt den Kopf und trinkt einen Schluck Wein. »Nein, sagt er, »ich soll nach Ninive. Hat er verlangt!« Und dann schreit er: »Aber ich geh nicht! Ich geh nicht! Ich blamiere mich nicht! Das kann er nicht verlangen! Jona geht nicht nach Ninive!« – Beim Tempel von Jerusalem! So was habe ich noch nicht erlebt. So einen Verrückten! – Ich klopf ihm auf die Schulter und sage beruhigend: »Na, na, Jona. Nun beruhige dich! Ist ja gut. Die – die ›Hispania‹ geht ja ganz woanders hin! Bestimmt nicht nach Ninive. Nein. Die haben Apfelsinen und israelitischen Wein an Bord und das brauchen sie in Ninive nicht. Die haben genug Wein da.« Und, um ihn abzulenken und ein bisschen zum Lachen zu bringen, setze ich hinzu: »Wenn sie einen Haufen schöner Mädchen an Bord hätten. Dann ging's vielleicht nach Ninive. Schöne Mädchen nehmen diese miesen Heiden immer! Da haben sie nie genug. Diese sittenlosen Strolche in Assyrien!« – «Verdammt sollen sie sein!«, zischt er erbittert. »Mit Stumpf und Stiel soll sie der Herr ausrotten, diese Ungläubigen! Aber – und jetzt lacht er wieder hämisch und fast irre – aber was wird der Herr, unser Gott, tun? Ha, ich weiß Bescheid! Ich weiß schon, was kommt! Aber nicht mit mir! Mit mir nicht! Soll er hinschicken, wen er will; Jona nicht! – Nee, den Jona nicht!« Jetzt hat er sich richtig in Fahrt geredet. Na ja, kein Wunder nach einem Glas Wein bei der Hitze!

»Noch eins?«, frage ich. Er nickt. Ich hole noch ein Glas Wein. Und dann sage ich: »Nun erzähl doch mal der Reihe nach, Jona! Wie war das mit diesem ... Auftrag von ihm?« Er nimmt noch einen Schluck Wein, dann lehnt er sich zurück, verschränkt die Arme und sagt: »Ich bin – musst du wissen – ich bin Prophet unseres Gottes.« – Ich starre ihn an. »Prophet?«, frage ich, »ein richtiger Prophet?« – Er nickt. »Ja – aber jetzt natürlich: gewesen. Ich bin's nicht mehr. Prophet ›außer Dienst‹. Haha. – Aber ich war's. Gott hat zu mir gesprochen. Wie? – Nun, das tut nichts zur Sache. Er hat zu mir gesprochen und ich hab's den Leuten in Jerusalem weitergesagt. ›So spricht der Herr!‹, hab ich gerufen und – dann hab ich die Botschaft Gottes gesagt. Und die Leute haben zugehört – Oh ja, und wie sie zugehört haben! – Und: sie haben getan, was Gott durch mich befahl! Ja!«

Er starrt lächelnd vor sich hin. Versunken wie in einen Traum. Ich frage: »Du warst gerne – Prophet?« – »Oh ja«, sagt er versonnen. »Ja, ich war's gern. Es ist eine tolle Sache, im Dienst unseres Gottes zu stehen ...«

»Einmal ... einmal, weißt du ... Wann war's? Egal ... Einmal habe ich sagen müssen: ›So spricht der Gott Israels durch Jona, seinen Propheten: in meinem Haus, dem Tempel, sind Priester, die steh-

len! Ihnen sage ich: ›Lasst diesen Frevel oder ihr müsst sterben.‹
– Drei Tage später hat man zwei Priester tot aufgefunden. Im
Tempelvorhof. Gleich neben dem Opferkasten. Einer hatte noch
die Hand drin ... Ein Blitz hatte sie getroffen beim Gewitter ... So
ist unser Gott ... Manchmal ... Und ich habe es in seinem Auftrag
gesagt ... Als Prophet ...«

Als Wirt hört man ja allerlei – aber dieser Mann ist mir unheimlich. Ich muss ihn recht bald los werden, diesen – Propheten ...

»Und warum bist du nun auf der Flucht vor ihm? Du bist doch
gern Prophet, hast du eben gesagt?« – »Gern gewesen!«, schreit
er plötzlich wieder los. »Hörst du: Gewesen! Ich bin nicht mehr
›sein Prophet‹! Ich will es auch nicht mehr sein!« – »Und warum
nicht?«, frage ich. Jetzt wird er wieder ruhiger. »Also«, sagt er,
»es war – vorgestern. Ich war, wie immer, morgens in den Tempel
gegangen zum Frühgottesdienst. Nur wenige Leute waren da. –
Und da hat er zu mir gesprochen.

›Höre, Jona!‹, hat er gesagt. Und ich habe geantwortet: ›Rede,
Herr, dein Knecht hört‹. Und er hat gesagt: ›Mache dich auf und
geh in die große Stadt Ninive und predige gegen sie, denn ihre
Bosheit ist vor mich gekommen.‹ – Mir hat es den Atem verschlagen, verstehst du? Nach Ninive! Ausgerechnet nach Ninive!
›Herr‹, habe ich gesagt, ›Herr, gestatte, hast du wirklich Ninive
gesagt? In diese Stadt soll ich gehen?‹ – Aber er hat nichts geantwortet. Nichts! Schweigen! Ich habe gebetet. Ich habe zu ihm
geschrieen. Nichts! – Ich habe ihn angefleht: ›Herr, wenn ich
gegen Ninive predige, wirst du die Stadt auch wirklich vernichten? Ihrer Bosheit und Sünden wegen? Tust du's oder ist das
bloß eine Drohung?‹ Aber er hat nichts geantwortet. Kein Wort
seit vorgestern. Aber ich brauche auch keine Antwort mehr, die
Sache ist für mich klar. Sonnenklar! Ich weiß schon, wie es
kommen wird, wenn ich nach Ninive gehe. Und darum gehe ich
nicht. Nein, ich gehe nicht!«

Vorsichtig frage ich: »Und – wie wird es kommen? Was wird
geschehen?«

Jona schweigt lange. Er starrt vor sich hin, dann murmelt er:
»Nichts wird geschehen. Gar nichts. Ich komme nach Ninive –
ich schreie: ›Bekehrt euch! Ändert euch! Lasst euer gottloses
Leben! Gottes Strafe kommt! Eure Stadt geht unter!‹ – Und was

tut unser Gott? Nichts tut er! Glaubst du, er vernichtet sie wirklich? Keine Spur! Erbarmen wird er sich! Gnädig wird er sein, barmherzig, geduldig mit diesen ... Mit diesen ... – Aaach! Und ich, wie stehe ich dann da? Mit Fingern werden sie auf mich zeigen und sagen: ›Schau mal da – der Untergangsprediger. Haha, was der für einen Unsinn geredet hat!‹ So, genau so kommt es! Genau so! Und alles, weil Gott zu gut ist – viel zu gut mit diesen ...! – Aber mit mir nicht! Nee, mit mir macht er das nicht! Ich hau ab, ich fahr weg. Wann geht das Schiff?«

»Um drei, bei Sonnenaufgang«, sage ich schnell. Und dann, weil ich ihn endlich los sein will: »Ich würde ja an deiner Stelle mal den Kapitän fragen gehen, ob er dich mitnimmt ...«

»Gute Idee!«, sagt Jona. »Das werde ich gleich mal tun! Was bin ich dir schuldig für den Wein?« – »Nichts«, sage ich rasch. »Gar nichts. Es war mir eine Ehre, einen Propheten zu bewirten ...«

»Lass den Unsinn!«, sagt er. »Ich bin's ja nicht mehr. Ich bin frei. – Bald jedenfalls. Wenn ich erst auf dem Schiff und auf dem Meer bin, dann ist Schluss mit dem Propheten. Dann bin ich bloß noch Jona, irgendein Jona ...« – »Und, wovon wirst du in Zukunft leben?«, frage ich. Er holt die Tasche hoch und lacht. »Weiß nicht«, sagt er. »Vielleicht – vielleicht angle ich mir 'nen Walfisch. Setz mich drauf und reise durch die Welt!« – »Gib nur Acht, dass der nicht mit dir nach Ninive schwimmt!«, rufe ich. Er lacht schallend und wirft sich die Tasche über die Schulter. »Bloß nicht nach Ninive!« Bums, fliegt die Tür zu, – und ich sehe durchs Fenster, wie er zum Hafen runtergeht, der Jona.

Im Wirtshaus von Japho II

1.Brief
Jona 1,1–3

Japho am 3. Tag nach dem Herbstneumond

Lieber Ephraim,
ich sitze hier im Gasthof »Zum goldenen Anker«, es ist Nachmittag. Da ich noch bis Sonnenuntergang Zeit habe, schreibe ich dir diesen Brief. Wenigstens du, lieber Freund, sollst erfahren, was mir widerfahren ist und wie mein Leben weitergeht – wenn es weitergeht!
Ich bin nämlich auf der Flucht! Nein – nicht, was du jetzt denkst! Ich habe weder einen Griff in die Synagogenkasse getan noch gar jemand umgebracht oder dergleichen. Und auch die Polizei ist nicht hinter mir her. Und dennoch bin ich auf der Flucht.
Heute Abend, in etwa drei Stunden, werde ich die »Seekuh« besteigen, ein Schiff aus Griechenland, und unser Land verlassen. Es kostet mich 200 Silberdenare – soviel wollen diese Halsabschneider haben, obwohl ich mit Sicherheit kaum was essen werde; du weißt: Die Seekrankheit! –; aber sei's drum: Es ist mir die Sache wert! Nur weg, nur weg, denke ich dauernd, koste es, was es wolle. Und wohin auch immer diese »Seekuh« segelt – ich habe nicht genau zugehört, ich glaube: nach Tarsis geht die Reise. Aber das ist mir völlig egal – Hauptsache: Weg! Weg aus dem Land, in dem Jahwe, unser Gott, das Sagen hat und wo dieser Gott einfach mir nichts, dir nichts einen schlichten Menschen zum Propheten machen kann – jedenfalls machen *will*!
Eben dies ist mit mir passiert, lieber Ephraim! Mir, dem Sandalenmacher, Jona Ben-Amittai aus Jerusalem, Krämergasse, Ecke Tempelstraße. – Zugegeben: Ich bin, wie du weißt, ein frommer Mensch; jeden Sabbat und an manchen anderen Tagen hast du mich im Tempel beim Gottesdienst gesehen, und ich habe immer

streng darauf geachtet, nach Gottes Geboten zu leben. Ob unser Gott darum ein Auge auf mich geworfen hat, ob er mich darum erwählt hat?

Wozu erwählt, fragst du? Oh, es ist schrecklich, und meine Feder sträubt sich fast, es zu Papier zu bringen. Im Gottesdienst war es, gestern in der Frühe. Ich lauschte dem Gesang des Tempelchores, der gerade sang »Barmherzig und gnädig ist der Herr, geduldig und von großer Güte« – Du weißt: die Worte aus dem Psalm –, also da hab ich's gehört. In meinem Herzen, in der Seele, im Kopf, in den Ohren habe ich gehört: »Jona!«, hat ER gesagt, »Jona, geh du nach Ninive, in die große Stadt, und predige dort; denn ihre Schlechtigkeit, ihre Sünde, ist vor mich gekommen!«

Oh Ephraim, denke nicht, ich hätte geträumt oder mir da was eingebildet oder mich irgendwie verhört. Oh nein! Als ich den Mund aufriss vor Staunen und mir der Atem stockte, da hat ER wohl gemerkt, dass ich's nicht fassen konnte – und er hat es wiederholt: »Ja, Jona, geh nach Ninive!«

Ich, der Sandalenmacher Jona, nach Ninive im Auftrage Gottes! – Ich kann dir nicht beschreiben, was in mir abgelaufen ist; ich weiß nur: Ich bin raus aus dem Tempel, mitten im Gottesdienst. Die Leute standen dichtgedrängt, gerade wurde das Opfer vollzogen – mir war es egal, ob die Leute geguckt und gemurrt haben – ich bin raus ...

Zugegeben: Einen winzigen Augenblick lang war ich – ja: Ich war stolz, dass Gott zu mir gesprochen hat. Und auch erschrocken, nicht wahr: Wer erschrickt nicht, wenn Gott der Herr zu einem spricht?

Aber dann, lieber Ephraim, dann wurde mir erst klar, was ich da tun soll! Nicht die weite Reise, die ich da machen soll – mindestens zwei Vollmonde lang – nein, ich habe schon immer gern mal andere Länder sehen wollen, und darum wäre mir das nicht zuviel gewesen. Und auch nicht, dass es nun ausgerechnet nach Ninive gehen sollte, in diese riesige Stadt, wo ich keinen Menschen kenne und wo – wie Gott ja schon gesagt hat – die Sünde wohnt, wo es nur Ungläubige gibt, Götzenanbeter, Menschen, die Böses tun, weil sie Gottes Gebote nicht kennen – nein, auch das hat mich nicht abgeschreckt; denn ich weiß ja von

Jesaja und Jeremia und Amos und all den anderen Propheten unseres Gottes: Er geht mit ihnen, er behütet sie. – Und auch der Gedanke, in solch einer Stadt Gottes Botschaft zu verkünden, dass Gott sie strafen wird, dass sie untergehen wird, weil sie voller Sünde ist – auch dieser Gedanke hat mich nicht bange gemacht. Obwohl ich mir kaum vorstellen konnte, wie der unbedeutende Sandalenmacher Jona sich in Ninive Gehör verschaffen soll. Das, dachte ich, wird sich dann schon finden. Gott würde das schon irgendwie einrichten.

Das alles, lieber Ephraim, hat mich nicht erschreckt – oder jedenfalls nicht sehr. Im Gegenteil! Ich hatte das Gefühl, dass jetzt die große Stunde meines Lebens gekommen ist: Ich sollte die Macht und Größe und Herrlichkeit unseres Gottes verkünden. Ich sollte den Zorn des gerechten Gottes über diese schrecklichen Sünder bekannt machen. Ja, gewiss. Sehr schön.

Aber, habe ich mich gefragt: Warum eigentlich? Warum soll ich diesen elenden Heiden eigentlich sagen, dass Gott sie richten will, weil sie Böses tun, warum ihnen Strafe und Untergang ankündigen? Gott kann's doch einfach tun! Ninive in Schutt und Asche legen, ein Erdbeben herbeiführen, bündelweise Blitze herabsenden und die Stadt anzünden, oder Aussatz und Pest unter sie bringen – egal was; jedenfalls diese Sünder vernichten, wie sie es fraglos verdient haben. Warum also, habe ich mich gefragt, warum soll ich es ihnen ankündigen.

Natürlich: Sie können zum Beispiel alle aus Ninive weglaufen, die Stadt verlassen; aber was würde ihnen das nützen? Gott würde sie trotzdem finden und sein Urteil an ihnen vollziehen.

Oh Ephraim, mir kam ein furchtbarer Gedanke: Ich sollte nach Ninive und Gottes Zorngericht ansagen, damit sie Gelegenheit haben, sich vielleicht zu ändern! Umzukehren von ihren falschen Wegen! Buße zu tun! Das Böse zu lassen! Ihre Sünde zu bereuen! Es ist zwar nicht zu erwarten, sicher nicht, dass das passieren würde – aber immerhin: Gott wollte ihnen doch offenbar diese Gelegenheit geben! Wozu sollte ich sonst dahin und reden?

Und wenn sie nun – wider Erwarten – sich wirklich bekehren? Was dann? Bitte, Ephraim: was dann? Wenn sie Buße tun, wenn sie sich ändern, was tut Gott dann? Sie trotzdem vernichten? Oh nein, Ephraim – wie ich unseren Gott kenne – barmherzig,

gnädig, geduldig und von großer Güte; davon hatte der Tempelchor gesungen, du erinnerst dich –, unser Gott würde sich dieser widerlichen Heiden, dieser Sünder ... erbarmen! Nichts würde passieren, kein Untergang, kein Schutt und Asche, kein gekrümmtes Haar – nichts. Nur Erbarmen, Vergebung, Güte ...
Unser Gott, der Gott Israels, erbarmt sich, weil diese Leute ein bisschen Buße tun! Und der fromme Sandalenmacher Jona aus Jerusalem darf dazu Amen sagen.
Nein, Ephraim! Dafür war ich nicht mein Leben lang fromm und gottesfürchtig, habe mich an seine Gebote gehalten, habe ihm im Tempel Opfer bringen lassen und Almosen gegeben – kurz: Dafür habe ich mich nicht ständig bemüht, vor Gott recht zu sein, so dass er mit mir barmherzig und gütig ist – und *die* da kriegen seine Gnade einfach nachgeworfen!
Ich bin nach Hause, habe meinen Laden zugemacht, ein Bündel geschnürt, alles Geld aus der Kasse genommen – und bin weg aus Jerusalem, und jetzt: weg aus diesem Land, weg von diesem Gott und seinem Auftrag. Nichts da Ninive und predigen und so. Nein, weg, weit weg, nach Spanien oder ins Römerreich oder sonstwo hin, wo man diesen Gott nicht kennt und wo ich untertauchen kann. Sandalen brauchen die Menschen überall, verhungern werde ich also schon nicht. Meinen Laden kannst du, wenn du willst, haben, ich brauche ihn nicht mehr. Ich brauche nur noch dieses Schiff heute Abend, und damit möglichst rasch und viel Abstand von diesem Gott, der nichts anderes im Sinn hat, als Gottlose am Leben zu lassen. Aber nicht mit mir! Nicht mit Jona, der dir auf Nimmerwiedersehen sagt.

Schalom Ephraim!

2. Brief
Jona 4

Ninive, am Tag vor dem 2. Vollmond nach Winteranfang

Lieber Ephraim,
ich könnte mir denken, dass deine Hände jetzt zittern vor Erregung; denn mit einer Nachricht von mir hast du doch sicher nicht mehr gerechnet, oder? Und dass dieser Brief nun aus Ninive

kommt, das wird dich erst recht in Erstaunen versetzen, hatte ich dir doch aus Japho mitgeteilt, dass nichts und niemand mich je in diese Stadt bringen würde. So hatte ich es mir geschworen.

Wie du siehst, ist alles ganz anders gekommen. Ich kann dir jetzt nicht schildern, auf welche Weise es geschah. Davon vielleicht später einmal.

Im Augenblick jedenfalls sitze ich oberhalb von Ninive auf einem Hügel und kann von hier aus auf die ganze, riesige Stadt hinunter sehen. Aus ein paar Zweigen habe ich mir so etwas wie einen Sonnen- und Windschutz gebaut, um vor der Witterung ein wenig geschützt zu sein. Sonst weiden hier wohl Schafe und Ziegen; zur Zeit jedoch nicht. Auf königlichen Befehl tun auch diese Tiere – so seltsam das vielleicht klingen mag – tun auch sie Buße ...

Bevor ich hierhin heraufstieg, habe ich mich reichlich mit Lebensmitteln eingedeckt – Rosinen, Nüsse, getrocknete Feigen, Dörrfleisch (wobei ich leider nicht feststellen konnte, ob es Fleisch von uns erlaubten Tieren ist) und anderes mehr, so viel, dass es für vierzig Tage reicht. Es war ein ziemlicher Packen, an dem ich schwer zu schleppen hatte. Übrigens: In dem Laden, in dem ich all diese Dinge erstand, hat man mich höchst unfreundlich, ja geradezu wütend bedient. Obwohl ich die Sprache hier nicht recht verstehe, habe ich doch so viel mitgekriegt: Sie waren empört, dass ich mir derartige Mengen Esswaren kaufe, obwohl ein allgemeines, strenges Fasten angeordnet ist. Nur einmal täglich darf jeder Ninivit das Allernötigste zu sich nehmen – auch alte Leute und Kinder, und die Tiere auch!

Nun, mich ging das ja nichts an; ich brauchte nicht zu fasten. Und im Übrigen: Was hilft dieses Fasten schon – das Urteil ist ja über Ninive gesprochen. Ich habe es im Namen unseres Gottes verkündet auf dem Markt und in den Straßen der Stadt: Noch vierzig Tage und Ninive ist nicht mehr!

Du fragst natürlich, was ich hier auf dem Hügel mit einem Sack Rosinen und einem Bündel Dörrfleisch mache? Sehr einfach, lieber Ephraim: Ich sitze hier und will beobachten, was sich in Ninive und mit Ninive ereignet! Ich habe mir sogar noch rasch, bevor ich die Stadt verließ, eine Rolle Pergament, Feder und Tinte gekauft, um alles aufzuschreiben, was ich sehe. Allerdings:

Jetzt habe ich, wie du ja siehst, ein Stück Pergament abgeschnitten, um diesen Brief zu schreiben, weil mir langweilig wurde. Es ist nämlich so gut wie nichts los in der Stadt, soweit ich sehen und hören kann. Seit ich gepredigt habe, ist Ninive wie tot. Wo sonst die Pferdewagen durch die Straßen rattern – Stille. Wo sonst aus den Wirtshäusern Gegröle und sündige Musik lärmt, zu der lose Weiber den nackten Bauch schwenken – Stille. Wo sonst Gesänge vor den zahllosen Götzen in den ebenso zahllosen Tempeln ertönen – Stille. Wo sonst von unendlich vielen Feuerstellen in den Häusern Rauch aufsteigt, weil da Essen gekocht wird – fast nichts. Sie fasten, wie ich schon berichtete – und das ganz streng.

Und – das kann ich von hier oben sehr gut sehen – aus den Straßen ist alle Farbenpracht verschwunden. Die bunten Kleider, die Sonnenschirme, die farbenfrohe Fülle der Basare und Märkte – alles weg. Grau liegt die Stadt da; die wenigen Menschen, die man sieht, laufen in schäbigen sackartigen Umhängen herum zum Zeichen, dass sie allen Hochmut und allen Stolz abgelegt haben. Selbst der König von Ninive soll so umhergehen. Kurzum: Eine Riesenstadt tut Buße. Die Menschen denken darüber nach, was sie Böses getan haben und sind offenbar bereit, wenigstens vorübergehend – wahrscheinlich nur vorübergehend! – alles Böse zu unterlassen. Und das alles, weil ich, der kleine, unbedeutende Sandalenmacher Jona aus Jerusalem, ihnen angekündigt hatte: »In vierzig Tagen wird Ninive untergehen wegen seiner Sünde – lässt euch der Gott Israels sagen, der Herr der Welt, der Himmel und Erde geschaffen hat.«

Ich könnte darauf stolz sein und mir die Hände reiben, dass ich – ich, lieber Ephraim! – das mit Gottes Hilfe bewirkt habe. Ich könnte! Aber genau das Gegenteil! Eben das habe ich ja befürchtet und das war ja der Grund, dass ich nicht hierher wollte. Denn was wird Gott jetzt tun, wenn sie sich bekehren? Wenn sie unseren Gott als ihren Herrn erkennen und bekennen, ihn anbeten, ihm opfern, sein Gebot achten? Wird er sie trotzdem vernichten?

Er wird nicht! Nein, er wird ihnen gnädig sein.

Oh Ephraim, ich bin so zornig! So wütend! Und ich habe das auch Gott gesagt. Und was hat er geantwortet? Ob ich zu Recht zornig sei, hat er gefragt! – Kann sich dieser Gott nicht vorstellen, was in mir vorgeht? Kann er sich nicht vorstellen, dass ich eine maßlose Wut habe, wenn ich erleben muss: Er erbarmt sich möglicherweise dieser elenden Sünder, dieser Götzendiener, dieser ...

Entschuldige – ich habe mich zu sehr erregt. Meine Hände zittern – du siehst es an der Schrift. Ich muss die Feder weglegen für heute. Morgen – es ist der 40. Tag nach meiner Predigt – werde ich vielleicht weiterschreiben ...

(Einen Tag später)

Gestern, lieber Ephraim, ist noch etwas Seltsames, ja Wunderbares geschehen. Während ich dir schrieb, ist – ohne dass ich es zunächst bemerkt hätte – eine Rizinusstaude erwachsen, nur ein paar Schritte von meinem Sitzplatz entfernt. Als ich vom Briefschreiben aufstand, war sie da – ein riesiger Strauch mit herrlich großen Blättern, in deren Schatten sich wunderbar sitzen lässt. Ich habe mich sehr, sehr gefreut und Gott gedankt, dass er so für mich sorgt.

Denn natürlich steckt unser Gott dahinter; wie sonst könnte ein solcher Riesenstrauch in so kurzer Zeit heranwachsen? Oh ja, unser Gott ist mächtig und tut Wunder an denen, die er liebt, insbesondere an denen, die ihm dienen und gehorchen, die ihn lieben und seinem Wort folgen, dachte ich, sagte ich, als ich da im Schatten saß.

Das, lieber Freund, war gestern, das dachte und sagte ich gestern. Wohlgemerkt: gestern! – Heute, am 40. Tag nach meiner Predigt, wurde ich früh wach unter dem Rizinusstrauch, unter dem ich mich zum Schlaf ausgestreckt hatte. Ich wurde wach, weil mir entsetzlich heiß war.

Als ich die Augen aufmachte, lag ich mitten in der Sonne, die auf mich nieder glühte. Ich richtete mich auf – und konnte es nicht fassen: Mein wunderschöner Schattenspender, der Rizinusstrauch, war nur noch ein kümmerliches Gebilde dürrer Äste, die großen Blätter lagen halb vertrocknet um mich herum. Der Strauch war tot.

Wütend rappelte ich mich hoch, wütend, weil ich gleich wusste: Dahinter kann nur unser Gott stecken! Nur er kann das getan haben: Gestern wachsen, heute verdorren lassen. Ich wollte meine ganze Empörung, meinen ganzen Ärger vor Gott bringen, aber dazu kam es nicht, jedenfalls nicht sofort.

Denn ein ohrenbetäubender Schrei, ein jubelndes Kreischen zerriss mir fast die Ohren; Lachen, Singen, Händeklatschen, Freudenschreie – ich kann es nicht beschreiben! – brandeten zu mir auf den Hügel hoch. Einhundertzwanzigtausend Niniviten jubelten, weil ...

Nun, du weißt, warum. Wie ich es geahnt, ja die ganze Zeit gewusst hatte: ER hat sich erbarmt, ER hat!

Ich drehte der Stadt und ihrem Freudengeschrei den Rücken – und sah den verdorrten Rizinus. Und dann hab ich ihm, unserem Gott, meinen ganzen Zorn zugebrüllt, meine Wut, meine Enttäuschung. Dass ich ihn nicht verstehe, das mit Ninive nicht verstehe, das mit dem Rizinus nicht verstehe.

Und als ich mich ausgetobt hatte vor IHM, da hat ER gesagt – ich spüre inzwischen genau, wenn ER zu mir redet – ER hat gesagt: »Über den Rizinus machst du dir Gedanken, obwohl es bloß ein Strauch ist. Du freust dich, wenn er da ist, und es bekümmert und ärgert dich, wenn er eingeht. Ein Strauch, Jona!«, hat ER gesagt. »Bloß – ein Strauch! – Mich, Jona, mich, den lebendigen Gott, beschäftigen die Menschen. 120 000 Menschen in Ninive –, die sind mir wichtig, die bekümmern mich, deren Leben ist für mich von Bedeutung! Und wenn sie auch nur ein wenig Besinnung und Umkehr zeigen –, sollte ich mich da nicht über sie erbarmen, sie lieb haben – meine Kinder, die ich geschaffen habe? Sollte ich mich nicht freuen, wenn sie sich bekehren?«

Ich wollte ... Ich muss hier abbrechen. Eben ist eine Gruppe von Blumen bekränzten, singenden Niniviten hier heraufgekommen. Sie tanzen um mich herum. Sie haben mich erkannt. Sie wollen mich in die Stadt bringen, damit ich ihr Freudenfest mit feiere.

Ob ich gehe, weiß ich nicht. Jedenfalls muss ich hier den Brief beenden.

In Eile grüße ich dich,
dein hin- und hergerissener Jona.

Jona und das Schiff

Jona 1

Bei dieser »Erzählung mit Chor« sollte man möglichst (auf Stühlen, auf dem Boden) in »Schiffsform« sitzen oder einfach stehen; darüber hinaus kann natürlich alles pantomimisch gespielt werden, was der Erzähler bzw. Chorführer ausspinnt.

Der Erzähler ist der Kapitän des Schiffes, er steht am Ruder; Jona liegt im Schiff (auf dem Boden). Der Chorführer steht (sitzt) dem Kapitän gegenüber.

Trotz des dramatischen Geschehens sollte darauf geachtet werden, dass nicht zu rasch gesprochen wird – was sich aber von selbst reguliert, wenn man Zeit zum pantomimischen Agieren lässt. (J.K.)

SPIELER: Erzähler
Chorführer
Alle

Erzähler:	Auf, Matrosen, hoch die Anker!
	Unsre Fahrt geht los – ahoi!
	Unser Schiff, es fährt von Japho
	weg nach Spaniens fernen Küsten.
Chorführer:	Gute Fahrt und guten Wind!
Alle:	Gute Fahrt und guten Wind!
Erzähler:	Guter Wind rauscht in den Segeln,
	rasch geht es ins Meer hinaus.
	Unser Schiff macht gute Fahrt.
	Viele Kisten sind an Bord:
	Apfelsinen und Zitronen,
	Wein, Rosinen, Ziegenfelle,
	und – fast hätte ich's vergessen –
Chorführer:	Auch ein Fahrgast ist an Bord!
Alle:	Auch ein Fahrgast ist an Bord!
Erzähler:	Ja, er will nach Spanien fahren.
	Gestern ist er eingestiegen.
	Doch jetzt schläft er unter Deck. –

	Wer es ist und wie er heißt?
	Ach, ich hab mir's nicht gemerkt. –
	Seht – was ist das ? – Wetterwolken?
Chorführer:	Droht ein Sturm uns auf dem Meer?
Alle:	Droht ein Sturm uns auf dem Meer?
Erzähler:	Ja, ein großes Ungewitter
	zieht herauf. Schon heult der Wind!
	Schnell, ihr Männer, weg die Segel,
	sonst zerreißt sie uns der Sturm.
Chorführer:	Schon zu spät! – Der Mast zerbricht!
	(Er zeigt auf den Mast.)
Alle:	Schon zu spät! – Der Mast zerbricht!
Erzähler:	Furchtbar heult der Wind. – Die Wogen
	drängen immer fürchterlicher!
	Seht, die Wellen schlagen höher!
Chorführer:	Unser Schiff – es wird versinken!
Alle:	Unser Schiff – es wird versinken!
Erzähler:	Betet zu den Göttern, Freunde!
Chorführer:	Oh, ihr Götter, rettet uns!
	(Er breitet die Hände bittend aus.)
Alle:	Oh, ihr Götter, rettet uns!
Erzähler:	Jeder rufe seine Götter!
Chorführer:	Oh, ihr Götter, rettet uns!
	(Er hebt die Hände flehend.)
Alle:	Oh, ihr Götter, rettet uns!
Erzähler:	Nichts vermögen unsre Götter!
	Geht, Matrosen, holt die Ladung,
	werft die Güter rasch ins Meer,
	Apfelsinen und Zitronen,
	Ziegenfelle und Rosinen –
	werft es alles in das Meer,
	dass das Schiff bald leichter werde!
Chorführer:	Alles über Bord geworfen!
Alle:	Alles über Bord geworfen!
Chorführer:	Doch das hilft nichts. – Wir versinken!
Alle:	Doch das hilft nichts. – Wir versinken !
Erzähler:	Betet weiter! – Beten alle? –
	Unser Fahrgast – betet er?

	Nein, er schlummert wie ein Toter!
Chorführer:	He, du Fremdling, wache auf!
Alle:	He, du Fremdling, wache auf!
Erzähler:	Stehe auf und ruf auch du

(Jona erhebt sich.)

deine Götter immerzu!
He, du fremder Mann an Bord,
sagst du zu dem Sturm kein Wort? –
Also, Leute, ich vermute:
Irgendwer an Bord des Schiffes
hat die Götter sehr erzürnt!
Hier an Bord ist irgendeiner,
der was Böses hat getan! –
Wer von euch ist's, ihr Matrosen?

Chorführer:	Einer ist's! Wir wollen losen!
Alle:	Einer ist's! Wir wollen losen!
Erzähler:	Recht so! Soll das Los entscheiden,

*(Hier können ›Lose‹ verteilt werden; die erste,
besonders gekennzeichnete Karte zieht natürlich Jona!)*

wessen Schuld uns bracht' dies Leiden!
Mischt die Lose rasch und zieht,
dass den Schuldigen man sieht!

| Chorführer: | Der da ist's, der fremde Mann! |

(Er zeigt mit dem Finger auf Jona.)

| Alle: | Der da ist's, der fremde Mann! |
| Erzähler: | Unsern Fahrgast traf das Los! – |

Lieber Fremdling, sag uns bloß,
sag rasch: Warum ist der Zorn
deines Gottes so enorm?
Wenn du Böses hast getan,
sag es! – Sieh die Wellen an!

Chorführer:	Unser Schiff – bald geht es unter!
Alle:	Unser Schiff – bald geht es unter!
Erzähler:	Rede, Fremdling – aber munter! –
Jona:	Heiße Jona. Israelit.

Bat euch: Nehmt mich bitte mit,
weil ich eilends meinem Gott,
meinem Gott – entkommen will.

Ich entflieh ihm, weil er sagt,
was zu tun mir nicht behagt.
Ich versuch mich zu entled'gen
seinem Auftrage, zu pred'gen
dort in Ninive, der Stadt,
wo's so viele Sünder hat.
Doch ich fliehe! Weiß Bescheid:
mein Gott übt Barmherzigkeit
und erbarmt sich dieser Stadt
trotz der Sünde, die sie hat!

Chorführer: Er ist auf der Flucht vor Gott!
(Er hebt die Arme vor Entsetzen.)

Alle: Er ist auf der Flucht vor Gott!

Erzähler: Du hast dieses Schiff genommen,
um dem Herrgott zu entkommen?
Dummkopf! – Sieh: schon ist Er hier!
Will das Schiff – uns – dich zerreißen!

Jona: Lass doch über Bord mich schmeißen!
Werft ins Meer mich, dann wird's stille;
mich zu töten ist sein Wille,
weil ich ungehorsam bin,
Gott zu fliehen hab' im Sinn.

Erzähler: Unser Schiff erträgt's nicht länger,
wird wohl bald vom Sturm zerbrochen
und wir werden sterben müssen. –
Trotzdem: Sünde wär es, dich zu töten,
strafen würden uns die Götter
für solch sündiges Verhalten!
(Legt die Hände ausschauend über die Augen.)
Darum Leute: sucht nach Land!
Schaut ringsum nach Rettung aus!

Chorführer: Nichts zu sehn! – Wir sind verloren!

Alle: Nichts zu sehn! – Wir sind verloren!

Erzähler: Jetzt hilft nichts mehr – er muss sterben!
Lasst uns beten, dass die Götter
gnädig bleiben, wenn wir ihn
opfern, wie er es verlangt!

Chorführer:	Gnade Götter! Habt Erbarmen!
	(Hebt beide Arme flehend empor.)
Alle:	Gnade, Götter! Habt Erbarmen!
Erzähler:	Nehmt an Beinen und an Armen
	diesen Jona und mit Schwung
	werft ihn über Bord und seht,
	(Jona setzt sich oder verlässt den Kreis.)
	dass im Meer er untergeht!
Chorführer:	Horcht! Kein Sturm mehr! Alles still!
	(Legt Hand hinters Ohr.)
Alle:	Horcht! Kein Sturm mehr! Alles still!
Erzähler:	Keine Wogen, keine Wellen!
	Ringsum heller Sonnenschein!
	Angst und Not ist ausgestanden!
	Furchtbar war der Gott des Fremden,
	schrecklich war sein Zorn auf ihn,
	der vor Gott davongelaufen!
	Diesen Gott gilt es zu fürchten!
	Ihn zu lieben! Zu verehren!
	Dass dem Schiff nicht Not geschieht,
	singt dem Gott ein schönes Lied!
Chorführer:	*(stimmt an z.B.:)* »Lobet den Herren, alle die ihn
	ehren ...« (EG 447)

Aus dem Tagebuch des Jona

Jona 2,11; 3,1–4

Man kann die angegebenen Verse kurz oder ausführlich »normal« erzählen oder in der Ich-Form berichten.

Will man jedoch einfach mal eine andere Form der Darbietung einbringen, so kann dies z. B. in Tagebuchform geschehen (obwohl jeder weiß, dass dies damals unüblich war). Der Vorteil ist: Man kann so ein Tagebuch ganz legitim vorlesen !

Die Jona-Geschichte ist eine sehr wunderbare – warum also sollte Jona nicht ein Tagebuch geführt haben? Ob allerdings inhaltlich so wunderbar, wie hier aufgezeichnet, sei dahingestellt ...

Möglichkeit:

Man kann sich einen aus vier großen Blättern bestehenden »Kalender« basteln: Vorderseite »1. Tag nach der Landung«, »2. Tag. ...« usw., darunter ein diesbezügliches Bild; auf die Rückseite: der jeweilige Tagebuchtext – oder man stellt die »Tagebucheinträge« nach Art eines Bilderbuches zusammen, aus dem vorgelesen wird. (J.K.)

1. Tag nach der Landung

Der Fisch hat mich ausgespuckt. Zum Glück war es eine sandige Bucht; ich hatte sofort Boden unter den Füßen. Als ich mich umdrehte, war nur noch eine Flosse zu sehen. Ich habe ihm gewinkt. Er hat mit der Flosse gewackelt. Er hat mich also gesehen! Wirklich: ein einmaliger Fisch!

Dann bin ich an Land gewatet. Kein Mensch weit und breit. Ich hatte schrecklichen Hunger. Ich ging ein Stückchen landeinwärts. Da traf ich auf Leute – die ersten aus Ninive! – die brieten Hühnchen am Spieß. Sie haben mich eingeladen, mit ihnen zu essen. Nette Leute, wenn auch ungläubige Heiden! Ich habe ihnen keine Predigt gehalten. War zu müde. Sie haben mir sogar eine Decke gegeben, damit ich nicht friere. Und ich dachte immer: diese Gottlosen sind böse Menschen! Anscheinend weiß Gott es besser!

2. Tag nach der Landung

Das war eine Nacht! Eingehüllt in die Decke dieser Heidenleute habe ich wunderbar geschlafen und Er hat zu mir gesprochen! Endlich, nach langer Zeit!
Allerdings: es war nichts Neues. – Er hat das schon mal gesagt: »Mach dich auf, geh in die große Stadt Ninive und predige dort, was ich dir sage!« Ich weiß schon, was er sagt, dass ich sagen soll – ich kann es mir schon denken ... Und was danach kommt, kann ich mir auch schon denken. – O Gott, bloß nicht daran denken! Erst mal gehen! – Ich bin also gegangen. Kilometer um Kilometer ... Unglaublich, wie groß dieses Ninive ist! Erst kamen ein paar Häuser, dann kamen mehr Häuser, dann noch mehr Häuser – und ich dachte schon: Jetzt bist du mittendrin! Aber dann kam ein Wegweiser: »Ninive – Innenstadt – 10 Kilometer.« Da habe ich mir die Straßenkutsche Nr. 8 genommen, wo vorn ein Schild stand »Ninive-City«. Ich hatte ja kein Ninive-Geld, konnte nicht bezahlen, bin schwarzgefahren. Komisch – keiner hat nach meinem Fahrschein gefragt! Ob das auch zu Gottes Plan mit mir gehört? Ein Prophet Gottes fährt Straßenkutsche schwarz – schlimm!

3. Tag nach der Landung

Jetzt bin ich mitten in Ninive! – Die Straßenkutsche Nr. 8 hatte ihre Endhaltestelle am »Mondgott-Sin-Tempel«. Ein großes, schönes Bauwerk, aber eben ein Heiden-Tempel! Es war gerade in der Abenddämmerung, und viele, viele Menschen gingen in diesen Tempel. Oh ihr armen Ungläubigen! Als ob der Mond ein Gott wäre! Unser Gott ist größer als der Mond. Er hat den Mond geschaffen, die Sonne und alle Sterne am Himmel! Aber das wissen sie ja nicht. Ich werde es ihnen sagen müssen! Aber erst musste ich mich von all diesen neuen Eindrücken erholen. Ich bin darum in eine Herberge gegangen, gleich neben diesem Mond-Tempel.
»Luna-Hotel« heißt es. Der Mann hinter der Empfangstheke war sehr freundlich. »Jona«, hat er gesagt, »Prophet aus Israel – oh ja – Zimmer 325 mit Bad – ist ja bestellt von einem Herrn Jahwe –

bitte sehr: 3. Etage!« Mir hat es den Atem verschlagen: Auch das hat Er schon alles organisiert? Auch das hat Gott schon geplant? Das ist natürlich sehr erfreulich.

Und ich genieße nach diesen aufregenden Tagen dieses schöne Badezimmer, und in diesem Bett werde ich herrlich schlafen. Bloß: Hier kann ich ja nicht bleiben! Wenn diese Stadt Ninive untergehen soll wegen ihres Unglaubens und wegen des schlimmen Lebens ihrer Bewohner – da kann ich doch nicht in diesem Hotel bleiben, da werde ich ja auch vernichtet, wenn seine Strafe kommt! Wenn! Aber kommt sie? Trotz meiner Predigt, die ich morgen halten werde? Er wird sich mal wieder erbarmen, wie ich ihn kenne! Jetzt nehme ich mal erst ein schönes, warmes Wannenbad, das mir eben ein nettes Ninive-Mädchen zubereitet hat. Als sie gegangen ist, hat sie freundlich gesagt: »Unser Mondgott Sin schenke Ihnen eine gute Nacht!« Oh, diese ungläubigen, gottlosen Heiden! Einem Propheten aus Israel so etwas zu wünschen! Unser Gott ist der einzige und wahre! – Aber sie hat es so reizend gesagt, dieses Heidenmädchen! Ob Gott sie auch in seinem Zorn über die Ungläubigen vernichtet? Das wäre ja gräßlich.

4. Tag nach der Landung

Heute habe ich gepredigt, so wie es Gott von mir will; das heißt: Ich hoffe, ich habe es richtig gemacht. Am frühen Vormittag habe ich zunächst nach einem günstigen Platz gesucht. Zuerst hatte ich eine Straßenkreuzung ins Auge gefasst, wo sehr viele Leute vorbeikamen. Aber es rasselten dort ununterbrochen Kutschen und andere Wagen vorbei, die einen ungeheuren Lärm machen. Und da ich mich beim Sturz ins Meer oder im Fischbauch erkältet habe und ein wenig heiser bin, wollte ich nicht gegen den Krach anschreien.

Kurz danach entdeckte ich dann einen großen Platz, ringsum von Häusern und Palästen umgeben; anscheinend wurde da Markt abgehalten; denn der Platz war voller Buden, wo alles Mögliche verkauft wurde. Vor allem aber: Hier waren Hunderte von Menschen unterwegs! Ich habe mir von einem Fischhändler eine stabile Tonne geliehen, bin darauf gestiegen und habe von dort aus gepredigt. Ich war ein bisschen aufgeregt, weil ich ja nicht wusste, wie die Leute sich zu meiner Rede verhalten würden; aber das hat sich schnell gelegt.

»Alles herhören!«, habe ich sehr laut geschrien. »Alle mal herhören! Wichtige Botschaft von Gott!« Ein paar Halbwüchsige haben gerufen: »Von welchem Gott?«, aber die sind gleich von den Umstehenden ermahnt worden, den Mund zu halten. Es wurde sehr bald ruhig, jedenfalls in der Nähe meiner Tonne. Das Kaufen und Verkaufen wurde eingestellt, die Leute drängten sich um meine Tonne. »Wichtige Botschaft des einen und wahren Gottes, der Himmel und Erde geschaffen hat! Er lässt euch sagen: Nur noch vierzig Tage Zeit habt ihr, dann wird diese Stadt untergehen! Eure Sünde und Bosheit ist so schlimm, dass Gottes Strafe und Gericht über euch kommen – in vierzig Tagen, ich wiederhole: in vierzig Tagen! Das ist die Botschaft Gottes – und verlasst euch darauf: Er tut, was er sagt, der Gott Israels! Amen.«

Während dieser – sehr kurzen – Predigt war es ganz still ringsumher. Einige stöhnten auf, andere schlugen die Hände vors Gesicht, ein paar fingen an zu weinen. Solch eine Wirkung hatte ich bisher selten bei einer Predigt! Erstaunlich! – Schließlich begannen die Leute wieder zu reden, aber ziemlich leise, gedämpft sozusagen.

Dann kamen drei Männer und meinten, die Predigt sei so wichtig, ich solle sie auf der anderen Seite des Marktes wiederholen. Ja, sie boten sich sogar an, die Tonne dorthin zu tragen. Also habe ich noch einmal meine Predigt gehalten, was aber fast nicht nötig war. Denn in Windeseile hatte sich schon die Botschaft auf dem Markt herumgesprochen, wie ich bemerkte.

Nachdem ich meine Predigt wiederholt hatte, kamen zwei jüngere Herren auf mich zu, sehr aufgeregt. Es waren zwei Reporter von »Ninives Neuigkeiten«, also der städtischen Zeitung. Sie wollten noch einmal genau den Wortlaut meiner Botschaft. Morgen soll sie auf der ersten Seite der Zeitung stehen; die Überschrift soll in dicken, roten Buchstaben gedruckt werden. – Großartig! So kommt Gottes Wort zu allen diesen Heidenleuten! Bin mal auf die Wirkung gespannt! Mein bisheriger Eindruck: Sie nehmen es sich zu Herzen!

Bekehrung in Ninive

Jona 3,5–9

Diese Geschichte ist in Form eines Zeitungsberichts erzählt. – Gewiss kann man die Verse einfach als Geschichte erzählen. Abwechslungsreicher und eindrücklicher kann es sein, wenn solch ein Abschnitt in Zeitungsartikeln zur Darbietung gelangt (obwohl jeder weiß, dass es damals keine Zeitungen gab!).

Der Vorteil ist, dass man aus einer Zeitung legitim vorlesen kann! Methodisch kann man dabei z.B. so arbeiten:

a) Die Zeitungsartikel werden unter die Gruppenmitglieder verteilt (das Interview auf zwei). Jeder bereitet sich kurz vor, dann wird in der vorgegebenen Reihenfolge vorgelesen (die Zuhörer drehen derweil ihren Artikel um und hören wirklich zu!).

b) Verschiedene Mitarbeiterinnen und Mitarbeiter (mindestens zwei) kleben die Artikel in ein Zeitungsblatt (die den Zuhörern zugekehrte Seite sollte nichts »Entzifferbares« anbieten!) und lesen im Wechsel vor, nachdem sie mit ihren Zeitungen unterm Arm aufgetreten sind mit Sprüchen wie: »Schon gelesen?« – »Hochinteressant!« – »Muss man einfach gelesen haben« usw. ... Ein Nachgespräch dürfte angebracht sein! (J.K.)

NINIVES NEUIGKEITEN
Königstreue ehrliche volksnahe Zeitung für die Regierungsstadt

3 Sekor   3. Venustag im Monat Rin

Gottesbotschaft: Untergang Ninives
Israelitischer Prophet: Noch 40 Tage!

Gestern gegen Mittag auf dem Marktplatz: Plötzlich steigt ein unscheinbarer Mann in fremdartiger Kleidung auf eine Tonne. Er gebietet mit heiserer Stimme Ruhe und verkündet (wir bringen seine Rede im Wortlaut):

»Wichtige Botschaft des einen und wahren Gottes, der Himmel und Erde geschaffen hat! Er lässt euch sagen: Nur noch vierzig

Tage Zeit – dann wird diese Stadt untergehen! Eure Sünde und Bosheit ist so schlimm, dass Gottes Strafe und Gericht über euch kommen – in vierzig Tagen – ich wiederhole: in vierzig Tagen! Das ist die Botschaft Gottes – und verlasst euch darauf: Er tut, was Er sagt, der Gott Israels. Amen.«

Die Bevölkerung hörte schweigend und ergriffen zu; einige brachen in Tränen aus und zeigten sonstige Formen des Erschrekkens und der Erschütterung. Erst ganz allmählich erwachte der Marktbetrieb wieder. – Es konnte beobachtet werden, dass einige Obst- und Gemüseverkäufer vom Lande ihre Stände überstürzt abbrachen und sich auf den Heimweg machten. – Unsere Reporter sprachen mit dem Verkünder der Botschaft. Wie sich herausstellte, handelt es sich um einen gewissen Jona aus dem fernen Jerusalem in Israel. Er ist dort Prophet, was bedeutet: Er empfängt bestimmte Nachrichten von seinem Gott Jahwe und gibt sie weiter. Die Botschaft, die er heute aussprach, hat er bereits vor sechs Wochen erhalten. Auf die Frage, wie er nach Ninive gereist sei und ob er eine angenehme Reise gehabt habe, gab er ausweichende Antworten.
Wir halten die Botschaft und ihre Auswirkungen für außerordentlich wichtig und widmen ihr daher die gesamte Titelseite unserer Zeitung.

Königsbefehl: Ab sofort umfassende Buße!

Die von dem Propheten Jona aus Israel verkündete Botschaft erreichte am frühen Nachmittag den Palast unseres Königs. – Der königliche Gemüseaufkäufer brachte sie vom Marktgang mit und teilte sie dem Obersten Nachrichtensammler mit, der sie in einer sofort anberaumten Audienz Seiner Majestät, dem König, übermittelte. Dieser berief sogleich eine Eilsitzung aller Hohen Ratgeber ein.
Seine Majestät erschien zu dieser Beratung ohne Krone und den üblichen Purpurumhang. Wie sein Kammerdiener uns wissen ließ, habe er dies zu tragen mit der Bemerkung abgelehnt: »Wir wollen Buße tun und Wir enthalten uns daher bis auf Weiteres jeder Bekleidung, die Uns als Hochmut oder Größe ausgelegt

werden könnte. Auch Wir sind nur ein sündiger Mensch!« (Zur weiteren Verhaltensweise des Königs: siehe weiter unten!)

Die Zusammenkunft der Hohen Ratgeber dauerte nicht lange. Alle Herren verließen den Sitzungssaal mit tief ernsten Gesichtern. Alle trugen die blauen Staatsmäntel, das Zeichen ihrer Würde, über dem Arm. Wir fragten den höchsten Ratgeber, was die Zusammenkunft ergeben habe. Er verwies uns auf das nachfolgend abgedruckte Gesetz (siehe Seite 169f.).

König tief betroffen

Wie uns aus zuverlässiger Quelle mitgeteilt wird, ist Seine Majestät, der König, zutiefst betroffen von der Gottesbotschaft des Jona.

Wie an anderer Stelle bereits berichtet, lehnte Seine Majestät es ab, Krone und Purpurmantel zu tragen. Des Weiteren erfahren wir, dass Er sich seit gestern weigert, sich auf den Königsthron zu setzen. Sofern Seine Majestät sitzt, benutzt er einen gewöhnlichen Hocker ohne Polster.

Zur Stunde des Abendessens erschien Seine Majestät in einem groben Leinengewand, desgleichen die gesamte königliche Familie. Das Abendessen – bestehend aus Rinderbrühe, persischem Hähnchen in Safransoße, indischem Curry-Reis, Radieschensalat, sowie Pfirsich mit Schlagsahne – wurde auf königlichen Befehl sogleich wieder abgetragen. Nur den minderjährigen Kindern der königlichen Familie war es gestattet, ein Glas Wasser zu trinken. Die gesamte Dienerschaft musste sich innerhalb kürzester Zeit in der verordneten Bußkleidung im Hauptsaal einfinden.

Dort selbst führte Seine Majestät persönlich eine ca. zwei Stunden dauernde Buß- und Betstunde durch.

Es ist somit keine Frage mehr, wie ernst Seine Majestät die Drohung des Gottes Israels nimmt. Während seiner Ansprache bei der o.g. Buß- und Betstunde betonte Seine Majestät: »Ein jeder bekehre sich von seinem bösen Wege und vom Frevel seiner Hände!« Und er schloss mit den hoffnungsvollen Worten: »Wer weiß? Vielleicht lässt Gott es sich gereuen und wendet sich ab von seinem grimmigen Zorn, so dass wir nicht verderben!«

Königliches Gesetz

Wir, König von Assyrien und regierender Herr von Ninive, unterstützt von Unseren Hohen Ratgebern, erlassen auf Grund Androhung göttlicher Strafe für Unsere Stadt folgende Befehle.

I. Jeder Ninivit – ohne Ausnahme jeglichen Alters und Geschlechts – hat ab sofort Buße zu tun. Diese besteht vornehmlich im eingehenden, tiefen Nachdenken über begangene böse Taten jeder auch geringerer Art, und dem Herzenswunsch, Vergebung dieser Taten zu erlangen.

2. Alle Niniviten haben sich täglich direkt nach Sonnenaufgang sowie eine Stunde vor Sonnenuntergang auf einem der Plätze unserer Stadt zum Gebet vor dem Gott Israels zu versammeln; Inhalt: Bitte um Vergebung und Abwendung der Strafe.

3. Als äußeres Zeichen der Reue und Buße enthält sich jeder Ninivit jeder Nahrungsaufnahme bis auf eine möglichst schlichte Mahlzeit je Tag. Außer Wasser ist keine Flüssigkeitsaufnahme gestattet. Säuglinge und Kranke sollten soweit wie möglich an dieser Bußübung teilnehmen.

4. Als weiteres äußeres Zeichen der Buße und Reue hat jeder Ninivit – statt der üblichen Kleidung – einen grobfädigen Überwurf in dunkler Farbe zu tragen.

5. Auch alles innerhalb der Stadtgrenzen gehaltene Vieh, vornehmlich Rinder, Schafe und Esel, sind in die Anordnung sinngemäß einzubeziehen: Keine Weide; kein Wasser; Tragen von Bußkleidung wie unter 4.

6. Lustbarkeiten jeglicher Art sind ab sofort untersagt.

7. Da von einer tiefgreifenden und sichtbaren Beteiligung jedes Niniviten das Schicksal unserer Stadt und jeden Bewohners abhängt, werden Zuwiderhandelnde mit mindestens zehn Jahren Kerker bestraft.

8. Dieses Gesetz tritt sofort in Kraft.

Gegeben zu Ninive am 3. Venustag des Monat Rin

Der König   *Die Hohen Ratgeber*

Wo ist der Prophet Jona?

Der Überbringer der oben abgedruckten Gottesbotschaft war trotz eifriger Suche nicht anzutreffen. Das lebhafte Interesse an seiner Botschaft führte verständlicherweise bald auch zu der Frage: Wer ist dieser Mann? Was hat er uns noch zu sagen von seinem Gott? Was geschieht, wenn wir Buße tun? – Doch keine dieser Fragen fand eine Antwort; denn der Prophet war und ist verschwunden. Der Direktor des »Luna-Hotels«, in dem Jona gewohnt hatte, konnte nur feststellen, dass der Prophet abgereist und das Zimmer 325 leer war. Die Hotelrechnung war im Voraus durch Banküberweisung beglichen worden. Das Zimmermädchen, das ihn kurz vor der Abreise noch gesehen hatte, konnte nur berichten: »Er hat mich gefragt, ob die Straßenkutsche Nr. 8 zum Stadtrand fährt. Daraufhin habe ich ihm gesagt, dass auch die Straßenkutschen Nr. 18, 28 und 38 jeweils zum Stadtrand fahren – wohin er denn wolle? Da hat der Prophet gefragt, von wo man denn die beste Aussicht auf die Stadt hätte. Ich habe ihm den »Kahlen Berg« als geeignet genannt und die entsprechende Straßenkutschenverbindung. Da bedankte er sich und sagte: »Der Gott Israels sei dir gnädig in seinem Gericht. Und da habe ich geweint, weil ich ja weiß, dass wir alle bald sterben müssen.«

Soweit das Zimmermädchen. – Alle Nachforschungen am und auf dem »Kahlen Berg« haben bisher zu keinem Ergebnis geführt. Von dem Propheten fehlt jede Spur.

Polizei meldet: Keine Untaten

Wie wir in einem Gespräch mit dem Sprecher der Polizei erfuhren, kam es in den letzten 24 Stunden zu keinerlei Untaten. Keine Schlägerei, keine nächtliche Ruhestörung, keine Betrunkenen. Es erfolgte keine Anzeige wegen Diebstahls, Betrugs oder Körperverletzung; kein Einbruch wurde gemeldet. Eine zunächst als gefährlich eingestufte Menschenansammlung vor einer Stoffhandlung in der Sonnenstrasse erwies sich als harmlos; die Menschen hatten sich dort gesammelt, um an grobfädige Stoffe für die Bußkleidung zu kommen.

Dazu der Polizeisprecher: »Das hat es seit meinem Eintritt in den Polizeidienst vor über 30 Jahren noch nicht gegeben. Meine Männer waren völlig arbeitslos – offenbar alles eine Folge der Gottesbotschaft! – Wir haben die arbeitsfreie Zeit genutzt, um eine Buß- und Betstunde abzuhalten; meine Männer waren anschließend sehr zerknirscht; einige hatten Tränen in den Augen.«

Ninive – Eine stille Stadt
Eindrücke von einem abendlichen Rundgang

Gestern Abend bei Mondaufgang. Ich gehe durch Ninive. Wo sonst höchste Geschäftigkeit herrscht, wo sich die Menschen drängeln, die Wagen rasseln, Pferde über das Pflaster traben – absolute Ruhe. Nur hier und da ein Mensch – nur hin und wieder eine Kutsche – ansonsten öde, ausgestorbene Strassen und Stille. Die Wirtschaften und Bars sind geschlossen, die Spielhallen und Theater liegen im Dunkel. An einem bekannten Nachtlokal hängt ein Schild, das mich sehr berührt, darauf steht: »Wir schließen für immer. Wir wollen nie mehr jemanden zu Trunkenheit und anderen Untaten verführen. Der Gott Israels sei uns gnädig! Der Besitzer.«

Aber auch in den Wohnungen ist es recht still; wo sonst Gelächter und Gesang, laute Gespräche und nicht selten Streit zu hören ist – und dies lange über Mitternacht hinaus –, da hört man allenfalls Gemurmel und gedämpfte Stimmen. Da und dort hört man eines der uralten, fast vergessenen Bußlieder; hin und wieder sprechen ganze Familien gemeinsame Gebete. Unterwegs traf ich eine ältere Frau. Sie fragte mich nach dem nächsten Briefkasten mit Spätleerung. »Ich habe hier«, schluchzte sie, »eine Briefrolle für meine Tochter in Griechenland – einen Abschiedsbrief. Ob er noch aus der Stadt kommt, bevor sie untergeht?« – Ich habe sie beruhigt, dass bis dahin ja noch 38 Tage Zeit ist.

Ja – Ninive ist eine stille Stadt, eine büßende Stadt, eine zutiefst verstörte Stadt geworden! Wer hätte gedacht, dass eine solche Botschaft einen derartigen Wandel mit sich bringt! Bleibt nur zu hoffen, dass der Gott Israels diese Änderung im Leben der Stadt sieht und sich vielleicht – man wagt es kaum zu hoffen – eines anderen besinnt!

Ein Interview mit
Hochwürden Mondgottoberpriester Kani-Umrau

NN: Hochwürden, was sagen Sie als einer der angesehensten Priester unserer Stadt zu der sicher auch Ihnen bekanntgewordenen Botschaft des Gottes Israels?

PRIESTER: Zunächst darf ich Sie bitten, mich nicht mehr mit »Hochwürden« anzureden. Würdig oder gar hochwürdig ist nur der Gott Israels – ich bin nur ein kleiner, sündiger Mensch. Wie Sie sehen, trage auch ich das Bußgewand – das ist doch wohl schon Antwort genug?

NN: Gewiss, gewiss, Herr Kani-Umrau. Aber verständlicherweise möchten unsere Leser erfahren, wie Sie diese Nachricht religiös deuten. – Wussten Sie von der Existenz dieses ... dieses Gottes?

PRIESTER: Ehrlich gesagt: nein. Oder besser gesagt: Wir hatten gewisse undeutliche Meldungen über diesen Gott Israels, der – wie es ja auch in der Botschaft des Propheten heißt – Himmel und Erde gemacht hat; aber wir haben diesen Meldungen keine Beachtung geschenkt – ich muss jetzt sagen: leider! Wir haben (und darin bin ich mit meinen Kollegen vom Sonnen-, vom Jupiter- und Venustempel einig) – wir haben die Gestirne als unsere Gottheiten angesehen und sie angebetet, ihnen geopfert, sie verehrt. Nun aber erfahren wir, dass die Gestirne gewissermaßen Produkte des einen Gottes sind, von dem die Botschaft gekommen ist ... Können Sie mir folgen?

NN: Ich denke: ja. Das heißt also: Die bisher von uns verehrten Götter und Göttinnen existieren gar nicht – es gibt in Wirklichkeit nur den einen Gott, den Gott Israels?

Priester: Genau so ist es! Und das heißt weiter: Ich habe mein Leben lang – ich werde bald 76! – Götzendienst getrieben und andere dazu angehalten! Können Sie sich meine Erschütterung vorstellen? Ein Leben lang falsche bzw. nicht vorhandene Götzen angebetet – Tausende und Abertausende Menschen auf einen Irrweg geführt. Es ist grauenhaft! Kein Wunder, wenn der Gott Israels jetzt seine Strafe, die Vernichtung der Stadt androht!

NN: Welche praktischen Folgen hat nun Ihre Erkenntnis?

Priester: Wir haben sogleich die Tempel der verschiedenen, sogenannten Götter geschlossen und das Personal entlassen. Ich persönlich habe das goldene Standbild des Mondgottes mit einem schweren Hammer zerschlagen – wobei sich übrigens herausstellte, dass es aus Gips bestand und lediglich mit einem dünnen Goldbelag versehen war. Auch die Kollegen aus den anderen Tempeln sind so vorgegangen.

NN: Und – was wird nun aus den Tempeln? Werden sie zu Anbetungsstätten des Gottes Israel umgestaltet?

Priester: Das wissen wir noch nicht. Nach den wenigen Nachrichten, die uns vorliegen, hat der Gott Israels nur einen Tempel, nämlich in Jerusalem, und legt im übrigen keinen Wert auf solche Anbetungshäuser. Ihm geht es – soweit wir wissen – um Gerechtigkeit, um Liebe, um Gehorsam gegenüber seinen Worten.

NN: Was werden Sie, Herr Kani-Umrau, denn nun in Zukunft tun?

Priester: Buße werde ich tun, solange ich noch zu leben habe! Und das sind ja vermutlich nur noch wenige Wochen.

NN: Wir danken Ihnen für das Gespräch.

Jona und der Baum

Eine Erzählung mit Sprechchor zu Jona 4

Bei dieser »Erzählung mit Chor« steht der Erzähler irgendwo seitwärts. Vor den Zuhörern steht bzw. sitzt und agiert Jona, der Gestik und Mimik passend einsetzen und mit der Stimme entsprechend variieren sollte (ein paar Hinweise dazu sind im Text gegeben). Die Zuhörer selbst sind »Gott«; diese Zuordnung schien mir wichtig, um eine möglichst weitgehende Identifikation mit der Absicht Gottes beim Zuhörer zu erreichen.

Die Aufgabe für eine kleine Gruppe, im Laufe des Spiels pantomimisch als Baum zu wachsen und wieder zusammenzusinken, dürfte reizvoll sein.

Wegen des oft wechselnden Sprechrhythmus' sollten der Erzähler und Jona ihre »Rolle« auf jeden Fall zuvor gut erproben! (J.K.)

Chorführer:	Mache dich auf, Jona!
Alle:	Mache dich auf, Jona!
Jona:	Das hab ich getan!
Chorführer:	Geh nach Ninive, Jona!
Alle:	Geh nach Ninive, Jona!
Jona:	Das hab ich getan!
Chorführer:	Sag ihren Untergang an!
Alle:	Sag ihren Untergang an!
Jona:	Das hab ich getan!
Chorführer:	Aber – vielleicht, – wenn ...
Alle:	Aber – vielleicht, – wenn ...
Jona:	Du willst barmherzig sein, o Herr, wenn sie sich bekehren? Wenn sie von ihren falschen Wegen lassen, dann willst du ihnen gut sein, Herr?
Chorführer:	Ja, Jona!
Alle:	Ja, Jona!
Erzähler:	Ninive – die gottlose, schlimme Stadt. Da kam Jona, der Prophet, zu ihr. Die Botschaft von Gott hat er gesagt. Die Leute in Ninive – die Menschen haben sich besonnen.

Die Botschaft von Gott hat sie verändert.
Den Menschen in Ninive tut es leid,
was sie getan haben.
Sie bitten Gott um Vergebung.
Sie wollen in Zukunft anders leben. –
Und als Gott sah:
Sie wollen anders leben,
gut sein –
als Gott das sah,
da freute er sich und sprach :

Chorführer: Ihr sollt leben!
Alle: Ihr sollt leben!
Erzähler: Und noch mal:
Chorführer: Ihr sollt leben!
Alle: Ihr sollt leben!
Erzähler: Der Jona hat am Rand der Stadt
(Jona kommt und setzt sich z.B. auf die Altarstufen.)

auf einem Hügel seinen Sitz,
wo er darauf gewartet hat,
dass Gott mit Feuer und mit Blitz
die böse Stadt vernichtet.

'Ne Hütte hat er sich erbaut
(Jona legt die Hand ausschauend über die Augen.)
an diesem hohen Ort,
damit er von dort oben schaut,
wie Gott macht wahr sein Wort,
die bösen Leute richtet.

Er sitzt vor seinem Häuschen da,
blickt auf die Stadt hinunter:
(Jona schaut weiter, schüttelt dabei den Kopf.)
Doch tut sich nichts,
nicht fern, nicht nah. –
Er fragt: »Hat sich mitunter
der Zorn des Herrn gelichtet?« –
Jona wird böse und er schreit:

Jona: Ich hab es ja geahnt:
(Jona springt auf.)

Du bist ja gnädig allezeit! –
Wozu hab ich gemahnt,
dein Wort an sie gerichtet?
Du wolltest die Stadt
(rasch und heftig sprechen, Prosa!)
in vierzig Tagen vernichten,
weil ihre Bosheit zum Himmel stinkt,
weil du ihren Unglauben
nicht länger ertragen kannst,
weil du ihren Frevel
und ihre Sünde nicht länger hinnimmst!
Wozu hab ich das alles getan, o Gott?

Chorführer: Ich will doch, dass sie – leben ...

Alle: Ich will doch, dass sie – leben ...

Jona: Das ist's ja, was ich längst geahnt!
Ich hab's gewusst in Israel,
als ich da den Befehl empfing!
Und darum bin ich auch geflohn,
drum wollt ich weg von dir.
Ich hab's gewusst ja, wie du bist ...

Chorführer: Ich bin gnädig und barmherzig,
bin geduldig und voll Güte!

Alle: Ich bin gnädig und barmherzig,
bin geduldig und voll Güte!

Jona: Genau, das ist es!
Wir Israeliten, wir frommen Leute,
mühen uns unser Leben lang, dir zu gefallen,
und du achtest streng darauf,
dass wir alles tun, was du uns sagst. –
Die Leute da in Ninive,
die haben einmal dein Wort gehört,
sind erschüttert, erschrocken,
sie bekehren sich – wer weiß für wie lange? –
und schon ...

Chorführer: Ich bin gnädig und barmherzig,
bin geduldig und voll Güte!

Alle: Ich bin gnädig und barmherzig,
bin geduldig und voll Güte! –

Erzähler: Böse und mit Zorn geladen
(Jona setzt sich, schlägt evtl. die Hände vors Gesicht.)
saß der Jona da und schmollte,
weil Gott nicht tat jenen schaden,
denen zuerst er schaden wollte,
Ninive, der großen Stadt.

Grollend und mit Zorn im Bauch
(Jona schaut durch die Finger.)
hockt der Jona da und schaut,
ob nicht Feuer steigt und Rauch,
ob nicht Weh- und Klagelaut
(Jona horcht mit einer Hand hinterm Ohr.)
käm aus Ninive, der Stadt.

Schließlich, als sich gar nichts regte
und er merkt', dass nichts geschah,
Jona sich zum Schlafe legte *(Jona tut's)*
auf dem Aussichtshügel da
über Ninive, der Stadt.

Aber Gott dacht an den armen
Jona, der im Schlummer
und im Schlaf hat kein Erbarmen
sondern größten Kummer
über Gottes Güte.

Gott gedachte an den armen
Jona; wollt ihn lehren,
dass Gott habe groß Erbarmen
über die sich ihm zukehren.
Dacht sich etwas aus ...

Gott gedachte an den armen
Jona, der da schlief;
hatte mit dem Mann Erbarmen.
Drum Gott nächtens rief :

Chorführer: Schattenspender-Baum erstehe! *(Hier kann einer
oder eine Gruppe, der/die die ganze Zeit am Boden gelegen
hat, als Baum pantomimisch ›heranwachsen‹.)*
Ehe noch die Sonn' aufgehe!

Alle:	Schattenspender-Baum erstehe! Ehe noch die Sonn' aufgehe!
Erzähler:	Als der Jona dann erwachte, schien die heiße Sonne. *(Jona erwacht …)* Weil der Baum ihm Schatten brachte, rief er:
Jona:	Welche Wonne ist doch dieser Baum! Heißa, wie geht's jetzt dem armen Jona in der Glut, die die Sonn' strahlt ohn' Erbarmen *(Jona regt sich, fühlt sich wohl.)* auf den Jona, gut!
Erzähler:	Doch, Gott dacht ja an den armen Jona; wollt' ihn lehren, dass man müsse sich erbarmen derer, die sich bekehren … Und Gott sprach:
Chorführer:	Diesen Baum verlass die Kraft, der dem Jona Freude schafft!
Alle:	Diesen Baum verlass die Kraft, der dem Jona Freude schafft!
Erzähler:	Schon ist er dahingerafft. *(Der ›pantomimische‹ Baum erstirbt langsam.)* Alle Blätter sind erschlafft, nichts mehr, was da Schatten schafft!
Jona:	Nein! Das ist ja ganz erbärmlich, *(Jona steht auf …)* wirklich gar nicht witzig. – Schatten weg! – Mir wird ganz wärmlich, warm wird's – jetzt gar hitzig! Ach, ich werde matt und mätter durch das heiße Sommerwetter! Muss hier in der Glut verschmoren. Weh mir – wär ich nie geboren! Kaum erwuchs mir dieser Baum, der mir Schatten spendet, ist schon wieder aus der Traum, schon ist er verendet!

	Nein, das find ich gar nicht gut,
	was Gott mit dem Baume tut!
Erzähler:	Jona kriegt erneut die Wut –
	(Jona fuchtelt wütend herum.)
	aber nicht von wegen Stadt
	(an die denkt der Jona kaum!).
	Wut vielmehr von wegen Baum,
	den ihm Gott genommen hat. –
Chorführer:	Zürnst du, Jona, wohl zu Recht?
Alle:	Zürnst du, Jona, wohl zu Recht?
Jona :	Aber ja – mein Zorn ist groß!
Chorführer:	Groß gewiss – doch auch zu Recht?
Alle:	Groß gewiss – doch auch zu Recht?
Jona:	Aber ja, was fragst du bloß?
	Mit dem Baum, mit diesem armen,
	hätt'st du haben doch Erbarmen!
	Hätt'st ihn stehen lassen können,
	mir das bisschen Schatten gönnen!
Chorführer:	Für den Baum, den ich gemacht,
	forderst du Erbarmen?
Alle:	Für den Baum, den ich gemacht,
	forderst du Erbarmen?
Jona:	Ja!
Chorführer:	Aber du bist aufgebracht,
	erbarm' ich mich der Armen!
Alle:	Aber du bist aufgebracht,
	erbarm' ich mich der Armen!
Erzähler:	Jona schweigt; denn er sieht ein:
	(Jona lässt den Kopf hängen und faltet die Hände.)
	Gott will allen gnädig sein.
	Allen, die sich zu ihm kehren,
	will er seine Güte lehren.
	Alle sollen vor ihm leben,
	die ihm Dank und Ehre geben.
	Seht, Gott tut erstaunlich viel,
	dass der Jona komm' zum Ziel!
	Damit endet die Geschichte.
	und es kommt nicht zum Gerichte!

Jona – und seine Folgen

Ein Nachspiel zur Jona-Geschichte

*Das Spiel setzt das Stück »Wie die Geschichte von Jona ›erfunden‹ wurde«
fort (siehe Seite 140). Deshalb der Anfang mit »Noch einmal ...«*

SPIELER: Erzähler
            Ben-Midrasch
            Hiskia

Erzähler: Noch einmal versetzen wir uns in das Jahr 450
                vor Christus. Wiederum sind wir in Jerusalem.
                Es ist Abend an einem Sabbat. In seinem Haus
                sitzt wiederum der Tempelprediger Ben-Midrasch
                und liest in der Heiligen Schrift.

Ben-Midrasch: So spricht der Herr: »Ich bin gnädig und barm-
                herzig, geduldig und von großer Güte. Ich habe
                alle lieb, die ...«
                (Es klopft.) Ja! Herein!

Hiskia: *(tritt ein)* Schalom, Ben-Midrasch! Der Herr
                segne deine Tage!

Ben-Midrasch: Oh, Hiskia, unser Psalmendichter! Schalom! Was
                führt dich zu mir? Komm, setz dich! Was kann
                ich für dich tun?

Hiskia: Ich war ... heute im Tempel ... im ersten Gottes-
                dienst ...

Ben-Midrasch: Ah, ja. –

Hiskia: Ich habe deine Predigt gehört – oder vielmehr:
                die Geschichte vom Propheten Jona ...

Ben-Midrasch: (lachend) Ja, ja, mein Jona ...

Hiskia: Die ganze Stadt spricht von Jona, vom Fisch,
                von Ninive und diesem Rizinusbaum ...

Ben-Midrasch: So, so, die ganze Stadt! Sieh an! Offenbar hat
                die Geschichte gefallen?

Hiskia:	Gefallen? Mein lieber Ben-Midrasch, ich wundere mich, dass noch alle Fensterscheiben deines Hauses unzerstört sind – und dass sie deinen Brunnen noch nicht voll Schafsmist gestopft haben ...
Ben-Midrasch:	Oh, wirklich ...?
Hiskia:	Die Frommen unserer Stadt dampfen vor Zorn! Geh an ihren Häusern entlang und du wirst sie hören, wie sie wütende Gespräche führen und Gottes Fluch auf dich herab wünschen.
Ben-Midrasch:	Du machst mich traurig, Hiskia! Ich hatte gedacht ...
Hiskia:	Und ich habe dir gleich gesagt: Sie alle haben nur das eine gedacht und sie denken es weiterhin, trotz deiner Geschichte: Vernichte, o Herr, vernichte die Heiden!
Ben-Midrasch:	Alle? Denken wirklich alle so?
Hiskia:	Nun ja, zugegeben: nicht alle. – Es gibt auch welche, die sind ganz still und nachdenklich ...
Ben-Midrasch:	Das ist schön, das freut mich ...
Hiskia:	Als ich deine Geschichte gehört hatte, bin ich nach Hause gegangen. Ich habe – obwohl Sabbat war – einen großen Korb Holz gehackt ...
Ben-Midrasch:	Aber, Hiskia, am Sabbat Holz hacken!
Hiskia:	Sollte ich meine Tontöpfe zerschlagen oder meine Kinder prügeln? Irgendwie musste ich meinem Zorn doch Luft machen! Da hab ich eben Holz gehackt.
Ben-Midrasch:	*(lachend)* Und dann hast du einen Korb voll Schafsmist gepackt und mir eben in den Brunnen geschüttet ...!
Hiskia:	Unsinn! – Nach dem Holzhacken habe ich mich an meinen Schreibtisch gesetzt und ...
Ben-Midrasch:	Einen neuen Psalm geschrieben ... »Vernichte, o Herr, vernichte ...«
Hiskia:	*(erstaunt und fast entrüstet)* Woher weißt du, dass er so anfängt, der Psalm?
Ben-Midrasch:	Fängt er wirklich so an?

Hiskia:	Ja.
Ben-Midrasch:	Dann ... dann möchte ich ihn lieber nicht hören. Du weißt ja ...
Hiskia:	Bitte, hör ihn dir doch an, Ben-Midrasch!
Ben-Midrasch:	*(zögernd)* Also schön, lies vor!
Hiskia:	Vernichte, o Herr,

vernichte in mir den Gedanken,
als sei ich ein besserer Mensch,
als sei ich besser als die Heiden
und all jene Menschen,
die mit uns leben auf dieser Erde,
die du geschaffen.

Vernichte, o Herr,
vernichte den Hochmut
deiner Erwählten, des Volkes,
des' einziger Gott und Herr du bist,
vernichte, o Herr,
vernichte den Hochmut,
als gelte nur uns
deine Gnade und Güte,
als wären nur wir es wert,
von deiner Geduld
getragen zu werden.

Vernichte, o Herr,
vernichte die Meinung,
dein gutes, göttliches Wort
gehöre nur uns –
für andre wär' es wie Perlen vor Säue!
Vernichte, o Herr,
vernichte die Meinung in uns,
dein Wort könne Heiden nicht bessern,
dass sie zu dir, o Herr, sich bekehren!

Herr, sende Boten und sende Propheten,
sende die Priester und Prediger aus,
dass auch die fernsten Inseln und Länder

von dir erfahren,
dass du es bist,
der alle Menschen geschaffen hat
und sie dir alle verantwortlich sind.
Lass deine Gnade sie hören,
lass sie erfahren:
Du hast sie lieb!

Ben-Midrasch: Amen, Hiskia, Amen!
Du bist großartig, Hiskia, gelobt sei der Herr, der
dir das zu schreiben geschenkt hat!

Hiskia: Schon gut! – Du, lieber Ben-Midrasch, setz dich
hin und schreib die Jona-Geschichte auf! Sie ist
es wert, dass viele sie lesen!

Geschichten
von und um Herrn J.

Der zwölfjährige Jesus im Tempel

Ein Anspiel zu Lukas 2,41–52

Dieses kurze Stück ist der Versuch, das Geschehen im Tempel lebendig werden zu lassen.
Die Schriftgelehrten, Habakuk und Ben-Jimla (eventuell entsprechend geklei-det), treten auf und sind mitten in einem Gespräch. Der zwölfjährige Jesus kommt von der anderen Seite den beiden entgegen. (J.K.)

Habakuk: ...wenn nur nicht die vielen Kinder wären bei diesem Fest, lieber Ben-Jimla ...

Ben-Jimla: Ja, wirklich, Habakuk, die Leute sollten sie daheim lassen und nicht mit in den Gottesdienst bringen. Sie stören schrecklich! Und immer diese Fragen *(äfft nach)*: »Mama, warum verbrennt der Mann da das schöne Fleisch im Feuer? – Papa, ich muss mal! – Mama, welcher von den Männern da ist der liebe Gott?«

Habakuk: Ja, du sagst es: Kinder stören. Sie haben wirklich nichts in der Feier vor dem großen Gott zu suchen...

Jesus: *(macht sich bemerkbar, winkt ...)* Darf ich ... – darf ich mal was sagen?

Ben-Jimla: Ja, was ist denn, Junge?

Jesus: *(kommt ein bisschen vor)* Also: ich fand den Gottesdienst aber unheimlich gut!
Es war so wie ... – beinahe wie im Himmel, denk ich. Die schöne Musik und diese Lieder, wenn alle singen ...

Habakuk: *(lächelt)* Nun, das ist ja sehr erfreulich, dass du Gefallen hast an den Gottesdiensten hier im Tempel ...

Jesus: Oh ja, wirklich ... Bloß: es sind lauter Erwachsenenlieder, die da gesungen werden. Richtig verstanden habe ich nicht alles – und die anderen Kinder sicher auch nicht. Und darum sind sie vielleicht auch so unruhig. Könnte man nicht auch mal ein Lied für Kinder singen ...?

Ben-Jimla: Aber Junge, merk dir mal: Kinder sind noch unmündig und noch gar nicht in der Lage, den allmächtigen und großen Gott recht zu erkennen und zu preisen!

Jesus: Oh, ich kenne aber 'ne Menge Jungen und Mädchen, die Gott sehr lieb haben und ihm vertrauen und zu ihm beten und schöne Lieder für ihn singen ... Ein bisschen anders als Erwachsene ... aber – aber ich glaube, Gott hat sie alle auch sehr gern ...

Habakuk: Kann sein – kann sein. Aber in den Heiligen Schriften steht nichts von Kinderliedern für Gott ...

Jesus: Ich glaub doch: In einem der Psalmen heißt es: »Die Kinder seien fröhlich über den Herrn, sie sollen loben seinen Namen.«

Ben-Jimla: *(zu Habakuk)* Was der Bengel nicht alles weiß!
(zu Jesus) Aber Junge, wir können ja nun nicht extra neue Lieder für Kinder machen lassen, damit ...

Jesus: Es steht aber in den Psalmen: »Singet dem Herrn ein neues Lied!« – Ach, ich hätte so gern mal ein schönes neues Lied für mein Väterchen im Himmel gesungen ...

Habakuk: He, Junge, wie redest du denn da von Gott?

Jesus: Ich mag ihn so gern, und da sag ich zu ihm »mein Väterchen«. Ja, und dem hätte ich gern ein Lied gesungen. Kennt ihr das? *(Stimmt ein neueres geistliches Kinderlied an, das alle Kindergottesdienst-Kinder kennen; bricht ab, zu den Kindern gewandt:)*

Los, ihr kennt es doch auch! *(Beginnt wieder – alle singen mit.)*

Ben-Jimla: Nun ja, nun ja, das ist ja sicher sehr schön, mein Junge, dass du den Herrn so liebst und verehrst und ...

Jesus: Ja, wirklich – ich weiß, dass mein Väterch ... – ich meine Gott, mir ganz nahe ist.
Ich fühle mich bei ihm zu Hause. Und darum hätte ich am liebsten vor Freude getanzt ...

Habakuk:	Getanzt? Aber junger Freund, in unseren Gottesdiensten wird nicht getanzt. Die Heilige Schrift ...
Jesus:	Oh, habt ihr vergessen, wie oft in den Psalmen steht: Lobt ihn mit Tanz und Reigen! Daheim in Nazareth tanze ich oft vor Freude über Gott ...
Ben-Jimla:	Na ja, zu Hause ...
Jesus:	Darf ich mich hier, wo Gott ganz nahe ist, nicht wie zu Hause fühlen? Heißt es nicht im Psalm: »Glücklich ist der Mensch, der bei Gott zu Hause ist«?
Habakuk:	Interessant, was du da sagst! *(zu Ben-Jimla)* Das ist mir noch nie vorgekommen, dass ein Junge in diesem Alter so redet ...
Ben-Jimla:	Ja, erstaunlich! Diese Kenntnis der Heiligen Schriften! – Wo bist du denn daheim, Junge?
Jesus:	Wer weiß, vielleicht hier? – Wo bin ich eigentlich daheim? Zuhause bin ich da, wo ich Gott nahe bin ...
Habakuk:	*(erstaunt, schüttelt den Kopf)* Äh ...äh ...ich meinte: Wo kommst du her?
Jesus:	Ach so. Also, ich bin aus Nazareth. Das ist, wo ich bei meinen Eltern wohne. Aber zu Hause – wirklich zu Hause fühle ich mich hier ...

Der große Fischzug

Eine perspektivische Erzählung zu Lukas 5,1–11

Diese biblische Geschichte ist als perspektivische Erzählung aus der Sicht der Fischer Andreas und Simon gestaltet. Sie geben verschiedene kurze Berichte über die Ereignisse.

Andreas Ben-Jona:

Mir und meinem Bruder Simon gehört das Fischerboot da drüben. – Vor einer knappen Stunde sind wir von der nächtlichen Fang- fahrt auf unserem See Genezareth zurückgekommen. Ha, *Fang-* fahrt ist gut! Nichts war, gar nichts! Kein Schwanz ist ins Netz gegangen!

Und obendrein jetzt noch die Arbeit, wenn man die Netze wieder in Ordnung bringen soll. Dabei würde ich jetzt viel lieber ...

He, was ist das? Was wollen denn die Leute so früh am Morgen hier am Strand? Und wie die sich drängeln um den da vorne! Jetzt bleibt er stehen und will was sagen; aber da drängeln sie noch mehr, alle wollen möglichst nahe an ihn ran. – Aha, jetzt geht er weiter! Hierher? Tatsächlich: hierher ...! Mann, lass uns bloß in Frieden; wir haben die ganze Nacht ... – Gott der Gerechte – das ist ja der Jesus, der seit ein paar Tagen hier in Kapernaum ist! Interessanter Mann! Hat die Schwiegermutter meines Bruders gesund gemacht. Und reden kann der – von Gott und so ... Einfach toll!

Ja, was will denn der bei unserem Boot? Und jetzt steigt er ein- fach ein und redet mit Simon. Mein Bruder zuckt die Achseln, als ob er sagen wollte: »Na, also schön ...«. Und jetzt winkt er mir, ich soll kommen, und steigt selber auch ins Boot. – Nun bin ich neugierig. Was soll denn das alles?

Simon:

Ja, ich bin also der Simon. – Jesus saß vor mir auf einem der Sitzbretter, ich in seinem Rücken.

Zuerst habe ich ein bisschen zugehört, was er den Leuten da am Ufer zu sagen hatte. Natürlich interessierte mich der Mann, der meine Schwiegermutter vom Fieber befreit hat ...

Gott will, hat er gesagt, Gott will, dass alle Menschen heil werden und zu ihm finden. Und darum, hat er gesagt, geht er jetzt umher und versucht, alle Menschen für Gott zu fischen mit der guten Nachricht: Gott hat jeden Menschen lieb ...

Ja, sowas hat er gesagt. Aber, versteht ihr, ich hatte die ganze Nacht gearbeitet und war müde ... und dann diese Rede von Jesus ... Ich bin so lange Reden nicht gewöhnt. Na, und das leichte Schaukeln des Bootes im Wasser ... Also, ich bin vielleicht ein bisschen eingeduselt ...

Aber dann hör ich plötzlich meinen Namen. Ich schrecke hoch – und er schaut mich an, der Jesus. Mir ist das natürlich peinlich, wo er doch meine Schwiegermutter ...

Nun – ich bin gleich hellwach und greife nach den Rudern; denn die Leute, sehe ich, gehen langsam weg vom Strand, und da will er ja jetzt wohl auch an Land ...

Aber er schüttelt ein wenig den Kopf und sagt: »Fahr mitten auf den See!« – »O Mann«, denk ich, »jetzt, wo ich doch so müde bin.« – »Mitten auf den See«, sagt er, »und werft eure Netze aus!« – »Was soll denn der Unsinn?«, denk ich. – Er sagt: »Ihr werdet einen guten Fang machen.« So sagt er und wendet sich dem Bug zu. Dort setzt er sich so hin wie einer, der eine schöne Bootsfahrt erwartet und mal sehen will, wie unsereins Fische fängt.

Ich lasse die Ruder wieder los, die ich ja schon gepackt habe, und schüttele den Kopf. Also, ... das mit meiner Schwiegermutter, das hat er ja wirklich gut hingekriegt. Da ist er ein Meister, im Kranke-Heilen. Da wird man richtig ehrfürchtig, wenn man das erlebt. – Und im Reden ist er auch ein Meister, da gibt er einem wirklich was zu denken. Ja, aber vom Fischfang, also da versteht er offenbar meisterhaft wenig davon, der Jesus ...

Und darum sag ich: »Meister, bitte, wir haben die ganze Nacht gefischt – die Nacht ist nämlich die einzige Zeit, wo die Fische anbeißen, musst du wissen. – Also von Sonnenuntergang bis Sonnenaufgang haben wir die Netze ausgeworfen – und nichts, nichts haben wir gefangen. Und da soll ich jetzt ...?

Da dreht sich der Jesus um und guckt mich an, so ein bisschen schräg, und lächelt freundlich, so als ob er sagen wollte: Aber, aber, Simon, hast du nicht gehört, was ich dir versprochen habe? – Und er nickt mir aufmunternd zu und dreht sich wieder weg.

Ich seufze, zucke mit den Schultern, denke: »Gott, was verstehst du schon vom Fischen ...« Das heißt: Gott versteht natürlich was davon ... Gott: Ja, – aber dieser Jesus ... Also, jetzt bin ich ganz durcheinander ... – »Weil du es gesagt hast, will ich's tun«, sag ich und greife nach den Rudern. Und ich sehe, wie Jesus nickt.

Andreas Ben-Jona:

Ich, der Andreas, finde das ziemlich verrückt, jetzt rausfahren, nur weil der Jesus behauptet hat, wir würden ...

Aber wenn mein älterer Bruder es will, dann kann ich nichts machen. Da muss ich mit. –

Und etwa fünfzig oder sechzig Ruderschläge vom Ufer ist es passiert. Ja, wirklich! Auf einen Wink von Simon lass ich die Netze raus über Backbord und mach mir's wieder gemütlich und denke: »Ist ja doch umsonst ...« Aber ich sitze noch nicht richtig, da legt sich das Boot nach Backbord rüber, so schräg. »Verdammt«, denk ich, »jetzt haben sich die Netze wieder irgendwo verhakt!« Ich greife wütend zu ... Doch von wegen: verhakt! Die Netze sind voll! Voll, was sage ich, zum Platzen voll!

Dem Simon fallen fast die Augen aus dem Kopf, als er es sieht. Nur der Jesus lächelt. Na, der hat gut lachen, der braucht das ja nicht hoch zu wuchten ...!

Können wir aber auch nicht zu zweit bewältigen – nee, einfach zu viel! Ich richte mich auf, nehme eins von den Rudern und schwenke es durch die Luft und mach so denen an Land ein Zeichen. Aha, sie haben's kapiert und klettern in ihr Boot, der Johannes und der Jakobus. Sie kommen.

Der Simon und ich gucken uns an, gucken die vollen Netze an, gucken uns an, schütteln die Köpfe. Wir können es beide nicht fassen. Nein ...

Und dann sind die anderen mit dem Boot da. Sie wollen natürlich wissen, wieso und warum ... Aber Simon sagt nichts und ich sage bloß: »Los, packt an!« Und wir ziehen und zerren ... und unsere Boote füllen sich, ja sie quellen über von Fischen. Im Handumdrehen stehen wir bis zu den Knien in Fischen ... Und als alles drinnen ist, da ist das Boot und auch das von den anderen mal gerade noch eine Handbreit über Wasser!

Simon:

Ich las die letzten Fische aus dem Netz und warf sie zu den übrigen. Ich tat es, ohne groß hinzusehen. Denn ich musste immer wieder zu dem Jesus hinsehen.

Er saß auf dem Brett im Heck des Bootes, wo ich ihn untergebracht hatte, als dieser riesige Fang an Bord kam. Er saß da und schaute auf den zappelnden Berg mit Fischen – und manchmal auf mich.

Ich muss, wie gesagt, immer wieder zu ihm hinsehen; denn mir ist schon längst ziemlich seltsam zumute. Nein, nicht seltsam – unheimlich! Ja, unheimlich ist mir zumute!

Dieser Jesus, wer ist das eigentlich? Ein gottbegnadeter Krankenheiler? Ja, gewiss. – Ein Rabbi, der ganz groß von Gott reden kann? Ja, zweifellos. – Ja, aber jetzt steh ich hier am hellen Tag mitten auf dem See in einem Berg Fische ... Und wer ist dieser Jesus, der da auf dem Sitzbrett hockt? Wer ... wer?

Und auf einmal wird mir eiskalt und siedendheiß zugleich – und ich denk: »O Gott ... nein ... nein!« Und dann hält es mich nicht mehr ... Ich stürze zu ihm hin, dass das Boot heftig schwankt und ein Schwall Wasser reinschwappt ... und ich werfe mich da vor ihn. Mitten zwischen die Fische werfe ich mich auf die Knie, und ich merk, wie ich am ganzen Leib zittere.

Plötzlich ist mir schrecklich klar geworden: Ich hab hier ... ich hab Gott an Bord! – Und ich schrei: »Lass mich los, Herr! Steig aus! Geh weg! Gib mich frei! Mit mir kannst du gar nichts anfangen! Mich kannst du für nichts gebrauchen! Ich bin ein sündiger Mensch und gar nichts wert vor dir. – O Gott, tu mir nichts! Ich möcht doch bloß leben und fischen.« So irgendetwas stammele ich vor dem Jesus, in dem – da bin ich ganz sicher – in dem Gott drin ist. Und das ist furchtbar, wenn man merkt, dass einem Gott so nah ist und nach einem greifen kann und ...

Und er greift nach mir, der Jesus! Er packt mich an der Schulter und ich zucke aus meiner gebückten Haltung hoch und sehe ihn an ... und zugleich sehe ich die im anderen Boot, den Johannes und den Jakobus, und sie schauen genau wie ich mit vor Schreck geweiteten Augen auf Jesus.

Und er sagt: »Fürchte dich nicht. Keine Angst, Simon!« – Würde er das sagen, wenn ... wenn jetzt das Urteil Gottes über mich sündigen Menschen käme? Nein! Und es sieht auch gar nicht so aus, als ob er ... Und mir fällt ein, wie er heute Morgen gesagt hat: »Gott hat jeden Menschen lieb ...«

Ich atme einmal tief durch. Und das Zittern hört auf. Und dann sagt er: »Von nun an wirst du Menschen fangen.«

Da muss ich ihn wohl ziemlich blöd angesehen haben. Denn er lächelt und sagt: »Keine Fische mehr, Simon, sondern Menschen für Gottes gute Nachricht, verstehst du? Du gehst mit mir und fischst Menschen für das Reich Gottes. – Und die auch«, sagt er und zeigt auf Jakobus und Johannes und den Andreas.

Und wir gucken uns an und gucken Jesus an, ziemlich verwundert. Und er nickt uns zu, als ob er sagen wollte: Alles klar, oder?

Andreas Ben-Jona:

Alles klar? – Mann, ich bin total durcheinander!

Fische – Jesus – Gott – Menschen fangen ... das ist mehr als ein einfacher Fischer an einem Vormittag verkraften kann! – Ich bin froh, dass ich jetzt erst mal rudern muss und dabei nachdenken kann ...

Aber da ist ja nicht viel nachzudenken. – Er hat es ja gesagt. Und das war so gut wie ein Befehl: Mitgehen und Menschen fischen mit ihm. Wie das gehen soll, weiß ich nicht. Der Simon auch nicht. – Nun, wenn dieser Jesus von Gott ist, wird er schon wissen, was wird.

Jetzt erst mal die Fische an Land und zum Markt. Und dann heim, packen – und dann mit dem Jesus los.

Bin gespannt, wie das wird, wenn man mit ihm geht ...

Angst vor dem Meer und dem Sterben

Eine Rahmenerzählung zu Matthäus 8,23–27

In dieser Geschichte verbindet Jürgen Koerver eine »erfundene« Rahmenge-schichte mit der Geschichte von der Sturmstillung. Die Rahmengeschichte handelt von der Angst eines Mannes vor dem Sterben. Koerver macht dadurch deutlich, dass Jesus nicht nur damals einen Sturm gestillt hat, son-dern dass er Herr über alle Stürme und Ängste unseres Lebens ist und damit auch über die Angst vor dem Tod und dem Sterben. Die Rahmenhandlung lie-fert damit die Interpretationshilfe zu der Geschichte von der Sturmstillung. Es wird aus dem »Naturwunder« eine Glaubensgeschichte.

Es ist ganz sinnlos«, murmelt Ruth vor sich hin und schiebt dann doch den Balken zur Seite, um das Haustor zu öffnen. Sie muss sich kräftig gegen das Tor stemmen, denn der Sturmwind drückt von draußen dagegen ...

Sie streckt den Kopf heraus. Aber da ist nichts zu sehen: Der Regen prasselt herunter und liegt wie ein dichter Vorhang über dem See. Und der schlägt in hohen Wogen gegen das Ufer; keine dreißig Schritte vom Haus entfernt fahren die Wellen hoch gegen die Felsen und klatschen zurück.

Der Sturm heult und drängt Ruth ins Haus hinein. Das Haustor kracht von selbst zu. Sie braucht nur den Riegelbalken wieder zurückzuschieben. Eine Zeit lang schaukeln die Fische, die an langen Schnüren aufgereiht zum Trocknen von den Dachbalken herunter baumeln, im Wind noch hin und her; dann hängen sie wieder still.

Nur das Pfeifen des Sturmwindes ist zu hören, das Knistern des Herdfeuers und das leise Stöhnen von Absalom, dem alten Mann. –

»Ruth, Ruth, wo bist du?«, ruft er jetzt wieder leise.

Ruth geht zu ihm. »Ich komm ja schon!«, sagt sie.

Absalom liegt – eingehüllt in eine Decke – auf seiner Schlafmatte ganz nah am Herdfeuer. – »Hast du ihn gesehen?«, fragt er. »Wo bleibt mein Thomas?«

Ruth zuckt die Schultern. »Ich weiß nicht, Vater«, sagt sie. »Bei diesem Sturm ... auf dem See ... Ich kann nur hoffen, dass sie es erst gar nicht unternommen haben, hierher nach Kapernaum zu fahren!«

»Thomas kennt sich aus ... mit dem Wetter und dem See Genezareth«, murmelt der alte Mann. »Er ist ein erfahrener Fischer. Aber der See ist launisch ... – Ich weiß es ... Plötzlich ist der Sturm da und dann ...«

Er verstummt.

»Komm, Vater!«, sagt Ruth. »Leg dich schön hin und ruh dich aus. Thomas wird schon kommen. Er ist ja wirklich ein erfahrener Fischer ... und die anderen ja auch.«

»Die anderen?«, fragt Absalom.

»Nun ja – Simon und Andeas und Johannes – du kennst sie doch!«

»Ja, ja, natürlich kenne ich sie. Lauter gute Fischer ... Sind sie alle zusammen ...? Wieso eigentlich bei Tag ... zum Fischen. Bei Tag geht doch keiner fischen!«

»Sie sind nicht zum Fischen gegangen«, sagt Ruth. »Sie sind doch – hab ich dir das nicht erzählt? – Sie sind mit Jesus ans andere Ufer!«

»Ah, mit diesem Jesus!«, ächzt der alte Mann und schüttelt den Kopf. »Und mein Thomas ist auch bei ihm. Und ich liege hier und ... Er sollte hier sein, wenn es mit seinem Vater zu Ende geht ...!«

»Er verkündet mit Jesus die gute, neue Botschaft von Gott«, sagt Ruth.

»Und ich?«, flüstert der alte Mann. »Und ich? Wer sagt mir etwas Gutes von Gott? Ich habe Angst, Ruth ... Angst vor dem Sterben!«

»Thomas kommt sicher gleich!«, sagt Ruth und denkt zugleich: Hoffentlich ... hoffentlich ist ihm nichts geschehen. –

Draußen heult der Sturm; man hört das Krachen der Wellen, wenn sie gegen die Felsen schlagen ...

Und dann wird es still. Fast plötzlich ist die Gewalt des Sturmes wie gebrochen. Noch ein paar Mal pfeift der Wind ums Haus, ein Schauer prasselt nochmals nieder und – ja, da blinzelt die Sonne schon durch eins der kleinen Fenster der Fischerhütte ...

Ruth geht wieder zum Haustor, schiebt den Balken weg – das Tor schwingt auf: der See liegt ruhig da, als hätte es nie einen Sturm gegeben. Die Wellen plätschern leise. Sie tritt hinaus. – Letzte graue Wolken jagen dahin.

Da! – Da kommt ein Boot! Ein Segelmast hängt geknickt herunter, zerfetzte Segel flattern im Fahrtwind. Sie legt die Hände um den Mund. »Thooo-mas!«, ruft sie auf den See hinaus.

»Hiiiie-r!« schallt es zurück. –

Ruth läuft zurück ins Haus. »Thomas kommt!«, ruft sie. »Es ist ihm nichts geschehen!«

»Gut, gut!«, keucht Absalom. »Er soll zu mir kommen! Aber rasch!« ...

Wenig später sitzt Thomas, der Fischer, neben der Schlafmatte seines alten Vaters.

Die anderen haben das Boot an Land gezogen und sind heimgegangen. Simon Petrus hat Jesus mitgenommen in sein Haus in der Stadt. »Ich hätte ihn zu mir einladen sollen«, denkt Thomas, als er neben seinem Vater hockt. »Jesus hätte ihm sicher was Gutes sagen können!«

»Und ihr seid eingestiegen ins Boot und abgefahren?«, fragt Absalom leise.

»Ja, wir sind eingestiegen«, fährt Thomas in seiner begonnenen Erzählung fort. »Jesus wollte heim – und wir natürlich auch. Jesus hatte noch einer Menge von Leuten Rede und Antwort zu stehen. Zuletzt – wir waren schon beim Einsteigen – war da einer, der wollte sich Jesus auch anschließen, also zu unserer Gruppe gehören. ›Ich will dir gern folgen‹, sagte er, ›nur: gib mir noch ein paar Tage Zeit. Mein Vater ist nämlich gestorben und nun muss ich für seine Beerdigung sorgen, du verstehst, Herr?‹ Aber Jesus sagte zu ihm: ›Nun, wenn du mir folgen willst, dann sofort! Betrauern und beerdigen, das überlass anderen, du hast Wichtigeres zu tun ...!‹«

»Ist er mit euch gegangen?«, fragt Absalom.

»Nein«, sagt Thomas, »dem war der Tote wichtiger!«

»Das will ich auch hoffen!«, knurrt Absalom. »Ich will auch eine ordentliche Beerdigung – und dafür wirst du sorgen, Thomas! Nicht wahr, Sohn, du sorgst dafür ...?« »Wenn Jesus mich nicht braucht«, entgegnet Thomas. »Er hat davon gesprochen, dass er ans andere Ufer nach Gadara will. Aber jetzt wird er, denke ich, nicht gleich wieder losfahren – nach diesen Tagen. Jesus ist ja schon im Boot vor Müdigkeit eingeschlafen ...!«

»So, so!«, sagt der alte Mann. »Und was geschah?«

»Ja also: wir fuhren los«, greift Thomas die Erzählung wieder auf, »und wie gesagt: Jesus legte sich gleich schlafen. Warum auch nicht? Von Boot und Segeln und Steuern versteht er ohnehin nichts, das ist unsere Sache als erfahrene Fischer. – Zuerst ging es gut, wir machten rasche Fahrt. – Aber dann ... Wir waren ungefähr auf der Höhe von ›Rachels Felsen‹, da ...«

»Fallwinde, nicht wahr?«, flüstert Absalom.

»Genau, Vater! Ein schnelles Gewitter von Westen – und die Fallwinde von Osten. Hast du so was je erlebt, Vater?«

»Nein«, keucht Absalom, »aber dein Großvater, der ist in so einem Sturm mit dem Boot gekentert und ertrunken. Der Herr sei ihm gnädig!«

»Ja«, fährt Thomas fort, »es kam rasend schnell. Ein kurzes Pfeifen – und schon war es da. So rasch, dass wir die Segel nicht mehr einholen konnten. Sie zerrissen wie altes Papyrus. – Und schon schlugen die Wellen ins Boot, und das Boot selbst lag im Handumdrehen quer zu den Wellen. – Es war grauenhaft! Selbst Simon und Andreas, die ja wirklich erfahrene Seeleute sind – selbst die schrien vor Angst. Und Simon brüllte: ›Es ist aus! Da kommen wir nicht durch!‹ – Und das dachte ich auch. ›Jetzt ... jetzt muss ich sterben!‹, ging es mir durch den Kopf. ›Gott, warum hast du uns verlassen?‹, habe ich geschrieen ...«

»Ich«, murmelt der alte Mann, »ich – habe auch Angst ... Angst vor dem Sterben ... Angst vor dem Tod ... Bald ist es soweit ...«

»Ich kann dich verstehen«, sagt Thomas. »Solche Angst habe ich auch gehabt. Todesangst! Aber«, fährt Thomas fort, »stell dir vor, Vater: in dieser schrecklichen Lage, in der wir waren. Jeden Augenblick konnte das Boot umschlagen, der Tod stand uns vor Augen ... da – da schlief Jesus! Er schlief tief und fest, wie ein Kind auf den Armen seiner Mutter. Er schlief! Stell dir das vor! Dabei war er doch der Einzige, der – wenn überhaupt – uns jetzt retten konnte. – Er, der Messias, den Gott uns gesandt hat!«

»Ist er das denn?«, fragt Absalom leise.

Thomas nickt. »Ja, Vater. Das glaube ich schon lange – und jetzt, nach diesem Erlebnis erst recht. Pass auf, was geschah: Wir in unserer Todesnot stürzen zu Jesus oder vielmehr: Johannes war es, der ihn rüttelte und ihm zurief: ›Herr, hilf uns, wir verderben! Wach doch auf und tu was, sonst ertrinken wir!‹ – Jesus erwachte und richtete sich auf. Er war ganz ruhig, weder entsetzt noch sonst wie erregt. Er sah auch nicht auf die Wellen, sondern schaute uns nur alle der Reihe nach an, kopfschüttelnd, ein bisschen vorwurfsvoll, ja beinahe ärgerlich. Wir – klammerten uns an der Bordwand fest, hielten uns an den Sitzbrettern und – schauten auf ihn. Was würde er tun? Irgendetwas musste er doch tun! – Und dann schrie er uns zu – wegen des Sturms konnte er nur schreien –: ›Ihr habt einen sehr kleinen Glauben, ihr! Warum habt ihr denn solche Angst? Ich bin doch bei euch!‹ – Seltsam! Plötzlich hatten wir nicht mehr solche Angst. Wir schauten auf ihn und nicht mehr auf das tobende Meer und die in unser Boot klatschenden Wellen, auf unser schräg stehendes Schiffchen und die zerfetzten Segel. – Wir schauten auf ihn … und die Angst wurde klein. Irgendwie kam uns Vertrauen. ›Jesus ist bei uns!‹, dachte ich immer wieder. ›Geschehe was will – Jesus ist bei uns … Er ist der Herr!‹«

»Jesus ist bei uns – geschehe was will …«, wiederholt Absalom murmelnd.

»Was sagst du, Vater?«, fragt Thomas.

»Ich habe gesagt: ›Jesus ist bei uns – geschehe was will‹ … So hast du doch gedacht. Glaubst du das wirklich?«

»Ja«, sagt Thomas, »das glaub ich. Vor allem nach dem, was dann geschah …«

»Und was geschah?«, fragt der alte Mann.

»Nachdem uns Jesus so angesprochen hatte«, fährt Thomas fort, »stand er auf. Er wandte sich dem Wasser und dem Sturm zu und machte eine Handbewegung, so wie du es manchmal getan hast, wenn ich den Mund halten sollte. Und der Sturm kam zum Erliegen. Die Wellen legten sich. Es wurde still. Das Boot fuhr ruhig dahin. – Und auch wir saßen ganz still, wie erstarrt. Keiner sagte ein Wort. Jesus legte sich wieder schlafen. –

Später griffen wir zu den Rudern, und Andreas setzte sich ans Steuer. Langsam fuhren wir aufs Land zu.«

Thomas schweigt.

Dann sagt der alte Mann: »Was ist das bloß für ein Mann, dass ihm Wind und Wellen gehorsam sind?«

»Ja«, sagt Thomas, »das haben wir alle wohl auch gedacht, als er uns vor dem sicheren Tod errettet hat: Was ist das für ein Mann, dass ihm Wind und Wellen gehorchen? Und jetzt bin ich mir ganz gewiss: Er ist der Messias, den Gott zu senden uns versprochen hat, ja mehr noch: Er ist der Herr, der uns im Leben und im Tod in Händen hält; denn er hat alles in der Hand, mehr noch als Wind und Wellen, verstehst du, Vater?«

Der alte Mann nickt. »Es hätte aber auch anders ausgehen können«, sagt er. »Gewiss!«, sagt Thomas. »Wir hätten auch sterben können. Aber auch dann gilt: Er ist der Herr, der uns im Leben und im Tod in Händen hält – uns und alle Menschen!«

»Danke, Sohn!«, sagt Absalom. »Du hast mir etwas sehr Gutes gesagt. Wenn ich auch Jesus nie gesehen habe und nie sehen werde: ich will ihm vertrauen – jetzt, wo es mit mir zu Ende geht ...«

»Und«, fügt er hinzu und lächelt, »mach dir um mein Begräbnis keine Sorgen. Das wird sich schon finden. Wenn Jesus dich braucht, dann geh mit ihm und sag die gute Botschaft. Es ist wichtig, dass viele – so wie ich – Vertrauen zu ihm fassen – zu dem Mann, dem Wind und Wellen gehorsam sind. Er ist der Herr ...!«

Schluss für immer, Levi

Eine Erzählung zu Lukas 5,27–32

Diese Erzählung von der Berufung des Levi entstand für eine Pfarrkonferenz, bei der es darum ging, an Hand von Erzählungen aufzuweisen, welches »Jesusbild« der einzelne hat.

Was mich gerade zu diesem Text greifen ließ, war die irgendwo gelesene Bemerkung, dass die »Bekehrung«, z. B. eines Levi, möglicherweise nicht ganz so blitzartig vor sich gegangen sein dürfte, wie es das Evangelium in seiner gedrängten Darstellungsweise berichtet. Vielmehr sei es denkbar, dass es zu mehreren Begegnungen mit Jesus gekommen sei, bei denen es nach und nach zu einer Hinwendung zu Jesus kam.

Diesen – übrigens meinem eigenen Werdegang entsprechenden – Vorgang erzählerisch darzustellen, reizte mich.

Da hier vieles notwendigerweise »erfunden« ist, würde ich die Erzählung nur älteren Kindern in dieser Form vortragen, und dies nicht, ohne ihnen hinterher den in der Bibel stehenden Text vorzulegen und ein Gespräch zu führen.

(J.K.)

Als sie das erste Mal kamen – er voran, die anderen Männer hinterdrein –, da habe ich sie natürlich gefragt: »Habt ihr was zu verzollen?« Als sie das verneinten, habe ich's selbstverständlich nicht geglaubt. Tu ich nie. Obwohl ihre Reisebündel ziemlich klein waren und eigentlich nichts enthalten konnten, worauf man Zoll erheben kann. Ich habe sie durchsucht.

Einer von ihnen, ein gewisser Simon Iskapernaum, wie ich ihrem Gerede entnahm, also der wollte pampig werden, so in der Richtung: »Wir sind fromme Leute, wir sind Schüler von dem Rabbi da drüben!« Da habe ich bloß gesagt: »Das macht euch erst recht verdächtig! Die Frommen sind die Schlimmsten, die betrügen den römischen Zoll wo sie nur können!« Und der, den der Simon als Rabbi bezeichnet hat, der hat ihm lächelnd auf die Schulter geklopft und gesagt: »Komm, Felslein, lass gut sein. Der arme Kerl tut doch bloß seine Pflicht!«

Da habe ich das Kramen in den Bündeln eingestellt und nur noch Augen für diesen Rabbi gehabt. Mann, so hat noch keiner, nein, wirklich keiner, von mir gesprochen! Schon gar nicht ein Frommer! Nicht herablassend, nicht spöttisch – nein, schlicht und einfach verständnisvoll und freundlich. »Der arme Kerl tut doch bloß seine Pflicht!« ...

Ich habe ihn dankbar angelächelt und er hat mir zugenickt, und dann sind sie weiter in unsere Stadt gegangen.

Ich wollte mich noch nach dem Namen dieses netten Rabbi erkundigen, aber da standen schon andere an der Zollstelle. Die Frau mit den Eiern, die jede Woche zum Markttag kommt und immer das gleiche Theater macht, hundert Eier angibt und wenn ich nachzähle, sind's hundertzwanzig, und weil ich dann wütend bin, denn sie hält den Betrieb auf, hau ich gleich drei Denare auf die üblichen Zollgebühren. – Und dann der Händler mit drei Eselsladungen Teppichen; auf einer thronte seine Frau obenauf, keuchend und wimmernd und sich windend. Sie müsste ganz rasch zum Wundarzt, sagt er. Aber den Trick kenne ich – die Mitleidsmasche, damit ich die Teppiche, auf denen sie hockt, übersehe. Ha, den habe ich vielleicht ausgenommen. Da war mindestens ein neuer Rock für meine Frau drin, was ich da mehr eingenommen habe. Allerdings habe ich dafür anschließend den Zolltisch von seiner Spucke reinigen müssen. – Widerlich, wie sich die Leute benehmen! Dabei tu ich ja bloß meine Pflicht, hat der Rabbi gesagt. Eben. Zoll kassieren für die Römer, diese miesen Besatzer. Sogar bezahlen muss ich noch dafür, dass ich für sie arbeiten darf. Wenn ich da ein bisschen mehr nehme, als in der Gebührenordnung steht, wer will mir das verdenken?

Der Rabbi hat's getroffen: »Der arme Kerl tut doch nur seine Pflicht.« Der hat's erkannt.

So habe ich ihn kennengelernt. Inzwischen war er dann öfter hier mit seinen Leuten. Ich durchsuche sie nicht mehr; jedenfalls solange niemand anders da ist, der es sehen könnte. Man kommt ja so schnell ins Gerede von wegen Begünstigung und so. Obwohl – das ist mir an sich egal. Auf ein bisschen mehr oder weniger Gerede kommt's wirklich nicht mehr an. Die Leute zerreißen sich ohnehin das Maul über uns Zöllner. Was man sich da jeden Tag anhören muss! Römersklave, Besatzernutznießer, Heidendiener, Volksschädling. Vaterlandsverräter, Betrüger, Dieb, Räuber, Ausbeuter, Zollschwein, Höllenanwärter und so weiter, und so weiter. Vor allem die Frommen: dass ich gegen das Gebot mit dem Stehlen verstoße und dass der Gerechte im Himmel keine Gnade mit mir kennt, und dass ich nur ja nicht wagen soll, in die Synagoge zu kommen oder was von meinem schmutzigen Geld in ihre Kasse für die Armen zu tun.

Ha, als ob ich das nicht wüsste und zu spüren kriegte! Niemand – also wirklich: niemand! – sagt »Schalom!« oder »Gesegneten Sabbat, Levi!« oder so etwas zu mir. Sie gehen an einem vorbei, als wäre man Luft – nee, schlimmer: giftige Luft! – Sie machen auf der Straße einen Bogen um mich und rufen ihre Kinder weg. »Ruthchen, geh da weg – Levi kommt!« Oder: »Marsch, Daniel, auf die andere Seite – da kommt das Zöllnerweib!«– Arme Ruth, wie muss sie darunter leiden, dass ich Zöllner bin! Und unsere Kinder auch. In die Toraschule können sie nicht, und spielen können sie nur mit den Kindern von Ben-Adam, meinem Kollegen vom Nordtor. Der ist überhaupt fast der Einzige, mit dem ich mal ein Glas Wein trinken kann. Wer würde sich sonst schon an den Tisch eines Zöllners setzen! Na gut – die Lea, die bei den Römern putzt, und der Ben-Mosche, der mal einen Griff in die Synagogenkasse getan hat, und die verkrüppelte Magdalena, die sie die »wandelnde Gottesstrafe« nennen. Lauter so Leute, die nach Meinung der Frommen für den Allerhöchsten erledigt sind, erbarmungslos abgetan; »wie unheilbar Kranke«, hat einer vor kurzem gesagt.

Da ist dieser Rabbi, der hier hin und wieder vorbeikommt, ganz anders. Der das mit dem »armen Kerl« und der Pflicht gesagt hat. Als er das zweite – oder war's das dritte? – Mal bei mir vorbeigekommen ist, hat er mir freundlich zugewinkt und gerufen: »Na, wie geht's, Levi?« Ich habe vor Erstaunen den Mund aufgerissen, aber nichts rausgekriegt. »Heiß heute, nicht wahr?«, hat er gerufen. Und dann lachend: »Ja, ja, Gott lässt seine Sonne scheinen über Böse und Gute ...!«

Da war ich völlig durcheinander. Sollte das heißen: Gott ist allen Menschen freundlich ... auch mir freundlich? Das – das war neu für mich. Davon wollte ich mehr erfahren.

Und ich rief rasch: »Wollt ihr einen Schluck schönes, kaltes Wasser aus meinem Brunnen? Ihr habt doch sicher Durst?«

Und tatsächlich – sie kommen! Der Rabbi wie selbstverständlich, seine Leute zum Teil etwas zögernd hinterher. Ich renne hinters Haus und zieh den Ledereimer hoch, greife den Tonbecher, der immer bereitsteht – und dann trinken sie. Sie trinken das Wasser aus einem Zöllnerbrunnen, aus einem Zöllnerbecher, von einem Zöllner gereicht! Ich bin so aufgeregt, dass ich beim Anreichen dauernd herum schlabbere. Vor allem, weil der Rabbi mich ständig ansieht.

Und plötzlich sagt er: »Das Wasser ist gut, Levi. Vielen Dank dafür. Nur: man kriegt immer wieder Durst. Ganze Brunnen könnte man austrinken ...« – Ich nicke eifrig und stottere: »Du ... du kannst immer wieder bei mir trinken kommen, wenn du willst ...«

»Und du«, sagt er da und guckt mich dabei ganz ernst an, »und du kannst zu mir kommen; ich habe Wasser zum Leben, von dem man nicht mehr durstig wird, wenn man es nimmt.«

Spricht's, winkt mir zu und ruft: »Kommt, Leute, es wird Zeit!«, und zu mir sagt er noch: »Gott segnet dich, Levi!« Und geht los.

Ich bin so verwirrt, dass ich nur noch den Letzten zu fassen kriege und ihn rasch frage: »Sag mal, wer ist das eigentlich, euer Rabbi!«

»Jesus von Nazareth!«, sagt er und eilt den anderen nach.

Jesus ... Gottes Sonne über Böse und Gute ... Wasser zum Leben ...

Ich habe so viel zu denken für den Rest des Tages, dass ich kassiere, fast ohne auf die Waren zu schauen und nur nach Tarif fordere. Und ich überhöre es einfach, wenn sie mich mit ihren Schimpfworten belegen.

Jesus ... Gottes Sonne ... Wasser zum Leben ... – Das will ich genauer wissen, was das wirklich heißt. Für mich heißt.

Es verging einige Zeit. Und dann war er wieder da. Morgens, ausgerechnet als das schlimmste Gedränge herrschte, weil Markttag war.

Offenbar war er in Eile. Er winkte nur kurz, und schon waren er und seine Leute durchs Tor in die Stadt hinein.

Da war ich enttäuscht. Ich wollte doch so vieles fragen, und hatte mir das alles im Kopf zurechtgelegt – und nun eilte er vorbei! Ich war ärgerlich und ließ meinen Ärger an den Leuten aus, die an meinem Zolltisch vorbei drängten.

Erst gegen Mittag wurde es ruhiger. Und dann brachte mir Ruth das Essen heraus. Das tut sie immer und setzt sich ein bisschen zu mir, ohne groß zu reden. Aber heute, kaum hatte sie die Bohnen mit Hammelklein vor mich hingestellt, da sprudelte sie los. Ich denke schon, sie will mir erzählen, was sie sich auf dem Markt hat wieder alles gefallen lassen müssen, die Ärmste – aber nein! Sie erzählt mir von einer Menschenmenge, die sich in und vor dem Haus des Webers Ben-David versammelt hat. »Da drinnen«, sagt sie, »hat einer gepredigt, aber« – das hat sie aus dem Gerede der Leute gehört – »aber nicht so wie üblich, sondern ganz ungewöhnliche Dinge von der großen Liebe unseres Gottes. Und geheilt hat der da drinnen. Oder genau genommen: nur einen, nämlich den gelähmten Habakuk. Den haben ein paar Männer zu ihm bringen wollen.«

Aber – und das hat sie selber gesehen – weil da so ein Gedränge war, sind die Männer mit dem Habakuk außen über eine Treppe aufs Dach gestiegen und haben ihn dann durch ein Loch im Dach auf seiner Schlafmatte runter gelassen. »Und dann«, sagt Ruth, »dann muss es wohl da drinnen eine Menge Aufregung gegeben haben. Denn der Jesus – so heißt der nämlich –, also dieser Jesus hat dem Habakuk gesagt: ›Deine Sünden sind dir vergeben!‹ Stell dir vor, Levi, Sünden vergeben, was doch nur Gott kann! Aber der Jesus darf es offenbar auch! Denn anschließend hat er den seit Jahren gelähmten Habakuk gesund gemacht – und das kann man doch nur, wenn Gott einem die Macht dazu gibt! Ich habe ihn selber gesehen, den Habakuk, wie er mit seiner Schlafmatte auf dem Rücken aus dem Haus gekommen ist! Mir haben die Knie gezittert vor Erregung, als ich das gesehen habe – und ich habe Halleluja geschrien mit den anderen Leuten. Also so was! Dieser Jesus kann Sünden vergeben und heil machen! Ist das nicht aufregend?«

Ich habe derweil meine Bohnen gelöffelt und genickt. Und an das »Wasser zum Leben« gedacht, an »Gottes Sonne über Böse und Gute«, an diesen Jesus ...

Dann kamen Kunden zum Zoll. Einer mit Weinschläuchen, ein anderer mit einem ganzen Korb voller Sandalen. Ich bin sitzengeblieben und habe ihnen nur mit einer Handbewegung angezeigt, sie sollen verschwinden.

Ruth hat den Kopf geschüttelt und ist ins Haus gegangen. Etwas später kamen dann die Leute zurück vom Markt mit ihren leeren Körben und Eseln. Ich hatte nicht viel zu tun.

Kurz bevor das Stadttor geschlossen wird – ich bin gerade dabei, den Lederriemen um die Zollkasse zu legen und zuzuschnallen –, da steht er am Tisch. Der Jesus. Allein. Mann, habe ich mich gefreut!

»Na, Levi«, sagt er lachend, »Schluss für heute?«

Ich nicke. »Ja, Schluss für heute, Rabbi Jesus.«

Da legt er die Hand auf die Kasse und sagt: »Ich weiß was Besseres. Das Beste für dich.«

Ich sehe ihn fragend und erstaunt an. »Schluss für immer«, sagt er. Ich schau ihn fragend an.

»Du kommst mit mir«, sagt er. Nicht befehlend, nicht so wie wenn sie das Gesetz predigen und »du musst« sagen. Nein, einladend. So wie ein Freund, der einem etwas Gutes tun will und dem man es darum einfach nicht abschlagen kann. »Du kommst mit mir.«

Ich bekomme keinen Ton raus. Ich, der Zöllner Levi, soll mit ihm, der ...

Ich hör drinnen im Haus Ruth und die Kinder lachen. Schluss hier, und mit ihm ...? Mit ihm. »Du«, stammle ich schließlich, »du hast heute ... den Habakuk ... von seinen Sünden losgemacht? Und ... und dann ... dann konnte er auch wieder gehen, weil du ...«

»Ja«, sagt Jesus, »mein Vater im Himmel will das Leben – richtiges, heiles Leben für Habakuk, für alle Menschen. – Und auch für Levi«, setzt er lächelnd hinzu und tippt mir spielerisch vor die Brust. »Das sag ich überall, und das zeig ich da und dort.«

»Dann bist du der ... der von Gott, der ...«, stammle ich flüsternd hervor.

»Komm mit mir!«, sagt Jesus. »Folge mir nach wie die anderen, die du schon kennst – und du wirst es erleben, das neue Leben.«

»Wann?«, frag ich.

»Morgen früh«, sagt Jesus, als wäre das selbstverständlich und mein Reisebündel schon gepackt. »Kann deine Frau die Abrechnung mit den Römern durchführen? Oder dein Kollege?«

Ich nicke selbstvergessen, wie im Traum.

»Also, dann bis morgen!«, sagt er. »Schalom!« Und verschwindet durchs Stadttor.

Aber dann ist es doch nicht so rasch gegangen. Nicht wegen der Abrechnung. Und nicht, weil Ruth mich abgehalten hätte mit »Das geht doch nicht! Was wird aus mir? Und was sollen die Kinder denken?« und Tränen und all das. Nein, sie hat gesagt: »Versuchen wir's, beginnen wir ein neues Leben, Levi. Mit diesem Jesus, da kann was werden!« Das war großartig von ihr!

Also nicht deswegen ist es mit »Morgen« nichts geworden.

Vielmehr: Ich habe das feiern wollen, dieses Neue mit Jesus. Als ich es ihm gesagt habe, da hat er gelacht und gemeint: »Ich glaube, du hast schon eine ganze Menge von der guten Botschaft unseres Vaters im Himmel erfasst, Levi. Das neue Leben feiern, wie Kranke, die gesund geworden sind – ja, das ist schon recht!« Er hat sich gefreut und ist dann mit seinen Leuten gekommen, zu denen ich ja nun auch gehöre. Aber nicht nur er und die Jünger, oh nein, ich habe auch alle möglichen anderen eingeladen: den Ben-Adam, meinen Kollegen, und die Lea und den Ben-Mosche und die Magdalena und den Habakuk und den Bettler Jonathan mit dem krummen Rücken und seine Frau und ... ich kriege sie nicht mehr alle zusammen, die da waren. Jedenfalls all solche, die – na ja – daneben sind, deren Leben einen Knick hat. Es hat sich offenbar rasch herumgesprochen in der Stadt, dass ich ein Fest gebe. Und darum war's voll in unserem kleinen Haus und draußen im Garten. Ruth hat eine riesige Menge von ihren herrlichen gefüllten Fladen gebacken und Hammelragout mit Pfefferschoten zubereitet, und es gab frische Feigen und Wein und ...

Ich saß neben Jesus. Ich dachte, er würde vielleicht was sagen wollen. Aber er redete mit Habakuk, ob er schon wieder in seinem alten Beruf als Zimmermann tätig sei und da verstünde er ja auch was davon als Sohn eines Zimmermanns ...

Da bin ich aufgestanden und habe gesagt, wie sehr ich mich freue, dass sie alle gekommen sind. »Und vor allem«, habe ich gesagt, »freue ich mich, dass Jesus von Nazareth bei uns ist. Die anderen«, habe ich gesagt, »die gucken uns ja noch nicht einmal an, gar nicht davon zu reden, dass sie sich an einen Tisch mit Leuten wie uns setzen. Jesus ist da ganz anders – und der ist ja nicht bloß irgendein Rabbi, sondern ... sondern wie ein Sohn von unserem himmlischen Vater. Wenn er jetzt hier bei uns ist, dann kann man daran sehen, richtig sehen und fühlen: Gott mag auch uns, Freunde, egal was die anderen sagen. Und weil Gott uns mag, können wir auch wieder anfangen, ihn zu mögen, können auf ihn vertrauen und alles Gute von ihm erwarten und ein neues Leben versuchen. Ich weiß noch nicht, wie das geht, aber ich geh ja jetzt mit Jesus und da werde ich das schon lernen. Darauf freue ich mich ...«

Ich wollte noch was sagen; aber da war plötzlich draußen ein lautes Gespräch im Gange. Ich konnte zwar nichts sehen, aber an der Stimme – er spricht so durch die Nase – habe ich den Aaron erkannt, und an einer anderen, die ganz tief ist, den Ben-Esra, zwei von den Schriftgelehrten unserer Stadt. Es mussten aber noch mehr sein. Sie redeten auf Simon ein, der, wie ich wusste, draußen saß. Und wir hörten, wie Ben-Esra laut und vernehmlich murrte: »Warum esst und trinkt ihr mit diesen Zöllnern und Sündern? Oder genauer: Warum tut das dieser ... dieser Jesus, der doch angeblich ein Gesandter Gottes sein will?«

Offenbar fiel dem Simon, der sonst nicht auf den Mund gefallen ist, nichts ein, was er darauf sagen sollte. Brauchte er auch nicht. Denn Jesus drehte den Kopf zur Tür und rief hinaus: »Die Gesunden – ihr seid doch gesund, oder? – die Gesunden brauchen keinen Arzt. Die nicht, aber die Kranken. Und die Gerechten – ihr seid doch recht vor Gott, oder? – die brauchen keine Hilfe von Gott. Sie haben ja scheinbar alles schon von sich aus in Ordnung gebracht. Na schön, wenn's wirklich so ist.

Mein Vater im Himmel aber will, dass die Kranken gesund werden und die Sünder zu ihm zurückfinden. Dazu bin ich da. Ich sag es und zeig es. Und darum ess und trink ich hier und feiere das Fest zum neuen Leben mit diesen Zöllnern und Sündern!«

Sprach's, wandte sich uns wieder zu und sagte: »Gelähmte Knochen kann ich heilen – ach Gott, warum nicht gelähmte Herzen?«

Draußen hörte man noch empörtes Gemurmel und so was wie »Fresser und Weinsäufer« und »Ha, der und Messias?«. Und dann waren sie weg.

Wir feierten weiter. Und am nächsten Morgen bin ich mit Jesus gegangen. Das neue Leben hat angefangen.

Solo des Mattenträgers

Eine erzählende Betrachtung zu Johannes 5,1–18

Diese erzählende Betrachtung des am Teich Bethesda Geheilten wurde bei der Schlussveranstaltung des »9. Rheinischen Helfertages« 1988 in Düsseldorf-Kaiserswerth vorgetragen. Sie sollte noch einmal an den biblischen Tagestext der Veranstaltung erinnern. – Der Vortragende war »arabisch« gekleidet und trug die Matte, auf der er gelegen hatte, zusammengerollt auf einer Schulter. (J.R.)

An der Matte kann man gleich sehen, wer ich bin. Klar. Ja ... diese Matte ...

Als Er sagte: »Steh auf ...!«, und als ich dann wirklich auf die Beine kam, da war die Matte das letzte, woran ich gedacht hätte.

Ich hätte sie ganz sicher einfach liegenlassen, wenn Er nicht ausdrücklich gesagt hätte: »Nimm deine Matte und geh!« Und da habe ich sie aufgerollt und auf die Schulter genommen. –

Beinahe wäre sie mir ja zum Verhängnis geworden – da im Tempel, als ich sie am Sabbat herumschleppte, was man ja nicht darf nach der Ordnung.

Daran habe ich einfach nicht gedacht. Wer denkt schon an so etwas, wenn er gerade geheilt ist nach so vielen Jahren ...

Er hätte dran denken müssen, als Er das sagte. Hat Er aber nicht. War Ihm die Ordnung egal? Oder hat Er's extra gesagt: »Nimm deine Matte!«, damit es zum Krach kommt?

Jedenfalls bin ich mit den Frommen zusammengerasselt – wegen der Matte. Nicht etwa, weil ich plötzlich gesund herumlief. Nee, das war nicht bemerkenswert für sie!

Wahrscheinlich haben sie mich ja auch nie bemerkt, da am Teich. Nie gesehen, wie ich da lag auf meiner Matte. Na ja, wer guckt sich so etwas auch an, so einen Haufen Elend, so einen hoffnungslosen Fall?

Also: aufgefallen bin ich bloß, weil ich die Matte auf der Schulter trug. – Und mir ist da erst aufgefallen – peinlich aufgefallen –,

dass ich nicht mal wusste, wem ich meine Heilung verdanke.
Sicher, ja: Gott natürlich. So was kann nur Gott. Ist klar. Aber es war ja ein Mensch, der das anstelle von Gott bei mir getan hat. – Gott in einem Menschen, nicht wahr! Aber: Wie hieß der? – Mann, stand ich dumm vor denen da!

Aber dann habe ich es herausbekommen. Und hab's ihnen gesagt: »Jesus von Nazareth war's! Und Er sagt, dass Gott durch ihn wirkt.« Stimmt ja auch.

Da haben sie mir auf die Schulter geklopft und ich konnte gehen. Über die Matte, die ich immer noch auf der anderen Schulter liegen hatte, haben sie nichts mehr gesagt. Ihrem Gerede habe ich nur entnommen, dass sie jetzt diesen Jesus – wie sagt man? – auf die Matte legen wollen.

So'n Unsinn! Als ob man so einen, in dem Gott drin ist, jemals matt setzen könnte! – Ja, und nun schleppe ich die Matte immer noch mit mir herum. Längst hätte ich sie irgendwo ablegen oder auf den Müll werfen oder irgendeinem armen Teufel geben können. Aber – so seltsam das klingt –: Ich kann's nicht. Noch nicht jedenfalls.

Nachts schlaf ich darauf, immer noch. Und abends, wenn ich mich drauflege, ist mein letzter Gedanke immer: Morgen kannst du von ihr aufstehen! Du brauchst nicht mehr Tag für Tag und Woche für Woche und Monat für Monat und Jahr für Jahr drauf liegen und liegen und liegen und das ganze Leben ist sinnlos und ... Nein: Morgen kannst du wieder aufstehen und die Matte zusammenrollen und gehen. Richtig gehen. So mit 'nem Ziel. Und dann geh ich, so wie jetzt, geh mit der Matte umher und – also: so komisch sich das anhört – manchmal red ich mit ihr: »Na, alter Fetzen, sage ich, wie ist das, wenn man getragen wird und nicht mehr das verdammte Elend und die Hilflosigkeit tragen muss, und das Stöhnen und die Flüche ertragen muss? He, wie ist das?«

Und die Matte sagt: »Na ja, mir sitzt das alles noch im Gewebe. Und ich freue mich, dass du mich und deine Vergangenheit noch nicht weggeworfen hast. – Schön, dass ich dir noch Eindruck mache.«

»Na klar!«, sag ich. »So schnell kann ich's nicht vergessen, was war.«

Und da hat die Matte gesagt: »Dann vergiss auch bitte nicht, was ist. Immer noch ist. Wo noch kein Himmel auf Erden ist wie bei dir. Es gibt nämlich noch eine Menge Matten – mit ganz ›matten Menschen‹ drauf, wenn du verstehst, was ich meine.«
Und ob ich das verstehe!

Von den Sorgen

Eine Erzählung zu dem Jesuswort in Matthäus 6,25–34

*Es reizte mich, die Reden vom »Sorgen« in eine Erzählung für Kinder umzu-
formen und sie zugleich ein wenig auszulegen und anzuwenden. So entstand
die nachfolgende Erzählung für einen Grundschulgottesdienst. – Vorange-
gangen war einige Tage vorher ein Familiengottesdienst, an dem viele Kinder
teilgenommen hatten: im Mittelpunkt dessen stand die Geschichte von der
Sturmstillung (Mt 8,23 ff.). Daher der Anfang der Erzählung. (J.K.)*

Am Morgen nach der schrecklichen Nacht landen sie –
zwar nicht im Hafen von Kapernaum, aber in einer stillen
Bucht am See. – Sie ziehen mit letzter Kraft das Boot ans
Ufer. Vor ihnen liegt eine große Wiese.
Die Jünger werfen sich ins Gras. Ach, ist das herrlich. Nach so
einer Nacht wieder Boden unter den Füßen zu haben! Die Sorge,
ertrinken zu müssen, hinter sich zu haben, ist das schön!
Sie liegen da und ruhen sich aus. Schlafen ein wenig. Die Sonne
scheint. Die Vögel zwitschern.
Aber dann, nach einer Weile, richtet sich der Johannes auf und
sagt: »Hört mal, Freunde. Wo sind wir hier eigentlich? Ich kenne
die Gegend hier überhaupt nicht. Weit und breit kein Dorf. Kein
Haus. Keine Menschenseele ... Wer weiß eigentlich, wo wir gelan-
det sind? Vielleicht – vielleicht sind wir auf der unbewohnten
Seite des Sees angekommen. Wo's keine Dörfer und Leute gibt!«
»Ach du liebe Zeit!«, sagt Jakobus. »Bloß das nicht, ich habe
Hunger und Durst zum Umfallen. Und jetzt nichts zu essen und
zu trinken ...! Ich bin schon so schwach, dass ich nicht mehr
kriechen kann. Und ganz bestimmt kann ich nicht mehr rudern!
Ach, kaum sind wir dem Meer entkommen, da werden wir dem
Hungertod preisgegeben!«
»Übertreibe nicht!«, sagt Jesus, der auf dem Rücken liegt. »Schau
dir lieber die Vögel an!«
»Was habe ich von den Vögeln!«, jammert Jakobus. »Ich ver-
schmachte vor Hunger und Durst!«

»Unsinn«, sagt Jesus. »Schau dir diese Vögel an, die hier herum fliegen! Die Bachstelze da und die Amsel, siehst du sie? Sie säen nicht, sie bauen kein Getreide an. Sie ernten nicht. Sie haben keine Scheune und backen kein Brot und ...«

»Na und?«, fragt Jakobus.

»Und Gott ernährt sie doch, hält sie am Leben! Überlege mal, Jakobus: Bist du nicht viel mehr als so ein Vogel? Wenn Gott schon für die Amsel und den Spatz sorgt und sie am Leben hält – sollte er dann nicht noch viel mehr für dich sorgen?«

»Ach, Jesus«, murrt Jakobus, »du mit deinen Spatzen! Ja, möglich, dass die versorgt sind, aber ich – ich habe Hunger und ...«

»Hör auf zu jammern!«, sagt Bartholomäus. »Hier – Augen zu und Mund auf, Jakobus ...!« Und er steckt ihm einen Brotkanten in den Mund. »Ist ein bisschen aufgeweicht vom Seewasser, aber man kann es noch essen. Die Sorge ist ja damit wohl erledigt, nicht wahr, Jakobus?«

Jakobus nickt und kaut und sieht dabei den Vögeln zu. –

Da meldet sich der Jünger Thomas. Er hat bis jetzt fest geschlafen, eben ist er aufgewacht. »Oh, ich geh kaputt!«, stöhnt er. »Ich geh kaputt ...!«

»Was ist denn?«, fragt Johannes.

»Na, sieh doch«, sagt Thomas. »Hier, meine Kleider sind zerfetzt und zerrissen – da draußen im Sturm. Ich habe die Fetzen weggeworfen und jetzt: hier bitte – ich bin fast nackt und jetzt bekomme ich einen Sonnenbrand, ich fühl's schon – ah, und später kommt das Fieber ... ich kenne das ... ah, ich geh kaputt, während ihr da herumliegt!«

»Was machst du eigentlich?«, fragt Jesus den Petrus, der auf dem Bauch liegt und vor sich hin sieht.

»Ich«, sagt Petrus, »ich schaue mir hier die Gänseblümchen an. Wenn man so ganz nah davor liegt, dann sieht man erst mal, wie hübsch sogar so ein kleines Gänseblümchen ist ...«

»Ich geh kaputt ohne Kleider«, jammert der Thomas laut, »und du schaust dir Gänseblümchen an! Deine Sorgen möchte ich auch mal haben!«

»Gar nicht schlecht!«, sagt Jesus. »Du, Thomas, solltest dir auch mal so ein Gänseblümchen anschauen. Sieh sie dir an! Sie arbeiten nicht, sie spinnen nicht, sie weben nicht. Sie machen keinen Stoff und schneidern keine Kleider – und doch ist jedes Gänseblümchen schöner angezogen als jeder von uns. So sorgt Gott, unser Vater, selbst für solche unbedeutenden Blumen, die bei der nächsten Heuernte abgeschnitten werden und verdorren. – Wenn du dir das mal klarmachst, meinst du nicht auch, dass Gott erst recht für dich sorgen wird, lieber Thomas?«

»Ich bin aber kein Gänseblümchen!«, jammert der Thomas. »Ich bin ein Mensch und halbnackt und bekomme einen Sonnenbrand und Fieber und daran kann man sogar, glaub ich, sterben. Ja, kann man!«

»Jetzt sei still, Thomas!«, sagt Levi und steht auf. »Tu, was Jesus sagt. Hier, meine Jacke! Häng sie dir um und reg dich ab!«

Jesus sagt: »Das solltet ihr jetzt eigentlich gemerkt haben, nach dieser Fahrt mit dem Schiff und dem, was wir gerade eben erlebt haben: Gott sorgt für euch! Er weiß, was ihr nötig habt! Er hat euer Leben und eure Zukunft in der Hand. Warum macht ihr euch also ständig Sorgen? – Die einzige Sorge, die einzige richtige Sorge, die ihr haben solltet, ist: Was für Sorgen hat der andere da neben mir und wie kann ich ihm helfen?«

»Tja«, sagt Petrus, »wenn alle so denken würden – das wäre was! Dann wäre das Leben viel schöner! Wir hätten wahrscheinlich alle viel weniger Sorgen ...«

»Nun«, sagt Jesus, »bis alle so denken, das dauert wohl lange. Aber wir – wir können ja einfach damit anfangen ...! – So, und jetzt sehe ich euch allen an der Nasenspitze an, dass ihr euch Sorgen macht, wie wir von hier wegkommen. Also los, kommt, ich helfe euch beim Rudern, denn ich habe ja letzte Nacht gut geschlafen – im Gegensatz zu euch!«

»Danke, Meister!«, sagt Petrus und überreicht Jesus lächelnd ein Gänseblümchen.

Vom Gebet

Eine Erzählung zu Matthäus 7,7–11

Diese Erzählung zeigt, wie man auch aus einem Redetext der Bibel eine spannende Geschichte machen kann,
Sie zeigt aber auch den klaren und vertrauenden Glauben, aus dem heraus Jürgen Koerver den Kindern biblische Texte erzählt hat. Es ist eine einfache – völlig erfundene – Geschichte, die den Sinn und die innere Grundhaltung beim Bittgebet und ein frohes Gottesbild vermittelt.

Kinder«, sagte Ben-Gabriel – er saß in einer Runde von Männern rings um Jesus –, »Kinder sind ja manchmal unmöglich mit ihren Wünschen. Sagte doch gestern mein Jüngster, der achtjährige Daniel: ›Papa, ich möchte so ein Schaf mit braunen Flecken für mich allein. Ich werde allein für das Tier sorgen. Ich will es selbst auf die Weide führen und ihm Wasser geben!‹

›Aha‹, sage ich, ›und das machst du jeden Tag?‹ – ›Na klar‹, sagt Daniel.

›Und wer melkt dein Schaf?‹, frage ich. ›Oh‹, antwortet mir Daniel, ›das macht doch die Mama ohnehin bei den anderen Schafen, da kann sie ja meines mit melken.‹«

Alle Männer lachen. »So ein Schlitzohr!«, rufen sie. »So ein kluges Bürschchen! Ja, so sind die Kinder! Sie haben immer große Wünsche! Und wir Erwachsenen dürfen es hinterher ausbaden ...«

Jesus lacht auch. Und dann fragt er: »Und – hast du deinem Daniel das Schaf überlassen?«

»Wo denkst du hin!«, sagt Ben-Gabriel lachend. »Das Schaf wäre ja nach drei Tagen verhungert und verdurstet. Oder das Schaf und Daniel wären in einem Löwenrachen verschwunden. Ich kenne doch meinen Daniel! Große Wünsche – große Pläne, aber eben noch ein Kind. Es ist bei ihm nur so eine Augenblicksidee ... Wenn dann die eigentliche Arbeit mit so einem Schaf losgeht, dann ist es schnell aus und vorbei!«

»Und was hast du nun gemacht?«, fragt Jesus gespannt. Und auch die anderen Männer sind neugierig.

»Ach«, sagt Ben-Gabriel, »ich habe zu meinem Daniel gesagt: ›Weißt du, so ein Schaf, was ist schon ein Schaf? Sorge lieber für den Esel Gomor, den mit den hellen Ohrenspitzen, der hat's nötig! – ›Wirklich, Papa‹, hat Daniel gesagt, ›für Gomor sorgen? Das würde ich ja noch viel lieber!‹«

»Aber, aber!«, ruft Ben-Absalom. »So ein kleiner Junge und für einen großen Esel sorgen! Das ist doch eine Überforderung!«

»Aber keineswegs«, lacht Ben-Gabriel. »Der Esel weiß von selber, wo er Futter und Wasser findet, und melken muss man ihn auch nicht. Also kann mein Daniel ganz leicht für ihn sorgen, wie er sich das gewünscht hat. Und er ist ganz stolz darauf. Er hat zu mir gesagt: ›Du bist große Klasse, Papa! Ich hätte nie gedacht, dass du meine Bitte so anhören würdest und dann auch noch so toll erfüllen würdest! Für so einen Esel sorgen‹, hat er hinzugefügt, ›das habe ich dich nämlich eigentlich fragen wollen, aber das habe ich nicht so richtig gewagt ...!‹ – ›Oh‹, habe ich gesagt, ›du kannst deinem Papa ruhig immer sagen, was du möchtest. Und dann werde ich schon sehen, was sich machen lässt.‹ Da war er ganz glücklich und hat mir einen Kuss gegeben.«

Alle Männer lachen wieder. »Du bist gut, Ben-Gabriel!«, rufen sie. »Ja, so muss man's machen. Was meinst du, Rabbi Jesus?«

Jesus lächelt immer noch: »Das hast du wirklich gut gemacht, Ben-Gabriel. Du hast dein Kind geduldig angehört und mit ihm seinen Wunsch besprochen – und schließlich sehr geschickt seine Bitte erfüllt. Ich bin überzeugt: Dein kleiner Daniel wird jetzt immer wieder zu dir kommen, wenn er etwas auf dem Herzen hat. Denn er hat ja Vertrauen zu dir.«

Ben-Mosche, einer der Männer, mischt sich ein: »Und was ist, Jesus, wenn Ben-Gabriel die Bitte seines Sohnes einmal nicht erfüllen kann oder will? Und das wird ja früher oder später passieren! Dann ist es aus mit dem Vertrauen!«

»Oh, das glaube ich nicht!«, ruft Ben-Gabriel, »mein Daniel weiß genau, dass ich ihn lieb habe. Und wenn ich mal sagen muss: ›Die Bitte, Daniel, kann ich dir nicht erfüllen!‹, dann verliert er doch nicht das Vertrauen! I wo – nach zwei Stunden kommt er wieder und hat was anderes auf dem Herzen. Würde er das tun, wenn er kein Vertrauen hätte?«

Jesus nickt: »Ja, Freunde«, sagt er, »ich verstehe Ben-Gabriel sehr gut. Das Wichtigste ist sicher, dass ihr eure Kinder lieb habt und dass sie das merken. Dann kann man ihnen durchaus mal eine Bitte abschlagen. Sie wissen ja: Das tut der Papa, weil er besser weiß, was für mich gut ist. Weil der Papa mich lieb hat.«

»Ja, ja«, sagt Ben-Mosche, »da ist was dran, Rabbi Jesus. Du sprichst so, als hättest du gute Erfahrungen mit deinem Vater gemacht ...«

»Habe ich«, sagt Jesus, »habe ich! Genau die Erfahrung habe ich gemacht: Dass mein Vater besser weiß, was gut ist für seinen Jungen. Und darum habe ich Vertrauen zu ihm, auch wenn er mir einen Wunsch abschlägt ...«

»Entschuldige«, fährt Ben-Gabriel dazwischen, »du sagst: er weiß – und: ich habe Vertrauen. – Du redest von deinem Vater, als lebte er noch. Aber dein Vater Josef ist doch seit mindestens zehn Jahren verstorben.«

Jesus lacht: »Ach, Ben-Gabriel, ich meine doch nicht meinen lieben und guten Vater Josef! Der ist längst tot. Ich spreche von meinem himmlischen Vater – von unserem Vater im Himmel, von Gott. Ihn habe ich gemeint! Und ihr wisst ja: Ich bespreche alles mit ihm, was ich vorhabe, was ich tun möchte, was ich auf dem Herzen habe. – Tut ihr doch auch, oder?«

Die Männer murmeln irgendetwas Bejahendes. Und Ben-Mosche sagt: »Gewiss, wir sprechen unsere Gebete in der Kirche und bei Tisch und ... und ...«

»Nun ja«, sagt Jesus, »das ist gut, und Gott freut sich sicher, wenn ihr ... diese Gebete sprecht. Aber ihr könnt ruhig alles mit ihm besprechen: Eure Sorgen mit den Schafen und eure Freude über ein schönes Fest und eure Gedanken über den Nachbarn und den Kummer mit euren Kindern. Ich meine: Mit Gott kann man wirklich alles besprechen ...«

»Und du glaubst«, fragt einer der Männer, »er hört uns zu, wenn wir diese ... Kleinigkeiten unseres Lebens vor ihn bringen?«

»Aber sicher!«, sagt Jesus. »Ihr könnt ihm alles und jedes sagen, auch eure Bitten und Wünsche. – Allerdings«, fährt Jesus fort, »allerdings erwartet nicht, dass Gott euch alles erfüllt, um was ihr ihn bittet! Nein, erwartet das nicht! Wer – wie der kleine Daniel – um ein Schaf bittet, der kriegt es eben nicht, weil das für den kleinen Daniel und für das Schaf nicht gut wäre. Er kriegt – einen Esel zu versorgen; denn das ist für beide gerade recht. Versteht ihr?«

Die Männer nicken und lächeln.

»Seht ihr«, sagt Jesus, »wenn wir Menschen, die wir ja wirklich nicht immer die klügsten sind (ganz zu schweigen davon, dass wir oft böse in unseren Gedanken und Taten sind) – wenn wir Menschen schon (wie Ben-Gabriel) unseren Kindern möglichst nur Gutes tun: wieviel mehr wird unser himmlischer Vater nur Gutes für uns im Sinn haben! Traut ihm das zu, Freunde! Er hat uns doch lieb!«

Die Männer nicken wieder. Einige wackeln mit dem Kopf, als wollten sie sagen: Ich weiß nicht, ich weiß nicht ...!

Und einer von den Jüngern, der Thaddäus, sagt dann: »Meister, ich kann dir da nicht recht geben! Sieh, vor fünf Jahren wurde mir endlich ein Sohn geboren. Wie haben meine Frau und ich uns gefreut! Und dann wurde er krank – und nach zwei Jahren starb der Junge. Wie sehr habe ich Gott gebeten, ihn gesund werden zu lassen, ihn am Leben zu lassen ... Inständig und andauernd habe ich Gott gebeten. Aber der Junge starb. Mein einziger Junge. Wie kannst du sagen: ›Gott hat nur Gutes, nur Heilsames für uns, für mich im Sinn?‹«

Jesus überlegt lange. Dann fragt er vorsichtig: »Wärst du, Thaddäus, wärst du mit mir gegangen, um Gottes frohe Botschaft zu verkündigen, wenn dein kleiner Junge jetzt am Leben wäre?«

Thaddäus wiegt den Kopf hin und her. Dann sagt er: »Ich glaube nicht. Ja, ich wäre ganz bestimmt nicht mitgegangen. Er wäre jetzt – ja, er wäre jetzt fast so alt wie der kleine Daniel. – Er hätte mich gebraucht, ich hätte mich um ihn kümmern müssen, vor allem, weil meine Frau kränklich ist. Nein, ich wäre daheim geblieben. Kleine Jungen brauchen doch ihren Vater ...«

»Könnte es sein«, überlegt Jesus weiter, »dass Gott darum deinen kleinen Jungen zu sich genommen hat, damit du frei bist, mit mir zu gehen und das Reich Gottes anzusagen? Vielleicht war das das Gute, das Gott für dich im Sinn hatte?«

»Das ist aber sehr, sehr schwer zu begreifen!«, ruft Ben-Mosche dazwischen. »Wer blickt schon immer dahinter, was Gott Gutes für uns im Sinn hat?«

Jesus sagt: »Meistens sehen wir es nicht. Wir sehen bloß: Gott gibt mir nicht, um was ich ihn gebeten habe. Und dann ist man böse über Gott. Stimmt's?«

»Ja, ja«, sagen die Männer. »So ist es. Ja, wir sind böse, weil Gott nicht tut, was wir wollen. Wir sind traurig und enttäuscht, weil Gott nicht gibt, was wir für wichtig halten.«

»Warst du auch schon mal böse oder traurig oder enttäuscht über deinen himmlischen Vater?«, fragt Thaddäus.

Jesus lächelt. »Gewiss, Thaddäus, früher war ich oft ... nicht einverstanden.

Ich habe erst allmählich gelernt, dass alle Wünsche und Bitten, die wir vor Gott bringen, immer mit sechs Worten enden müssen. Wenn man diese sechs Wörter kennt und sagt und meint, dann kann man eigentlich nicht mehr böse oder enttäuscht sein, wenn Gott Nein sagt, wenn es ganz anders kommt, als man es sich gewünscht hat.«

»Sechs Worte?«, fragt Ben-Mosche, »was sind das für sechs Wörter, die man sagen soll?« Alle sehen Jesus gespannt an.

»Es sind sehr schwierige Worte«, sagt Jesus. »Sie sind schwierig – nicht schwierig auszusprechen, versteht ihr – nein, sie sind schwierig, weil sie einen so klein vor Gott machen ... so klein wie der kleine Daniel vor seinem großen Vater Ben-Gabriel ...«

»Nun, sag schon«, drängt Ben-Gabriel, »sag doch die sechs schwierigen und wichtigen Wörter!«

»Diese sechs Wörter«, fährt Jesus fort, »kann man nur sagen, wenn man weiß: Gott hat mich lieb. Darauf muss man vertrauen, wenn man betet und Gott seine Bitten vorträgt. Die sechs Wörter heißen: ›Nicht mein, sondern dein Wille geschehe!‹«

Oh, ist unser Bauer dumm!

Ein Spiel mit Tierhandpuppen zu Markus 4

Das Gleichnis vom vierfachen Acker wurde von Jürgen Koerver zum Spiel mit Tierhandpuppen ausgestaltet. Er liebte gerade diese Figuren, Ochse und Esel, sehr. Die Maske dieser häufig »unterschätzten« Tiere, über die man sich lustig macht, diente ihm öfter als »Verpackung« für seine charakteristische klare und einfache Gläubigkeit, mit der er die Herzen der Menschen – vor allem der Kinder – erobern konnte (siehe auch »Der reiche Bauer Michel«, S. 263).

Ochse: Ooooh, ist unser Bauer dumm.

Esel: *(ironisch)* Dumm wie ein Ochse!

Ochse: Erlaube mal – das ist eine Beleidigung!

Esel: Richtig. Es ist eine Beleidigung, unseren Bauer dumm zu nennen.

Ochse: Mit einem Esel wie dir streite ich nicht. – Aber sieh dir doch an, wie dumm der sich beim Säen anstellt!

Esel: Ja – und da denkst du natürlich gleich an das viele Fressen, das dabei herauskommt ...

Ochse: Ich denke gar nicht daran. Es ist auch zwecklos, daran zu denken; denn dabei kommt gar nichts raus – so wie der sät!

Esel: Und wie sät er?

Ochse: Er wirft das Korn einfach auf den Boden.

Esel: Wohin soll er's denn sonst werfen? Etwa dir ins große Maul, damit du es gleich fressen kannst?

Ochse: Vielleicht wäre das günstiger. So, wie der das macht, haben nur die Vögel was davon. Sieh doch: er wirft es da auf den Weg, der ganz fest getrampelt ist ... Und jetzt kommen die Vögel und fressen die Körner. – Ooooh, wie dumm ist unser Bauer!

Esel: Höchstens ein bisschen dumm, dass es da hinfällt. Das andere fällt woanders hin und wird was werden!

Ochse: Ha! Wenn du nicht so furchtbar faul wärst, Esel, son-

| | dern so fleißig wie ich – wenn du also wie ich schon mal vor dem Pflug gegangen wärst, dann hättest du unter deinen Füßen gespürt, dass der Ackerboden ganz dünn ist – darunter sind dicke Steine und Felsen. |

Esel: Na und? Ob dünner oder dicker Ackerboden ist doch egal ...

Ochse: So kann nur ein Esel reden! Aus dem Korn wird nichts. Es geht auf, aber es kann nicht wachsen auf dem Felsen. Alles umsonst gesät! – Ich sag ja: Unser Bauer ist dumm ...!

Esel: Du wiederholst dich, Ochse. Es wäre besser, du würdest nicht so viele Worte in den Mund nehmen, sondern irgendetwas Grünes in dein großes Maul – zum Beispiel das bisschen Unkraut da ...

Ochse: Ochsen sind geduldig. Sie können warten. Ich beispielsweise warte, bis es mehr wird. Und es wird bald mehr sein – genau da, wo unser Bauer jetzt hin sät. Ich kenne den Boden: da wächst massenhaft herrliches Unkraut, dick und fett. Oooh, ist unser Bauer dumm!

Esel: Jetzt reicht's! Unser Bauer kann säen, wo er will!

Ochse: Oh gewiss. Nur: Es ist dumm, die Körner dahin zu werfen, wo später Unkraut aufgeht. Das erstickt nämlich die heranwachsenden Getreidepflanzen. Alles umsonst gesät!

Oooh, ist unser Bauer dumm! – Ich kann es einfach nicht mehr mit ansehen!

Esel: Dann guck doch weg!

Ochse: Wohin?

Esel: Guck einfach mich an!

Ochse: Obwohl du alles andere als ein reizvoller Anblick bist: Immer noch besser, als einen dummen Bauern zu sehen, der die Körner einfach so herum wirft.

(Ochs dreht den Kopf dem Esel zu und blickt ihn an. – Pause.)

Dein Anblick schläfert mich ein. Mir fallen die Augen zu. *(Er schläft ein.)*

Esel: *(singt nach der Melodie »Schlaf, Kindchen, schlaf«)*

Schlaf, Ochse, schlaf, und träum', o Ochse, brav. Da

draußen geht der Sä-emann, das Korn, das fängt zu wachsen an, dieweil der Ochs im Schlaf.

(Pause)

Esel: *(plötzlich und laut)* I-ah!

Ochse: *(fährt hoch)* Oh, du hast mich erschreckt – du hast mich geweckt!

Esel: Du redest ja in Reimen, Ochse! – Aber darauf kannst du dir keinen Reim machen.

Ochse: Worauf?

Esel: Auf das, was du siehst, wenn du auf das Feld schaust.

Ochse: Oh, ich kann mir's denken: Fest getretene Wege, wo nichts wächst. Felsenboden, wo nichts wächst. Unkrautland, wo nichts wächst. Oooh, ist unser Bauer ...

Esel: ... ein reicher Mann. Das wolltest du doch sagen, oder?

Ochse: Dummes Zeug! Wo nichts wächst, kann man nichts ernten, und da bleibt man arm.

Esel: Dann schau mal, Ochse, schau mal hin!

Ochse: *(dreht den Kopf zum Feld und schaut)* Muooooh!

Esel: Siehst du, unser Bauer ist nämlich nicht dumm. Der hat voller Hoffnung einfach überall gesät, und da ist eben auch einiges auf gutes Land gefallen – und ganz groß aufgegangen – ganz groß!

Ochse: Ganz groß!

Esel: Gaanz dicke Ähren – Riesenähren – Superähren mit viiielen Körnern drin!

Ochse: Tatsächlich. Das ist ja unglaublich!

Esel: Ja, unser Bauer ist trotzdem dumm.

Ochse: Na hör mal!

Esel: Ja doch: er ist dumm! Wie kann er sich nur einen so hoffnungslos dummen Ochsen halten wie dich!

Die einzigartige Perle

Eine (außer-)biblische Geschichte zu Matthäus 13,45-46
erzählt im Anschluss an Lukas 10,25 – 37

*Zum Thema »Vergebung« hat Jürgen Koerver die nachfolgende (außer-) bibli-
sche Geschichte »erfunden«. Er bringt dabei das Gleichnis von der kostbaren
Perle in Verbindung mit dem Gleichnis vom barmherzigen Samariter.*

Viele Wochen waren vergangen seit dem Überfall auf der
Straße von Jerusalem nach Jericho.

Ben-Ruben, der Perlenhändler, war wieder gesund, die
Wunde verheilt, die Kopfschmerzen weitgehend abgeklungen,
und er ging wieder seinen Geschäften nach.

Er hatte ein geharnischtes Schreiben an den Rat der Stadt
gesandt, dass nun endlich etwas für die Sicherheit auf dieser
gefährlichen Straße getan werden müsse. In der Antwort stimmte
man ihm voll zu und tat nichts.

Er hatte das auch dem römischen Hauptmann Cornelius bei
einem Glas Wein in der Torschenke zu verstehen gegeben:
schließlich sei Rom ja so sehr auf Ruhe und Ordnung bedacht,
also solle Rom etwas tun, dass dem Räuberwesen Einhalt geboten werde. Der Hauptmann hatte höflich gelächelt.

Und Ben-Ruben hatte es auch nicht unterlassen können, einen
zwar höflichen, aber boshaften Brief an den Oberpriester in Jerusalem zu schreiben, in dem er die unterlassene Hilfeleistung
der Tempelbediensteten deutlich machte. Eine Antwort erhielt er
nicht.

Die Pilgerherberge »Zur einsamen Strasse« weit vor den Toren
Jerichos suchte er auch auf, bedankte sich nochmals und
überreichte der Wirtin ein sehr hübsches Perlenarmband und
dem Wirt einen kostbaren Reif zur Befestigung seines Kopftu-
ches. Wirt und Wirtin fühlten sich geschmeichelt und tischten
einen Leckerbissen nach dem anderen auf.

Den hilfreichen Samariter aufzuspüren – er hatte weder Namen
noch Wohnort im Wirtshaus hinterlassen – verlief ergebnislos.

Ben-Ruben hörte sich um, ließ auch seine Handelspartner in Samaria und anderswo die Ohren offenhalten, ob sich jemand seiner guten Tat vielleicht rühme (was aber nicht der Fall war).

Als er schon alle Hoffnung aufgegeben hatte, seinen Retter jemals zu finden, ergab ein Zufall (so jedenfalls nannte Ben-Ruben es zunächst), dass seine Suche zum Ziel zu kommen schien.

Ein Fremder, der ganz und gar nicht so aussah, als könne er sich Perlen leisten, betrat seinen Laden und sagte – nach einigen einleitenden Höflichkeitssätzen –, ob er ihm eine Frage stellen dürfe. Als Ben-Ruben lachend bejahte, fragte der Fremde: »Wäre es für dich denkbar, dass du alle Perlen, die du besitzt, verkaufen würdest, wenn du die eine, herrliche, überwältigend schöne Perle angeboten bekämst – *die* Perle schlechthin, sozusagen *die Perle* deines Lebens?«

Ben-Ruben war ein wenig verblüfft, wiegte den Kopf hin und her, erhob sich und ging im Laden auf und ab, sah immer wieder den Fremden an, erregte sich, weil der Fremde ihn sehr ernst und aufmerksam anschaute, überlegte ... Schließlich meinte er: »Ja, das könnte ich mir vorstellen: Wenn mir jemand diese Perle anböte – ich würde alles, was ich habe, dafür geben.« Und fügte gleich hinzu: »Hast du – hast du so etwas?«

Aber der Fremde lächelte nur, sagte: »Wer weiß?«, und fragte unvermittelt: »Du hast da eine ziemlich große Narbe an der Stirn – hattest du einen Unfall?«

Zuerst ärgerte sich Ben-Ruben ein wenig, dass er keine rechte Antwort bekommen hatte und wollte schon sagen: »Was soll das Ganze?«; aber dann überwog die Begierde, wie sie allen Kranken oder gerade Geheilten zu eigen ist, von ihren Gebrechen oder Erlebnissen zu erzählen. Und so berichtete er dem Fremden in kurzen Zügen, was ihm widerfahren war, und ließ auch nicht unerwähnt, welche unsägliche Wut er auf den Räuber und auf die habe, die an ihm vorbei eilten, und schließlich, dass er dem hilfreichen Samariter immer noch, wenn auch bislang vergeblich, auf der Spur sei.

»Wenn du ihn kennenlernen willst«, bemerkte der Fremde, nachdem Ben-Ruben zu Ende erzählt hatte, »dann kann ich dir helfen. Ich kenne ihn ...«

»Oh, woher das?«, fragte Ben-Ruben höchst interessiert und erregt.

Aber der Fremde überging die Frage und sagte nur: »Wie wäre es mit dem Tag nach dem nächsten Sabbat? Im Wirtshaus ›Zur einsamen Strasse‹? Sagen wir: Kurz nach Sonnenuntergang?«

Ben-Ruben strahlte und willigte sogleich ein. Aber ehe er noch weitere Fragen an den Fremden stellen konnte, war der mit einem kurzen »Schalom« gegangen.

Ben-Ruben blieb nur, sich sehr zu wundern über diesen seltsamen Fremden.

Als Ben-Ruben am Tag nach dem Sabbat den Gasthof »Zur einsamen Strasse« betrat, herrschte lebhafter Betrieb in der Schankstube. Einige römische Soldaten lümmelten sich in einer Ecke mit recht offenherzigen Mädchen. Anderswo saßen Karawanenführer und ihre Treiber und spülten sich den Straßenstaub aus der Kehle. Und wieder anderswo verhandelten einige Herren irgendwelche Geschäfte, die – dem Flüsterton nach zu urteilen – möglicherweise nicht ganz den Gesetzen entsprachen. Eine Gruppe Pilger hatte sich in eine dunklere Ecke verzogen und murmelte mit geschlossenen Augen Psalmen.

Und an einem Mitteltisch – Ben-Ruben sah es sofort – saß der Fremde, und neben ihm ein anderer, offenbar der Samariter.

Ben-Ruben eilte an den Tisch und umarmte lange und wortlos den Samariter. »Lass dich anschauen«, sagte der und betrachtete Ben-Ruben. »Gut verheilt, die Wunde, dem Himmel sei Dank! Leidest du noch an Nachwirkungen?«

Ben-Ruben schüttelte den Kopf. »Nicht der Rede wert!«

»Das also ist Samuel!«, sagte nun der Fremde. »Komm, Ben-Ruben, setz dich! Ein Glas Wein?«

Aber bevor Ben-Ruben etwas erwidern konnte, stand schon der Wirt da, sagte: »Schalom, Ben-Ruben, willkommen in meinem Haus!«, tippte dabei lächelnd an sein Kopfband und setzte einen Krug auf den Tisch. »Mein bester! Libanon, reife Beere, ölig, zehn Jahre im Schlauch!«, fügte er hinzu. »Und hier«, er nahm seiner Frau die Schüssel aus der Hand, »frisch gebackenes Brot!«

»Komm, setz dich zu uns!«, lud der Fremde ein. »Du gehörst doch dazu, Wirt!« Der sah sich nach seiner Frau um. Sie nickte lächelnd. Was besagte: Ich komm schon klar mit allem. Dann setzte er sich zu ihnen.

»Gut siehst du aus, Ben-Ruben«, sagte er, »obwohl ich ja wirklich keine Krankenpflegestation unterhalte und von diesen Dingen keine Ahnung habe – ich muss sagen: Wir haben dich gut hingekriegt!«

»Mit der Hilfe des Höchsten!«, warf der Fremde ein.

»Und der bescheidenen meiner Frau!«, fügte der Wirt rasch hinzu.

Sie lachten und Ben-Ruben hob seinen Becher in Richtung Tresen, hinter dem die Wirtin stand und ihm lächelnd zunickte.

»Vor allem aber«, sagte Ben-Ruben und hob seinen Becher zu Samuel hin, »vor allem aber Dank der Hilfe dieses Mannes! Wenn er sich nicht meiner erbarmt hätte, dann ...«

»Ich war halt zufällig der Nächste ...«, wehrte Samuel bescheiden ab.

»Sehr zutreffend!«, rief der Fremde. »Du warst ihm der Nächste!«

Samuel sah ihn etwas erstaunt von der Seite an. Ben-Ruben aber sagte: »Das, lieber Freund, stimmt nicht ganz. Der Nächste war zunächst nämlich – ein Priester. Er hörte meine Hilferufe, aber keinen Finger hat er ...«

»Habakuk heißt er!«, warf der Wirt ein. »Er bringt die Räucheropfer am Altar des Höchsten dar, jeweils am Tag nach Vollmond hat er Dienst in Jerusalem. Auf seinem Weg kehrt er jeweils hier ein.«

»He, sag bloß, er ist auch an jenem Tag hier hereingekommen?«, fuhr Ben-Ruben dazwischen.

»Er ist«, sagte der Wirt. »Er war völlig verstört und hat nur immer wieder gemurmelt: ›Wenn er stirbt, bin ich schuld!‹ und: ›Ich will nicht mehr Priester sein‹ – hat er gerufen – ›wenn Er mir Hilfeleistung unmöglich macht! Wie kann ich Gott opfern, wenn ich dafür einen Menschen opfern muss?‹ – Oh, es war schlimm mit ihm!«

»Das hätte ich gar nicht gedacht«, knurrte Ben-Ruben, »dass ihm das so nahe geht.«

Der Wirt nickte. »Es ist ihm so nahe gegangen, dass er seine Felder und Schafe seinem Sohn übergeben hat und jetzt trotz seines Alters ständig Pilgergruppen hin und her begleitet, um sie – soweit er das kann – zu schützen oder ihnen sonstwie zu helfen. – Ja, Habakuk hat sich sehr gewandelt. Übrigens«, fügte der Wirt hinzu, »falls es dich interessiert: Da drüben bei der Pilgergruppe in der Ecke, da sitzt er.«

Ben-Ruben drehte sich mit einem Ruck um und wollte aufspringen. Der Fremde hielt ihn fest und sah ihn lange und bittend an. Dann sagte Ben-Ruben zögernd: »Ich ... ich könnte ihn ... ich könnte ihn an unseren Tisch ... holen. Ich meine ...«

»Tu das!«, sagte der Fremde.

Es dauerte recht lange, aber dann führte Ben-Ruben den Priester an ihren Tisch. Er nickte ihnen allen verschämt zu und setzte sich. Der Fremde schob ihm den Teller mit Brot und einen Becher mit Wein hin und sagte: »Iss und trink mit uns, Habakuk!«

Dann wandte er sich unvermittelt an Ben-Ruben: »Und – es kam noch einer bei dir vorbei?«

»Vorbei – ja, vorbei!«, brummte Ben-Ruben. »Ein Levit, wenn ich's mit meinen verquollenen Augen richtig gesehen habe. Er rannte geradezu. Als er mich sah, zögerte er einen kurzen Augenblick, aber dann lief er weiter!«

»Das war – Josua«, sagte leise der Priester Habakuk. »Josua – so heißt er – rannte, weil ... Er hat mich eingeholt und es mir kurz mitgeteilt ... Josua also rannte, weil er Nachricht bekommen hatte, dass sein einziger Sohn todkrank sei ...«

»War Ben-Ruben das nicht?«, murmelte der Wirt dazwischen.

»Gewiss«, antwortete der Priester. »Und das bekümmerte ihn. Nein, mehr! Das riss ihn hin und her. – ›Da liegt einer am Weg und ich bin weiter gelaufen‹, berichtete er hastig. ›Ich denke dauernd nur an meinen kleinen Jungen, um den sich ja schon meine Frau und andere kümmern – und den da lass ich in seinem Blut liegen! Oh Gott, was bin ich bloß für ein Unmensch!‹ – So hat er gesagt.«

»Stimmt auffallend!«, knurrte der Wirt. Dann fragte er: »Und wie ist es mit seinem Sohn?«

»Der – der ist leider verstorben«, sagte Habakuk leise. »Und das hat Josua – ihr werdet es verstehen – das hat ihn sehr ... mitgenommen. Vor allem der Gedanke, der Überfallene, also du, Ben-Ruben, könntest durch seine Schuld auch ... Nun, durch all das, ist er ein anderer geworden. Er und seine Frau haben beschlossen, kleine Jungen und Mädchen, die keinen Vater und keine Mutter mehr haben, in ihr Haus aufzunehmen. Erst gestern hat er so einen kleinen Burschen in Jerusalem abgeholt. Den Vater haben die Römer erschlagen und die Mutter ist kurz darauf gestorben. Jetzt liegt der Kleine oben auf seiner Schlafmatte und ...«

»Und Josua?«, fuhr Ben-Ruben dazwischen, »wo ...? Sag bloß, er ist ...«

»Der saß eben dort drüben bei diesen Herren«, sagte der Priester. »Josua hat versucht, ihnen ein bisschen Geld abzubetteln für seine Kinder ...« *(Ben-Ruben und die anderen blickten hinüber.)*

»Der mit dem Bart ist Josua!«, flüsterte Habakuk.

Ben-Ruben fühlte den Blick des Fremden auf sich ruhen. Er sah ihn an. Der nickte ihm aufmunternd zu. Seufzend und langsam stand Ben-Ruben auf und ging zu jenem Tisch hinüber.

Es dauerte eine Weile. Dann kam Ben-Ruben mit diesem Josua. Der stand mit gesenktem Kopf da.

»Komm!«, forderte der Fremde ihn auf. »Komm, setz dich, iss und trink mit uns.« Und schob ihm Teller und Becher hin.

Josua wagte immer noch nicht recht aufzuschauen, setzte sich zögernd, murmelte »Danke, vielen Dank!«, und griff dann nach Brot und Wein.

Ben-Ruben lächelte und sagte: »Jetzt sind sie also alle beisammen, die in meine Geschichte verwickelt sind ...«

»Alle?«, fragte der Fremde. «Du hast wohl vergessen, wie alles angefangen hat, da auf der Straße, wo sie so eng und unübersichtlich zwischen den Felsen hindurch führt ...?«

»Erinnere mich bloß nicht daran!«, polterte Ben-Ruben ziemlich empört. »Dieser Kerl mit dem Knüppel, dieser verdammte ... Wenn ich den erwischen würde! Oh! Und meine schönen Perlen hat er mir geraubt. – Perlen, sage ich euch, Leute! Zwar nur sechs Stück, aber eine schöner als die andere! Und alles weg!«

Der Fremde griff in sein Gewand. Dann setzte er einen kleinen Beutel auf den Tisch vor Ben-Ruben.

»Das ... das ...!«, stammelte Ben-Ruben und öffnete mit zitternden Fingern den Verschluss. »Sie ... sie sind es!«, flüsterte er. »Sie sind es ... meine Perlen ... alle sechs!«

»Ein junger Kerl hat sie mir gebracht«, sagte der Fremde. »Er hat gestanden, dass er sie geraubt hat. Aber er wollte sie nicht. Nicht mehr. Es war das erste Mal, dass er – nun ja – das getan hat. Und er hat es getan, weil ihm niemand Arbeit geben wollte. Er hat nichts Rechtes gelernt, und er hat obendrein rote Haare und eine Hasenscharte und hinkt sehr – na und da wollen ihn die Leute nicht. Und in seiner Verzweiflung hat er darum ...«

»Feuerrote Haare, Hasenscharte, Hinkefuß?« Der Wirt war aufgesprungen. »Sag bloß noch, er heißt Joel?«–

»Ja, heißt er!«, antwortete der Fremde. »Du kennst ihn, nicht wahr, Wirt?«

»Ich hab ihn vor kurzem – ja, nicht lange nachdem du, Ben-Ruben, nach Hause konntest, – da hab ich ihn als Stallburschen eingestellt!«, schnaubte der Wirt. Aber wenn er ein Räuber ist, dann ...«

»*War*«, sagte der Fremde. »*War einmal.* Und er hat's bereut und die Beute zurück gegeben. Komm, setz dich wieder, Wirt! – Und du, Ben-Ruben: ob du es wohl schaffst, in den Stall zu gehen und?«

»Du verlangst viel, Fremder!«, seufzte Ben-Ruben. «Die Narbe an meiner Stirn brennt noch und da soll ich ...«

Der Fremde sah ihn bittend, ja flehend an.

Da stand Ben-Ruben langsam auf, ging durch den Wirtsraum und verschwand durch die Tür zum Stall.

Die anderen saßen schweigend da, kauten vom Brot, nahmen einen Schluck Wein. Und hin und wieder schauten sie den Fremden an; der aber sah vor sich auf den Tisch.

Dann – nach einer recht langen Zeit – ging die Tür zum Stall auf, und Ben-Ruben zog den hinkenden Joel an der Hand hinter sich in den Wirtsraum.

Als sie am Tisch waren, stand Joel mit einem Kopf da, der fast so rot war wie seine Haare und schaute zu Boden. Ben-Ruben schob einen Schemel neben den seinen und sagte: »Komm, setz dich zu uns, Joel!« Zögernd tat er es, wagte aber auch dann nicht aufzusehen.

»Hier, nimm Brot und Wein!«, rief der Fremde und schob ihm Schüssel und Becher hin. Schüchtern lächelnd blickte Joel den Fremden an, wagte auch einen kurzen Blick auf die anderen. Sie nickten ihm aufmunternd zu und der Wirt fragte freundlich: »Na, alles klar im Stall?«

Joel nickte, wischte sich die Hand am Kittel ab und brach mit zwei Fingern ein Stückchen Brot ab. Während er kaute, sagte Ben-Ruben: »Wir zwei haben über die Sache gesprochen. Es ist ... erledigt. Und ich möchte nicht mehr drüber reden, ja?«

Alle nickten verständnisvoll, hoben die Becher – auch Joel – und tranken einander zu.

Eine Zeit lang herrschte Schweigen. Dann griff Ben-Ruben an den Gürtel seines Gewandes, nestelte das Perlenbeutelchen los, das er vorhin dort befestigt hatte, schüttete die Perlen in den Handteller und rollte sie hin und her. Sie schimmerten matt im Licht der Öllampen.

Alle schauten ihm zu und flüsterten: »Schön! ... Prächtig! ... Dieser Glanz! ... Herrlich!«

Dann sagte Ben-Ruben – und dabei schaute er mal auf die Perlen in seiner Hand und mal zu dem Fremden hin: »Ich habe beschlossen, diese Perlen wegzugeben: Ich hatte sie ja ohnehin schon abgeschrieben, also: was soll's? Dieser Abend ... dieses Zusammentreffen, diese wunderbare, wie ihr zugeben werdet ... und ... und ... was sich hier ergeben hat, ist mir ohnehin mehr wert als diese Perlen. – Hier – er griff eine heraus – hier, die ist für dich, Joel. Vielleicht kommt eines Tages ein Arzt in diese Herberge, der dir helfen kann, nun auch noch äußerlich heil zu werden. Innen drin bist du es ja.« Und er drückte dem verwirrt dreinschauenden Joel die Perle in die schmutzige Hand.

»Und die ist für dich, Josua, damit ihr – du und deine Frau – für die Kinder sorgen könnt, um die ihr euch da kümmert. – Und die ist für dich, Habakuk. Vielleicht kannst du damit etwas zum Schutz deiner Pilger bewerkstelligen? Oder du brauchst mal ein Lösegeld?« Und er rollte ihm die Perle über den Tisch zu.

»Und diese – es ist eine besonders schöne, schau nur: dieser rosa Schimmer! – die also ist für dich, Samuel. Für das Öl, das du mir auf die Wunden gabst, fürs Verbandzeug und die Auslagen hier in der Herberge. Gib auch deinem Esel eine Extraportion Futter, weil er mich so behutsam befördert hat! Und mach deiner Frau ein schönes Geschenk, weil sie sicher große Angst ausgestanden hat, als du meinetwegen viel später nach Hause kamst. – Und die hier ist für dich, Wirt. Ja, ich weiß, du und deine Frau, ihr habt schon eine Gabe von mir bekommen: Aber nimm sie und betreue dafür andere Kranke, die man dir ins Haus trägt! – Nun, und die letzte ist für dich, Fremder. Bis jetzt weiß ich noch nicht mal deinen Namen.« – »Wir auch nicht!«, riefen die anderen am Tisch. Nur Joel murmelte etwas wie »Jesus«.

Ben-Ruben sprach weiter: »Und ich weiß auch nicht, was du damit machen wirst. Aber du wirst schon etwas damit anfangen können ...« Und dabei rollte er ihm die letzte Perle zu, lachte seine leere Hand und dann die Runde an und stand auf. »Ich muss heim, es ist ja schon Nacht und in die Stadt ist es noch ein Stück zu laufen, wie ihr wisst.«

»Ich werde dich begleiten und beschützen!«, ließ sich Joel vernehmen. »Falls es der Herr Wirt erlaubt? Wenn ich daher gehinkt komme, laufen alle Räuber vor Schreck weg!« Er zog dabei eine Grimasse, dass jeder sich vorstellen konnte, wie die Räuber die Flucht ergreifen würden.

Sie brachen auf, bedankten sich, umarmten sich und leiteten Ben-Ruben zur Tür.

Der Fremde ging noch ein paar Schritt mit hinaus.

»Was wirst du mit der Perle machen?«, fragte Ben-Ruben. »Ich meine: es ist natürlich deine Sache, und ich will nicht in dich dringen, aber neugierig bin ich doch ...«

»Oh«, sagte der Fremde, »ich hebe sie zur Erinnerung auf an jemand, der sie und andere weggab, weil er sich das *eine* bei Brot und Wein geben ließ, was nur der Barmherzige geben kann. Übrigens: eine himmlisch schöne Perle, mein lieber Ben-Ruben! Wirklich eine himmlisch schöne Perle! – Schalom!«

Sprach's und ging zurück in die Herberge »Zur einsamen Strasse«.

Die Gabe der Witwe

Eine Erzählung mit Rahmenhandlung zu Lukas 21,1–4

Auch dies ist eine typische »Koerver-Geschichte«. Man spürt in ihr den »fröhlichen« Glauben des Autors. Er denkt sich hinein in das Alltagsleben, das Jesus mit seinen Jüngern geführt hat und verknüpft es mit einer Szene, die im Lukasevangelium nur wenige Verse einnimmt. Aus den Dialogen der Jünger mit Jesus wird aber für alle (großen und kleinen) Kinder gleich die Anwendung in den Lebensalltag mit erzählt. Narrative Predigt im besten Sinn des Wortes.

Der Tag hatte schön angefangen. Sie hatten gut geschlafen, die freundlichen Dorfbewohner hatten ihnen gewürzten Gerstenbrei und frisch gebackene Brotfladen als Mahlzeit gebracht – und dann hatten sie sich, so gestärkt, auf den Weg gemacht.

Kaum waren sie die Anhöhe hinauf, da rief Jesus: »Freunde, ich hab Lust zu singen!«

»Jaaa!«, riefen die Jünger, »ein Lied – das ist gut!«

Und Jesus stimmte an, und sie alle fielen lautstark ein:

> Der Herr ist mein Hirte,
> mir wird nichts mangeln!
> Er weidet mich auf einer grünen Aue
> und führet mich zum frischen Wasser ...

So also fing der Tag fröhlich an. –

Später am Tag geht es nicht mehr so fröhlich zu. Schon im nächsten Dorf fängt es an. – Da ist vor Wochen die Synagoge – das Bethaus – abgebrannt, und jetzt wird sie neu gebaut. – Einige richten Balken auf, andere stampfen den Lehm des Fußbodens glatt, und etliche tragen Steine und Erde heran.

Und da ist dann der alte Mann. Er geht ziemlich gebückt und stützt sich auf seinen Stock. Er geht ganz langsam und man sieht, dass ihm das schwerfällt. Öfter muss er stehenbleiben und den Korb mit Erde, den er schleppt, absetzen.

Jakobus hat es gesehen und hilft dem Alten beim Tragen, der es lächelnd geschehen lässt. Jakobus schüttet den Korb an der Baustelle aus und herrscht dann einen der Arbeiter an: »Schämt ihr euch eigentlich nicht, diesen alten Mann so arbeiten zu lassen?« »Ich hab den Josaphat nicht gebeten und nicht angestellt!«, sagt der Arbeiter. »Er ist von selber gekommen und wollte mitmachen!«

»Dann hättet ihr ihn eben zurückweisen müssen«, ruft Jakobus ärgerlich zurück. »Der Alte richtet sich ja zugrunde!«

Der alte Mann hat zugehört und zupft Jakobus am Ärmel. »Junger Mann«, sagt er, »das ist sicher gut gemeint – und recht hast du sicher auch. Aber, weißt du, ich habe soviel gute Stunden in der Synagoge verbracht, ich habe da so oft Gottes gutes Wort für mich gehört und Er hat so manches Gebet, das ich hier gesprochen habe, gnädig erhört – ja, und da will ich eben auch tun, was ich kann, damit dieses kleine Haus Gottes wieder aufgebaut wird. Geld kann ich nicht geben, weil ich keines habe; so will ich wenigstens tun, was ich noch kann; viel ist es ohnehin nicht ...«

Jakobus geht kopfschüttelnd zu den anderen zurück und erzählt ihnen, was er erlebt hat. Und dann diskutieren sie alle miteinander den Fall ...

Nur Jesus sagt nichts dazu. – Und bald ziehen sie weiter ins nächste Dorf.

Unterwegs müssen sie allerdings noch eine Rast einlegen: Johannes hat sich einen Dorn in den Fuß getreten, und der muss erst rausgezogen werden.

Andreas steht dabei und knurrt: »So was kann ja auch nur passieren, weil er so dünne Sandalen trägt! Auch meine und die von Levi sind ganz abgelaufen. Wir brauchen unbedingt neue!«

»Es ist aber kaum mehr Geld in der Kasse«, sagt Judas. »Es reicht höchstens für ein Paar. Mehr nicht!«

»Schöne Aussichten!«, schimpft Andreas. »Wie soll das bloß weitergehen – morgen und übermorgen?«

»Findest du nicht, lieber Bruder Andreas«, sagt Simon Petrus, »dass wir Wichtigeres zu tun haben, als über dünne Sandalen nachzudenken? Wir sind doch schließlich mit unserem Meister unterwegs, um die gute Nachricht ...«

»Schon gut, schon gut!«, knurrt Andreas, »ich weiß schon: ›Macht euch keine Sorgen‹ und so! – Das ist aber reichlich schwer ...!«
Die anderen lachen über die brüderliche Auseinandersetzung und reden darüber. Nur Jesus sagt nichts dazu ... und sie ziehen weiter, ein bisschen langsamer, weil dem Johannes der Fuß wehtut. – Schließlich gelangen sie ins nächste Dorf.
Jesus spricht zu den Leuten von Gottes großer Güte, die sich allen zuwendet, die ihm vertrauen – und davon, dass man Gott vertrauen darf, denn er ist wie ein guter Vater und gibt keinen verloren ...
So spricht Jesus – und dann ist Mittagszeit. Die Jünger erbitten von den Leuten etwas zu essen, und fast jeder bringt etwas: Brotfladen, ein Stückchen Hammel, einen Napf Bohnen, einen Krug Milch ...
Und sie sagen dazu: »Danke, Rabbi Jesus, für das, was du uns gesagt hast. Du hast uns große Freude von Gott her gemacht!«
Auch ein kleiner Junge kommt. Er hat wahrscheinlich gesehen, wie die Erwachsenen den Männern etwas zu essen bringen. Strahlend reicht er Jesus ein Finger langes Stückchen Süßholz; es ist arg verschrumpelt und an einem Ende sieht es ein bisschen angenagt aus.
»Ent-zük-kend!«, sagt Simon Petrus; aber man hört deutlich heraus, dass er es ekelhaft findet.
»So ein blöder Kinderkram!«, zischt Levi empört.
Da sieht Jesus ihn und Petrus so böse an, dass sie sich rasch verdrücken. Und den kleinen Jungen streichelt er freundlich, lutscht mal am Süßholz, macht »Mmmhm!« und will es ihm zurückgeben. Aber der Junge sagt: »Für Dich!« und läuft schnell weg. –
Später, als es nicht mehr gar so heiß ist, wollen sie wieder aufbrechen. Da fängt Andreas wieder von den Sandalen an ... Er will neue kaufen.
»Na schön«, sagt Simon Petrus. »Um allen weiteren Ärger zu vermeiden und wenn du, Meister, gestattest, geben wir ihm das Geld aus unserer Kasse, und er kann sich die Sandalen kaufen!«
Jesus nickt. Andreas geht zu Judas, um sich das Geld geben zu lassen. Aber der kriegt einen roten Kopf und ist sehr verlegen. Schließlich schauen ihn alle an – und dann kommt es raus:

Er hat die zwei Denare, die sie noch in der Kasse hatten, nicht mehr!

Die Jünger sind sprachlos – dann schreien sie ihn an, am lautesten der Andreas. »Wo hast du das Geld gelassen?« – Und da erzählt Judas, wie er während ihrer Rast im Dorf herumgegangen ist und wie er vor einem Haus mit einer Frau ins Gespräch gekommen ist, und die drei kleinen Kinder neben ihr haben geweint. Und es hat sich herausgestellt: Sie haben nichts zu essen!

»Und da hab ich«, sagt Judas leise, »da hab ich an heute morgen gedacht, wo uns die Leute was zu essen gegeben haben, und eben wieder hier im Dorf und wie Gott für uns sorgt, jeden Tag ... und da habe ich ihnen die Denare gegeben ... einfach so ... Ich wollte ihnen eine Freude machen ...«

»Ja, einfach so!«, donnert Andreas ihn an, »und meine Sandalen? He?«

Aber da hilft ja nun kein Schimpfen, das Geld ist weg. Und erregt diskutierend verlassen sie das Dorf.

Nur Jesus sagt nichts, bis sie – es ist immer noch schwül – im Schatten einiger Bäume Rast einlegen. Und da sagt Jesus: »Ich möchte euch eine Geschichte erzählen!«

»Oh, das ist gut!«, rufen die Jünger. Sie mögen es, wenn Jesus Geschichten erzählt.

»Aber ihr müsst mir nach der Geschichte eine Frage beantworten!«, sagt Jesus.

»Klar!«, rufen die Jünger. »Fang an!«

Und Jesus erzählt:

Also – da war eine Frau. Ich nenne sie mal Ruth. – Vielleicht hat sie ganz anders geheißen. Aber ich gebe ihr mal den Namen Ruth.

Die Ruth ist eine arme Frau. Sie war nicht immer arm. Als ihr Mann noch lebte – der war Schmied –, da ging es ihnen recht gut. Aber dann ist er gestorben. Und nun ist sie allein und niemand ist mehr da, der für sie sorgt. Keine Kinder, keine Verwandten. Niemand. – Hin und wieder kann sie bei reichen Leuten putzen oder waschen; aber das ist selten. Gewiss, da sind auch Nachbarn, die sie schon mal zum Essen einladen; aber auch das geschieht nur ab und zu einmal. – Wenn sie gar nichts mehr hat, dann muss sie betteln gehen. Das fällt ihr sehr, sehr schwer, aber was soll sie machen, wenn sie nicht verhungern will?

Sie führt also ein armseliges Leben – immer nur das gerade Nötigste zum Essen und Anziehen. Und die kleine, windschiefe Bude im Hinterhof ihres ehemaligen Hauses, in dem jetzt ein anderer Schmied wohnt und arbeitet.

Die Ruth ist also eine sehr arme Frau. Aber sie ist trotzdem nicht unglücklich und verzweifelt und traurig, dass sie so ein armseliges Leben führen muss. – Ja, sicher: Sie weiß natürlich auch, wie schön es früher war und wie gut es ihr ging; und sie sieht ja auch, wie andere Leute leben, wie es da jeden Tag genug zu essen gibt und dass die ihre Kleider nicht immer wieder flicken müssen, sondern sich was Neues kaufen können. – Nein, Spaß macht der Ruth ihr armseliges Leben gewiss nicht. Aber wenn sie einer bedauert, dann sagt sie immer: »Was willst du? Ich bin jetzt fast 60 Jahre alt, und bis heute hat mich Gott nicht verhungern und erfrieren lassen. Und Gott sorgt auch bis heute dafür, dass ich Freude habe: Die Sonne scheint und die Kinder sind nett zu mir und auch die Nachbarn, und Er gibt mir Kraft, dass ich noch arbeiten kann, wenn man mich braucht. Und – pflegt sie zu sagen, und dabei lächelt sie verschmitzt – und darüber hinaus hat Gott mir eine besondere Freude gemacht: Ich wohne hier in Jerusalem und kann darum, so oft ich will, in seinen schönen Tempel gehen, die Chöre singen und die Posaunen blasen und das Wort unseres Gottes hören! Das hat nicht jeder Arme, nicht wahr? Du siehst, Gott sorgt sehr gut für mich! So sagt Ruth und ist trotz ihrer Armut zufrieden und dankbar.

Und nun, eines Tages, ist sie ganz besonders glücklich. Die Frau des reichen Ben-Elia hat ihr fürs Putzen zwei Kupfermünzen gegeben und ein Stück Brot obendrein. So viel hat sie lange nicht mehr bekommen für ihre Arbeit!

Und lachend sagt sie am Abend zu ihrer Nachbarin: »Gott hat mich heute zu einer reichen Frau gemacht. Schau nur: zwei Kupfermünzen und ein schönes Stück Brot!«

»Na«, sagt die Nachbarin, »dann gib mal schön Acht auf deine Münzen, das ist doch sicher alles, was du besitzt, oder?«

»Ja«, sagt die Ruth, »das ist alles.«

Am nächsten Morgen hat sie keine Arbeit. Sie isst den Rest von dem Brot, das sie bekommen hat und denkt: »Jetzt geh ich in den Tempel! Gestern war Gott gut zu mir, da will ich mich heute bedanken.«

Und da kommt sie zum Tempel und freut sich auf den Gottesdienst.

In der Nähe des Eingangs stehen die Spendenkästen – dreizehn Stück. In jedem wird etwas anderes gesammelt, und der Zweck ist jeweils drangeschrieben: »Für die Ausbesserung des Anstrichs« – »Für Holz zum Brandopfer« – »Für die Gewänder der Priester« – »Für Weihrauch« – »Für Musikinstrumente« usw. usw.

Alles, was die Leute hier geben, ist für Gottes Tempel und den Gottesdienst. Hier an den Opferkästen ist immer ein bisschen Gedränge; denn fast jeder will ja etwas einwerfen.

Fast jeder. Denn die armen Leute haben ja meist nichts, und andere vergessen es schon mal oder wollen nichts geben.

Ruth hat schon oft zugesehen – und auch zugehört; denn manche Leute können die Aufschriften an den Kästen nicht lesen, und da muss dann ein Priester, der dabei steht, helfen.

Da zum Beispiel: Ein Mann tritt an die Kästen und sagt: »Dreißig Silberlinge für die Musikinstrumente und zwanzig Silberlinge für die Erhaltung der Geräte!«

Der Priester nimmt das Geld, wirft es in die entsprechenden Kästen und sagt: »Der Herr segne dich!« Dann ist eine Frau dran.

»Oh«, denkt Ruth, »hat die aber schöne Kleider an! Die muss reich sein!« – Ist sie auch.

»Ein Goldstück für die Ausbesserung des ›Schönen Tores‹, sagt sie, »ein Goldstück für ein neues Pflaster hier im Tempel, ein Goldstück für die Priesterkleidung!«

Der Priester lässt das Geld in die Kästen fallen und verbeugt sich immer wieder und sagt mehrmals: »Gott segne dich und deine großen Gaben!«

Ruth sieht und hört zu und denkt: »Wie schön, wenn man soviel für Gott geben kann, wenn man einfach in die Tasche greifen kann und ...«

Da spürt sie zwischen den Fingern die beiden Kupfermünzen und denkt: »Aber ja – ich kann ja auch geben – ich hab's ja – ich kann Gott heute eine Freude machen!« Und sie drängt sich zwischen den Leuten durch zu den Opferkästen.

Vor ihr ist noch ein Mann, der hundert Silberstücke für den Tempelchor spendet, und der Priester sagt: »Einhundert Silberlinge Tempelchor!«, und es klimpert hundert Mal im Kasten, und »Der Segen Gottes komme über dich!«, sagt er.

Jetzt ist Ruth dran.

»Zwei Kupfermünzen für ... für ... Gott zum Dank ...weil ...«, stammelt sie aufgeregt.

»Zwei Kupfermünzen – wofür?«, schnarrt der Priester.

»Also für? – Für ... für ... ich weiß nicht ...«, flüstert Ruth.

»Also für Verschiedenes!«, sagt der Priester und wirft das Geld in den 13. Kasten, auf dem keine Aufschrift steht.

»Gut. Danke. Der Nächste!«, sagt er und wendet sich einem Mann zu, der zwei Goldstücke gibt.

Und Ruth windet sich aus dem Gedränge und freut sich: »Heute habe ich mich mal richtig bei Gott bedanken können für all das, was er für mich getan hat – und bestimmt auch weiterhin tun wird!«

»So«, sagt Jesus, »hier endet meine Geschichte.«

»Oh«, rufen die Jünger, »schon zu Ende?« – Eigentlich haben sie erwartet, dass noch was Aufregendes kommt.

»Ja«, sagt Jesus, »mehr gibt es nicht zu erzählen. Aber jetzt kommt meine Frage – nämlich: Wer hat mehr gegeben – die Ruth oder – zum Beispiel die Frau mit den drei Goldstücken?«

»Na«, ruft Judas, der ja die Kasse führt, »das ist doch ganz klar – sonnenklar: Natürlich hat die mit den Goldstücken mehr gegeben!«

Und Levi, der als ehemaliger Zöllner immer mit Geld zu tun hatte, meint: »Ja wirklich, das ist doch eine ganz überflüssige Frage, Meister!« Die anderen Jünger nicken. So eine Frage kann ja jedes Kind beantworten ...

Nur Johannes macht ein nachdenkliches Gesicht und sagt: »Wie viele Goldstücke mag die Frau oder ihr Mann wohl besitzen? Hundert oder dreihundert oder noch viel mehr? Und dazu ein schönes Haus und ein gutgehendes Geschäft und ...«

Jesus nickt ihm zu: »Ja, Johannes, du kommst der Sache näher!

Alle diese Reichen und auch die nicht ganz so Begüterten – sie alle haben etwas von ihrem Geld in den Opferkasten getan. *Etwas!* Manche mehr, manche weniger. Aber immer *etwas.* Sie hätten sogar mehr geben können und es wäre ihnen immer noch genug zum Leben geblieben, oder?«

»Ach, sooo meinst du das!«, sagt Levi.

»Ja, so meine ich das«, sagt Jesus. »Die Ruth, versichere ich euch, die Ruth hat mehr als sie alle in den Opferkasten gegeben. Nämlich alles, was sie hat. *Alles*: Zwei Kupfermünzen. Alles, wovon sie heute hätte leben können!«

»Wie kann man nur!«, seufzt der Judas und schüttelt bedenklich den Kopf. »Wie kann man das nur tun!«

»Und was hast *du* heute getan?«, fragt Andreas scharf und betrachtet abwechselnd seine Sandalen und den Judas. Und der kriegt einen roten Kopf.

»Das kann man nur tun«, sagt Jesus, »wenn man voller Freude und Dank vor Gott ist. Bei der Ruth war das so – und bei dir, Judas, auch, nicht wahr?«

»Und bei dem alten Mann heut Morgen!«, überlegt Jakobus. »Der hat seinen Korb geschleppt, mehr konnte er nicht, weil er soviel Gutes von Gott her erfahren hat. Da hat er, sozusagen mit letzter Kraft, etwas Schönes für Gott getan und seinen Korb zum Bau geschleppt.«

»Und du hast wegen ihm herumgezankt!«, sagt Levi.

»Und wer«, entgegnet Jakobus aufgebracht, »wer hat sich heute Mittag über den kleinen Jungen mit dem Stückchen Süßholz empört, he?«

»Das war ja auch blöd!«, verteidigt sich Levi.

»Der kleine Junge«, sagt Jesus, »hat das Schönste hergegeben, was er hatte. Das war mehr als alle Brotfladen und Bohnen und Hammelstücke zusammen!«

Die Jünger sind still.

»Wer von Freude und Dank erfüllt ist, wer Gott lieb hat von ganzem Herzen, der kann geben, ja, der kann sich selber hingeben«, sagt Jesus. »Und der wird sich auch nicht von Sorgen erdrücken lassen, wie es weitergeht, wie es morgen und übermorgen sein wird; denn er vertraut darauf: Gott sorgt für mich.«

»Sorgt er auch für Sandalen?«, fragt Andreas vorlaut. »Meine haben inzwischen Löcher!«

Da beginnt Bartholomäus in seinem Bündel zu kramen – und zieht ein paar neue Sandalen hervor.

»Schmeiss deine weg«, sagt er, »und nimm die hier. Ich hab sie eingesteckt für – wenn meine hin sind.«

Er lacht. »Ich hab dann auch nicht so schwer zu tragen ...«

»Und nun weiter!«, sagt Jesus. »Lasst uns nochmal das Lied von heute Morgen singen!« Und alle stimmen ein: »Der Herr ist mein Hirte, mir wird nichts mangeln ...«

Wie Jesus verlorene Schafe suchen ging

Eine Erzählung zur Gleichnisrede in Lukas 15,1–7

Die Erzählung entstand für einen Gottesdienst im 3. und 4. Schuljahr. Um das eigentliche Gleichnis mit der einleitenden Bemerkung Lukas 15,1+2 erzählerisch zu verbinden (und auch noch Psalm 23 anklingen zu lassen), habe ich die Geschichte in dieser Weise erzählt.

Es war dies einer meiner ersten Versuche, die Aussage eines biblischen Textes (hier: eines Gleichnisses) erzählerisch deutlich werden zu lassen – und dies nicht durch eine Rahmengeschichte aus unserer Zeit, sondern durch eine solche in der Zeit und Situation Jesu. Allerdings: Kinder (und sogar Erwachsene!) suchen die Geschichte in dieser Form vergeblich in der Bibel. Eine Textlesung und evtl. Gespräch sind also schon wichtig! (J.K.)

Es ist spät am Nachmittag. – Absalom, der Zöllner, schlurft müde nach Hause.

Der Weg vom Stadttor bis zu seinem Haus da draußen vor der Stadt ist nicht sehr weit. – Müde ist er von der Hitze des Tages: müde ist er von allem Reden; und müde ist er der bösen Worte, die er heute mal wieder hat einstecken müssen.

Und da sitzt nun auch noch Ruth, seine Frau, wie ein Häufchen Elend auf der Bank vor dem Haus! Hat den Kopf in die Hand gestützt und eine Träne läuft ihr die Backe runter.

»Schalom«, sagt er ein bisschen mürrisch und setzt sich zu ihr, streckt die Beine aus.

Ruth schüttelt den Kopf. »Nix Schalom!«, sagt sie leise. »Ach, Absalom, es ist was Schlimmes passiert!«

»Was ist denn passiert?«, fragt Absalom.

»Ich – ich hatte so gut aufgepasst!«, schluchzt Ruth, »wirklich! Ganz friedlich haben sie geweidet, unsere Schafe. – Aber als ich sie dann mittags zum Tränken reinhole, da ...«

»Was da ...?«

»Ich zähl sie – wie immer – und da ist ... das Böcklein weg, das kleine ...«

»Waas – das Böcklein – mein kleines David'l – weg?«

»Ist weg! Ich los ... suche ... renne herum. Ich frage die Hirten dahinten – natürlich nur blöde Reden: ›Ja, ja, so ein Zöllnerbock!‹ und: ›Ja, ja, geht seine eigenen Wege wie alle Zöllner!‹ Ach, es war zum Verzweifeln, Absalom! Keine Hilfe von irgendwem! Und ich hab so gesucht – wirklich! Ich hab so gesucht!«

Ruth weint jetzt. – Absalom legt den Arm um sie.

»Na, ist ja gut, Ruth! Komm, lass gut sein! Weg ist weg und fort ist fort ...

David'l ist halt seine eigenen Wege gegangen, ... kommt vielleicht von selbst zurück zur Herde!«

Ruth schüttelt den Kopf: »Glaub ich nicht. Ohne Hilfe kommt's David'l nicht zurück!«

»Schalom!«, ruft es von der Straße her.

Ruth und Absalom schauen auf. Über die Straße vor dem Haus ziehen einige Männer.

»Schalom!«, ruft Absalom. Und murmelt zu Ruth hin: »Die sind nicht von hier, sonst würden die uns nicht grüßen. Die wissen nicht, dass ich hier Zöllner bin.«

»Wo geht's lang?«, ruft er laut zu den Männern hin.

»Mit Jesus in euren Ort – zum Gottesdienst!«, ruft einer der letzten von ihnen.

»Guten Sabbat!«, ruft Absalom hinterdrein. Und er steht auf und sagt – so mehr für sich –: »Tja, das war schön, als wir noch dazugehörten ... na ja ...«

Und da bricht Ruth erst recht in Tränen aus und geht schluchzend ins Haus.

In einem kleinen Ort geht das ganz rasch mit den Neuigkeiten. Einer sagt's dem anderen und im Nu ist es überall herum und allen bekannt: »Ja, der aus Nazareth – na, du weißt schon: Jesus, der Prediger, der Prophet. Manche sagen: der Messias! ... Ja, *der!* – Der gesund macht, ja, und der so Großes von Gott sagt? – Sag ich doch: Hier im Ort ist er! Und gleich Richtung Synagoge ist er! – Bestimmt nimmt er am Gottesdienst teil! – Komm, lass alles stehen und liegen: den müssen wir erleben!«

Natürlich hat es auch der Synagogenvorsteher Joel zu Ohren gekriegt: »Jesus von Nazareth, *der?* Ob *der* vielleicht heute Abend beim Gottesdienst ...? Das wäre gewiss was ganz anderes, als wenn der alte Ben-Mose die Schriften auslegen würde ...! Fragen ... fragen kann man den Jesus ja mal! ...«

Schon sammeln sich die Leute vor der Tür der Synagoge. Die Leute strömen geradezu!

Und da, der Fremde ... ohne Zweifel: das ist Jesus ... mit seinen Leuten.

Joel, der Synagogenvorsteher, deutet eine Verneigung an. »Jesus von Nazareth, wenn ich recht unterrichtet bin?!«

Jesus nickt. »Gott segne dich und alle Menschen, die er lieb hat in diesem Ort«, sagt er.

»Es ist ein Segen Gottes, dass du in unserem Städtchen weilst«, sagt Joel. »Willkommen bei uns! Und - darf ich gleich fragen, lieber – ehm – wirst du ... uns heute die Schriften auslegen? – Wirst du predigen?«

Jesus lächelt. »Warum nicht? Ich bin gekommen, zu suchen und selig zu machen, was verloren ist!«

»Oh, Verlorene gibt's hier wohl nicht«, entgegnet Joel, »aber wie dem auch sei: Wir werden gleich beginnen können mit dem Gottesdienst.«

»Sind denn schon alle da?«, fragt Jesus.

»Heute«, sagt Joel und lacht, »heute sind sie alle da, weil du da bist!«

»Alle?«, fragt Jesus.

»Alle, die Gottes Gebot lieben und danach leben – und die wir darum zu unserer Gemeinde zählen dürfen. Ja, es sind alle da, außer natürlich die Unmündigen und die Ungerechten.«

»Aha«, sagt Jesus, »alle – außer denen, aha! – Ja, dann fangt schon mal an, ich komme gleich!«

Joel macht wieder eine kleine Verbeugung und geht in die Synagoge. Als er vor die Gemeinde tritt, freut er sich: es ist so voll wie nie! Aber die Leute schauen nicht zu ihm hin – nein, sie drehen die Köpfe hin und her und vor allem nach hinten, zur Tür, so als suchten sie wen. Und sie unterhalten sich erregt.

Joel tritt vor die Gemeinde. »Einen gesegneten Sabbat!«, ruft er. »Ja, ich weiß, wen ihr sucht und erwartet. Gleich - ganz bald - wird er kommen! Er hat es mir versprochen! ›Gern‹, hat er gesagt, ›gern will ich kommen; denn‹ – hat er gesagt – ›ich bin dazu da, zu suchen und selig zu machen ...‹ – oder so ähnlich! – Und nun beginnen wir schon mal. Wir singen gemeinsam einen Psalm, den Psalm vom guten Hirten. Unser Kantor hat ihn neu vertont.

Wir hören zuerst auf die Melodie und dann singen wir alle mit!«

(Hier kann von den Zuhörern eine Vertonung des 23. Psalms gesungen werden!)

Noch während die Gemeinde vom guten Hirten singt, hat Joel den Küster herangewinkt und flüstert ihm etwas zu. Der nickt, durchquert rasch den Synagogenraum und kehrt kurz danach zurück. Er zuckt die Schultern, das meint wohl so viel wie: Ich weiß nicht, wo er steckt. Draußen ist er jedenfalls nicht!

Und da sagt Joel zu ihm – er ist ein bisschen erregt und flüstert daher so laut, dass man's gut hören kann: »Los, such Jesus und sag ihm: ›Hier warten fast hundert fromme und gottesfürchtige Leute, die ganze Gemeinde wartet auf ihn, dass er sich um sie kümmert!‹ Los!«

Die Leute nicken mit den Köpfen, der Küster eilt davon, und Joel lässt sich nach kurzer Überlegung die Buchrolle des Propheten Hesekiel reichen. Und mit erhobener Stimme liest er daraus vor: »So spricht der Hochgelobte: ›Wehe den Hirten in Israel, die sich nicht um ihre Herde kümmern!‹

Ja, liebe Gemeinde«, ruft Joel, »der Hochgelobte weiß, dass es da und dort Hirten gibt, die nur vorgeben, Hirten zu sein – die beispielsweise laut sagen: ›Ich bin gerne bereit, der Gemeinde das Wort des Allerhöchsten zu erklären‹ – aber siehe: sie halten sich nicht an ihr Versprechen, sie kümmern sich nicht um die versammelte Herde, sondern gehen anderen Dingen nach. Darum spricht der Hochgelobte: ›Wehe solchen Hirten!‹«

Er wird unterbrochen. Die Synagogentür öffnet sich wieder und der Küster stürzt herein, zu Joel hin. Atemlos flüstert er Joel zu: »Er ist da – der Jesus – und er hat ... A und R dabei!«

Joel starrt ihn an.

»A und R – seit Jahren ist es denen doch verboten ... und dieser Jesus ...? Gott der Gerechte!«

Aber schon kommt Jesus herein, an der einen Hand Absalom, an der anderen die Ruth – ja, und er muss sie ein bisschen vorwärts zerren, denn sie wollen nicht so recht. Sie haben rote Köpfe und schauen zu Boden.

»Ich hoffe, ich komme noch zur rechten Zeit«, sagt Jesus und geht grüßend den Gang entlang mitten durch die Gemeinde, mit den beiden an der Hand, nach vorn, zu Joel hin.

Es ist ganz still. Alle starren zu Jesus, zu Joel, zu Absalom und Ruth. Joel hat sich inzwischen vom Schreck erholt.

»Was soll das?«, fragt er. »Warum kommst du erst jetzt – und dazu noch mit diesen ... diesen Leuten?«

»Ja«, sagt Jesus, »natürlich seid ihr ungehalten, dass ich zu spät gekommen bin. Ich fand es nicht so schlimm. Und im Übrigen wart ihr ja sicher gut versorgt, ihr habt gesungen und Gottes Wort gehört und eine gute Auslegung, oder?«

»Ja«, sagt Joel, »aber wir wollten dich hören ... und statt dessen treibst du dich da mit ...mit diesen Sün ..., mit diesen Leuten da herum!«

»Aber ich hatte dir doch gesagt: ›Ich bin gekommen, zu suchen und selig zu machen, was verloren ist.‹ Erinnerst du dich? – Doch nun will ich rasch das Versäumte nachholen und euch eine kurze Predigt halten. Wie ich sehe, habt ihr gerade den Propheten Hesekiel aufgeschlagen. – Oh, sogar die richtige Stelle! Hier steht: ›Der Herr sagt: Ich selbst will jetzt nach meinen Schafen sehen und mich um sie kümmern. Die Verirrten will ich suchen und die Versprengten zurückbringen. Ich will mich um die Verletzten und Kranken kümmern. Ich bin ihr Hirt – ich sorge für sie.‹ Und nun«, fährt Jesus fort, »will ich euch eine Geschichte erzählen – passt auf!

Mit Gott ist es wie mit einem vermögenden Mann, der eine große Schafherde hatte. Für diese Schafherde stellt er einen Hirten an, der die Herde hütet. – Hundert Schafe gehören zur Herde. ›Gib gut Acht, dass mir keines verloren geht!‹, sagt der Besitzer zum Hirten.

Nun, der Hirte hütet die Schafe. Sie weiden irgendwo im Gelände, zwischen Büschen und Bäumen und Felsen. Immer wieder schaut der Hirt auf die Herde, er beobachtet die Tiere. Manchmal zählt er sie.

Und dann plötzlich ist eines weg. Er zählt und zählt – er geht umher und zählt – eines ist weg! Das kann doch nicht sein ... eben noch ... nein: eines ist weg!

Haben dich die anderen weggedrängt? Bist du einen falschen Weg gegangen? Egal: es müssen Hundert sein.

Und er fängt an zu suchen nach dem einen. Er steigt zwischen den Felsen herum, kriecht durchs Gebüsch, läuft durchs Wäldchen, –

ruft, schaut ... wo ist das eine? Das eine, ohne das die Herde nicht vollständig ist! Und er läuft weit herum und sucht.

Und die Neunundneunzig? – fragt ihr – was machen die?«

Jesus macht eine Pause.

»Die Neunundneunzig sitzen in der Synagoge sicher und gut und ordentlich, fromm und gerecht. – Ich habe zwischendurch das Fehlende gefunden. Ich habe es mitgebracht zu euch. Hier vorne ist es! Freut euch mit mir! Denn jetzt sind wir endlich alle beisammen!

Freut euch, denn Gott freut sich, weil keines mehr fehlt! Weil die ganze Herde beisammen ist. Und weil die beiden jetzt ein neues Leben anfangen – mit euch zusammen!

Und nun entschuldigt nochmals, dass ich zu spät kam. Ihr versteht es jetzt, nicht wahr? Ich bin halt dazu da, zu suchen und zu retten, was verloren ist. – Und nun, lasst uns ein Loblied singen!«

Maria und Martha

Eine Erzählung zu Lukas 10,38–42

In dieser Geschichte von Martha und Maria geht es ums Zuhören. Da ist Maria, die ihrer Schwester nicht zuhört, wenn Martha ihr erklärt, was in Haus und Hof zu erledigen ist. Sie muss sich die Vorwürfe von ihr gefallen lassen.

Später, als Jesus kommt, sind die Rollen vertauscht: da ist Maria die, die gut zuhören kann, während Martha in ihrer Sorge um das leibliche Wohl nicht offen ist für das Wort Jesu.

Doch auch jetzt bleibt Jürgen Koerver gegenüber der Martha gerecht. Hören und Handeln sind gleich wichtig. Seine Geschichte endet deshalb damit, dass Jesus und seine Jünger Küchendienst machen. Dabei führt Martha das Kommando und alle müssen auf sie hören.

Es ist früher Morgen in einem kleinen israelitischen Dorf. Zwei Frauen sitzen auf der Bank vor ihrem Haus. Zwischen sich haben sie einen großen Korb mit Bohnenschoten gestellt. Sie brechen sie auf und lassen die trockenen, braunen Bohnen auf ein Tuch am Boden kullern. Später werden sie die Tuchecken zusammenknoten und das Bündel mit den Bohnen in der Vorratskammer aufhängen.

»Eben«, berichtet die eine, die Martha, »eben am Dorfbrunnen, als ich Wasser holen ging, da hat die Ruth erzählt, der Jesus ist hier irgendwo in der Umgebung.«

»Was für ein Jesus?«, fragt Maria, ihre Schwester, und bricht dabei die nächste Bohne auf.

»Na, der aus Nazareth«, sagt Martha. »Der mit seinen Freunden oder Schülern herumzieht und vom Reich Gottes redet und Kranke heilt und so.«

»Sag bloß«, ruft Maria und lässt die Hände in den Schoß sinken. »Der Jesus von Nazareth, von dem sie sagen, dass er der Messias ist, der Gesandte Gottes? Das muss ein interessanter Mann sein! Den möcht ich mal sehen oder gar erleben, wenn er predigt! Da würde ich mir kein Wort entgehen lassen!«

»Stell dir vor«, sagt Martha, »er käme hier in unser Dorf! Also ich würde ihn sofort bitten, zu uns zu kommen! Ich würde zu ihm sagen: ›Komm, Herr Jesus, sei du unser Gast!‹ oder so und dann ...«

»Aber Martha«, erwidert Maria, »so einen ... so einen Gottesmann kannst du doch nicht einfach mir nichts dir nichts einladen! Und in unser kleines Haus! Und wir wissen doch auch gar nicht, wie man mit so jemand umgeht und was wir ihm vorsetzen sollen und ...«

»Ach was, Schwester!« Martha lässt sich nicht von ihrer Idee abbringen. »Also wenn er wirklich kommt, dann versuch ich, ihn zu uns einzuladen. Mehr als Nein sagen kann er ja nicht. Unterbringen können wir ihn und seine Leute schon irgendwie und bewirten ... Oh, da weiß ich schon was. Ich werde gequollene Gerste und Lammragout in Dillsoße kochen und dann ...«

»Aber Martha«, unterbricht Maria und schüttelt lächelnd mit dem Kopf, »liebe Martha, willst du dir nicht erst mal anhören, was der Gottesmann will?«

Doch Martha winkt ab. »Ach was, anhören. Auch Gottesmänner müssen essen, was auf den Tisch kommt. Da wird nicht erst gefragt – da wird gekocht! Lass ihn nur mal erst kommen, dann sehen wir weiter! Noch ist er ja nicht da. Und vielleicht kommt er ja auch gar nicht in unser Dorf. Aber wenn er kommt, dann ... Und nun träum nicht, Maria, sondern mach dich über die Bohnen her!«

Am Nachmittag, als es nicht mehr gar so heiß ist, nimmt Martha den Ledereimer. Sie füllt ihn aus dem großen Wasserkrug, der gleich am Hauseingang steht. Und dann geht sie in den kleinen Garten hinterm Haus, um die Melonen zu gießen.

Sie kommt an dem Beet mit dem Lauch vorbei.

Wie angewurzelt bleibt sie stehen. »Neeein! Nein, so was! Also wirklich ...!« Sie setzt den Eimer ab, stemmt die Arme in die Seiten. »Ma-ri-a!«, ruft sie zornig in Richtung des Hauses. Und noch mal: »Ma-ri-a!« Und wütend schaut sie abwechselnd auf das Beet und den Weg, auf dem ihre Schwester kommen muss.

Und da kommt sie, die Maria, fröhlich lächelnd und fragt: »Du hast mich gerufen? Kann ich dir helfen, Martha?«

»Der Himmel bewahre mich vor deiner Hilfe«, schnaubt Martha.

»Hier«, und ihr Arm fährt anklagend Richtung Lauchbeet, »hier –
das Lauch ... – das ist wohl auch eine deiner Hilfen, hä? Mitten
in der Hitze gegossen, was?«

»Ich wollte ... ich dachte ...«, stammelt Maria. »Die Blätter hingen
so schlapp herunter und da ...«

»Und da hast du sie gegossen, obwohl ich dir gesagt habe, dass
das Gießen während der heißen Zeit die Pflanzen kaputt macht«,
ruft Martha wütend. »Wann wirst du endlich lernen zuzuhören?
Aber das hat ja das Fräulein Maria nicht nötig! Sie tut einfach
etwas, was ihr in den Sinn kommt!«

Maria schaut zu Boden, verlegen, traurig. »Ich ... ich hab's doch
nur gut gemeint«, murmelt sie.

»Gut gemeint ... gut gemeint«, wettert Martha. »*Du* weißt natürlich, was gut ist, hä? Was gut und richtig und wichtig ist, –
das, meine Liebe, muss man sich von jemand sagen lassen, der
Bescheid weiß, zum Beispiel von mir. Denn ich verstehe was von
Garten und Pflanzen, ja! Und da muss man hören, meine Liebe,
hö-ren, zu-hö-ren! Und dann – dann kann man was Rechtes tun.
Wann wirst du das bloß mal lernen, Maria?«

Und sie wendet sich dem Beet mit dem Lauch zu, schüttelt den
Kopf. »Vermutlich hin. Muss ich neu pflanzen«, sagt sie ärgerlich,
nimmt den Eimer und stampft zu den Melonen hin.

Maria geht langsam hinter ihr her. »Du hast ja recht«, sagt sie
leise. »Ich sollte auf dich hören. Ach, ich bin keine große Hilfe,
ich weiß. Verzeih mir, Martha!«

»Schon gut, schon gut«, knurrt Martha. »Und jetzt geh zu Lea, sie
wartet sicher schon auf dich!«

Die Sonne steht schon recht tief, als Maria auf dem Heimweg
ist.

Wie jeden Tag ist sie bei Lea gewesen, die allein am Rande des
Dorfes wohnt. Sie ist krank und Maria besucht sie täglich, gibt
ihr zu essen und kocht ihr Gewürztee, wäscht ihre Kleider und
sieht nach den Tieren von Lea.

Als sie nun ihrem Zuhause näherkommt, sieht sie Rauch aufstei-
gen, mächtig viel Rauch. »Wie«, denkt sie, »ist Martha am Kochen
oder Backen? Zu dieser Tageszeit? Und dann ein so großes Feuer,
das so viel Rauch macht?«

Sie schüttelt den Kopf und geht ein bisschen schneller. Und dann sieht sie oben auf dem Flachdach ein paar Köpfe über die Umfassungsmauer herausragen. Männerköpfe. »Männer? Was tun denn Männer in unserem Haus? Nachbarn sind es nicht – die sind jetzt um diese Tageszeit mit ihren Tieren beschäftigt. Also: wer ist das?« Jetzt eilt sie aufs Haus zu. »Ja, tatsächlich, Männer auf dem Dach! Einer steigt gerade die Außentreppe zum Dach hinauf und drei sitzen auf der Bank vor dem Haus, wo sie heute Morgen mit Martha gesessen hat und ... Gott der Gerechte, sollte das ...?« Schlagartig ist ihr eingefallen, was Martha ihr erzählt hat und dass sie sagen will »Komm, Herr Jesus, sei du ...«

Jetzt läuft sie, ruft den Männern auf der Bank ein atemloses »Schalom!« zu und stürzt ins Haus, zu Martha hin. Die steht an der Kochstelle, rührt in einem großen Kessel, der über einem hell lodernden Feuer hängt.

»Du hast ... ihn eingeladen und ... er ist gekommen?«

Martha nickt und rührt. »Er hat sich gefreut, für diese Nacht unterzukommen, ja. Aber nun los, es gibt viel zu tun. Hier, hack den Dill!« Und sie deutet neben sich, wo auf einem Brett ein riesiges Bündel Dillkraut liegt. Aber Maria schaut nicht hin. »Wo ist er?«, fragt sie.

»Auf dem Dach oder vor dem Haus. Oder im Garten und bewundert den verwelkten Lauch. Was weiß ich? Jetzt aber hier, den Dill ...«

»Ich will ihn erst sehen«, sagt Maria. »Und begrüßen will ich ihn! – Der Messias, Gesandte Gottes in unserem Haus! O Maria, ist das nicht wunderbar?«

»Er sieht nicht anders aus als tausend andere Männer«, fällt ihr Martha ins Wort. »Angucken kannst du ihn später. Jetzt störst du bloß. Er spricht jetzt bestimmt mit seinen Leuten über das Gesetz Gottes oder so was – da haben Frauen nicht zuzuhören. Hör lieber, was ich jetzt schon dreimal gesagt habe: Mach dich über den Dill her! Und dann ist da auch noch der Teig fürs Brot. Und dann muss noch der Wein her und ...«

Aber Maria hat sich umgedreht und geht.

»Maria!«, ruft Martha. »Ma-ri-a!«

»Ja ... ja ... gleich!«, ruft die zurück und ist schon zum Haus hinaus.

Die Bank vor dem Haus ist leer. Auch sonst ist da niemand zu sehen. Nur vom Dach hört Maria Stimmen. »Aha, sie sind also alle da oben!«

Sie geht zur Treppe, die an der Außenwand des Hauses zum Flachdach führt, und steigt langsam hinauf. Ja, und da sitzen sie, lehnen sich an die Umfassungsmauer, haben die Beine ausgestreckt und hören zu, was der eine sagt.

Das also ist Jesus ...

Martha hat recht: Er sieht nicht anders aus als die übrigen Männer, als seine Jünger. Schüchtern bleibt Maria auf der letzten Stufe stehen und fingert verlegen an ihrem Gewand herum. Und sie denkt: »Nun habe ich ihn ja gesehen, nun sollte ich eigentlich wieder gehen und Martha helfen ... Oder soll ich doch noch einen kleinen Augenblick zuhören? – Nur einen ganz kleinen Augenblick noch ...?«

Gerade sagt Jesus: »Selig sind die Augen, die sehen, was ihr seht – und die Ohren, die hören, was ihr hört! – Ja, ich sage euch: Die Propheten – der Jesaja und der Jeremia, der Amos und der Hosea und all die anderen großen Propheten, die vor langer Zeit von Gott gesprochen haben – all diese Propheten hätten sich gewünscht zu sehen und zu erleben, was ihr seht und erlebt. Aber *sie* haben nichts zu sehen gekriegt. Und sie hätten gerne gehört, was ihr alles zu hören bekommt bei mir. Doch *sie* haben es nicht gehört. Aber ihr, ihr Freunde, ihr habt das große Glück, die Taten zu sehen, die ich im Auftrage Gottes tue – und die Worte zu hören, die ich nach dem Willen Gottes den Menschen sage. Und eines Tages werdet ihr davon erzählen, was ihr bei mir gesehen und gehört habt – vorausgesetzt, ihr habt gut zugehört, solange ich bei euch war.«

Maria hat die ganze Zeit wie gebannt auf Jesus geschaut und hingehört. Sie hat gar nicht gemerkt, dass einige der Jünger sie beobachten und ihr ärgerliche Blicke zuwerfen. Jetzt erst hat Jesus es wohl mitgekriegt, dass da etwas die Jünger ablenkt. Und dann sieht er Maria. Und die kriegt einen roten Kopf und schaut zu Boden.

»Oh«, sagt Jesus lächelnd, »wir haben eine Zuhörerin! Wie schön! Du bist sicher die Maria, ja?«

Maria nickt, ohne aufzusehen.

»Na, aber das ist doch sehr unbequem da auf der Treppenstufe zu stehen! Komm doch, setz dich zu uns«, sagt Jesus und lädt sie mit einer Handbewegung ein. »Ihr da, Johannes und Andreas, rückt mal ein bisschen und macht Maria Platz!«

Andreas rutscht zwar eine Kleinigkeit zur Seite, aber er brummelt dabei: »Also, Frauen haben ja eigentlich bei so einem Gespräch nichts ... ich meine ...«

»Die gute Botschaft Gottes ist für alle da«, fährt Jesus dazwischen. »Für Männer und Frauen und Kinder. Für alle. Auch für Maria und Martha.«

»Ich ... ich kann nicht bleiben ... Ich muss Martha helfen ...«, sagt Maria leise.

Jesus runzelt ein bisschen die Stirn. »Aber ich habe doch deiner Schwester ausdrücklich gesagt: Wir sind mit einer einfachen Suppe oder einem Stück Brot zufrieden! Wirklich! Und ich habe sie vorhin eingeladen, sich zu uns zu setzen und zuzuhören. Ich dachte, genau deshalb hätte sie uns hier in euer Haus gebeten, um alles mitzukriegen, was ich zu sagen habe. – Aber du, Maria, wirst es dir doch nicht entgehen lassen, oder?«

Maria zögert einen kleinen Augenblick. Sie hört unten die Geräusche aus der Küche ... Aber dann kann sie der freundlichen Einladung nicht widerstehen. Sie setzt sich rasch zwischen die Männer und versucht, sich ganz klein zu machen. Denn sehr freundlich schaut der Andreas nicht drein ...

Kaum sitzt Maria, da meldet sich Simon Petrus zu Wort. »Meister«, sagt er, »eben hast du wieder vom Zuhören und Zusehen gesprochen. Das ist ja schön und gut. Aber ich meine: Wichtiger noch ist, dass man tut, was Gott sagt. Zuhören – das ist doch: die Hände in den Schoß legen. Aber auf die Weise passiert doch nichts! Handeln, meine ich, ist viel wichtiger!«

»Ich bin da nicht deiner Meinung«, erwidert Jesus. »Handeln viel wichtiger als Hören? Nein, lieber Petrus, nicht viel wichtiger, sondern: gleich wichtig. Denn nur, wer hört, was Gott will, kann tun, was Gott will – kann das Rechte tun, kann nach dem Willen Gottes handeln. Und darum ist das Hören auf Gottes Wort so wichtig. Und darum sage ich auch so oft – nicht: Wer Hände hat, etwas zu tun, der tue es – sondern: Wer Ohren hat zu hören, der höre ...«

»Aber ich finde, dass hier bestimmte Hände was tun sollten«, grollt es von der Treppe her. Alle schauen hin.

Da steht Martha. Sie kocht – aber nicht Lammragout, sondern vor Zorn.

»Herr«, schnaubt sie und sieht dabei abwechselnd auf Jesus und Maria, »Herr, fragst du eigentlich nicht danach, dass mich meine Schwester allein schuften lässt? Ich habe ihr extra gesagt, sie soll mir helfen. Aber was tut sie? Sitzt hier und macht lange Ohren! Wenn sie schon nicht auf mich hört, dann sag du ihr, bitte sehr, dass sie mit anpackt!«

Großes Schweigen. Einige Jünger grinsen, vor allem Andreas. Da steht Jesus auf und geht zu Martha, legt den Arm um ihre Schultern.

»Ach, Martha«, sagt er, »du bist so lieb zu uns! Du lädst uns zu dir ein und machst dir so viel Mühe und Arbeit wegen uns. Und du hast bestimmt die besten Absichten ...«

»Das will ich wohl meinen«, knurrt Martha.

»Aber schau, liebe Martha«, fährt Jesus fort, »ich habe dir gleich gesagt: Mach dir keine Arbeit unseretwegen – wir können es ja gemeinsam herrichten. Komm lieber, setz dich zu uns – hör zu! Hör dir an, was Gott durch mich zu sagen hat – heute, hier in eurem Haus. Aber das hast du abgeschlagen. Du hast gerufen: ›Zuhören – jetzt? Nein, ich habe Wichtigeres zu tun!‹, und bist an den Herd gerannt. – Liebe Martha: Gibt es wirklich etwas Wichtigeres als auf das Wort Gottes zu hören?«

Martha steht jetzt ganz verlegen und traurig da.

»Und was nun deine Schwester betrifft«, setzt Jesus seine Rede fort, »die Maria, die hat's in diesem Falle richtig gemacht. Sie hat die Gelegenheit genutzt und sich hergesetzt und zugehört. Für sie gab es heute, wo ich da bin, nichts Wichtigeres zu tun, als mir zuzuhören!«

Martha schluchzt. »Ich ... ich habe es doch nur gut gemeint ...!«

»Aber ja«, sagt Jesus, »natürlich hast du das! – Und nun, meine ich, es wäre gut, wenn wir alle mal Martha helfen würden! Kommt, Freunde, auf in die Küche! Und dass ihr mir nur ja zuhört, was Martha sagt!«

Alle Jünger lachen, und auch Martha lächelt. Und Petrus sagt: »O Meister, du mit deinem Zuhören!«

Vom Hausbauen

Eine Erzählung zum Gleichnis aus Matthäus 7,24–27

Auch diese Erzählung, die Jürgen Koerver für die Zeitschrift »Evangelische Kinderkirche« (1990) geschrieben hat, gehört zu seinen originellen Schöpfungen. Hier greift er ein Gleichnis auf und bringt es in den Zusammenhang vom Hören und Tun des Willens Gottes. Durch das »erfundene« Erlebnis der Jünger während des heftigen Regengusses vermittelt er, wie wichtig der Zusammenhang zwischen dem Hören des Wortes Gottes und dem Befolgen des Gehörten ist. So wird biblische Botschaft und Glaubenserfahrung – nicht nur – für Kinder lebendig.

Puh, ist das grässlich, diese Winterregenzeit«, knurrt Levi. Er stapft daher und neigt sich dabei ein bisschen schräg gegen den heftigen Wind. »Dauernd flattert einem das Gewand um die Beine, und eben hat es mir das Kopftuch fast runtergerissen!«

»Hast ja recht«, keucht Andreas, der neben ihm gegen den Wind ankämpft. »Aber Wind ist immer noch besser als ein Regenguss wie gestern. O Mann, ich war nass bis auf die Haut!«

»Wirst du gleich wieder sein, mein Lieber«, lacht Levi grimmig. »Jedenfalls, wenn wir nicht bis dahin ein Haus erreicht haben, um uns unterzustellen. Da, im Norden braut sich was zusammen und kommt direkt auf uns zu!«

»Ja«, mischt sich jetzt der Judas ein, »und das alles, weil der Johannes uns heute Morgen so lange hat warten lassen, bis wir aufbrechen konnten. Nur deswegen sind wir jetzt so spät dran!«

»Da – ein Blitz!«, ruft Andreas. »Habt ihr gesehen?«

»Und das alles wegen dem Johannes seiner Verspätung«, wiederholt Judas. »Was musste er auch dieser Frau helfen!«

»Aber natürlich musste der Johannes«, schaltet sich jetzt Jesus ein. Er hat die drei eingeholt. Auch er kämpft mit seinem flatternden Gewand und hält sich sein Kopftuch fest.

»Es war jedenfalls ganz richtig, dass er der Frau geholfen hat, da im Dorf. Es war – das Nächstliegende, ihr zu helfen.«

»Das Nächstliegende«, schnaubt Levi. »Uns hilft jetzt nur das nächstliegende Haus, sonst werden wir klatschnass. Gleich hat uns das Gewitter erreicht.«

In der Tat: Die Blitze zucken jetzt rasch hintereinander, und die Donner poltern laut und drohend. Der Wind hat zugenommen und weht Staub und Sand hoch.

Inzwischen sind die anderen Jünger herbeigeeilt. Auch sie sehen, was auf sie zukommt.

»Wenn wir da vorne nach rechts gehen, da hinunter ins Tal, dann sind da drei oder vier Häuser«, ruft Bartholomäus. »Ich kenne mich da aus.«

»Nach rechts, durch das trockene Bachbett?«, fragt Andreas zurück.

»Ja, genau – durch das trockene Bachbett abwärts!«, ruft Bartholomäus gegen den Wind. »Aber rasch, bevor der Regen kommt. Denn der füllt den Bach im Handumdrehen mit Wassermassen und macht ihn zu einer reißenden Flut!«

So schnell sie können eilen sie über Sand und Geröll das steile Bachbett abwärts. Der Himmel verfinstert sich immer mehr. Dunkle Wolken jagen dahin, es blitzt und donnert jetzt in kurzen Abständen.

»Da – da drüben«, keucht Levi, »die Häuser!«

»Höchste Zeit, es fängt an zu regnen«, schreit Judas. »Lauft, Jungs, lauft!« Die ersten dicken Tropfen fallen; sie rennen. Und gerade bevor der Regen richtig herunterprasselt, drängeln sie sich keuchend durch das große Tor ins Haus. Ein paar Hühner flattern aufgeregt gackernd zur Seite und ein paar Schafe flüchten an die Wände, als die Männer so plötzlich in den fensterlosen, dunklen Raum stürzen. Geschafft! Sie lachen, streichen ihre Gewänder zurecht, nehmen die Kopftücher ab und fahren sich mit den Fingern durch die Haare.

»Schalom, ihr vom Wind zerzausten Männer«, sagt ein kleines, brennendes Öllämpchen, das im Dunkeln des Hauses auf sie zuwandert.

»Oh, der Besitzer dieser Arche«, sagt Jesus. »Schalom! Entschuldige, dass wir hier so unangemeldet hereinplatzen, aber ...«

»Schon gut, schon gut!«, ruft der Mann, der jetzt im Schein der Öllampe sichtbar wird.

»Willkommen in Joels Haus. Oder: In der Arche Joels, wie du gesagt hast.« Joel lacht.

»Hoffentlich wird es nicht wirklich zur Arche und schwimmt den Bach hinunter! Ah, nur ein Scherz«, setzt er gleich hinzu, als er die etwas entsetzten Gesichter sieht. »Mein Haus steht fest, keine Sorge. Auch bei solchem Wetter steht es fest!«

»Ja, ein richtiges Unwetter«, sagt Judas. »Seht nur, wie es schüttet! Fast wie bei der Sintflut.«

Sie schauen durch das große Tor hinaus. Unentwegt blitzt und donnert es, der Regen stürzt jetzt geradezu vom Himmel, so dicht, dass man kaum hindurchsehen kann. Schon haben sich kleine Wasserläufe gebildet, die sich zwischen den Steinen ihren Weg abwärts suchen.

»Da seid ihr ja gerade noch rechtzeitig hereingekommen«, sagt Joel. »Nur ein wenig später, und ihr wäret durch und durch nass geworden.«

»Und das alles wegen der Verspätung von Johannes heute Morgen«, knurrt Judas vernehmlich.

»Ich ... ich«, stottert Johannes daher, »ich hab doch bloß der Frau ... Ich musste ihr doch helfen ...«

»Ach was«, poltert Levi dazwischen. »Das hätte auch ein anderer tun können, der Frau helfen. Uns hast du warten lassen – und das war wenig hilfreich.«

»Was hast du denn eigentlich angestellt?«, fragt Simon Petrus. »Ich war ja schon voraus und hab's nicht mitgekriegt.«

»Er hat ...«, will Thomas erklären, aber Jesus sagt: »Lasst Johannes doch selbst berichten!«

»Also, das war so«, beginnt Johannes zu erzählen. »Ich war früh wach und bin ein bisschen durch das Dorf gegangen, in dem wir übernachtet haben. Es war noch ganz still, eben erst ging die Sonne auf. Nun, da komm ich ans letzte Haus vom Dorf, ein ziemlich altes und verkommenes Haus. Und da hör ich in der Stille von drinnen so ein Jammern und Stöhnen und jemand ruft ganz schwach: ›Hilfe! Hilfe! Ach, so helft mir doch!‹ Da geh ich näher. Das Tor ist verschlossen und alles Rütteln hilft nichts. Aber gleich werden die Hilferufe lauter, und ich merk an der Stimme: das ist eine Frau. Also geh ich ums Haus herum, weil ...

Na, und stellt euch vor: Da sind doch tatsächlich an einer Stelle eine Reihe Steine aus dem Fundament weggenommen, auf dem das Haus steht – also ein paar Steine ganz unten am Boden herausgenommen. Sie liegen verstreut umher. Und Erde ist da weggekratzt. Und auf diese Weise ist ein Loch entstanden, durch das man ins Haus hineinkriechen kann, wenn man sich auf den Bauch legt. Was bleibt mir anderes übrig, als mich auf den Bauch zu legen und durch das Loch hinein zu kriechen? – Drinnen ist es natürlich stockdunkel. Die Frau jammert immer wieder: ›So hilf mir doch!‹ Nun, ich taste mich im Dunkeln zum Tor, stoße den Riegel zurück und mach's auf. Und wie es nun hell wird, sehe ich: Da liegt eine Frau, eine alte, mit Stricken gefesselt, so dass sie sich nicht rühren kann. Ich geh natürlich rasch hin und mach die Knoten von den Stricken auf und helfe der Alten sich aufzurichten und auf die Beine zu kommen.«

»Einbrecher«, platzt Thomas dazwischen.

»Richtig!«, fährt Johannes fort. »In der Nacht ist einer bei ihr eingedrungen. Vermutlich hat er gemeint, da ist keiner im Haus oder er hat gewusst: Da wohnt eine alte Frau, die sich nicht wehren kann. Die alte Frau hat gesagt: ›Ich hab gar nichts gehört, ich bin nämlich fast taub. Auf einmal hat mich was gepackt und gleich gefesselt. Ich hab gebettelt und gefleht und ich wollte ihm ja alles geben, was ich habe. Aber er hat sich gar nicht um mein Reden gekümmert. Er hat sich wortlos über meine Truhe hergemacht und wohl alles mitgenommen, was einen Wert hat. Und mich hat er hier so liegen lassen.‹ So hat mir die alte Frau weinend erzählt, und ich habe versucht, sie zu trösten. Und dann bin ich mit ihr zu ihrem Nachbarn gegangen, damit der sich um sie kümmert. – Ja, das war eigentlich alles. Darum bin ich zu spät gekommen.«

»Und wir waren die Dummen«, brummt Judas.

»Ja, stimmt«, sagt Jesus. »Wer so redet und denkt wie du, mein Freund, ist dumm, schrecklich dumm. Was hat der Johannes nämlich gemacht? Er hat offenbar ganz genau zugehört, als ich vor einigen Tagen dem Schriftgelehrten die Geschichte vom barmherzigen Samariter erzählt habe – ihr erinnert euch ...?«

Die Jünger nicken, murmeln: »Ja, klar«, und Andreas sagt: »Die war gut, die Geschichte von dir! Ich habe gern zugehört, wie immer, wenn du ...«

»Gut hin, gut her«, fährt Jesus fort. »Johannes hat zugehört, aber dabei *auch* gehört, was ich zum Schluss gesagt habe, nämlich: Gehe hin und mach's genauso! Und eben das hat der Johannes getan. Er hat gehört *und* getan! Und darauf kommt's an: Erst hören, aber dann auch tun, was man bei mir gehört hat!«

Die Jünger sind ganz still. Verlegen schauen sie zu Boden. Simon Petrus klopft Johannes wortlos auf die Schulter, als ob er sagen wollte: Bist ein kluger Kerl, du hast es begriffen!

Draußen prasselt weiterhin der Regen hernieder, es schüttet vom Himmel. Und dann ist da noch ein neues Geräusch, das immer stärker geworden ist, ein unheimliches Gurgeln und Rauschen, ein Sprudeln und Poltern ...

»Was ist das für ein Geräusch? Hört ihr's auch?«, fragt Andreas ein bisschen ängstlich.

»Der Bach«, sagt Joel. »Da, wo ihr eben herunter gekommen seid, da tobt jetzt der Bach zu Tal. Die Erde oben auf der Höhe kann das Wasser nicht so rasch aufnehmen, und da fließt es in das Bachbett. – Und jetzt kommt es in riesigen Mengen herunter. Wenn ihr euch ein bisschen zur Tür hinauslehnt, könnt ihr den Bach sehen. Er rauscht ja gleich neben meinem Haus vorbei.«

Einige Jünger drängeln sich am Tor und schauen hinaus.

»Tatsächlich, da schießt jetzt ein großer Bach vorbei!«, ruft Levi. »Da, wo wir eben noch gegangen sind!« »Richtig bedrohlich!«, bemerkt Bartholomäus.

»Oh – da – schaut nur! Da auf der anderen Seite vom Haus ist auch ein Bach!«, ruft Judas.

»Jetzt sind wir hier vom Wasser fast eingeschlossen!«

»Ihr braucht keine Angst zu haben«, lässt sich Joel vernehmen. »Bei einem Unwetter wie diesem bildet sich oft ein zweiter Wasserlauf. Aber passieren kann nichts. Ich habe mein Haus auf felsigem Grund gebaut, da können auch zwei Bäche nichts anrichten.«

»Klug von dir«, sagt Jesus, »das Haus auf Fels zu bauen.«

»Oh«, erwidert Joel, »da war nichts weiter bei. Ich habe nur die Anweisungen und Ratschläge von meinem Vater angehört und mich danach gerichtet, als es um den Bau ging. Hingehört und getan, was er gesagt hat. Das war alles.«

»Genau«, sagt Jesus. »So wie der Johannes eben: Hinhören und tun, was einem gesagt ist. Darum geht's – genau darum!«

»Da – schaut bloß mal – da ... da!«, schreit der Levi vom Tor her. »Das Haus da unten! Gott der Gerechte!«

Die Jünger stürzen zum Tor, drängeln sich um Levi herum. Auch Jesus und Joel. Alle starren bachabwärts.

»O Gott, wie schrecklich ...! Da – jetzt bricht die Wand! – Es fällt zusammen ... Das Haus stürzt ein!«, rufen sie durcheinander.

»Esras Haus«, sagt Joel. »Zum Glück ist er nicht daheim. Er ist nach Jericho zum Markt. Sonst wäre es jetzt um ihn geschehen.«

»Kann man denn nichts tun?«, fragt Simon Petrus aufgeregt.

»Nichts zu machen«, stellt Joel fest. »Gar nichts. Die Wasser haben den Untergrund weggewaschen, den Sand, auf dem es steht. Und dann hat es die Grundmauersteine fortgeschwemmt. – Na ja, und jetzt ist es zusammengebrochen. Armer Esra! Aber er ist selbst schuld ...«

»Wieso ist der Esra selbst schuld?«, fragt Johannes verwundert. »Für das Unwetter und für den reißenden Bach kann er doch nichts!«

»Das nicht«, erwidert Joel, »aber für den Hausbau. Schaut, als er sich hier ansiedelte und das Haus errichten wollte, da, wo es jetzt gestanden hat – also da habe ich und andere ihm gesagt: ›Setz es nicht dahin! Nicht dahin! Der Boden taugt nichts für ein Haus. Der Untergrund ist nicht fest genug. Es ist nur Sand. Wenn der Bach mal in der Regenzeit anschwillt und vielleicht sogar der andere Bach Wasser führt, so wie jetzt, dann wäscht das Wasser den Sand weg. Und dann stehst du ganz dumm da, Esra‹. – Haben wir ihm gesagt.«

»Aber er hat euch nicht zugehört«, meint Judas.

»Oh doch«, sagt Joel. »Er hat sich das alles angehört und ›Ja, danke!‹ und ›Wichtig, das zu wissen‹ gesagt und ›Vielen Dank für eure Ratschläge!‹«

»Aber er hat nicht getan, was ihr ihm geraten habt?«, fragt Simon Petrus.

»Du hast die Antwort vor Augen«, entgegnet Joel und weist zur

Tür hinaus. »Schau dir sein Haus an – oder vielmehr: was davon übrig ist ...!«

Simon Petrus nickt: »Das war dumm von ihm, nicht zu tun, was ihr ihm gesagt habt. Wirklich: Wie kann man nur so dumm sein!«

»Ja, wie kann man nur so dumm sein«, sagt jetzt Jesus. »Hören, aber nicht tun! Dabei ging es ja bei Esra nur um das Bestehen oder den Zusammenbruch seines Hauses, obwohl das schon schlimm genug ist. – Wieviel schlimmer, wenn es um das Bestehen vor Gott geht!«

»Wie meinst du das?«, fragt Simon Petrus.

»Nun, ganz einfach, lieber Petrus«, antwortet Jesus. »Gott sagt, wie die Menschen ihr Leben bauen sollen, damit es ein gutes Leben wird. Er hat es einst durch die Propheten gesagt, er sagt es jetzt durch mich, wie du weißt. Jeder kann also hören, wie er sein Leben bauen soll, was er tun soll. Aber mit dem Hören allein ist es nicht getan. Es reicht nicht, dass man ›Ja, ja‹ sagt oder wie der Andreas vorhin: ›Das ist eine gute Geschichte!‹, oder gar in die Hände klatscht vor Begeisterung über Gottes Wort. Nein, das Hinhören und Zuhören allein reicht noch nicht, so wichtig es auch ist! Das Wichtigste fehlt dann noch – nämlich: Man muss auch tun, was Gott sagt. *Das* ist vor Gott wichtig und entscheidend für unser Leben, danach wird er uns einmal fragen: Ob wir nach seinem Wort *gehandelt* haben mit seiner Hilfe.«

»Wie der Johannes – beispielsweise«, sagt Judas leise. Jesus nickt ihm zu.

Von der Tür her ruft Levi: »Das Unwetter ist vorbei, der Regen ist zu Ende. Ihr könnt die Arche Joels verlassen. Kommt, wir können wieder weiter!«

Die Jünger und Jesus verabschieden sich von Joel und danken ihm. Dann drängeln sie ins Freie und machen sich langsam auf den Weg.

Herr Gottreich lädt zum Fest

Eine Erzählung zum Gleichnis in Lukas 14,15–24

Für die Zeitschrift »Evangelische Kinderkirche« (1985) legte Jürgen Koerver das Gleichnis vom »Großen Abendmahl« mit folgender Geschichte aus. Ein Beispiel, wie auch ein solches Gleichnis als eigenständige Geschichte weitererzählt werden kann.

Da war ein gewisser Herr – nun sagen wir mal: ein Herr Gottreich. Er war sehr begütert und gut und lebte sehr schön.

Eines Tages beschließt Herr Gottreich, ein großes Fest mit einem festlichen Essen für seine Freunde zu veranstalten.

Er sagt zu seinem Diener Josua: »Geh zu meinen Freunden – du kennst sie ja – und lade sie ein. Sag ihnen, dass ich ein großes Festessen mache und sie dazu einlade. Frage meine Freunde, ob sie kommen werden. Den genauen Zeitpunkt meines Festes werde ich ihnen noch mitteilen.«

Der Diener Josua geht los. Und überall, wo er zu Freunden des Herrn Gottreich kommt, da heißt es: »Aber ja doch, wir kommen! Welche Ehre! Welche Freude! Großartig, die Einladung! – Ich komme, ich komme, ich komme! So weiß nun jeder der Freunde, was bevorsteht.

Irgendwann, morgen schon oder nächste Woche, wird das Fest bei Herrn Gottreich sein. –

Derweil laufen die Vorbereitungen für das Fest. Es gibt viel zu überlegen und zu tun: der Festsaal muss hergerichtet, der große Tisch aufgebaut werden, die Stühle drum herum, Blumen und Kerzen dazu, Girlanden an die Wände. Musik wird bestellt. Und es wird eingekauft und gekocht und gebraten. – Es soll ja die große Freude werden für die Freunde!

Und Herr Gottreich und Josua freuen sich. –

Dann ist es soweit.

»Jetzt geh«, sagt der Herr Gottreich zu Josua, dem Diener, »geh zu meinen Freunden und bestelle ihnen: Kommt, jetzt ist alles bereit. Mein Herr lässt bitten zu kommen!«

Josua geht. – Aber welche Enttäuschung! Jeder – nein, hören wir nur: Der erste sagt: »Oh wie schade! Ausgerechnet heute geht es nicht. Ich habe mit dem Kauf eines Grundstücks zu tun. Wie gerne wäre ich gekommen! Aber es geht nicht. Richte Herrn Gottreich aus, ich müsse mich leider entschuldigen.«

Josua kommt zum Zweiten. »Jammerschade«, ruft der, »so ein dummes Zusammentreffen: Ich stecke bis über beide Ohren in einem ganz wichtigen Geschäft. Es geht da um viel Geld für mich. Ich bitte Herrn Gottreich um Verständnis. Aber diese Geldgeschichte muss ich einfach erledigen. Wie gerne wäre ich beim Fest gewesen! Ein andermal – heute aber muss ich mich entschuldigen!«

Und Josua kommt zu einem Dritten: »Oh, heute soll ich zum Fest bei Herrn Gottreich? Also nein, das geht nun wirklich nicht! Gestern erst habe ich geheiratet und heute habe ich so viel mit meiner Frau zu bereden und zu beraten – und überhaupt wollen wir mal für uns sein. Man muss ja auch mal Zeit für sich selber haben, nicht wahr? Darum: Richte Herrn Gottreich aus, dass es mir leid tut, aber ich kann nicht kommen.«

Und Josua geht weiter. Überall ist es das gleiche: Ausreden, Entschuldigungen, Absagen.

Traurig kommt der Diener Josua zurück. – Herr Gottreich steht im festlich geschmückten Saal. Erwartungsvoll sieht er Josua an. Der schüttelt den Kopf. »Keiner«, sagt er, »keiner kann, keiner will. Keiner kommt. Sie sind alle mit wichtigeren Dingen beschäftigt.«

Da steht nun der Herr Gottreich mit seinem schönen Fest und Essen – ohne seine Freunde.

Doch jetzt wird Herr Gottreich zornig. Er sagt: »Mein Fest lasse ich nicht ausfallen! Auf meine Freunde bin ich nicht angewiesen – obwohl mir's um sie leid tut. – Mein Fest findet statt! An meinem Tisch wird man essen und fröhlich sein! – Los, Josua, lauf los. Geh einfach durch die Straßen, klingle überall und rufe die Leute, die du triffst – ruf sie alle zu meinem Fest.«

»Einfach so Leute – zu diesem Fest – zu dir?«, fragt Josua.

»Ja«, sagt Herr Gottreich, »einfach Leute. Es können ruhig Arme sein oder die nichts Rechtes anzuziehen haben oder die nicht so klug sind wie meine sogenannten Freunde. Alte und junge, ruhig auch Kinder, möglichst mit Eltern – und wenn einer nur mit Hilfe von zwei Stöcken gehen kann ... es ist ganz egal. Sie sollen alle kommen. Ich freue mich über jeden, der mein Fest mitfeiern will.«

Josua geht. Und er tut, was ihm aufgetragen ist. Leute kommen. Ein bisschen misstrauisch, ein bisschen zurückhaltend, ein bisschen verwundert kommen sie. Herr Gottreich begrüßt sie herzlich.

Aber da tritt der Diener Josua zu seinem Herrn und sagt: »Jetzt dürften alle, die ich gerufen habe, da sein. Aber es ist immer noch Platz – es sind noch eine Reihe Stühle frei.«

»Nun«, sagt Herr Gottreich, »dann musst du noch einmal los, Josua. Du musst einfach noch weiter hinausgehen, in die Randgebiete, verstehst du? Dahin, wo die ganz Armen und Verkommenen hausen. Die ganz am Ende sind und die längst vergessen haben, was Freude ist. Die mit sich und der Welt zerfallen sind – die meine ich, die lade ein, die hol her. Sag ihnen: Sie sind eingeladen, so wie sie sind. Mein Fest wartet auf sie. Mein Tisch wartet auf sie. Ich warte auf sie«, sagt Herr Gottreich.

Und Josua geht, um auch sie einzuladen.

Und Herr Gottreich sagt sehr ernst und sehr traurig vor sich hin: »Wenn einer meiner Freunde, die sich für heute entschuldigt haben, meint, er könnte jetzt noch spät zum Fest kommen, der hat sich getäuscht. Er wird keinen Platz mehr finden an meinem Tisch.«

Und das große Fest des Herrn Gottreich nimmt seinen Lauf.

Der reiche Bauer Michel

Eine Erzählung mit Sprechchor zu Lukas, 12,13–21

Diese »Erzählung mit Chor« teilt den Zuhörern keine bestimmte Rolle zu: sie erzählen gewissermaßen mit. Dadurch haben die Zuhörer viel zu sprechen. Es ist aber durchaus möglich (ich habe es mit einer zweihundertköpfigen Erntedankgottesdienst-Gemeinde probiert), zwei Chorführer und dementsprechend zwei Zuhörerblöcke einzuteilen (linke Seite / rechte Seite). Möglicherweise erhöht das noch die Aufmerksamkeit, aufeinander zu hören!

Das ständig wechselnde »Versmaß« verlangt von allen Sprechern hohe Konzentration und Sprachbeherrschung!

Der Schluss hat zwei Fassungen: Die erste (ursprüngliche) hält sich stärker an den biblischen Text, die zweite versucht mehr eine Auslegung (z. B. im Sinne von Erntedank). Man kann natürlich noch eine andere erfinden! (J.K.)

Erzähler: Jesus erzählt eine Geschichte.
Er erzählt sie Leuten,
die reich sind.
Leuten, die viel haben
und noch mehr haben wollen
und die zugleich
vergesslich sind.
Er erzählt sie Leuten,
die einfach nicht genug
kriegen können
und die schließlich ...
Nun ja, ihr werdet es hören
und werdet's erleben,
wie's Leuten ergeht,
die reich und
vergesslich sind.
Die Geschichte von Jesus
erzähl' ich jetzt euch.
Passt auf!
Der Michel ist ein Bauer.

Er ist ein reicher Mann.
Er steht auf seinem Bauernhof
und sieht sich alles an:

Chorführer: Ein großes Haus.
Alle: Ein großes Haus.
Chorführer: Da steht die Scheune.
Alle: Da steht die Scheune.
Erzähler: Und in der Scheune sind:
Chorführer: Siebzehn Wagen Heu.
Alle: Siebzehn Wagen Heu.
Chorführer: Zwanzig Säcke Weizen.
Alle: Zwanzig Säcke Weizen.
Chorführer: Und ein Haufen Stroh.
Alle: Und ein Haufen Stroh.
Chorführer: Viele Zentner Rüben.
Alle: Viele Zentner Rüben.
Chorführer: Und ein Berg Kartoffel.
Alle: Und ein Berg Kartoffel.
Erzähler: Und im Stalle stehn:
Chorführer: Fünfzehn Kühe, viele Kälber.
Alle: Fünfzehn Kühe, viele Kälber.
Chorführer: Ochsen, Schweine, Hühnervieh.
Alle: Ochsen, Schweine, Hühnervieh.
Chorführer: Ich bin reich! Jawohl, und wie!
Alle: Ich bin reich! Jawohl, und wie!
Erzähler: Der Bauer Michel ist
ein reicher Mann.
Er hat viel, sehr viel.
Er hat so viel,
weil er nicht faul ist.
Chorführer: Ich halt mich ran!
Alle: Ich halt mich ran!
Chorführer Ich schufte jeden Tag!
Alle: Ich schufte jeden Tag!
Chorführer: Von früh bis spät, jeden Tag!
Alle: Von früh bis spät, jeden Tag!
Chorführer: Montag, Dienstag, Mittwoch.
Alle: Montag, Dienstag, Mittwoch.

Chorführer:	Donnerstag bis Samstag.
Alle:	Donnerstag bis Samstag.
Chorführer:	Und des Sonntags auch!
Alle:	Und des Sonntags auch!
Chorführer:	Ich schufte jeden Tag!
Alle:	Ich schufte jeden Tag!
Erzähler:	Der Bauer Michel ist sehr fleißig
	und darum ein reicher Mann geworden.
	Aber nicht nur, weil er fleißig ist,
	hat er's zu was gebracht.
	Nein, er weiß auch:
Chorführer:	Alles in die Scheune rein!
Alle:	Alles in die Scheune rein!
Chorführer:	Immer, immer sparsam sein!
Alle:	Immer, immer sparsam sein!
Chorführer:	Immer an sich selber denken!
Alle:	Immer an sich selber denken!
Chorführer:	Nichts verschenken!
Alle:	Nichts verschenken!
Erzähler:	Der Bauer Michel weiß genau:
	Reich werd ich nur,
	wenn ich immer schön
	an mich – an mich nur denke.
	Wer weiß,
	was morgen mir geschieht?
	Wer weiß:
	Der Blitz schlägt ein?
	Ein Brand entsteht?
	Ein Sturm kommt her?
	Der Schnee erstickt?
	Der Fluss schwemmt weg?
	Es hagelt schwer?
Chorführer:	Mein Vieh erkrankt?
Alle:	Mein Vieh erkrankt?
Chorführer:	Mein Haus brennt ab?
Alle:	Mein Haus brennt ab?
Chorführer:	Die Ernte schlecht?
Alle:	Die Ernte schlecht?

Chorführer:	Ein Krieg bricht aus?
Alle:	Ein Krieg bricht aus?
Erzähler:	Der Bauer Michel meint:
	Wer weiß,
	was mir geschieht?
	Ich sorge vor!
	Ich denk an mich!
	Ich leg beizeiten
	was auf die Seiten!
	Man kann nie wissen,
	was geschieht.
	Wer hat, der hat.
	Wer viel hat, lebt lang.
	Wer mehr hat, lebt länger.
	Drum halte ich beisammen,
	was ich geerntet hab,
	und was ich ernten werde.
	Und weil der Bauer Michel
	fleißig ist und schuftet:
Chorführer:	Montag und *(rasch, skandiert)*
Alle:	Montag und
Chorführer:	Dienstag und
Alle:	Dienstag und
Chorführer:	Mittwoch und
Alle:	Mittwoch und
Chorführer:	Donnerstag,
Alle:	Donnerstag,
Chorführer:	Freitag und
Alle:	Freitag und
Chorführer:	Samstag und
Alle:	Samstag und
Chorführer:	Sonntag auch.
Alle:	Sonntag auch.
Erzähler:	Und weil der Bauer Michel
	alles beisammen hält,
	sparsam ist,
	nichts verschenkt
	und immer schön

an sich denkt,
wird er reicher und reicher. –
Und eines Tages
ist seine Ernte so reichlich,
eines Tages weiß er nicht mehr,
wohin mit allem Reichtum.
Die Scheune voll,
die Ställe voll,
er weiß nicht mehr,
wohin er soll
mit allem seinem Reichtum. –
Er denkt:

Chorführer:	Wohin mit der Ernte?
Alle:	Wohin mit der Ernte?
Chorführer:	Wohin mit den Gaben?
Alle:	Wohin mit den Gaben?
Chorführer:	Die Scheune zu klein!
Alle:	Die Scheune zu klein!
Chorführer:	Der Stall überfüllt!
Alle:	Der Stall überfüllt!
Chorführer:	Was soll ich tun?
Alle:	Was soll ich tun?
Erzähler:	Ja, was soll er tun?
	Was zuviel ist – vielleicht –
	soll er's verschenken?
	Was zuviel ist – vielleicht –
	soll andern er's geben?
Chorführer:	Ich weiß, was ich tu!
Alle:	Ich weiß, was ich tu!
Chorführer:	Ich bau noch 'ne Scheune!
Alle:	Ich bau noch 'ne Scheune!
Chorführer:	Ich bau noch zwei Scheunen!
Alle:	Ich bau noch zwei Scheunen!
Chorführer:	Und bau noch zwei Ställe!
Alle:	Und bau noch zwei Ställe!
Chorführer:	Dann wird es wohl reichen für alle Fälle!
Alle:	Dann wird es wohl reichen für alle Fälle!
Erzähler:	Gesagt – und getan!

Der Michel, er baut
noch Scheunen und Ställe.
Jetzt ist er noch mehr
als bisher beschäftigt.
Ernten und bauen,
bauen und ernten.
Tag und Nacht
ist er auf den Beinen,
eilt hin und eilt her.
Man kann ja nicht wissen,
ob sie auch alle
richtig am Werk sind.
Überall ist er dabei,
sieht nach, überprüft,
treibt an und bespricht
und –
reibt sich die Hände:

Chorführer:	Bald ist es vollendet!
Alle:	Bald ist es vollendet!
Chorführer:	All meine Güter kann ich jetzt sammeln.
Alle:	All meine Güter kann ich jetzt sammeln.
Chorführer:	Ich hab mich versorgt!
Alle:	Ich hab mich versorgt!

(Ab hier kann auch die zweite Fassung verwendet werden; siehe rechte Seite.)

Erzähler:	Der Michel, der Bauer,
	er reibt sich die Hände:
	Die Zukunft ist sicher,
	ihm kann nichts passieren!
	Die Scheunen sind fertig,
	die Ernte geborgen!
	Jetzt kann er schön leben!
	Vorbei alle Sorgen. –
	Doch da ...
Chorführer:	Da?
Alle:	Da?
Erzähler:	Ganz plötzlich: der Tod.
	Er stirbt, unser Michel.

	Von heute auf morgen:
	der Michel ist tot.
	Tot. Mausetot. Und
	vorbei ist sein Leben,
	von dem er noch eben
	gesagt hat:
Chorführer:	Ich hab mich versorgt!
Alle:	Ich hab mich versorgt!
Erzähler:	Und Gott fragt den Michel:
	»Sag, toter Michel,
	hast du im Leben
	dich wirklich versorgt? –
	Ich hab dir gegeben,
	reichlich gegeben:
	Kräfte, Verstand
	und Fleiß dir gegeben,
	Ernte gegeben –
	ja, alles zum Leben
	und: mehr dir gegeben!
	Sag, toter Michel,
	hast du im Leben
	dich je drum gesorgt,
	auch andern zu geben
	das tägliche Brot?« –
	So sagt Gott zum Michel.
	Und der Michel schweigt.
	Er ist tot.
	Er sagt nichts.
	Er hat versagt.
Chorführer:	Er hat versagt.
Alle:	Er hat versagt.

Zweite Fassung

Chorführer:	Ich hab mich versorgt!
Alle:	Ich hab mich versorgt!
Erzähler:	Kaum hat er's gesagt, da –
Chorführer:	Da?

Alle:	Da?
Erzähler:	Kaum hat er's gesagt,
	da – tritt unser Gott
	zum zufriedenen Michel
	und stört seinen Frieden.
	Ja, werter Michel –
	du hast dich versorgt !
	Ich hab dir gegeben,
	reichlich gegeben:
	Kräfte, Verstand
	und Fleiß dir gegeben,
	Ernte gegeben,
	ja, alles zum Leben
	und mehr dir gegeben!
	Sag, werter Michel,
	hast du im Leben
	dich je drum gesorgt,
	auch andern zu geben
	das tägliche Brot?
	Sag, werter Michel:
	hast du denn nie dran gedacht,
	dass ich dir vieles gegeben,
	damit du es geben kannst
	vielen,
	damit du es teilst?
	Merk, werter Michel,
	ich – mein – mir – mich
	– das sind deine Worte! –
	sind Worte zum Tode!
Chorführer:	Und die Worte zum Leben?
Alle:	Und die Worte zum Leben?
Erzähler:	Sind: wir – unser – uns!
Chorführer:	Sind: wir – unser – uns!
Alle:	Sind: wir – unser – uns!
Erzähler:	Sind: spenden – verteilen,
	abgeben – schenken,
	sorgen für andre,
	die weniger haben.

Die Kluft

Eine Erzählung mit Rahmenhandlung zu Lukas 16,19–31

Jürgen Koerver hat den Umgang mit Texten, die für Kinder schwierig sind, nie gescheut. So gibt es von ihm auch eine Erzählung zum Gleichnis vom »Reichen Mann und armen Lazarus«. Die kleine Einführung, die er selbst dazu gibt, zeigt, wie bescheiden er selbst seine Versuche der Umsetzung solcher Geschichten bewertete:

Dieses Gleichnis wird Kindern (siehe Kinderbibeln und andere Literatur) kaum je nahe gebracht; denn Weltbild und Ziel der Geschichte sind für Kinder schwer verständlich zu machen.

Von daher erklärt sich die relativ lange Einleitung (die man übrigens besser szenisch zu dreien darstellen würde!). – Die im biblischen Text sehr kurze Situationsangabe vom Reichen und von Lazarus ist bewusst sehr breit geschildert; auf diese Weise kann der im Jenseits spielende, in seinen Vorstellungen für Kinder kaum nachvollziehbare Teil sehr kurz (zu kurz?) dargestellt werden. – Vielleicht wäre es gut, das einleitende Gespräch der drei nach der Gleichniserzählung nochmals aufzugreifen und fortzuführen. (J.K.)

Kannst du dir eigentlich alles merken, was Jesus so sagt?«, fragt Andreas seinen Bruder Simon. Sie marschierten hinter Jesus her und unterhielten sich.

»Na ja, alles, jedes Wort, ...nein, das kann ich nicht«, antwortet Simon. »Aber darauf kommt es ja nicht an. Das Wichtigste allerdings, das merk ich mir. Was er immer wieder sagt, verstehst du?«

»Ja«, sagt Andreas, »verstehe. Zum Beispiel: ›Ich bin dazu da, die Verlorenen aufzusuchen und glücklich zu machen.‹ Das hat er schon ganz oft gesagt – mit diesen Worten oder ein bisschen anders. Und das habe ich mir darum auch gemerkt!«

»Ich auch!«, sagt Simon. »Man kann das ja auch gar nicht vergessen. Fast jeden Tag sind wir mit solchen ›Verlorenen‹ zusammen. Er spricht mit den Zöllnern und mit Leuten, die gestohlen und betrogen haben, und mit denen niemand etwas zu tun haben will ...«

»Und vor allem, mit denen Gott angeblich nichts mehr zu tun haben will«, fällt ihm Andreas ins Wort.

»Ja, aber eben angeblich!«, sagt Simon. »Gerade ihnen sagt Jesus doch: Ihr seid nicht verloren! Gott will trotz eurer Schuld euer Freund sein. Und damit sie es so richtig merken, setzt er sich zu ihnen und isst mit ihnen. Wir waren schon oft dabei.«

»Ja, ja«, sagt Andreas. »Bloß eines kann ich nicht verstehen. Die Zöllner und so – klar, das sind ›Verlorene‹, sagen die Leute. Und die Kranken, denen er hilft – da sagt man: die haben gesündigt und Gott hat sie gestraft; sind also auch so was wie ›Verlorene‹. Und die Armen, zu denen Jesus oft spricht – da sagen die Frommen: Die haben keine guten Werke getan, also werden sie von Gott auch nicht belohnt; sind also auch beinahe ›Verlorene‹. Jesus geht zu ihnen und sagt: Gott hat euch lieb, verlasst euch drauf. Also: das verstehe ich und das finde ich ganz großartig. Aber ...«

»Aber?«, fragt Simon gespannt – »Was ist aber?«

»Aber«, fährt Andreas fort, »dass Jesus auch zu den frommen Männern geht, zu den Pharisäern, und zu den reichen Leuten – das verstehe ich nicht. Die sind doch nicht verloren, ich meine: Die sind doch sicher vor Gott in Ordnung!«

»Ja«, sagt Simon, »da hast du recht. Das verstehe ich auch nicht. Er lässt sich sogar zu ihnen einladen. Noch vor ein paar Tagen war er in so einem Haus zum Abendessen!«

»Ja, war ich!«, sagt Jesus und wendet sich ihnen zu. »Und es war ein gutes Abendessen.«

»Oh, du hast uns zugehört?«, fragt Simon.

»Habe ich«, sagt Jesus. »Und es war ein interessantes Gespräch, das ihr da geführt habt! – Es ist richtig: Ich bin dazu da, die ›Verlorenen‹ aufzusuchen und sie glücklich zu machen. Und ihr habt ja Beispiele aufgezählt, wer alles dazugehört. Aber es gibt ja auch Menschen, die merken gar nicht, dass ihr Leben vor Gott nicht in Ordnung ist. Und darum muss ich sie warnen. Ich muss ihnen sagen: Passt auf, Leute, dass ihr euer Leben nicht falsch lebt und eines Tages vor Gott ganz daneben seid.«

»Und das sagst du z.B. zu den Reichen mit den dicken Geldsäcken?«, fragt Andreas.

»Ach«, sagt Jesus, »wisst ihr, reich ist ja nicht nur einer, der dicke

Geldsäcke hat. Reich ist ja auch einer, der nur ein paar Schafe hat oder nur eine kleine Hütte besitzt oder der einfach gesund ist. Denn wer eine kleine Hütte besitzt, ist immer noch reicher als einer, der nicht weiß, wo er bleiben soll – und ein Gesunder ist sehr reich, gemessen an einem Gelähmten oder Blinden, nicht wahr?«

Simon nickt nachdenklich mit dem Kopf. Und Andreas sagt: »Dann ... dann gibt es ja eigentlich – sehr viele Reiche! – Und du, Jesus, du warnst alle diese Reichen, dass sie nicht ... Aber: Wie können sie ihr Leben falsch leben? Ich meine: was tun sie denn Unrechtes, so dass man sie ›verloren‹ nennen muss?«

»Nun«, sagt Jesus, »am besten, ich erzähle euch eine Geschichte, wie ich sie allen Reichen erzähle, um sie zu warnen, dass sie nicht verloren gehen vor Gott.

Stellt euch vor: Eine kleine Stadt. – Durch die Hauptstraße fährt eine Kutsche, davor zwei schöne Pferde, von einem vornehm gekleideten Kutscher gelenkt. Die Leute auf der Straße springen rasch zur Seite und bestaunen den Wagen, obwohl sie ihn schon längst kennen. Und die Leute flüstern zueinander: ›Der Reiche! Hast du gesehen? Der Reiche!‹ –

Natürlich hat er auch einen Namen wie jeder Mensch, aber den kennt niemand. Im Ort heißt er einfach ›der Reiche‹. Einige machen so etwas wie eine kleine Verbeugung zur Kutsche hin. Aber der Mann in der Kutsche schaut nicht hin. Er blickt einfach geradeaus. Er denkt im Augenblick bloß an seine riesige Schafherde draußen vor der Stadt. Ob die Hirten auch gut Acht geben? Ob auch kein Schaf gestohlen wird? Das wäre ja ein Verlust! Und ob auch Wasser und Gras genug da ist? Wenn die Schafe nicht gut genährt sind, bringen sie kein Geld beim Verkauf – und das wäre schon wieder ein Verlust.

Und dann ist die Kutsche an seinem Haus. Nein, Haus ist zu wenig: seiner Villa. Ein großes, vornehmes Gebäude in einem schönen Garten. Die Kutsche fährt durchs Tor und sofort wird das Tor geschlossen. Das hat der Reiche so angeordnet. Man kann ja nie wissen, ob sich ein Dieb einschleicht. Wo so viel Reichtum ist, sind auch Diebe nicht weit. Ja, schon Neugierige mag der Reiche nicht. Also: Tor zu! – Der Reiche steigt aus der Kutsche. Im Garten, beim Springbrunnen, sitzen seine fünf Brüder. Er winkt ihnen freundlich zu. Dann geht er ins Haus, in sein Schlafzimmer. Er badet und erfrischt sich. Dann zieht er neue weiße Unterkleider an und ein kostbares purpurrotes Gewand, das er sich aus einem königlichen Kleidergeschäft in der Hauptstadt hat kommen lassen.

Und danach geht's zum Essen in den Speisesaal. Mit den fünf Brüdern sitzt er an der kostbar gedeckten Tafel. Die Diener tragen große Schüsseln auf: knusprigen Lammbraten, duftendes Gemüse, Salate, Früchte, Wein. An jedem Platz liegen weiche Brotfladen; das sind die Servietten. Wenn einer sich daran die Finger oder den Mund abgewischt hat, wirft er den Fladen auf den Boden. Später wird ein Diener sie zusammenfegen und im Abfallkorb hinaustragen.

Nach dem Essen sitzt der Reiche im Garten, im Schatten hoher Bäume. Der Springbrunnen plätschert. Mit seinen Brüdern spricht er über das Fest, das sie am Abend mit einigen vornehmen Freunden feiern wollen.

Einmal unterbricht sie ein Diener. Draußen am Tor sind ein paar Leute, die von den Reichen etwas erbitten wollen. Bettler. Der Reiche winkt ärgerlich ab. Der Diener geht.

Sie sprechen weiter über das Fest: Viel Musik soll es geben und ganz besonders köstliche Speisen. Es soll gesungen und getanzt werden, bis in die frühen Morgen. Sie reiben sich die Hände in Vorfreude. Dann will der Reiche ein bisschen lesen. Er fordert ein Buch. Der Diener bringt ihm welche. Er schlägt das oberste auf – und legt es gelangweilt auf den Tisch. ›Die Bibel – wie uninteressant‹. Und er nimmt ein anderes und beginnt zu lesen.

Ein Diener trägt den Abfallkorb vorüber. Er geht zum Tor, öffnet es und kippt alles auf die Straße. Dann schließt er das Tor wieder. Denn der Reiche will ja für sich sein.

Stellt euch vor: Draußen vor dem Tor zur Villa des Reichen, draußen auf der Straße. Eben hat der Diener die Abfälle hingeworfen. Darauf haben die Hunde gewartet. Sie balgen sich um die Knochen, stürzen sich auf die Essenreste und die Brotservietten. Wenn ein Hund etwas erwischt hat, rennt er zur Seite, um es zu fressen.

Nicht nur die Hunde haben auf diesen Augenblick gewartet. Auch der Lazarus. Ganz mühsam rutscht er Stückchen für Stückchen zum Abfallhaufen hin. Er ist gelähmt und kann darum nur sehr langsam heran kriechen. Und dazu ist er vom vielen Hungern recht schwach. Hoffentlich holen ihm die Hunde nicht alles weg, bevor er da ist! Ah, Gott sei Dank, er hat es geschafft! Ein Brotfladen – herrlich! Er duftet nach Bratensoße, die einer daran abgewischt hat. Hungrig beißt er hinein. Mit vollem Mund murmelt er lächelnd vor sich hin: ›So wahr ich Lazarus heiße, das ist ein gutes Mittagessen!‹ Lazarus heißt: Gott hilft.

Aber dann ist da ein großer Hund. Er schnappt nach dem restlichen Brotfladen, den der Lazarus noch in der Hand hat. Lazarus versucht ihn zu verscheuchen, aber der Hund knurrt böse und schnappt wieder nach seiner Hand. Lazarus reißt ein Stückchen vom Brotfladen und will es dem Hund zuwerfen. Es fällt zwischen seine Beine. Aufgeregt wühlt der Hund zwischen seinen Beinen und erwischt das Stückchen, schlingt es herunter. Dann schnuppert er an den Beinen des Lazarus. ›O Gott im Himmel, nur das nicht!‹, stöhnt Lazarus. Aber der Hund hat Blut und Eiter gerochen, der aus den vielen Geschwüren an den Beinen kommt. Mit seiner harten Zunge leckt der Hund über die offenen Wunden. Lazarus windet sich vor Schmerzen. Er möchte den Hund von den Beinen wegjagen. Aber es geht nicht. Er ist ja gelähmt. ›O Gott im Himmel, bitte hilf mir, wenn mir schon sonst keiner hilft!‹ Lazarus weint.

Der restliche Brotfladen ist ihm aus der Hand gefallen. Ein Hund frisst ihn auf. Dann laufen die Hunde weg, legen sich irgendwo in den Schatten. Sie sind satt.

Lazarus ist hungrig. Die Beine brennen. Er sitzt in der prallen Mittagssonne neben dem Tor. Er kann nicht weg in den Schatten; er ist ja gelähmt. Und dazu: Hier gibt es doch wenigstens die Abfälle vom Tisch des Reichen. Vielleicht – vielleicht wirft er ihm eines Tages sogar ein Geldstück zu? ›Bisher allerdings‹, denkt Lazarus, ›hat er mich übersehen, der Reiche. Ach Gott, wenn er mich doch sähe, hilflos wie ich bin!‹ Und Lazarus schläft ein.

Erst am Abend wird er vom Rattern der Kutschen geweckt. Die Freunde des Reichen fahren heran. Das Tor wird geöffnet, eine Kutsche nach der anderen rollt hinein. Lazarus hört die Musik, die aus der Villa dringt. Er riecht die Düfte, die aus der Küche kommen. Das Lachen fröhlicher Menschen klingt herüber. Dann wird das Tor zugeschlagen. Der Nachtwind weht kalt. Lazarus ist allein.

Und nun stellt euch vor – oder nein, das könnt ihr euch nicht vorstellen. Denn jetzt erzähle ich euch, wie es nach dem Leben des Reichen und des Armen weitergeht.

Beide sterben nämlich eines Tages. Aber damit ist das Leben ja nicht zu Ende. Dem armen Lazarus geschieht, wie sein Name sagt und wie er es immer wieder erbeten hat: Gott hilft. Nach seinem Tod kommt er zu den Glücklichen – zu denen, die auf Gott vertraut haben. Niemand hat sich je um ihn gekümmert, als er da gelähmt am Tor lag. Aber Gott hat ihn nicht vergessen. Er hat ihn gerufen: ›Lazarus, komm!‹ Und jetzt ist Lazarus glücklich, wie er es im Leben immer erhofft und erbeten hat.

Und der Reiche? Als er tot und begraben ist, geschieht auch mit ihm, was er im Leben haben wollte. Nur ja keine Störung durch die von draußen, nur ja keinen Blick für die Menschen auf der Straße, nur ja nicht sich kümmern um die Leute, die das angenehme Leben unterbrechen. Wie er es haben wollte: Er ist allein, ganz allein. Keiner ist in seiner Nähe, niemand, der ihn lieb hat, keiner kann seinen Namen rufen, niemand sagt ein Wort zu ihm. So hat er es immer gewollt im Leben – und so geschieht es nach seinem Tod. Solche Einsamkeit ist qualvoll. Und vor allem: Ganz weit weg sieht er Lazarus, den Glücklichen, den er sonst nie beachtet hat.

Und da ruft er: ›Ach bitte, ein bisschen Linderung! Ein wenig Hilfe für mich Armen! Kann nicht eine Kleinigkeit Liebe für mich abfallen?‹

Aber nein, da ist nichts zu machen. Auch jetzt ist es so wie im Leben vorher: Da war ein großer Abstand zwischen ihm, dem Reichen, und dem Lazarus. Und so gibt es auch jetzt einen weiten Abstand und kein Hin und Her.

›Hätte ich doch‹, denkt der Reiche, ›hätte ich doch früher von meinem Reichtum abgegeben! Wenn ich doch anders gelebt hätte, ein bisschen Liebe erwiesen hätte! Ich hatte soviel Zeit, mich zu ändern … aber …‹

Und dann fallen ihm seine fünf Brüder ein. Die hatten genauso gelebt wie er. Und jetzt haben sie alles geerbt und leben sicher genau noch so wie früher. Vielleicht liegt wieder ein Lazarus vor dem Tor und ...

›Oh, bitte, schickt einen Boten zu meinen Brüdern, dass er sie warnt, damit sie nicht auch erleiden müssen, was ich leide.‹ – ›Nicht doch, Reicher‹, wird ihm gesagt, ›sie haben doch eine Bibel – und da steht doch drin: Du sollst Gott und deinen Nächsten lieben. So können sie's lesen und hören und tun!‹

›Das reicht nicht!‹, ruft der Reiche. ›Es müsste was ganz Aufregendes passieren, damit sie aufmerksam werden und sich ändern!‹

›Nichts da!‹, wird ihm geantwortet. ›Gottes Gebot ist aufregend genug. Wer sich da nicht regt und auf den Mitmenschen zugeht, dem helfen auch keine Aufregungen.‹

So endet die Geschichte. – So kann das Leben enden, wenn sich nichts ändert. Ich hab sie erzählt, damit sich was ändert bei allen, die reich sind – und wer ist das nicht, wenn man an Lazarus denkt?«

Briefe an Frau Assua

Eine erzählerische Darbietung in Briefform
zu Matthäus 18,23–34

Die für eine Mitarbeiterzeitschrift geforderte Ausarbeitung des Gleichnisses
vom Schalksknecht (die Rahmenverse 18, 21 + 22 sowie 35 habe ich weg-
gelassen!) reizte mich zu dem Versuch, eine »Darbietung in Briefen« des
Beschuldigten an seine Frau vorzunehmen.
Im Grunde ist es natürlich eine Erzählung in der Ich-Form (in die sich die
Brieftexte leicht verwandeln lassen); doch schafft der »Brief« eine gewisse,
von vielen Mitarbeitern gewünschte Distanz zwischen dem Ich der biblischen
Figur und dem Ich des Erzählers.
Für jüngere Kinder ist diese Form möglicherweise verwirrend und daher
weniger geeignet. (J.K.)

An   In der Königsstadt
Assua, Frau des K.   Am Nachmittag des 3. Tages
Tisboth am Meer   nach Vollmond

Geliebte Assua,
vor drei Stunden bin ich in der Königsstadt angekommen. Es war
– wie immer – eine lange Reise, aber nicht gar so schlimm wie
sonst, denn die neue Kutsche mit der guten Federung und den
bequemen Polstern macht eine solche Fahrt doch viel angeneh-
mer als früher. Allerdings – die Kutsche hat ja auch einen Haufen
Geld gekostet!
Im Hotel »Zur Königskrone« habe ich sogleich ein Zimmer
bekommen. Es war nicht schwierig, denn die wenigsten können
fünf Goldstücke für eine Übernachtung mit Frühstück bezahlen.
Aber dafür ist es sehr, sehr vornehm und die Bedienung hervor-
ragend. –
Nach der assyrischen Seide für dein Abendkleid habe ich mich
schon umgesehen und etwas sehr Hübsches (und sehr Teures!)
entdeckt. Auch deinen Wunsch nach dem nubischen Goldarm-
band mit Saphiren und Rubinen werde ich wohl erfüllen können,

wenngleich der Goldschmied einen geradezu unverschämten Preis verlangt. Ich kann das alles allerdings erst morgen einkaufen. Heute Abend muss ich mich noch mit den Rechnungsbüchern beschäftigen. Morgen um 10 Uhr ist ja die Abrechnungssitzung beim König – und da habe ich noch einiges vorzubereiten. Und das macht mir ziemlich Kopfschmerzen.

Du musst nämlich wissen, geliebte Frau, das viele Geld, das wir verbrauchen, die zahlreichen Anschaffungen, unser herrliches Haus – das alles könnten wir uns nicht leisten, wenn ich nicht da und dort in den Abrechnungsbüchern etwas – sagen wir – veränderte Zahlen eintragen würde. Die Steuergelder, die die Bauern und Gutsbesitzer, die Kaufleute und Handwerker des Bezirks bringen, für den ich verantwortlich bin, – diese Steuergelder trage ich immer ein wenig anders in die Abrechnungsbücher ein, immer etwas weniger, als ich in Wirklichkeit bekomme. »Warum auch nicht?«, habe ich mir gesagt, »der König bekommt immer noch mehr als genug! Und wir können gut leben ...«

Jetzt, kurz vor der Abrechnung, ist mir allerdings nicht so ganz wohl in meiner Haut. Ich kann nur hoffen, dass er die Bücher nicht so genau prüft, bei 25 Bezirksverwaltern kann er das auch gar nicht. Es würde viel zu lange dauern.

Ich denke, er schaut nur einmal kurz hinein und dann ist es vorbei. So war es jedenfalls in den vergangenen Jahren.

So, und nun gehe ich noch ein wenig an die Arbeit, um dann gut zu schlafen. Auch dir eine gute Nacht und auf Wiedersehen in zwei, drei Tagen.

Dein K.

An   In der Königsstadt
Assua, Frau des K.   Am Vormittag des 4. Tages
Tisboth am Meer   nach Vollmond

Geliebte Assua,
rasch ein paar Zeilen – vielleicht sind es die letzten für viele Tage! Ja, es ist entsetzlich, aber leider wahr: ich glaube, es kommt alles raus, was ich gemacht habe!

Zuerst ging alles gut. Der König empfing uns, die Bezirksverwalter, sehr freundlich und hielt eine kurze Rede, in der er betonte, wie sehr er sich freue, so gute Verwalter in seinem Reich zu haben und wie sehr er ihnen vertrauen könne usw. usw.

Aber dann kam's: Er bat uns, die Abrechnungsbücher einfach auf dem großen Konferenztisch liegen zu lassen, damit seine Rechnungsprüfer sie durchsehen könnten – und dann kamen sie auch schon herein, fünfundzwanzig Herren mit Rechenmaschinen und Tabellen und Schreibzeug. Das hat es noch nie gegeben! Sie ließen sich hinter unseren Büchern nieder und fingen an, sie durchzuarbeiten. Wir Bezirksverwalter wurden gebeten, in drei Stunden wiederzukommen; wir könnten in dem königlichen Garten oder in der Stadt spazieren gehen oder in einem der Wartezimmer Platz nehmen und Tee trinken. – Ich bin zunächst für kurze Zeit in einen der Gärten gegangen, aber da begegnete ich dem Bezirksverwalter Aramis. – Du kennst ihn, es ist der lange, schlanke mit der Hakennase – und der wollte mich ausfragen nach unserer neuen Kutsche, vor allem nach dem Preis. Na, ich bin ihm unter einem Vorwand entkommen und in einen der Warteräume gegangen. Ein Glück, dass ich es tat, denn der Rechnungsprüfer, der meine Bücher bearbeitet, suchte mich schon. Er wollte – sehr höflich, aber auch sehr eindringlich – dies und das wissen, stellte Fragen zu den Zahlen, die ich nur mühsam beantworten konnte ... Oh, es war entsetzlich!

Leider bekam Ben-Gordon, der Verwalter des Bezirks Petropolis, das alles mit und grinste boshaft. Zehn Minuten später war der Rechnungsprüfer wieder da und fragte mich wieder aus – diesmal weniger höflich. Inzwischen fanden sich die anderen Bezirksverwalter allmählich ein, lachten und lärmten. Sie bekamen nach und nach ihre Abrechnungsbücher zurück – alle mit einer Verbeugung des jeweiligen Rechnungsprüfers, was soviel bedeutet wie: alles in Ordnung! Nur ich sitze noch ohne meine Bücher da. Einige glotzen mich hämisch grinsend an, andere tuscheln hinter vorgehaltener Hand. Ich tue so, als hörte ich nichts, während ich dies schreibe. Aber ich höre genau, was sie über mich sagen.

Ich muss jetzt schließen, denn eben kommt mein Rechnungsprüfer wieder herein. Er hat einen roten Kopf und ist offenbar ziemlich wütend. Wenn das nur gut geht! Ich fürchte das Schlimmste! In Eile und Verzweiflung   Dein K.

An
Assua, Frau des K.
Tisboth am Meer

In der Königsstadt
Am Mittag des 4. Tages
nach Vollmond

Über alles geliebte Assua, liebe Frau,
ein Wunder ist geschehen! Ich kann es noch nicht fassen! Wirklich: ein Wunder! ein Wunder an Güte und Erbarmen! Welch einen wunderbaren, gütigen König haben wir! Meinen Jubel wirst du verstehen, wenn ich dir berichte, was geschehen ist.

Vor gut zwei Stunden wurden wir – wie üblich – zur Schlussbesprechung zum König gerufen. Alle hatten ihre Abrechnungsbücher zurückbekommen – nur ich nicht! Es war grauenhaft! Ich ahnte, was kommen würde. Und es kam!

Wir nahmen alle Platz und der König hielt eine kurze Ansprache, in der er die Bezirksverwalter lobte, wie gut und zuverlässig sie gearbeitet hätten, wie ausgezeichnet ihre Abrechnungen seien, während dieser Rede sah er aber nicht sie, sondern mich die ganze Zeit an.

»Nur einer ist unter euch«, fuhr er dann nach endloser Pause fort, »nur einer ist da, dem nicht – wie es ja passieren kann – ein paar Fehler unterlaufen sind, das wäre ja verzeihlich, nein: dieser eine hat ganz bewusst versucht, falsche Angaben zu machen, falsche Zahlen einzutragen, mich zu betrügen. Er hat das Geld, das mir gehört, unterschlagen, in die eigene Tasche gesteckt. Und nicht etwa nur 10 oder 20 Goldstücke, auch nicht 100 oder 1000 – nein: an die zehntausend Goldstücke sind es! Zehntausend! ...«

Geliebte Assua, kannst du dir vorstellen, wie mir zumute war, als er das vor allen bekannt gab ... und als er mit dem Finger auf mich zeigte? ... und als er schrie: »Kannst du diese Summe zurückerstatten?« Und ich nur den Kopf schütteln konnte?

Aber es kam noch schlimmer!

»Natürlich kann er es nicht zurückerstatten«, rief der König voll Zorn, »aber ich werde schon dafür sorgen, dass Goldstück um Goldstück zurückkommt!« –

»Wache!«, rief er, und sofort kamen ein Offizier und zwei von den Palastsoldaten herein. »Nehmt seine Frau Assua und seine vier Söhne und drei Töchter und verkauft sie auf dem Sklavenmarkt. Ferner: seine Villa und die Gärten, seine Kutsche und alle seine

Habe restlos verkaufen! Und: allen Erlös aus diesen Verkäufen in die königliche Kasse einzahlen!«

»Aus!«, dachte ich nur noch, »aus, aus, alles vorbei!« Ich sah im Geiste unsere Kinder Steine schleppen, sah dich, liebe Assua, als Waschfrau, sah mich auf einer Galeere mit blutigen Händen rudern ... und da sprang ich auf und warf mich dem König zu Füßen. »Nur das nicht!«, schrie ich, »hab Erbarmen, o König, bitte hab Geduld mit mir – ich werde alles zurückzahlen!« So schrie ich – und dabei war mir klar: Ich würde mein Leben lang hart arbeiten und wir alle würden darben müssen, um auch nur einen Teil des Geldes zurückerstatten zu können ...

Lange – mir schien: endlos lange! – lag ich so zu Füßen des Königs. Es war ganz, ganz still um mich her ...

Und dann hörte ich den König zu den Soldaten sagen (sie standen neben mir, ich sah ihre Stiefel): »Hebt ihn auf!« Sie zogen mich hoch und hielten mich fest, weil mir die Knie zitterten. Jetzt führen sie dich ab, war das einzige, was ich denken konnte ...

»Ich will gnädig sein«, sagte der König leise. »Ich erlasse dir deine Schulden. Du sollst leben. Ich will es so. Du kannst gehen.«

Ich traute meinen Ohren nicht ...

Unter den Bezirksverwaltern erhob sich Getuschel und Geraune ... ich schaute den König fassungslos an. Er lächelte und sagte: »Du bist frei!«

Die Soldaten ließen mich los. Ich fiel auf die Knie und rief Dankesworte, wollte dem König die Füße küssen. Aber er ging weg ...

Ich bin frei! Liebe Assua, frei! Meine Schulden sind mir erlassen – wir können leben! Stell dir vor: er hat mir vergeben, unser gnädiger König! Ist das nicht wunderbar?

Ich schreibe das alles hier im Vorzimmer des Königs, noch ganz verwirrt von diesem großen Ereignis. Aber jetzt will ich sogleich diesen Brief durch einen Boten an dich senden, damit du dich mitfreuen kannst über unseren barmherzigen König. Und dann gehe ich in die Stadt, um ein wenig zu essen. Danach werde ich mich beeilen, zu dir und zu den Kindern zurückzukehren.

Bis bald, dein sehr glücklicher K.

An
Assua, Frau des K,
Tisboth am Meer

In der Königsstadt
Am Nachmittag des 4. Tages
nach Vollmond

Liebe Frau,
eben habe ich mich zu einem sehr verspäteten Mahl in meinem
Hotel niedergelassen. Während es zubereitet wird, will ich dir
rasch von einem höchst ärgerlichen Ereignis berichten:
Ich verließ den Königspalast gut gelaunt, aber sehr hungrig, und
daher auf der Suche nach einer Gaststätte. Gleich zwei Straßen
weiter (das wusste ich von früheren Aufenthalten hier) lag der
Gasthof »Zum Fröhlichen Sünder«, wo man – wie ich mich erinnerte – auch im Freien sitzen kann. Wen treffe ich – genau
vor dem Gasthof? Amarna, den ehemaligen Pächter einer unserer Gutshöfe: Du weißt: er hat ihn völlig heruntergewirtschaftet,
obwohl ich ihm immer wieder geholfen habe. Ich musste ihn
im Frühjahr entlassen. – Er grüßt mich – ich grüße ihn; da
fällt mir ein: Kurz bevor ich ihn entlassen habe, hat er sich 10
Goldstücke bei mir geliehen. Ich bleibe also stehen und sage:
»Na, Amarna, wie geht's?« – und er (seufzend): »Ach, so recht
und schlecht, sechs Kinder wollen ernährt sein, und als Aufseher
in einer Mühle ...«
»Ja, ja«, sage ich, »ich weiß, immer dasselbe Leid ... Wie wär's mit
den 10 Goldstücken, die du dir von mir geliehen hast?«
»Jetzt, heute?«, fragt er erschrocken. »Natürlich jetzt!«, sage ich,
»schließlich sind inzwischen zwei Jahre vergangen und da kann
ich wohl erwarten, dass du ...« – »Bitte noch ein wenig Geduld,
Herr«, fällt er mir ins Wort, noch ein halbes Jahr, dann habe ich
das Geld beisammen!« Er ringt die Hände, als handele es sich
um Tausende. »Unsinn!«, sag ich, »du zahlst jetzt deine Schulden – und keine weiteren Ausreden!« Aber er hebt die Hände
beschwörend und bettelt weiter um Geduld und »Ich will mich
ja beeilen«, und »meine Frau wird sparen, wo sie kann«, na und
dergleichen Ausflüchte mehr. Der Kerl macht mich rasend, vor
allem, weil die essenden und trinkenden Leute vor dem Wirtshaus uns längst beobachteten ... Und dann wird es mir zu dumm:
Ich pack ihn an seinem Gewand und schüttele ihn kräftig und
zische ihm wütend zu: »Sofort das Geld her oder ich bringe dich

vor Gericht, und dann landest du mit Sicherheit im Gefängnis!«
Aber er quetscht wieder nur ein »Hab Geduld mit mir« hervor.

Zufällig kommt ein Polizist durch die Straße. Ich winke ihn
heran. »Nehmen Sie bitte diesen Kerl fest!«, sag ich. »Er will seine
Schulden nicht bezahlen, die er bei mir hat. Ich bin Bezirksverwalter des Königs!«, füge ich hinzu, und zeige meinen Ausweis.
Das tut gleich seine Wirkung. Der Polizist führt Amarna ab und
ich muss natürlich mit zur nächsten Polizeistation, um da alles
zu Protokoll zu geben. – Und ich wollte so schön zu Mittag essen
da in dem Gasthof, wo sich jetzt die Gäste wieder ihren Speisen
zuwenden und ihren Wein schlürfen.

Darunter übrigens Amaris und Pudor, zwei meiner Kollegen, die
allerdings nicht mehr essen, sondern gerade den Kellner sehr
ungeduldig heranwinken, offenbar wollen sie rasch zahlen.

Nun, ich bin also zur Polizeistation. Leider zog sich die Sache
etwas hin – schrecklich, diese Formulare und diese ganze
Bürokratie. Amarna ist jedenfalls festgenommen worden und
wird wohl verurteilt werden. Geschieht ihm ganz recht! Soll er
halt nächstens seine Schulden bezahlen!

Ich wollte gerade die Polizeistation verlassen, da spricht mich
einer von der königlichen Palastwache an. Bestellt mir, dass der
König mich nochmals sprechen will – in zwei Stunden! Warum
das nun noch? Aber der Soldat weiß es nicht, eben nur: nochmals zum König! Nun gut, selbstverständlich werde ich gehen.
Er will sicherlich noch etwas mit mir regeln wegen der Verwal-
tung.

Ich habe also gerade noch Zeit zu diesem Brief – und da kommt
auch schon mein Essen. Heute Nachmittag noch die Einkäufe für
dich – und morgen trete ich dann die Heimreise an, zurück zu dir
und den Kindern.

Viele Grüße   Dein K.

Königspalast   Aus der Königsstadt
– Gefängnisverwaltung –   Am Abend des 4. Tages
Schreiben Nr. O –27– B8   nach Vollmond

An
Assua, Frau des K.
Tisboth am Meer

Betr.: K., ehemaliger Bezirksverwalter, Gefangenen-Nr. 71805

Hiermit teilen wir Ihnen im Auftrag des Königs mit, dass Ihr
Mann seit heute, Sonnenuntergang, im königlichen Zuchthaus
einsitzt. Auf Befehl des Königs wurde seine Verhaftung im Palast
vorgenommen.
Begründung: Am Vormittag hatte ihm der König in seiner großen
Güte die Unterschlagung von 10 000 Goldstücken vergeben. Am
Mittag des gleichen Tages hielt es Ihr Mann nicht für nötig, die
Schuld von 10 Goldstücken zu vergeben und zu vergessen, die
sich Amarna (ehem. Pächter in Tisboth am Meer) bei ihm geliehen hatte.
Das Verhalten wurde dem König von zwei Bezirksverwaltern,
die den Vorgang beobachtet hatten, mitgeteilt. Der König war
verständlicherweise über die Maßen aufgebracht und erklärte
seinen vormittäglichen Gnadenerlass für null und nichtig und
übergab Ihren Mann der Palastwache zwecks Verhaftung.
Das königliche Urteil: lebenslängliche Zwangshaft.

                              Ben–Gaman
                              Gefängnisdirektor

Aus der
Passionsgeschichte

Das neue Lied

Eine Erzählung zu Matthäus 21,14–17

Bei einer mehrtägigen Pfarrerkonferenz mit dem Hauptthema »Lieder im Kindergottesdienst« hatte ich eine Morgenandacht zu halten. Es lag nahe, eine biblische Geschichte mit Lied einzubringen. Nur gibt es solche – in den Evangelien zumindest – nicht. Ich wählte daher Matthäus 21,14-17, in der die Kinder (wie ich meine) wohl gesungen haben. Der Rest ist natürlich meine »Erfindung« ... (J.K.)

Im Innenhof des Hauses lag Josia auf den Knien und malte mit einem Stöckchen Buchstaben in die dünne Sandschicht. Dabei sang er leise vor sich hin, wie Kinder das manchmal tun. Er sang:

> Hosianna dem Sohn Davids.
> Halleluja dem Messias.
> Jesus, Mann aus Nazareth ...

»Josia, hör sofort mit dem Gesinge auf!«, herrschte ihn Vater Absalom an. Er war unbemerkt von Josia in den Hof gekommen und stand jetzt neben ihm.

Josia richtete sich auf. »Aber Papa ...!«

»Kein aber!«, fauchte Absalom. »Ich habe nichts dagegen, wenn du singst, aber dieses Lied singst du mir nicht mehr! Sing, was du willst, aber nicht das!«

»Aber Papa«, wandte Josia ein. »Du – du hast es doch selber gesungen – im Tempel – vorigen Sabbat ...!«

»Ich hab's nicht gesungen, sondern bloß gesummt!«, erwiderte Absalom ärgerlich. »Und auch das nur einen Augenblick lang. Bitte sehr!«

Jetzt grinste Josia. »Na, du warst aber unheimlich dabei! Du hast ziemlich laut gesagt: »Gott der Gerechte, der hat ihn sehen gemacht!«, hast du gesagt, als dieser Jesus den Blinden geheilt hat. – Habe ich gehört! Und dann hast du was von ›Messias‹ gemurmelt ... Habe ich auch gehört!«

»Kann sein! Kann sein, dass ich … dass ich mich habe mitreißen lassen von euch Bengels«, brummte Absalom. »Aber das ist ja egal! Ich will jedenfalls nicht, dass dies Lied in meinem Haus gesungen wird. Schon … Schon wegen der Melodie! Wo habt ihr die überhaupt her? Eine Psalmmelodie ist es jedenfalls nicht!«

»Weiß nicht!«, sagte Josia und stand jetzt auf. – »Der Micha hat damit angefangen und der Habakuk hat gleich mitgesungen …«

»Habakuk? Der Sohn vom Gastwirt Ben-Gommorah? – Ja, dann ist mir alles klar! Einer von diesen Gassenhauern, die die römischen Soldaten im Wirtshaus gröhlen … Und so etwas im Tempel!«

Absalom war jetzt wütend. Er packte Josia am Ohr und schrie beinahe: »Lass mich nur ja nicht das Lied noch einmal hören, Freundchen! Römische Gassenhauer – und dann so ein Text! Einfach … Einfach unanständig! So was!«

»Aber Papa …« Josia wand sich unter dem Griff an seinem Ohr. »Aber Papa! Der … Der Mann aus Nazareth, der den Blinden und den Lahmen heil gemacht hat. Der … Der war doch einverstanden mit dem Lied. Der … Der hat doch zu den Priestern und Schriftgelehrten gesagt, als die schimpften … hat er gesagt: ›Im Psalm steht: Aus dem Mund der Kinder und Babys hört man die Freude an Gott‹ – oder so ähnlich. Weißt du noch! Das hat er gesagt, bevor er wegging!«

Absalom hatte Josias Ohr losgelassen. Die Lippen fest aufeinander gepresst, starrte er über Josia hinweg. Der zog sich vorsichtig aus seiner Reichweite zurück. »Hat er doch gesagt. Oder?«

»Jesus von Nazareth«, murmelte Absalom und sah immer noch in die Weite.

»Jesus von Nazareth ist … ein Gotteslästerer, ein Volksverführer … So einer gehört … beseitigt …«

»Beseitigt, Papa? – Du meinst: totgemacht?«

Absalom sah Josia an. »Vergiss alles, was du da im Tempel erlebt hast! Vergiss es, Josia! Alles fauler Zauber. Und – und vor allem: nicht mehr dieses Lied! Auf keinen Fall! – Und morgen, wenn wir wieder zum Tempel gehen, bleibst du an meiner Seite und läufst mir nicht mit diesem Gastwirtssohn und diesen anderen kleinen Halunken herum! Das ist kein Umgang für dich! Verstanden?«

Josia nickte und hauchte: »Ja, Papa«. Dabei wischte er mit dem

Fuß durch den Sand. Er löschte das Wort »Schalom« aus, das er eben dahin geschrieben hatte. –

Plötzlich wurde ihm kühl. Sein Schatten, der eben noch auf dem »Schalom« gelegen hatte, verschwand. Er blickte auf und sah zu seinem Vater hin, der immer noch dastand und jetzt auch die Schultern einzog, als sei ihm kalt. Dabei schaute er zum Himmel auf. Dann schüttelte er den Kopf. »Seltsam«, flüsterte er, »mitten am Tag wird es dämmrig und kühl ...«

»Was ... Was ist das?«, fragte Josia ängstlich und drängte sich neben seinen Vater.

»Wohl eine Sonnenfinsternis«, sagte Absalom. »Komm, wir gehen mal vors Haus. Da kann man es sicher besser sehen.«

Und sie gingen durchs Tor ins Freie. Tatsächlich: die Sonne verfinsterte sich ...

Am Tag nach dem Sabbat – es war Spätnachmittag – traf sich Josia mit seinen Freunden draußen vor der Stadt. Papa hatte es zwar verboten. Aber, na ja: Papa war jetzt weit weg – auf Geschäftsreise nach Japho. Heute Morgen war er aufgebrochen. Also konnte nichts passieren ...

Sie trafen sich wie üblich am kleinen Wäldchen, gleich am Karrenweg nach Emmaus.

»Wisst ihr schon das Neueste?«, war Habakuk herausgeplatzt, als sie alle beisammen waren, er und Micha, Josia und die anderen Jungen. »Ich habe es von den Römersoldaten, die zu uns in die Wirtschaft kommen. Sie haben den Jesus hingemacht. Gekreuzigt! Mit zwei anderen Verbrechern! Vorgestern, auf Golgatha!«

Die Nachricht schlug ein. Erst waren sie alle sprachlos. Dann aber ging ein großes Palaver unter den Jungen los. –

Irgendwann allerdings gab die Sache mit Jesus nichts mehr her. Und sie spielten »Römer überfallen«. Das war ein klasse Spiel. Und sie machten es so echt – vor allem die Keilerei –, dass Micha Nasenbluten kriegte. –

»Was machen wir jetzt?«, fragte Josia, als Micha auf dem Rücken lag, damit das Blut zum Stillstand käme ...

»Ich habe eine Idee!«, rief Ruben. »Wir spielen, wie der Jesus den Blinden heilte und den Lahmen und all die ... Und wie die Schriftgelehrten gekommen sind und ...«

»Au, ja! Prima!«, riefen die Jungen. Nur Josia zögerte. Er hatte das Gefühl, als würde das eine Ohr heiß, an dem Vater ihn gezogen hatte ...

Aber Vater war ja weit weg ...

»Ich spiele einen Lahmen!«, rief Josia. »Und ich einen Schriftgelehrten!«, bot sich Ruben an. Und schon ging das Spiel los. Habakuk kam als Jesus den Weg herauf. Hinter ihm einige Jungen als neugierige Kinder ... Am Wegrand hockten schauerlich verrenkte Lahme und starr blickende Blinde. Die Hand bettelnd ausgestreckt. Und – noch im Hintergrund – ein paar Jungen als Priester und fromme Männer ...

Und dann geschah alles, so wie sie es im Tempel erlebt hatten vor einer Woche. Und als die Lahmen gehen und hüpfen und die Blinden aus weit aufgerissenen Augen endlich sehen konnten, da kam auch das Lied:

> Hosianna dem Sohn Davids.
> Halleluja dem Messias.
> Jesus, Mann aus Nazareth ...

Und dabei tanzten sie um Habakuk herum. Der dazu huldvoll grinste. Eben stimmten sie nochmals das Lied an – und schon setzten sich die Priester in Bewegung – da zischte Josia: »Schluss! Haltet die Klappe! Es kommt jemand!« – Der Gesang erstarb.

Jetzt sahen es die Jungen: zwei Männer standen direkt bei ihnen. Über ihrem Spiel hatten sie die beiden nicht kommen sehen.

»Was ... Was singt ihr da?«, keuchte der eine. Offenbar waren sie sehr schnell den Weg von Emmaus hochgekommen, denn der andere rang auch nach Atem. Beide waren erhitzt und ziemlich staubig.

»Was habt ihr da von Jesus gesungen?«, fragte der eine noch einmal. Er sagte es ganz freundlich, sozusagen angenehm überrascht. Aber die Jungen schwiegen. Josia zog sich ganz vorsichtig zurück.

»Ach, nix weiter!«, sagte Habakuk schließlich. »Wir ... Wir spielen hier bloß so eine Sache aus dem Tempel ...«

»Aber ihr habt doch eben da ein Lied gesungen!«, sagte der andere Mann. »Es ... Es hat mir gefallen, was ihr da von Jesus gesungen habt!«

Die Jungen sahen sich untereinander aus den Augenwinkeln an: einige blickten zu Boden.

»Na, ja ...«, sagte Habakuk zögerlich, »... also ...˙ wir haben da was ... mit diesem Jesus erlebt. Aber«, fügte er schnell hinzu. »der ist ja nun tot. Den haben sie gekreuzigt. ›War ein Verbrecher!‹, haben sie gesagt. Ist schon beerdigt. Ist schon erledigt ...«

Die beiden Männer sahen sich an. Dann fingen sie beide an zu lachen. Und sie riefen immer wieder: »Von wegen: tot ... Hahaha ... Von wegen: tot ... !« Und sie lachten und klatschten schadenfroh in die Hände.

Die Jungen starrten die beiden lachenden Männer an. Josia flüsterte: »Die sind verrückt!«

Aber dann mussten auch ein paar von den Jungen lachen. Es hatte sie angesteckt.

Schließlich fragte Habakuk: »Was gibt's denn da eigentlich zu lachen? Und ›von wegen: tot‹ ... kapiere ich nicht!«

»Er ist auferstanden!«, rief der eine Mann. Und er machte so etwas wie einen kleinen Luftsprung.

»Ja, er ist wahrhaftig auferstanden!«, bestätigte der andere.

»Von den Toten auferstanden?«, flüsterte Habakuk fassungslos.

»Genau!«, rief der eine Mann. Wir haben vor einer Stunde mit ihm an einem Tisch gesessen und das Brot gebrochen!«

»Und das Lied – das Lied ist richtig!«, rief der andere. »Bitte, singt es doch noch mal!«

»Das ist aber ein römischer Gassenhauer, hat mein Vater gesagt!«, ließ sich Josia vernehmen.

»Macht nichts!«, rief der eine Mann. »Hauptsache: es stimmt! Na, los doch, singt es noch einmal!«

Und die Jungen begannen, wenn auch ziemlich zaghaft – denn das war ja alles sehr schwer zu begreifen:

Hosianna dem Sohn Davids.
Halleluja dem Messias.
Jesus, Mann aus Nazareth ...

Und die Männer sangen – wenn auch ein bisschen falsch – mit. Dann winkten sie ihnen aufmunternd zu und eilten davon, nach Jerusalem hinein.

Judas

Eine Erzählung zur Passion nach Matthäus 26,14–16
und 26,47–55

Im Rahmen einer Kindergottesdienst-Helfertagung zu den Passionsgeschich-
ten tauchte u.a. die Frage auf, wie sich wohl Judas gefühlt haben mochte,
als er Jesus verriet. Dies reizte mich zu folgender Erzählung. (J.K.)

Zuerst habe ich's mir großartig vorgestellt. So mitgehen und ihnen zeigen, wer Jesus ist.
Ja wirklich: Ich wollte ihnen zeigen, ihnen vorführen, wer Jesus wirklich ist: nämlich der Messias! Ich habe gedacht: Dann, spätestens dann, wenn sie Hand an ihn legen, ... dann wird er ihnen mal richtig zeigen, dass er der Messias ist!

Dann, ... dann wird er ganz mächtig und groß sein. Dann kehrt er endlich den König heraus. Der er ja ist.

Habe ich gedacht.

Aber als sie mich in ihre Mitte nahmen und sagten: »Auf geht's, Judas!« Da, ... da wollte ich nicht mehr mit. Als dieser zusammengewürfelte Haufen aus Sklaven und Dienern des Hohen Rates und ein paar Tempelsoldaten mit ihren Knüppeln herum hantierten und die Schwerter probeweise aus der Scheide zogen und durch die Luft sausen ließen, – also nein, da wollte ich nicht mehr mit ...

Ich hab gesagt: »Wo der Garten ist, wisst ihr ja eh – und Jesus, na bitte: einer von euch wird ihn doch sicher kennen. Oder? Da bin ich doch überflüssig!«

Aber das verfing nicht. »Komm schön mit, Freundchen!«, hat der Daniel gesagt, der Anführer. »Versprochen ist versprochen!«

Also bin ich dann doch mitgegangen. Aber mir war elend zumute; so elend wie lange nicht mehr.

Als wir hinunter schritten zum Kidrontal, da war mir todübel. Ich hab immer denken müssen: »Und wenn er sich nun *nicht* als Messias zeigt? Groß und mächtig und so. Wenn er, ja, wenn er's noch länger hinauszögert. So wie bisher ... Und wenn sie ihn wirklich ... ja, zum Beispiel zusammenschlagen oder im Handgemenge verletzen oder gar töten. Dann, o Gott, dann bin ich schuld! Wenn sie ihm was antun – also das überlebe ich sicher nicht ...«

Aber dann waren wir schon am Garten angekommen. Alles lag im Dunkeln da: die Mauern, die Olivenbäume, die Ölpresse – und ganz still war es. Ob sie schon schliefen? Nach diesem Tag kein Wunder, wenn sie schlafen. Ob Jesus noch wach ist? Meist betet er noch, wenn die anderen schon schlafen. Und jetzt?

Wir dringen durch die tief herabhängenden Zweige: trockene Äste knacken unter den Füßen. Und da – da – da schimmert was Helles! Das sind sie! O Gott, da sind sie. – Der Petrus, der gute Johannes und der polterige Andreas – all die guten Kerle, mit denen ich ein Jahr durchs Land gezogen bin ... Und da: Jesus ...!

»... er ist nahe«, höre ich ihn gerade sagen. »Was ist nahe?«, denke ich. »Der große Augenblick? Das Ende? Die Wende?«

Daniel stößt mich in den Rücken. »Los, geh hin! Gib Jesus den Kuss, wie abgemacht! Los doch!«

Ich stolpere vorwärts. Ich taumele auf Jesus zu. So – denke ich – so muss es mit dem verlorenen Sohn gewesen sein. Von dem er uns mal erzählt hat – so wie der Verlorene auf den Vater, so taumele ich auf Jesus zu ... Halte mich an seinen Schultern fest. Flüstere: »Rabbi!« und küsse ihn. Nein! Ich tu bloß so. Ich berühre ihn nicht mit den Lippen – ich kann's nicht. – Ich kann's nicht, ihm dieses Zeichen der Liebe geben. Nein, ich tu bloß so. Die anderen müssen natürlich meinen, ich hätte ihn geküsst, aber ...

Und dann reißen sie mich weg, diese Kerle. Sie reißen mich weg, um Jesus zu packen und zu fesseln. Ich starre ihn an – und er starrt mich an ...

Und sonst geschieht nichts! Nichts! Keine Regung, keine Macht. Kein Strickesprengen, keine feurigen Blicke, die zu Boden werfen. Nichts.

Nichts!

Und aus.

Total aus.

Es ist gekommen, wie ich's gedacht hatte: er lässt es über sich ergehen. Nichts mit strahlendem Messias. Nichts mit königlicher

Gebärde und Macht. Nichts.

Nur Ohnmacht und Ergebung.

O Gott, wozu habe ich mich da hergegeben! Ich ziehe mich ins Dunkel zurück. Tappe blindlings durch die Bäume, aus dem Garten ...

Es ist stockdunkel. Nacht ist da draußen – und in mir ...

Drinnen im Garten höre ich Jesus noch etwas sagen, aber ich kann es nicht verstehen. Ist es noch wichtig? Nein!

Und dann – dann sehe ich die anderen laufen, Petrus springt über die Mauer, Levi saust durchs Tor. Dahinter wieder einer. Aha, sie fliehen! Sie verlassen ihn! Auch die – verlassen ihn, auch die! Und ich bin auch daran schuld, dass sie von ihm weglaufen. Dass er jetzt mutterseelenallein ist, daran bin ich schuld. Alles ich, Judas!

Ich gehe langsam in die Nacht hinein.

Wohin?

»Ich bin nicht sein Jünger«

Eine perspektivische Erzählung zu Johannes 18,15–27

Bei der Erzählung von der Verleugnung des Petrus ließ ich mich durch den in Johannes 18,15 genannten »anderen (namenlosen) Jünger« dazu verleiten, die ganze Geschichte von ihm berichten zu lassen. Ich stelle ihn mir als einen Soldaten der Tempelwache und als Sympathisanten Jesu vor.
Diese Darstellung ermöglichte es, die nebeneinander her laufenden Szenen Jesus und Petrus zu verknüpfen. Darüber hinaus wollte ich auf diese Weise deutlich werden lassen, wie sehr ein jeder Jesus verleugnet, wenn es darauf ankommt ... (J.K.)

In der biblischen Geschichte, die ihr heute hört, kommt eine Person vor, die ein bisschen geheimnisvoll »der andere Jünger« genannt wird. Ein Name wird nicht erwähnt. Wahrscheinlich war es auch nicht einer von den Zwölfen. Ich habe versucht, mich in diese Person hinein zu erzählen, so als wäre ich dabei gewesen ...

Ich war (also) dabei, als Jesus gefangengenommen wurde, draußen im Garten Gethsemane. Ich war dabei, weil ich zur Tempelwache gehöre. Und in jener Nacht bekamen wir bekanntlich den Befehl, mit Fackeln und Waffen auszurücken und eine Verhaftung durchzuführen. Das war schon sehr aufregend, denn bis dahin waren wir noch nie des Nachts eingesetzt worden.
Dann erklärte unser Hauptmann: Verhaftet wird – Jesus von Nazareth!
Mir blieb fast das Herz stehen vor Schreck. Jesus von Nazareth! Um mich her gab es leises Gelächter, ein paar machten dumme und höhnische Bemerkungen, einige zuckten gleichgültig die Achseln. Aber mich traf es bis ins Innerste. Jesus von Nazareth verhaften?
Dazu muss man wissen: Ich kenne Jesus. Vor knapp zwei Jahren war er in unserem Dorf. Er hat meinen Bruder geheilt. Seine Worte haben mich gefesselt. Als ich etwas später zur Tempelwa-

che kam, hab ich mich immer wieder – natürlich heimlich – nach Jesus erkundigt und auf diese Weise viel von ihm erfahren. Je länger, je mehr, glaube ich: er ist Gottes Gesandter, der Messias, unser Erlöser, auf den wir schon lange warten. Und gerade heute Morgen, bei seinem Einzug in unsere Stadt, ist das noch deutlicher geworden, und ich habe gedacht: jetzt wird er Gottes Reich sichtbar machen oder so. Jedenfalls ganz groß wird er herauskommen, und alles wird anders und neu werden. Und dann kann ich endlich ganz offen sagen: »Ich habe die ganze Zeit an dich geglaubt, Jesus – hier, ich stehe zu deiner Verfügung; ich bin auch einer deiner Jünger.«

Statt dessen jetzt: verhaften! – Und ich musste dabei sein. Ich überlegte blitzschnell, ob ich mich drücken könnte. Aber es ging nicht. –

Ich war also dabei. – Wir brachten den gefesselten Jesus in den Palast des Hannas. Unterwegs hielt ich mich ganz in seiner Nähe. Vielleicht konnte ich ihm auf diesem Weg helfen? Ihm ein freundliches, ein Mut machendes Wort zuflüstern? Oder mich zu ihm bekennen: »Ich glaube an dich« oder »Ich bin auch einer deiner Jünger, ein heimlicher!« Oder konnte ich ihn gar befreien, so wie der Petrus das versucht hatte? Aber das wollte Jesus ja wohl nicht. Er wollte diesen Weg gehen, hatte er gesagt – und er ging ihn, ganz aufrecht und sicher, so als könnte ihm das alles eigentlich nichts anhaben.

Hin und wieder warf ich einen Blick auf ihn. Aber er merkte es nicht. Er sah einfach geradeaus, so als ginge er auf ein ganz bestimmtes fernes Ziel zu. Ich dachte: »Wer weiß, was er vorhat? Vielleicht wird ja noch alles gut. Vielleicht ist er morgen früh oder sehr bald schon Herr der Lage ...«

Dann kamen wir im Palast des Hannas an. Hannas ist früher unser Hoherpriester gewesen. Jetzt ist es Kaiphas. Die beiden sind übrigens Verwandte. Na ja, obwohl Hannas eigentlich nichts mehr zu sagen hat, hat er immer noch großen Einfluß und will – glaube ich – noch ständig mitreden bei wichtigen Dingen. Darum also mussten wir wohl Jesus zu ihm bringen.

Irgendwie brachte ich es fertig, zu dem Dutzend Soldaten zu gehören, die Jesus in den Saal des Hannas brachten. Er saß da, wärmte sich die Hände an einem Kohlenbecken und betrachtete

Jesus schweigend von Kopf bis Fuß. Jesus stand da, sah über ihn hinweg; gar nicht wie ein Angeklagter oder so, nein, eher wie einer, der seiner Sache ganz sicher ist und gewonnen hat. Ich fand das großartig und war sehr gespannt, was nun kommen würde.

Aber da gab mir unser Hauptmann, der neben mir stand, leise den Befehl, einen Kasten Holzkohlen heraufzuholen. Ich war innerlich wütend, aber was sollte ich tun?

Ich ging also los, über den Innenhof, wo sich meine Kameraden an einem Feuer wärmten, hin zum Tor des Hauses. Da wohnt der Hausmeister oder vielmehr Ruth, die Hausmeisterin. Seitdem ihr Mann verstorben ist, versieht sie diesen Dienst.

Das Tor war ein Stück weit geöffnet, Ruth redete mit jemand, der draußen stand. Weil ich ja in Eile war, wartete ich nicht lange und tippte ihr an die Schulter, um sie rasch um die Kohlen zu bitten; dabei sah ich den, der da draußen stand.

»Mensch, der P...!«, entfuhr es mir. Den Rest verschluckte ich. Man konnte ja nie wissen! »Aber das ist großartig, dass der da ist!«, dachte ich. »Der beste Mann, den Jesus hat, der einzige, der eben im Garten wenigstens versucht hat, etwas für Jesus zu tun! Und jetzt ist er hier – wahrscheinlich, um sich auch hier für Jesus einzusetzen. Ein großartiger Jünger!«

Die alte Ruth war ärgerlich. »Er will hier rein und gehört doch gar nicht zur Tempelwache, und ich soll niemand rein lassen!«, knurrte sie. »Ach«, sagte ich, »lass ihn nur rein, Ruth. Der ist in Ordnung. Ja, der ist – der ist sogar ein wichtiger Zeuge für Jesus! Ehrlich!«

Der draußen guckte ein bisschen komisch, weil ich das von dem Zeugen sagte. Die Alte trat beiseite und ließ ihn murrend herein. Ich wollte gerade von den Kohlen reden, da sagte sie zu ihm: »He, bist du nicht auch einer von den Jüngern dieses Jesus?«

Ich erschrak. Woher wusste die Alte das? Na, war ja egal, was tat es auch schon, ob sie ihn kannte? Die alte Frau war ja nun wirklich keine Gefahr! –

Gerade wollte ich sagen, dass auch ich ein Jünger Jesu sei – da hörte ich, wie er sagte: »Nein, bin ich nicht!«

Also wirklich, das hatte ich von dem nicht gedacht! Eine alte Frau – und vor der Angst haben! Oder hatte er das bloß aus

Vorsicht gesagt? Er kannte die Ruth ja nicht, dass die das nicht gleich weitersagt. Ja, es wird Vorsicht gewesen sein. Er verzog sich wohl auch deswegen gleich in eine dunkle Ecke. Ich war gespannt, was er vorhatte!

Das mit dem Zeugen für Jesus, was ich da gesagt hatte, war wirklich gut. Ich musste lachen. Aber da kam einer von meinen Kameraden und rief, wo die Kohlen blieben. Ach, natürlich die Kohlen, die hatte ich beinahe vergessen! Ganz schnell erledigte ich das und kam gerade noch rechtzeitig in den Saal, um zu erleben, wie der alte Hannas eine Frage an Jesus stellte. Er tat das irgendwie gelangweilt und obenhin. Ich hatte den Eindruck, als wäre er in Wirklichkeit gar nicht daran interessiert. Er fragte Jesus nach seinen Jüngern und was er denn da so für eine Lehre habe. –

Seine Jünger! Die Zwölf natürlich! Aber ich ja auch! – Ich – zwei Meter neben Jesus! Hätte ich jetzt was sagen sollen? »Hier, ich bin einer – und ich glaube, dass dieser Jesus der Messias Gottes ist! Und von seiner Lehre, da könnte ich auch reden – ich weiß von ihm, dass Gott die Armen und die Sünder und verlorenen Leute lieb hat und uns allen ein neues heiles Leben geben will und ...« Oh, ich hätte von seiner Lehre eine Menge sagen können – aber ich – ich sagte lieber nichts. Man soll sich ja nicht einfach so ungefragt vordrängen, und ich hätte es auch nicht so gut ausdrücken können, und dann hätten alle doch bloß gegrinst und rausgeworfen hätten sie mich – von Schlimmerem ganz zu schweigen. Und im Übrigen wollten die ja Jesus hören, nicht mich ...

Also schwieg ich.

Jesus stand immer noch da wie vorher, sah über Hannas hinweg. Und dann sagte er: »Ich habe in der Öffentlichkeit geredet. Jeder konnte mich hören, in den Synagogen, im Tempel, auf den Plätzen. Was soll also die Frage? Frag doch die, die mich gehört haben – es sind Zeugen genug da, meine Jünger und viele andere. Die wissen, was ich gesagt habe!« Jesus schwieg. Ob er mich gemeint hatte? Ich war ja jetzt wohl der einzige hier im Saal, der ihn gehört und erlebt hatte, der wusste, was er gesagt hat! Ich war ein Zeuge, ein Jünger Jesu! Aber ich hielt den Mund. Oder vielmehr: Ich kam nicht dazu, etwas zu sagen, denn einer von denen, die direkt neben Jesus standen, einer von denen drehte sich wütend zu ihm hin, holte aus und schlug Jesus mit der Hand ins Gesicht und schrie: »Was erlaubst du dir, dem Hohenpriester solch eine Antwort zu geben!«

Jesus taumelte zur Seite. Ich wollte schon zuspringen, um ihm zu helfen. Ich wollte schreien: »Lasst den Mann! Er hat ja völlig recht! Hannas weiß längst Bescheid über die Lehre Jesu und ihr anderen wisst zumindest, dass Jesus nur Gutes, ja sehr Gutes gesagt und getan hat. Und ich – ich weiß es ganz genau!« – Aber ich schrie nicht! Ich sagte nichts! Ich rührte mich nicht!

Jesus hatte schon wieder Halt gefunden und verteidigte sich selbst: »Habe ich etwas Falsches gesagt, so beweise es. Wenn ich aber das Richtige gesagt habe, warum schlägst du mich?«

Der Schläger wurde rot und verlegen; natürlich erkannte er, dass Jesus recht hatte. Hannas war ärgerlich und offenbar nicht daran interessiert, das Gespräch fortzusetzen. Er stand auf, machte eine Handbewegung, die soviel bedeutete wie: »Fall erledigt, weg mit ihm«, und schlurfte hinaus.

Ich nutzte den Augenblick und entwischte aus dem Saal. Ich konnte dieses Spiel nicht länger ertragen. Denn das war ja wirklich ein widerliches Spiel, das sie da mit Jesus trieben. In Wirklichkeit wollte Hannas gar nichts von Jesus wissen. In Wirklichkeit – das wurde mir klar – war Jesus für ihn überhaupt erledigt. Oder gar schon – ein toter Mann?

Ich stürzte also hinaus auf den Hof. –

Meine Kameraden traten von einem Fuß auf den andern, denn es war kalt in dieser Nacht und das kleine Feuer gab nicht viel her. Eben hatten sie ein paar Holzscheite hinein geworfen, die Flammen schlugen hoch. In ihrem Schein sah ich Petrus nahe am Feuer stehen. Ich ging zu ihm hinüber, stellte mich neben ihn. Ich brauchte jetzt jemand, der genau so dachte und fühlte wie ich, einen, der auch an Jesus glaubte, der zu ihm hielt.

Vorsichtig sagte ich: »Da oben, die Sache mit Jesus, die ist wohl jetzt beendet. Hannas hat das Gespräch abgebrochen. Jesus hat sich ... sehr gut gehalten!«

Einige hörten mir zu und murmelten: »Wird auch Zeit, dass wir ins Bett kommen ... Sollen ihn laufen lassen ... ein harmloser Mensch ... dieser Jesus ...«

Plötzlich sagte einer: »Du da, bist du nicht auch einer seiner Jünger?« Ich erschrak. Hatte er mich gemeint? War etwas davon herausgekommen, dass ich ... Hatte ich zuviel gesagt?

Und jetzt stimmten zwei oder drei dem ersten zu: »Ja – du da – du bist doch auch einer von seinen Jüngern«.

Jetzt schauten fast alle zu mir herüber. Sollte ich's zugeben? Ich überlegte: »Ich könnte es doch ruhig zugeben, denn im Grunde hat keiner was gegen Jesus, das weiß ich aus ihren Bemerkungen. Eben hat ja noch einer gesagt: Ein harmloser Mensch ... Dass Jesus mehr ist, können sie ja nicht wissen. Also könnte ich mich jetzt zu ihm bekennen und sagen ...

»Nein, ich bin kein Jünger von dem!«, sagte Petrus neben mir.

Ha, sie hatten mich gar nicht gemeint. Nur, weil der Petrus und ich nebeneinander standen, hatte ich im ersten Augenblick gedacht, sie meinten mich.

Oder meinten sie uns beide? Ja, es ist ja auch egal. – Was hatte Petrus gesagt?

»Nein, ich bin kein Jünger von dem?« Ich blickte ihn erstaunt an. Nanu, wie konnte der bloß so lügen! Vor zwei Stunden hatte er noch mit dem Schwert dreingehauen und jetzt hatte er noch nicht mal den Mut, zuzugeben ... Mann, mit der Verhaftung Jesu muss doch nicht alles aus sein! Er ist doch der Messias Gottes! Du hättest mal eben dabei sein sollen, wie er den Hannas fertiggemacht hat, wie er sich gehalten hat! Du als sein Jünger solltest dich wirklich ...

»Fertigmachen zum Abmarsch!«, schrie da der Hauptmann über den Hof. Er kam zum Feuer. »Los, Leute, wir müssen ihn zu Kaiphas bringen!«

»Warum da hin?«, fragte ich.

»Weiß nicht«, sagte der Hauptmann, »ich nehme an, bei Kaiphas ist der Hohe Rat versammelt, um die Gerichtsverhandlung durchzuführen, wegen Gotteslästerung oder so.«

»Aber«, sagte ich, »hat er denn tatsächlich Gott ... gelästert? Er hat doch ...«

»Weiß nicht«, sagte der Hauptmann leichthin. »Irgendwas werden sie schon finden, damit sie ihn loswerden. Ist ja schon längst beschlossen, dass er weg soll. Na, wird wohl schnell gehen. Komm jetzt!« Er drehte sich um und ging zum Hoftor. –

Ich konnte es nicht fassen. Ich war wie vor den Kopf geschlagen. Unser Messias, unser Erlöser, sollte – wie hatte er eben gesagt? – weg? Beschlossene Sache sei das, dass er beseitigt wird? Aber das konnten sie doch nicht machen – das ließ Jesus niemals mit sich machen! Jetzt – jetzt musste man einfach eingreifen, was tun, ihn schützen, ihm helfen ... Der Petrus und die anderen Jünger und ich und noch viele, wir würden ... Ja, wir würden ... Jetzt würde ich erst mal mit Petrus reden!

Ich wandte mich zu ihm hin. Gerade ging Abimelech, ein Freund des Malchus, an ihm vorbei. So im Vorübergehen sagte er: »Hör mal, sah ich dich nicht im Garten bei ihm?«

Klar, sie hatten ihn ja fast alle gesehen, wie er Jesus mit dem Schwert verteidigen wollte und dabei den Malchus am Ohr erwischt hatte. Natürlich hatte Petrus jetzt Angst, sie könnten ihn zur Rechenschaft ziehen. Ich musste ihm helfen. Ich würde jetzt einfach sagen: »Petrus, ich bin auch ein Jünger Jesu. Ich steh dir zur Seite! Gib's ruhig zu, und wenn sie dir dann was wollen, dann helfe ich dir. Wir Jünger halten zusammen, denn Jesus ist unser Herr!«

Petrus zog den Kopf zwischen die Schultern und drehte sich weg. »Irrtum«, murmelte er, »ich bin nicht sein Jünger!«

»Beeilung«, schrie der Hauptmann, »die ersten Hähne krähen schon – wir müssen los!«

Ich ging langsam zu den anderen, die Jesus zum Tor hinausführten, zu Kaiphas, zur Verurteilung. –

Mir war eiskalt. Am Tor wendete ich mich nochmals um. Auf dem Hof, am Feuer, stand eine einsame Gestalt – Petrus. Er hielt die Hände über das bisschen Glut, das noch geblieben war; wärmen konnte die nicht mehr. Das mit den Händen sah so aus, als bäte er um Hilfe.

Jetzt – jetzt hätte ich ihm zurufen wollen. Wir waren ja allein. Ich wollte rufen: »Kopf hoch, ich bin auch sein Jünger!«

Aber da krähte schon wieder ein Hahn! Ganz in der Nähe. Es wurde höchste Zeit, dass ich mich denen anschloss, die Jesus wegbrachten.

Jesus vor Pilatus

Eine perspektivische Erzählung zu Johannes 18,28 – 40

Jürgen Koerver hat für biblische Geschichten auch immer wieder Personen erfunden, aus deren Sicht er die Geschichte erzählt (perspektivische Erzählung). Dieses Stilmittel ermöglicht es dem Erzähler, bestimmte Aspekte einer Geschichte klarer hervorzuheben, und es erlaubt dem Hörer, sich stärker mit der Geschichte und dieser »erfundenen« Person zu identifizieren. War es in der vorausgehenden Geschichte der »andere Jünger« als Mitglied der Tempelwache, so ist es hier ein römischer Wachtposten, der beim Verhör vor Pilatus dabei war. Jürgen Koerver nennt ihn Felix.

Gerade bei der Passionsgeschichte ist diese Art zu erzählen sicher eine besonders gute Möglichkeit, denn zur Passion muss man Stellung beziehen. Das Leiden Jesu kann nicht sozusagen neutral erzählt werden. Es lässt sich leichter verarbeiten, wenn man seine persönlichen Empfindungen als Erzähler darin wiedergeben kann.

Es war eine ganz ruhige Nacht. Zunächst!

Meiner Ablösung um 6 Uhr hätte ich melden können: Keine besonderen Vorkommnisse! – wenn nicht ...

Bis nach Mitternacht war die Stadt ein großes Lichtermeer, denn überall in ihren Häusern feierten die Juden hier in Jerusalem ihr sogenanntes Passahfest. Vom Fenster meiner Wachstube im Palast des Statthalters aus konnte ich das recht gut sehen. – Und hören konnte ich sie auch gut, denn allenthalben sangen sie ihre Lieder. Es war wie ein vielstimmiger leiser Chor. Sehr hübsch, muss ich sagen. Wenn ich auch sonst die Juden nicht leiden mag. Nicht, weil sie Juden sind. Nein! Aber weil sie uns Römer rundum ablehnen und uns diese Ablehnung ständig spüren lassen.

Nun ja. Wir sind eben die Besatzungsmacht. Und wir müssen deswegen manchmal hart durchgreifen. Wer mag das schon? Aber schuld sind sie ja selber! Immer wieder kommt es vor, so ein paar Verrückte – na zum Beispiel einen Trupp von uns an einsamer Stelle hinterhältig überfallen und töten und ausrauben! Ah, diese jüdischen Terroristen sind eine Plage! Erst vorgestern haben wir wieder einen geschnappt. Einen gewissen Barabbas. Er hat einen von meinen Kameraden umgelegt. Jetzt sitzt er im Gefängnis. Wird natürlich gekreuzigt. Rebellen gegen Rom werden immer gekreuzigt. – Auch gestern hat es wieder Unruhe gegeben. Da ist einer unter großer Begeisterung der Juden hier in Jerusalem eingezogen. Der scheint aber ganz harmlos zu sein. Er saß auf einem Esel. Und sie haben ihm zugejubelt, als wäre er ein König. Harmlos, meinte unser Hauptmann. Aber auch so ein Hauptmann kann irren. Das ist mir in dieser Nacht klar geworden. Und das kam so:

Wie gesagt: zunächst war es eine ruhige Nacht. Und da bin ich wohl ein bisschen eingenickt, sonst hätte ich sie schon früher gehört. So also fuhr ich erst hoch, als sie schon ans Tor pochten. Ich renne also aus der Wachstube zum Tor. Rufe: »Ich komme!« Damit sie nicht weiter klopfen und den ganzen Palast aufwecken.

Und ich reiße die Klappe auf, durch die man hinausschauen kann, ohne gleich das ganze Tor aufzureißen. Zuerst sehe ich zwischen zwei Soldaten von der Tempelwache einen Mann. Dem haben sie die Hände auf den Rücken gebunden. Ein Gefangener der Juden, den sie zu uns Römern bringen? Seltsam! Noch nie dagewesen! – Der Mann wirkt gar nicht wie ein Gefangener. Er schaut einfach geradeaus. Hochmütig! Nein: hoheitsvoll! So als ginge ihn das alles nichts an. Seltsam!

Aha, und dahinter Kaiphas, der Hohepriester. Den kenne ich vom Sehen. Und dahinter eine Reihe anderer Juden. Jetzt bin ich gespannt ...

Kaiphas schnarrt: »Wir wünschen den Statthalter zu sprechen! Rasch!«

Mir verschlägt's den Atem. Was sind das denn für Töne? Was bilden die sich ein?

Ich hole tief Luft und sage: »Seine Eminenz, der Statthalter Pontius Pilatus, pflegt um diese Zeit zu schlafen, mein Herr! Es ist – bitte sehr – erst kurz nach Sonnenaufgang!«

»Wir wünschen den Statthalter zu sprechen – sofort!«, bellt Kaiphas wütend zurück. »Wenn er schläft, dann wecke ihn gefälligst! Sag ihm, es geht hier um ein dringendes Urteil, das er sofort fällen muss. Es duldet keinen Aufschub. Und – Kaiphas deutet auf den gebundenen Mann – den nimm schon mal mit hinein. – Wir bleiben hier draußen und warten.«

Ich bin völlig verwirrt. Erst mal dieser Befehlston. – Juden haben mir ja nun wirklich nichts zu sagen. – Und nun noch den Gefangenen hereinholen! Darf ich das? – Andererseits: Was weiß ich einfacher römischer Soldat, was hier richtig und falsch ist? Nachher kriege ich noch eins drauf, weil ich dem obersten jüdischen Herrn da einen Wunsch abgeschlagen habe! Also denn ...

Ich öffne das Tor und sage: »Kommt herein!« – Was tun sie? Einer der Tempelwachsoldaten gibt dem Gefangenen einen Stoß. Der stolpert vorwärts und herein durchs Tor. Alle anderen bleiben draußen. Ich sehe sie fragend an.

Wieder schnarrt Kaiphas los: »Ich sagte schon. Wir warten hier auf Pilatus, bis er zu uns herauskommt. Wir betreten nicht das Haus von Ungläubigen. Wir möchten schließlich sauber vor unseren Gott treten!«

Ich zucke die Schultern. »Von mir aus – bleibt draußen!«

Jetzt muss ich Pilatus wecken und benachrichtigen lassen. Ich schaue kurz den Gefangenen an. Er steht ganz ruhig da und hat wieder diesen abwesenden, hoheitsvollen Blick. Ob er zwischendurch wegläuft? Sieht nicht so aus!

Ich gehe hinaus und verständige den Leibwächter des Pilatus, sage ihm, was da los ist. Er ist nicht begeistert von der Aufgabe, Pilatus aus dem Schlaf zu reißen. Aber schließlich begibt er sich ins Schlafgemach des Statthalters.

Ich gehe wieder hinunter in die Wachstube. Der Gefangene steht noch immer genau da, wo er vorher gestanden hat. – Wer mag das bloß sein, wenn er den Juden so wichtig ist, dass sie um seinetwillen um 4 Uhr hier erscheinen?

Nun, und dann höre ich, wie Pilatus die Treppe herunterkommt. Ich eile hinaus, reiße das Tor auf, springe zurück, nehme Haltung an.

Pilatus wirft einen kurzen Blick auf den Gefangenen, knurrt mir was zu und tritt ins Tor. Er hat die Hände auf dem Rücken. Er spielt mit seinen Fingern. Ich weiß: er kocht innerlich ...

Ohne jede Begrüßung sagt er: »Was soll das? Was habt ihr für Anklagen gegen den da?«

Jetzt tritt Kaiphas einen Schritt vor. Keine Verbeugung, kein

Gruß. Nichts. Ganz kalt und schroff sagt er: »Der ist ein Verbrecher. Er behauptet, unser König zu sein. Darum haben wir ihn dir ins Haus geliefert.«

»Meine Güte, ist der frech!«, denke ich.

Aber Pilatus weiß, wie man mit solchen Leuten umgeht. »Aha«, sagt er, »ein Verbrecher ist er, behauptet ihr, Judenkönig. Na schön, dann nehmt ihn gefälligst und verfahrt mit ihm nach eurem Gesetz!«

Ha, Pilatus ist ein schlauer Kerl. Der weiß natürlich, dass die Juden ihre eigenen Gesetze haben und ihre eigenen Gerichte – das hat ihnen unser großer Kaiser in Rom zugestanden! – Und Pilatus hat demnach mit dem Ganzen gar nichts zu tun. Da brauche ich den Gefangenen ja bloß wieder raus ... Oh je, Hätte ich ihn überhaupt reinlassen dürfen? Hoffentlich gibt das keine Scherereien für mich! Aha, jetzt ist Kaiphas wieder dran. Er lächelt sogar. Aber ziemlich höhnisch: »Du vergisst, hochedler Pilatus«, sagt er zuckersüß, »dass wir laut kaiserlichem Erlass kein Todesurteil vollstrecken dürfen!«

Ich blicke unwillkürlich zu dem Gefangenen hin. Sie haben ihn zum Tode verurteilt? Den? Der sieht ja nun wirklich nicht aus wie einer, der etwas Schlimmes ... Judenkönig? Na wenn schon. Haben schon manche behauptet. Andererseits: Der Barabbas sah auch nicht schlimm aus. Und trotzdem war er ein Mörder. Aber Judenkönig. Na ...

»Jetzt ist Pilatus also doch dran!«, denke ich. »Dabei hatte er es so klug angefangen! Jetzt muss er die Sache überprüfen, denn Todesurteile darf nur er entscheiden. Das stimmt.«

Die Juden scheinen sich ihrer Sache ziemlich sicher zu sein. Sie haben sich schon abgewandt, stehen in Grüppchen beisammen und reden miteinander. Sie tun so, als sei für sie alles erledigt, als gehe es nur noch Pilatus an.

Der hat sich seufzend umgedreht und geht dann langsam an mir vorbei, bleibt stehen, starrt lange den Gefangenen an, geht weiter, an dem Mann vorbei, bleibt schließlich stehen und winkt ihm mit dem Finger, näher zu kommen. Obwohl sie jetzt einige Schritte von mir entfernt sind, kann ich jedes Wort verstehen.

»Name?«, sagt Pilatus.

»Jesus von Nazareth«, sagt der Gefangene.

»Ach der«, denke ich. »Das ist doch der, der gestern unter großer Begeisterung der Juden in die Stadt eingezogen ist. Das ist aber seltsam: Gestern begrüßen sie ihn mit Jubel und heute wollen sie ihn tot sehen. Sind die da draußen etwa eifersüchtig, weil er solchen Beifall bekommt und sie nicht? Oder hassen sie ihn, weil er andere Ansichten vertritt als sie?« Davon hatte ich mal gehört.

»Aha!«, sagt Pilatus jetzt und macht eine nachdenkliche Pause. Dann: »Bist du der König der Juden?«

Klar. Pilatus kann ja nichts Anderes fragen. Das ist das angebliche Verbrechen, das sie dem Jesus vorwerfen.

Dieser Gefangene ist aber durchaus nicht eingeschüchtert oder kleinlaut! Er antwortet nicht, sondern stellt dem Pilatus einfach eine Gegenfrage: »Sagst du das, weil du das selber so meinst oder wiederholst du bloß die Anklage derer da draußen?«

Ah, aber so darf man Pilatus nicht kommen. Wenn er fragt, hat man mit Ja oder Nein zu antworten, aber nicht so! Und da kommt's auch schon: »Bin ich ein Jude?«, knurrt Pilatus. »Soll ich etwa die Meinungen deines Volkes übernehmen? Glaubst du etwa, ich hielte dich für den König der Juden? Ha, nichts da! Deine Leute haben dich eingeliefert. Sie – nicht ich! – behaupten: Du … Also: Was hast du getan?«

Pilatus sieht ihn eindringlich an. Und auch ich bin gespannt, was jetzt kommt. Jesus dagegen schaut Pilatus sehr freundlich an, gewinnend, möchte ich fast sagen. So, als habe er ein sehr wichtiges Geheimnis, in das er den Pilatus gern einweihen möchte, an dem er ihn – ja: beteiligen möchte …

»Es ist vom Königsein die Rede gewesen«, sagt Jesus. »Nun, mein Reich ist nicht von dieser Welt, nicht nach Art dieser Welt. Es ist kein übliches Königreich, wie du es kennst. – Wenn mein Reich wie hundert andere dieser Welt und ich ein König wie hundert andere wäre, sei gewiss: meine Soldaten würden sich dafür eingesetzt haben, dass ich nicht in die Hände der Juden falle. Wenn! Aber mein Reich ist eben nicht nach der Art dieser Welt.«

Ich habe gespannt zugehört. Zuerst habe ich gedacht: »Was redet dieser Jesus für ein verworrenes Zeug. Aber – ich kann mir nicht helfen – so wie er das gesagt hat, ist es irgendwie interessant und – geheimnisvoll. So als hätte er sein Reich in den Sternen oder ich weiß nicht. – Am liebsten möchte ich jetzt hinübergehen und fragen: Nun erzähl doch mal genauer: Wo liegt dein Reich? – Und: Wie regierst du es? – Und: Wie fühlen sich die Leute dort? – Und vielleicht auch: Wie kann man da Bürger werden? – Solche Sachen möchte ich ihn fragen. Aber ...

Pilatus fragt ihn: »So bist du dennoch ein König?«

Ach, Herr Pilatus! Fällt dir denn nichts Besseres zu fragen ein? Der Mann ist doch irgendwie interessant. Bist du denn gar nicht neugierig? Merkst du nicht, dass der hochinteressante Dinge auf Lager hat? Immer diese harten, politischen Fragen: Also bist du ein König! »Klar«, denke ich, »hat er doch schon zugegeben!«

»Du sagst es«, antwortet Jesus ihm. »Ich bin – bleiben wir mal bei dem Ausdruck – ein König. Aber sieh, ich bin dazu geboren und in diese Welt gekommen, dass ich den Menschen die Wirklichkeit zeige, wie sie ist, dass ich ihnen sage, wie es in Wahrheit um sie bestellt ist. Und wer nicht einfach so dahinlebt, wem die Wahrheit wichtig ist, der hört auf mich und meine Worte.«

Das ist arg geheimnisvoll. Da komm ich fast nicht mit. Nun ja. Er muss sich ja kurz fassen, hier vor Pilatus. – Ich würde ihn jetzt gerne weiterfragen: Bist du vielleicht – bist du ein Gott oder der Sohn eines Gottes? Weißt du darum, wie es um die Menschen bestellt ist? Und: Was sagt denn dein Gott zu den Menschen? – Unwichtig ist mir das nämlich nicht. Auch wenn ich nur ein einfacher römischer Soldat bin ... Leider kann ich nicht fragen.

Doch Pilatus. Aber der geht nur ein bisschen herum. Man sieht's: es langweilt ihn. Ich weiß: Er mag morgens früh nicht denken und diskutieren. Oder will er sich jetzt einfach nicht in solche persönlichen Dinge einlassen? Vielleicht will er aber auch lieber nicht wissen, wie es um ihn in Wahrheit bestellt ist? Pilatus zuckt die Achseln und geht langsam an Jesus vorbei, Richtung Tor. »Was ist das schon – Wahrheit?«, sagt er im Vorübergehen.

Am liebsten würde ich Pilatus zurufen: »Mann, frag ihn doch! Dieser Jesus hat sie doch offenbar, die Wahrheit. Der kann dir's sagen! Und der hat vielleicht noch mehr zu sagen! – Und ein Verbrecher ist der nie und nimmer. Der nicht!«

Aber Pilatus ist schon wieder am Tor und wartet, dass die Juden sich ihm zuwenden.

Schließlich schweigen sie und hören zu.

Pilatus sagt: »Ich kann keine Schuld an ihm finden!«

»Aha, richtig!«, freue ich mich. »Dieser Jesus ist unschuldig. Habe ich ja gleich gewusst. Gut, Pilatus!«

Aber die Juden jetzt! Ah! Wütend ballen sie die Fäuste, fuchteln damit herum, ringen die Hände und schreien zornig durcheinander. Sie gebärden sich wie verrückt. Ich verstehe nur: »Fehlurteil!« Und: »Böse Absicht!« – »Rom fällt uns in den Rücken!« – »Oh, diese Ungläubigen!« – »Schändlich!« – Na, und so weiter.

Pilatus wird unruhig. Ich merke das. Aber warum kommt er nicht einfach herein. Wir machen das Tor zu, fertig! Dieser Jesus ist unschuldig, Punktum. Lass sie doch schreien. Wen interessiert das? – Oder will er es sich mit den Juden nicht verderben?

Jetzt macht Pilatus eine Handbewegung. Die Juden beruhigen sich. Pilatus sagt: »Wir haben, wie ihr wisst, ein kleines Abkommen untereinander getroffen. Jedes Jahr zu eurem Passahfest dürft ihr euch von mir einen Gefangenen frei bitten. – Also, dann wollen wir das jetzt gleich erledigen. Wollt ihr, dass ich euch – euren Judenkönig freigebe?«

Sie schreien wieder los. Sie schlagen sich an die Stirn, als ob sie sagen wollten: »Bist du bei Trost? Was kommt dir in den Sinn?« Und schon bildet sich ein Sprechchor: »Nicht Je-sus, son-dern Ba-rab-bas! Nicht Je-sus, son-dern Ba-rab-bas! Nicht Je-sus ...«

Aus! Aus und vorbei für Jesus! Und aus und vorbei für Pilatus! Warum hat er sie nicht einfach abblitzen lassen? Warum hat er sich auf sie eingelassen? Jetzt hat er Jesus im Haus und muss ein Urteil sprechen.

Muss er?

Nein. Er muss nicht. Er kann ihn immer noch laufen lassen. Aber wird er das tun, wo ihn die Juden schon mal soweit haben?

Pilatus hat sich von den Juden abgewandt. »Abführen!«, schnarrt er mir zu und deutet auf Jesus.

Mir ist nicht wohl zumute bei dieser Aufgabe.

Wenn der nun – trotz seiner Fesseln – ein Gottessohn ist? Der König eines neuen Reiches? Was denkt er von mir, wenn ich ihn wegbringe ins Gefängnis – er, der doch unschuldig ist, wie ich weiß?

Aber Befehl ist Befehl!

Ich führe – nie hätte ich gedacht, dass ich das einmal tun muss – ich führe einen König ab!

Das Feiertagsgewand

Eine Erzählung zu Lukas 7,36–50 und 23,26

In dieser Erzählung verbindet Jürgen Koerver zwei biblische Geschichten und Personen, die sicher geschichtlich nichts miteinander zu tun haben: Simon, den Pharisäer, bei dem Jesus einmal zu Gast war, und den Simon von Kyrene aus der Passionsgeschichte.
Diese Verbindung ermöglicht es Jürgen Koerver, das schwierige Thema der Sündenvergebung durch den Kreuzestod Jesu Kindern anschaulich und einfühlsam zu vermitteln.

Gehe hin in Frieden!«, hatte Jesus gesagt. Daraufhin war die Frau gegangen.

Kurze Zeit danach brach auch Jesus auf. Niemand aus der Pharisäerrunde redete nach dem Vorfall mit ihm. Da verließ Jesus sie.

Er war noch nicht ganz zum Haustor hinaus, da sprang Simon wütend auf.

»Dieser Jesus – dieser Jesus ist ein Gotteslästerer. Von wegen Prophet! Ha, ich hab's ja gleich geahnt! Ah, diesem Weib die Sünden vergeben! Es ist nicht zu fassen!«

Die Männer um ihn herum stimmten ihm lauthals zu.

Nur der dicke Zacharias kaute ungerührt auf ein paar Trauben herum. Als es ein bisschen ruhiger wurde, sagte er: »Ich weiß gar nicht, worüber ihr euch so aufregt, Freunde. Gewiss, dieser Jesus darf so etwas nicht sagen, nein, gewiss nicht. Nun, der Gerechte wird ihn schon strafen! Aber im Übrigen hat sich doch nichts geändert. Die Frau ist genau noch so eine Sünderin wie vorher. Er hat zwar gesagt: Dir ist vergeben!, aber es fehlt doch jeder Beweis, dass es wirklich so ist, versteht ihr? Bewiesen ist nur,« fuhr er grinsend fort und schob sich noch eine Traube in den Mund, »bewiesen ist doch nur, dass das Weibsbild hier am Ort mit vielen Männern was gehabt – hat oder? Wer weiß, mit wem alles ...!«

Schweig, Zacharias!«, zischte Simon ihn an.

Er hatte einen hochroten Kopf, sprang von seinem Polster und schrie mit einer sich überschlagenden Stimme in Richtung Küche: »Mehr Wein! Ich brauche mehr Wein ...!«

Fast ein Jahr verging.
Simon war nicht lange nach diesem Ereignis fortgezogen. Sein Bruder, mit dem er vor vielen Jahren aus dem afrikanischen Kyrene nach Israel gekommen war – sein Bruder war verstorben und hatte ihm ein großes Anwesen in der Nähe Jerusalems hinterlassen. Und so hatte Simon Haus und Hof verkauft und war mit seinen kleinen Söhnen Rufus und Alexander – seine Frau starb bei der Geburt des Jüngsten – weggezogen, um das Erbe anzutreten.
Über der vielen Arbeit, die die neuen Äcker und Weiden mit sich brachten, hatte er das bevorstehende Passahfest fast vergessen. Erst kurz vor Beginn des Festtages fiel ihm ein, dass er dringend ein neues Festgewand benötigte, und so konnte er nur noch, eben vom Acker kommend, der Magd befehlen, auf die beiden Jungen aufzupassen.
Und er machte sich auf den Weg in die Stadt.
Aber dann gab es kein Durchkommen zur Kleidermachergasse; denn die Leute standen dichtgedrängt am Golgathaweg.
Simon schob sich, so gut es ging, vor, aber als er schließlich in der ersten Reihe stand, versperrte ihm ein römischer Soldat den Weg. Aus Furcht, ihn zu berühren und unrein zu werden, blieb Simon, wenn auch ungeduldig, stehen.
»Was ist denn hier eigentlich los?«, wandte er sich an eine Frau, die neben ihm stand.
»Bist wohl nicht von hier?«, sagte sie freundlich-herablassend, »wohl vom Lande, wie? – Was los ist? - 'ne Kreuzigung. Zwei, die ein paar Römer kaltgemacht haben – der Gerechte segne ihre gute Tat! – und dann noch ein gewisser Jesus. Nun ja, die drei also ...«
»Der ... der aus Nazareth?«, fragte er.
»Genau der«, erwiderte die Frau. «Soll 'n Gotteslästerer sein ...«
Simon nickte. »Ist er!«, bestätigte er, »ich ...«, aber er brach ab. Was ging es die Frau an, dass er was mit Jesus erlebt hatte?
Und dann kam er.

Obwohl tief unter den Balken auf seiner Schulter gebeugt: Simon erkannte ihn sofort.

Der Zug kam nur langsam voran. An der Spitze auf tänzelndem Pferd der römische Hauptmann, dann ein paar Soldaten mit den Werkzeugen, dahinter die beiden Mörder, von den Leuten mit Beifall begrüßt.

Und dann Jesus. Er schleppte sich unter der Last des Balkens langsam die ansteigende Gasse entlang. Ein Soldat stieß ihn hin und wieder an und rief etwas auf lateinisch, vermutlich, dass er rascher vorwärts kommen soll.

Simon sah mit zusammengepressten Lippen zu. Vor seinen Augen erschien wieder das Bild vom Innenhof seines Hauses: der freundlich lächelnde Jesus auf dem Sitzpolster ... die Frau, ihre Tränen, der Duft des Öls ... und die kleine Erzählung von den beiden Schuldnern ... und dann dieses »Dir ist vergeben!«.

Simon schüttelte sich. Nein ... Jetzt merkte er: er *wurde* geschüttelt.

Der römische Soldat, der in seiner Nähe stand, hatte sich umgedreht, hatte ihn am Arm gegriffen und zerrte ihn auf die Straße. Da lag der Jesus. Offenbar war er gestolpert oder zusammengebrochen und hingefallen. Der Balken lag neben ihm.

»Porte crucem suum!«, schnarrte der Soldat und deutete auf den Balken, packte Simon gleichzeitig in den Nacken, um klarzumachen: Bück dich und nimm das Holz!

Simon rief : »Ich denke nicht daran, für diesen ...«

Aber die Soldaten hatten schon den Balken ergriffen und ihm lachend auf die Schulter gelegt. Einer stieß ihm die Faust in den Rücken und rief irgendwas, das wohl »Geh!« oder »Vorwärts!« bedeutete.

Wütend und schimpfend setzte sich Simon in Bewegung. Jesus hatten sie wieder auf die Beine geholfen. Jetzt ging er neben ihm.

Nach ein paar Schritten murmelte er: »Danke, Simon!«

Erstaunt drehte Simon den Kopf zur Seite, soweit das bei dem Balken möglich war. »Du ... du hast mich wiedererkannt?«, schnaufte er.

Jesus nickte. »Die Einladung zum Essen bei dir ... und dann die Frau ...«, sagte er leise.

»Ja«, knurrte Simon, »und Sündenvergebung für dieses Weib! Ha, aber das ist jetzt die Strafe dafür!«

Wieder nickte Jesus. »Ja ... die Strafe ... liegt auf mir!«, flüsterte er.

»Im Augenblick wohl mehr auf mir!«, erwiderte Simon und versuchte zu lachen. Aber es blieb ihm im Halse stecken, denn er fühlte, dass Jesus ihn ansah.

»Zu Unrecht?«, fragte Jesus.

Simon schwieg. Dann schüttelte er kaum merklich den Kopf. »Was weißt du schon ...?«, murmelte er vor sich hin.

»Ich weiß es«, erwiderte Jesus. »Du hast die Frau verführt. Und dann wurde sie zu der, die sie war.«

Simon blieb ruckartig stehen, der Balken verrutschte. Er starrte Jesus an.

Der Soldat knuffte Simon in den Rücken und rief was Lateinisches. Der kümmerte sich nicht darum.

»Du ... hast es die ganze Zeit ... gewusst, dass ich ...?« Simon schluckte. »Und doch hast du nur zu ihr gesagt: Deine Sünden ... Und ich? Ich ...«

Er brach ab, schulterte den Balken und setzte sich wieder in Bewegung. Jesus schleppte sich neben ihm her.

Der Weg war jetzt sehr steil. Simon ging langsam und sehr gebeugt.

»Du trägst schwer daran, nicht wahr?«, keuchte Jesus. «Du wärst sie gerne los, die Last?«

Simon schwieg.

»Gib sie mir!« ‚sagte Jesus.

Aber Simon schwieg und schleppte den Balken schweratmend den Hügel hinauf.

Erst an der Richtstätte, auf der Kuppe des Hügels, warf er das Holz von der Schulter. Dumpf polterte es auf den Boden.

Er wollte sich schon abwenden, aber Jesus – noch nach Atem ringend – sagte: »Simon, ich möchte dir noch etwas sagen! Damals – du weißt ja noch – damals, da reichtest du mir kein Wasser. Heute hast du deinen Schweiß für mich vergossen. Damals – du erinnerst dich – hast du mir die Zeichen der Freundschaft, Kuss und Öl, verweigert; gerade eben aber hast du wie ein Freund für mich geschafft, ja, mir letzte Liebe erwiesen ...«

»Unfreiwillig!«, knurrte Simon. »Ganz unfreiwillig!«

»Was du getan hast, hast du mir getan«, fuhr Jesus fort. »Du hast mir große Liebe erwiesen. Und ich sage dir: Deine ...«

Aber da nahmen ihn die Soldaten und legten ihn aufs Kreuz.

Simon schloss die Augen.

»Schalom, Jesus!«, flüsterte er. «Gehe hin in Frieden!«

Dann wandte er sich ab.

Als Simon ganz kurz vor Sabbatbeginn heimkam, standen Alexander und Rufus an der Tür. Erwartungsvoll hatten sie auf ihn gewartet. Sie sahen seine leeren Hände.

»Wo ... wo ist denn dein neues Feiertagsgewand?«, fragte Rufus enttäuscht.

»Ach ja, mein Feiertagsgewand!«, rief Simon und schlug sich mit der Hand vor die Stirn.

Dann sah er seine Jungen an, holte tief Luft und sagte sehr geheimnisvoll: »Mein Feiertagsgewand, das habe ich hier innen drin!« Und dabei klopfte er sich an die Brust.

Die Jungen sahen ihn schräg von der Seite an, als ob sie sagen wollten: Abba hat wohl ein bisschen zuviel Sonne abgekriegt?

Und Simon sagte: «Ich habe heute soviel Sonne abgekriegt wie nie im Leben. Dabei habe ich doch gelernt, mich dagegen zu schützen ...

Und er ging mit ihnen ins Haus und erzählte ihnen, wie er mit Jesus auf Golgatha war.

Die heile Haut

Ein Erzählung zu Psalm 103,2 und Lukas 17,11–19

Während eines Pastoralkollegs zum Thema »Mit Kindern Psalmen erleben«
fiel mir eine Morgenandacht zu Psalm 103,2 »Lobe den Herrn, meine Seele.
und vergiss nicht, was er dir Gutes getan hat« zu. Es reizte mich, die –
den Anwesenden bekannte – Geschichte in Lukas 17,11–19 aufzugreifen und
weiterzuerzählen. (J.K.)

Nein. Keiner von den zehn vergaß je, was da Wunderbares
an ihnen geschehen war, selbst dann, wenn die berufli-
chen Pflichten oder die häuslichen Sorgen für Tage oder
gar für Wochen ihre Gedanken in ganz andere Bahnen lenkten.
Irgendwann fiel ihr Blick auf die hellen Stellen, die auf der
Haut zurückgeblieben waren – und dann war die Vergangenheit
wieder gegenwärtig. Dann erinnerten sie sich: Wenn das damals
nicht geschehen wäre, dann ...
Und für Ben-Absalom beispielsweise war es zur festen Gewohn-
heit geworden. In solchen Augenblicken zu murmeln: »Ich danke
dir, Herr, denn du bist freundlich und deine Güte währet ewig-
lich.«
Und Ben-Gabriel hatte einen Freund im fernen Jerusalem gebeten – gegen entsprechende Bezahlung wöchentlich eine Taube zu
opfern als Dank für die wiedererhaltene Gesundheit.
Und Ben-Mosche erwies seine Dankbarkeit für die erfahrene
Wohltat, indem er jeden Sabbat zwei Denare extra für die Armen
der Gemeinde spendete. Wobei er zu sagen pflegte: »Der Herr
hat's gegeben. Der Herr hat's genommen. Der Name des Herrn sei
gelobt!«
Auf diese und andere Weise war jeder der zehn bemüht, das
Gute, das er von Gott empfangen hatte, nicht zu vergessen und
dafür den Herrn zu loben und ihm zu danken.
Jeder der zehn, die Jesus vom Aussatz geheilt hatte; außer dem
einen, Samuel.
Der hatte sich, wie Jesus es ihm befohlen hatte, von den Knien

erhoben und war heimgegangen, mit den Worten Jesu im Ohr: »Dein Glaube hat dir geholfen.«

Das allerdings hatte er nicht recht verstanden, denn: was hatte er schon geglaubt? Nicht mehr und nicht weniger – eher weniger! – als die anderen. Ja, die *anderen* waren es überhaupt gewesen, die ihm gesagt hatten: »Der da soll der Messias sein! Wenn er's ist, müsste er uns heilen können – an den müssen wir uns halten!«

Samuel hatte noch entgegnet: »Aber mit mir, dem Samariter, will dieser Messias Jesus bestimmt nichts zu tun haben!« – Aber die neun hatten ihn einfach zwischen sich genommen – und schließlich hatte er mitgeschrien: »Jesus, lieber Meister, erbarme dich unser!«

Aber wirklich geglaubt hatte er nicht, dass dieser Jesus ihm helfen würde.

Doch dann war es geschehen – sie *alle* waren gesund geworden. Auch Samuel!

Dem Priester hatte er sich allerdings nicht gezeigt; der hätte ihn, den Samariter, ohnehin rausgeworfen. So hatte er den neun nur zum Abschied zugewinkt. Ben-Mosche hatte gerufen: »Ist er nicht großartig, der Messias Israels? Gelobt sei Gott!« – Und dann hatte sich Samuel auf den Heimweg gemacht.

Er war dabei Jesus noch einmal über den Weg gelaufen. Hatte Gott laut gepriesen und Jesus auf den Knien gedankt. Das war – nach allem, was geschehen war – ja selbstverständlich.

Bloß dieses »Dein Glaube hat dir geholfen!«, das hatte er – wie gesagt – nicht recht verstanden.

Später hatte er dann keine Zeit mehr, darüber nachzudenken, denn die Familie und sein ausgedehnter Spezereihandel nahmen ihn so in Anspruch, dass die ganze Angelegenheit mehr und mehr in den Hintergrund trat, bis sie im Laufe der Zeit bei ihm in Vergessenheit geriet. –

Eines Tages besuchte er seine Spezereifiliale in Jerusalem.

Kurz vor Sabbatbeginn – er hatte gerade den jungen Verkäufer nach ein Paar Brotfladen geschickt – betraten zwei Frauen in Schwarz den Laden.

»Salböl für einen Toten, bitte!«, wisperte die eine. Die andere schluchzte leise.

Samuel legte ihnen Verschiedenes vor, aber immer wieder flüsterte mal die eine, mal die andere: »Viel zu teuer, lieber Herr!«

Schließlich griff Samuel in die Kiste mit der Ausverkaufsware unter der Theke. Blindlings nahm er eine verstaubte Flasche, setzte sie vor die beiden hin und sagte: »Hier, zwei Denare. Billiger geht's wirklich nicht!

Die eine Frau begann wieder zu weinen: »Das, das hat er wirklich nicht verdient, unser lieber Meister Jesus! Und nun das billigste ...!«

Samuel wollte schon bedauernd die Schultern heben, aber dann beugte er sich über die Theke: »Jesus, lieber Meister, sagst du?«

Die Frau nickte. Der Messias – gekreuzigt – tot!«, flüsterte sie.

Samuel starrte sie an.

Dann schüttelte er den Kopf: »Das ... das kann doch nicht wahr sein ..., nein, nein. *Das* ist doch kein Ende für einen, der anderen zu einer neuen Haut verholfen hat!« Die Frauen schauten ihn mit offenem Mund an. – Und verlegen über seine seltsame Rede putzte Samuel an der verstaubten Flasche herum.

Dann hob er sie plötzlich erstaunt hoch und schüttelte den Kopf: »Wie kommt *die* in den Ausverkauf? Ägyptisches Nardenöl! Mindestens 4000 Denare wert!«

Er setzte sie wieder auf die Theke und schob sie den Frauen zu. »Egal! Hier, nehmt und behaltet euer Geld!«

Die eine Frau griff rasch nach der Flasche und die andere sagte leise: »Wir werden nicht vergessen, was ihr ihm Gutes getan habt!«

Aber Samuel winkte ab und murmelte kopfschüttelnd vor sich hin: »Wer von Gott solche Macht hat, andern eine heile Haut zu geben, der müsste – glaube ich – auch selbst mit heiler Haut davonkommen!«

Die Frauen starrten ihn noch einmal an, dann flohen sie geradezu aus dem Laden.

Das Schild

Eine Erzählung um Johannes 19,20

Diese Erzählung entstand auf Grund einer Angeberei von mir: man könne aus allem eine Geschichte machen, z. B. auch zu dem Schild, das am Kreuz Jesu befestigt war. – Diese meine Bemerkung ließ mich nicht los, und so wurde daraus eine Geschichte. Sie ist nur für ältere Kinder (ab 12 Jahre) geeignet, die schon einige Bekanntschaft mit der Passionsgeschichte gemacht haben. (J.K.)

Wenn jemand kommt, sag ihm, er soll ein Weilchen warten!«, hatte Ben-Amos seiner Frau zugerufen. »Ich geh mal kurz zu Josef aus Arimathia. Ich habe noch was mit ihm zu bereden!«

Ruth hatte nur genickt, »ja, ja« gemurmelt und weiter ihren Brotteig geknetet.

Im Hause des Josef traf Ben-Amos jedoch nur die alte Dienerin Elisabeth an. »Die Herrin ist aufs Land und der Herr ist zur Sitzung«, sagte sie.

»Jetzt zur Sitzung? Seit wann tagt der Hohe Rat zu dieser Tageszeit?«, wunderte sich Ben-Amos.

Elisabeth zuckte die Schultern. »Weiß nicht. Er ist schon vor Sonnenaufgang in den Hohen Rat und seitdem ...«

»Vor Sonnenaufgang, sagst du? Das ist doch noch nie ...« Weiter kam er nicht, denn eine atemlose Stimme rief schon von weitem: »Amos! Amos!«

Ben-Amos drehte sich um. Da keuchte Ruth heran, lief, winkte und rief immer wieder seinen Namen. Ohne sich weiter um Elisabeth zu kümmern, hastete er Ruth entgegen.

»Komm rasch!«, stieß sie hervor und rang nach Luft. »Rasch!«

»Ist unserem Jossele etwas passiert?«, war sein erster Gedanke.

Ruth schüttelte den Kopf: »P.P.!«, keuchte sie, »P.P. hat einen Auftrag für dich, einen ganz eiligen ...«

»P.P.?« Amos runzelte die Stirn. »Der? Seit wann lassen die Römer bei mir arbeiten?«

»Das ist doch jetzt egal, Amos!«, erwiderte Ruth. »Jetzt jedenfalls hat er einen Auftrag für dich. Einen sehr eiligen! ›Rapidis-
sime‹ hat der römische Soldat gesagt. Und soviel Latein kann ich
inzwischen, um zu verstehen, dass es ganz rasch gehen soll. Also
komm oder besser: lauf voraus. Das Papyrus mit den Angaben
liegt auf deiner Werkbank.«

Jetzt war Ben-Amos neugierig. Er rief »Bis gleich!« und eilte
davon.

Als Ruth daheim ankam, hörte sie ihren Mann in der Werkstatt
singen. Sie lauschte. Er sang ein Stück aus einem alten Lied und
wiederholte immer wieder: »Gelobt sei, der da kommt im Namen
des Herrn! Hosianna dem Sohne Davids ...«

Sie betrat die Werkstatt. Ben-Amos hatte auf dem Tisch vor sich
eine rechteckige Platte aus Zedernholz und malte sorgfältig mit
dem Dachshaarpinsel Buchstaben – und er sang lauthals »Gelobt
sei, der da kommt ...« »Ich bin es nur, der da kommt ...«, lachte
sie. »Seit wann singst du beim Schildermalen?«

Ben-Amos brach den Gesang des Liedes ab, um ihr sogleich sin-
gend zu antworten: »Seit heute, o Weib, und von jetzt an alle
Tage!« Und fuhr gleich fort: »Das ist nämlich ein Freudentag,
meine Liebe, ein Freudentag für mich und dich und ganz Israel!
Ja, wirklich: Das ist der Tag, den der Herr macht, an dem man
fröhlich sein kann, wie es im Psalm heißt. Hier – er ergriff das
Papyrus und schwenkte es durch die Luft – hier! Das sagt alles!«
Und Amos las mit erhobener Stimme von dem Blatt: »Jesus von
Nazareth, König der Juden.« Er unterbrach sich und deutete auf
die Holzplatte. »Bis ›König‹ bin ich schon. Und dann kommt es
noch in lateinischer Sprache: ›Jesus Nazarenus, Rex Judaeorum‹.
Und noch auf griechisch. Aber das kann ich nicht lesen. Da muss
ich die Buchstaben einfach abmalen. – Ist das nicht großartig,
Ruth? Ist das nicht einfach großartig?«

Ruth schaute ihn fragend an, zuckte leicht mit den Schultern und
sagte: »Ja?«

»Aber natürlich!«, rief Ben-Amos. »Verstehst du nicht, Frau? Das
ist doch klar: Jesus hat sich endlich durchgesetzt. Er hat die
Macht ergriffen! Jetzt richtet er das Reich Davids wieder auf, wie
es verheißen ist. Jetzt beginnt das Reich Gottes endlich! Hier,
das Schild sagt es ja. Heute Morgen, denk' ich, hat er Pontius

Pilatus überzeugt, ihn überwältigt. P. P. ist zurückgetreten, weil jetzt Jesus von Nazareth der König ist. Ja, nur so kann es sein! Und nun lässt P. P. dies Schild anfertigen und an seinem Palast anbringen. Ach, was sag ich, nicht an seinem, aber am Palast des Messias. Jesus von Nazareth wird ja nun darin wohnen! Und mein Schild, Ruth, mein Schild wird über der Palasttür hängen! ›Jesus von Nazareth, König der Juden‹ – und gleich in den Weltsprachen! Ich habe«, fügte Ben-Amos hinzu, »ich habe, wie du siehst, bestes Zedernholz genommen und die teure Purpurfarbe aus Mazedonien. Sieh nur, wie es leuchtet!«

Und Ben-Amos schaute mit geradezu zärtlichem Stolz auf sein Werk. Ruth verhielt sich still.

Ben-Amos ergriff wieder den Pinsel und tunkte ihn in die Farbe. Dann wandte er sich nochmals um. »Freust du dich denn nicht?«, fragte er ein wenig verwundert.

Ruth zuckte mit den Schultern. »Ich weiß nicht«, sagte sie leise. »Das – das kommt mir alles ein bisschen ...phantastisch vor, was du da sagst ...«

»Ach ihr Frauen!«, lachte Ben-Amos und begann zu malen. »Nach dem Einzug von Jesus und all dem Jubel dabei konnte es gar nicht anders kommen! Und im Übrigen: Der Hohe Rat tagt schon seit dem Morgengrauen, habe ich eben von Elisabeth gehört. Ist doch klar, was das bedeutet: Sie beraten über die Krönung und den großen Gottesdienst, der jetzt ansteht. Ah, das wird großartig!«

Und Ben-Amos malte ›König der Juden‹ zu Ende und sang dabei.

Kurze Zeit später polterte der römische Soldat in die Werkstatt. Ben-Amos arbeitete noch an den letzten griechischen Buchstaben, die er nicht lesen, sondern nur übertragen konnte. Wortlos griff der Soldat einfach nach dem Schild und zog es unter dem Pinsel weg.

»Du Narr!«, brüllte Ben-Amos, »du verdammter Narr! Siehst du nicht ...«

Der Soldat grinste und hielt sich das Schild über den Kopf.

»Die Farbe ist noch feucht! Sie läuft herab!«, schrie Ben-Amos wütend und wollte nach dem Schild greifen. Aber der Soldat hielt es noch etwas höher und wandte sich der Tür zu.

Ben-Amos sah nur noch, wie die nassen Buchstaben ausliefen; die rote Farbe triefte in kleinen Rinnsalen herab wie Blut aus einer Wunde.

Die Tür schlug hinter dem Soldaten zu.

Voller Zorn wollte Ben-Amos ihm nachstürzen, aber Ruth lehnte sich gegen die Tür. »Nicht, Amos, bitte nicht!«, flehte sie ihn an. »Komm, lass ihn gehen! Du weißt doch, wie die Römer sind ...!«

»Aber er hat mein Schild ruiniert!«, tobte Ben-Amos. »Und solch ein Geschmier hängt dann am Königspalast des Jesus von Nazareth! Was werden die Leute sagen, wenn sie so etwas sehen? Mit Fingern werden sie auf mich zeigen und sagen: Solch ein schmieriges Schild wagt der Ben-Amos dem König der Juden an die Palasttür zu hängen? Der hat wohl nichts übrig für den Messias? – Nein, Ruth, ich muss ihm nach und es zurückfordern. Und wenn ich zu P. P. persönlich vordringen müsste: So kann man mit Ben-Amos, dem Schildermaler, nicht umgehen!«

Und er wollte Ruth von der Tür wegziehen, aber sie blieb standhaft. »Du kannst jetzt nicht weg«, sagte sie. »Denk bloß, wenn die vom Hohen Rat kommen. Die ... die brauchen doch jetzt auch Schilder, jetzt wo die Massen zur Krönung in die Stadt kommen. Und die Gastwirte lassen mit Sicherheit auch anlässlich des Festes bei dir arbeiten ... Und das Schild am Palast, das kannst du ja später auswechseln. Morgen schon. Aber jetzt bei den Römern Wirbel machen ... nein, lass das, Amos! Sie ... sie müssen sich doch erst daran gewöhnen, dass sie nicht mehr die Herren sind, sondern Jesus von Nazareth, verstehst du?«

Amos murrte.

Schließlich aber gab er sich, wenn auch knurrend, zufrieden. »Fang doch schon mal an mit dem neuen Schild für den Palast!«, schlug Ruth vor. »Vielleicht – vielleicht malst du gleich eine hübsche Randleiste drum herum?«

Ben-Amos nickte versonnen. »Mhm, das wäre eine Idee«, murmelte er. »Was schlägst du für ein Muster vor?«

»Wie wär's, wenn du das Lebensbaum-Muster nähmst?«, meinte Ruth. Ben-Amos nickte. »Lebensbaum ...«, sagte er, »ja, ›Jesus von Nazareth, König der Juden‹ und drum herum das Lebensbaum-Muster als Randleiste ... ja, das ist gut.«

Und Ben-Amos begann, unter den Holzplatten ein neues Schild

zu suchen und sang auch schon wieder »Hosianna dem Sohn Davids ... Dies ist der Tag, den der Herr gemacht ...«

Erst am Nachmittag fand Ben-Amos Zeit, das Haus zu verlassen. Das neue Schild war großartig gelungen. Jetzt trug er es, in ein Stück Leinwand eingewickelt, unter dem Arm. »Vielleicht«, dachte er, vielleicht kann ich es ja doch gleich austauschen gegen das schmierige, das so schauderhaft aussah ... na ja, so blutig ...

Langsam stieg er hinauf zum Palast des Pontius Pilatus. Seltsamerweise waren nur vereinzelt Leute unterwegs. »Wahrscheinlich sitzt ihnen noch die Sonnenfinsternis in den Knochen«, dachte Ben-Amos und lächelte. Er hatte davon nichts mitgekriegt, so vertieft war er in die Arbeit an dem neuen Schild gewesen. Solch eine Lebensbaumranke um die Schrift herum verlangte eben große Konzentration. – Erst Ruth hatte ihm davon berichtet. Aber da war die Sonnenfinsternis schon vorbei.

Endlich gelangte er zum Palast. Aber auch hier war kein Mensch zu sehen. Wie ausgestorben lag alles da.

»Merkwürdig«, murmelte Ben-Amos. War Pontius Pilatus schon ausgezogen? Die Römer aus der Stadt heraus? So rasch? Er schaute zum Eingangstor des Palastes. Da stand immer noch wie eh und je in Stein gemeißelt: »Statthalter des Kaisers von Rom«.

Von *seinem* Schild: Keine Spur!

Ben-Amos atmete auf. Pontius Pilatus hatte eben doch Kultur und ein Gespür dafür, was er einem – nein – dem König der Juden schuldig war. Also hatte er, Gott sei Dank, das schmierige Schild nicht angebracht.

Oder – der Gedanke durchfuhr Ben-Amos und ihm wurde eiskalt – oder wohnte Jesus von Nazareth gar nicht hier, sondern ... sondern zum Beispiel im Palast des Hohenpriesters? Ja, sicher: Messias – Hoherpriester – das war ja überhaupt viel näherliegend! Klar, deswegen waren ja auch hier keine Menschen! Natürlich, sie waren ja alle am Palast des Hohenpriesters ... und da hing sein Schild überm Eingang und alle sahen es und ...

Ben-Amos stöhnte bei dem Gedanken auf und schlug sich mit der flachen Hand vor die Stirn.

»Mach mal Platz!«, herrschte ihn einer an.

Ben-Amos schaute auf, trat beiseite und ließ den Mann mit dem römischen Arbeitspferd vorbei, das hinter sich einen langen Balken zog. Der Balken polterte über das Pflaster.

Ben-Amos wollte sich schon abwenden, um in die Stadt zu eilen, da fiel sein Blick auf das Ende des Balkens: Da baumelte, nur von einem Nagel notdürftig gehalten, ... sein Schild.

Das Schild, das er am Morgen gemalt hatte.

Es hüpfte, sich um den Nagel drehend, rotfleckig an ihm vorüber und verschwand samt Balken im Seitentor des Palastes.

Ben-Amos eilte hinterher.

Sein Schild! Was hatte sein Schild da am Balken zu suchen?

»He!«, rief er hinter dem Mann mit dem Pferd her, »he, du, warte einen Augenblick! Sag doch ...«

Kurze Zeit danach wusste er alles.

Zum zweiten Mal an diesem Tag stand Ben-Amos vor der Tür des Hauses von Josef aus Arimathia. Und zum zweiten Mal musste er von der alten Elisabeth erfahren, Josef sei nicht daheim.

»Er ist zu seinem Grab vor die Stadt gegangen«, konnte sie ihm nur ausrichten.

»Was tut Josef jetzt kurz vor Sabbatbeginn bei seiner Grabstätte da draußen?«, fragte sich Ben-Amos und machte sich auf den Weg dahin.

Er trug das in Leinwand gewickelte Schild immer noch unter dem Arm; aber er hatte längst vergessen, dass er es bei sich trug. Mit seinen Gedanken war er ganz woanders ... auf Golgatha, bei dem Kreuz mit seinem Schild obenan ... und darunter ... Und alle seine großen Hoffnungen waren tot, so wie dieser Jesus.

Er traf Josef aus Arimathia an der Grabstätte. Erst vor einem halben Jahr hatte er sich die Höhlung aus dem Fels herausschlagen lassen. Der große Stein, der sonst die Öffnung verschloss, war zur Seite gerollt; zwei Knechte Josefs saßen daneben. Offenbar warteten sie darauf, den Stein wieder davor zu rollen.

Josef stand ein paar Schritte weg und schaute ins Kidrontal.

»Schalom, Josef«, begrüßte Ben-Amos ihn. »Was treibst du hier Seltsames an deiner Grabhöhle? Heute Morgen in aller Frühe im Hohen Rat, jetzt am späten Nachmittag an deinem Grab – das ist alles ziemlich ungewöhnlich ...«

Josef nickte geistesabwesend. »Heute Morgen konnte ich nichts ausrichten, als alle gegen ihn waren und das Urteil sprachen; dann will ich wenigstens jetzt etwas für ihn tun. Das Letzte, was man halt tun kann ...«

»Wovon redest du?«, fragte Ben-Amos verwirrt.

»Jesus von Nazareth«, murmelte Josef.

»Da ... da drin?«, stammelte Ben-Amos und zeigte zur Grabhöhle hinüber. Josef nickte. »Ich brauche das Grab ja jetzt nicht. Ich bin ja lebendig!«, murmelte er. »Obwohl ... obwohl ich mir wie tot vorkomme ... nach all dem. Aber Er brauchte ein anständiges Grab. Wenigstens das. – Sie wickeln ihn gerade in Leinwand. Zu mehr ist nicht mehr Zeit vor Sabbatbeginn. Übermorgen werden ...«

»Entschuldige, Herr ...«

Eine Frau mit verweinten Augen war, ohne dass sie es bemerkt hatten, herangetreten.

»Ja, was ist, Maria-Magdalena?«, fragte Josef.

»Entschuldige, Herr ...; aber die Leinwand reicht nicht. Es fehlt nicht viel, aber ...«

Sie sah Josef hilflos an.

»Hm, was sollen wir da tun?«, sagte Josef ärgerlich. »Jetzt vor dem Sabbat noch in die Stadt, das geht nicht mehr, und ...«

Da fiel sein Blick auf das, was Ben-Amos bei sich hatte. »Mann, Ben-Amos, brauchst du das da dringend?«, fragte er und zeigte auf die Leinwand, die dieser um etwas herumgeschlungen unter dem Arm trug. Jetzt erst merkte Ben-Amos, dass er immer noch das Schild mit sich herumtrug.

Er schüttelte den Kopf. »Nein, das brauch ich nicht mehr. Ganz und gar nicht. Die Leinwand ist noch das Brauchbarste – jetzt ... Hier«, er begann, sie abzuwickeln, »hier, nehmt sie.«

Das Schild kam zum Vorschein.

»Was ... was ist das?«, flüsterte Josef und starrte darauf. Die Frau sah auch hin und brach erneut in Tränen aus.

»Jesus von Nazareth, König der Juden«, schluchzte sie. Mit ein paar Sätzen, stockend und stammelnd, berichtete Ben-Amos, was geschehen war, welch große Gedanken er gehabt hatte, als er malte ... und wie alles endete – bei dem Balken vor dem Palast des Pontius Pilatus.

Als Ben-Amos schließlich schwieg, sagte Maria-Magdalena: »Gib her!«

Ben-Amos reichte ihr die Leinwand.

»Das Schild auch!«, forderte sie. »Ich werde es neben Ihn stellen. Es wird zwar niemals jemand lesen und sehen und erfahren, aber so wollen wir es wenigstens bezeugen: Für uns ist und bleibt er der König, nicht wahr? Gottes großer König.«

»Toter König!«, murmelte Josef.

Und sie schauten ihr nach, wie sie langsam zum Grab hinüberging. Auf halbem Weg wandte sie sich ihnen nochmals zu. »Was ist das ... um die Schrift herum?«, rief sie.

»Lebensbaum!«, rief Ben-Amos zurück. »Lebensbaum!« Sie nickte und verschwand in der Grabhöhle.

Die Geschichten um Herrn J. gehen weiter

Die Männer aus dem »Tal des langen Todes«

Ein Briefwechsel zu Lukas 17,11-19

Die Idee zu einem (einmaligen) Briefwechsel stammt von einem Kollegen. Ich habe sie ausgesponnen zu einem länger währenden Hin und Her von Briefen, in denen allmählich die Geschichte von der Heilung der 10 Aussätzigen entfaltet und zum Ziel gebracht wird.

Für kleinere Kinder dürfte diese in der Rückschau arbeitende Darbietung - auch weil sie recht lang ist - ungeeignet sein. Aber auch bei älteren sollte sich ein Gespräch anschließen. - Eine Darbietung zu zweien, die sich im Lesen abwechseln, macht die Sache interessanter. (J.K.)

An
Nathan Ben-Mosche
in Nain / Galiläa

Lieber Nathan,
ich bin mir nicht sicher, ob du dich noch an mich erinnern kannst. Es sind ja schon einige Jahre verflossen, seit du und ich und die anderen acht zusammen waren im »Tal des langen Todes«.

Jetzt, nicht wahr, weißt du, wer hier schreibt! Denn »Tal des langen Todes«, so haben wir es damals genannt, dieses Tal, wo wir Aussätzigen für uns und ganz abseits von den Gesunden lebten.

Und jetzt wirst du dich auch erinnern: ich war der neunte, der zu euch stieß.

Ein paar Tage vorher hatte ich die weißen Stellen auf den Armen, auf dem Rücken und im Gesicht feststellen müssen, und mein Nachbar im Dorf, dem ich sie zeigte, hatte meine Ahnung bestätigt: Aussatz! Und noch am gleichen Tag ging alles auf Abstand zu mir, und jeder im Dorf bat mich händeringend: »Verlass uns noch heute, damit wir uns nicht anstecken!« -

Zwei Tage war ich unterwegs, fragte mich durch, wo ich andere Leidensgenossen finden könnte - und dann kam ich zu euch.

Noch heute sehe ich die elende Hütte vor mir, in der ihr haustet – und sehe vor allem euch vor mir: Levi, der immer und immer wieder von seinem Leiden erzählte und uns ständig vom Fortschreiten seiner Krankheit berichtete.

Und Elia, der fast ständig weinte, weil er an seine Frau und seine Kinder denken musste, die er nie mehr wiedersehen würde, nicht zuletzt, weil die Krankheit schon zu seiner Erblindung geführt hatte.

Und dann Elieser, dem die Füße halb weggefault waren, und der darum nur noch in seiner Ecke liegen konnte. Und Simon, den wir immer füttern mussten, weil der Aussatz seine Hände weggefressen hatte. Und dann du, Nathan, der du zwar mit Aussatzflecken übersät warst, aber noch unversehrte Gliedmaßen hattest.

Und dieser grauenhafte Gestank, den die Krankheit mit sich bringt – o Gott, war das furchtbar!

Ja, ich weiß es noch ganz genau, wie ich ankam – und wie ihr mich zuerst nicht aufnehmen wolltet, weil ich ja aus Samaria bin. Aber es war dann, glaube ich, Elieser, der sagte: »Es ist doch egal, ob Jude oder Samariter; wir sind alle von Gott bestraft mit Aussatz für was-weiß-ich für Sünden und werden alle daran elend zugrunde gehen!« Nun, dann durfte ich bleiben.

Lieber Nathan, ich merke, jetzt bin ich ins Erinnern und Schreiben gekommen, dabei wollte ich das ja eigentlich gar nicht. Vielmehr: Ich habe nur die Absicht, dich zu fragen, ob wir uns nicht noch einmal wiedersehen könnten, nicht zuletzt, um unsere Erinnerungen aufzufrischen. Oder möchtest du lieber nicht erinnert werden?

Von den anderen ehemaligen Leidensgenossen habe ich keine Adresse, aber du vielleicht? Also: Wenn du willst, können wir uns einmal treffen, ich will gerne etwas vorbereiten.

Auf deine Antwort bin ich gespannt! Ich grüße dich!

Dein Samuel

An
Samuel Bin-Sbaron
in Ginäa/Samarien

Lieber Samuel,
selten habe ich mich über einen Brief so gefreut wie über deinen
– und noch nie hat mich einer so erschüttert wie dieser, in
dem du mich an unsere Vergangenheit erinnert hast, an das
»Tal des langen Todes«, an die qualvollen Leiden, die diese
entsetzliche Krankheit mit sich brachte, und an die damaligen
Leidensgefährten.
Um dies gleich an dieser Stelle zu sagen: Ich habe nur drei von
ihnen ausmachen können und alle drei haben mir freundlich,
aber unmissverständlich mitgeteilt, dass sie an einem Treffen
nicht interessiert sind. Für den Fall, dass es doch zustande käme,
lassen sie alle alten Freunde herzlich grüßen.
Ich selber finde den Gedanken eines Wiedersehens sehr gut.
Allerdings lässt sich das nicht so bald einrichten. Denn meine
Geschäfte als Purpurhändler nehmen mich z.Zt. sehr in Anspruch,
wie ich denn seit der Heilung überhaupt sehr beschäftigt war.
Was gab es da nicht alles zu tun, um das Geschäft wieder aufzu-
bauen und überhaupt wieder Mensch zu sein mit allem, was das
Leben schön und angenehm macht!
Wie dem auch sei: Zu einem Treffen sollte es unbedingt kommen!
Gerne hätte ich ja wenigstens Josef aus Kana dabei gehabt, aber
mein Brief an ihn ist zurückgekommen – »unbekannt verzogen«.
Du erinnerst dich? – Josef war der zehnte und letzte, der zu
unserer Gruppe stieß, und ihm hatten wir den Hinweis auf diesen
Jesus zu verdanken.
Er erzählte uns, dass dieser Jesus schon vielen Kranken geholfen hätte, sogar Aussätzigen. Er soll der Messias, der Gesandte
Gottes für Israel, sein, berichtete er uns. Oh, ich weiß noch, wie
unsere todtraurige Stimmung umschlug, wie wir plötzlich Hoffnung hatten! Und ich höre noch Elia, der nun keine Tränen mehr
vergoss, wie er sagte: »Na, hoffentlich kommt er hier bald vorbei,
dieser Messias! Schließlich kann man erwarten, dass er sich um
uns Elende mal zuerst bemüht, wenn er der Messias Israels ist!«
Und der Meinung waren wir alle. –

Allerdings: bis auf dich, der du ja als Samariter keinen Anspruch auf Heilung durch unseren Messias hattest. Wir haben ja auch lange darüber diskutiert, ob du mitgehen könntest, wenn er zu uns kommt. Aber dann war ich es ja, der es durchgesetzt hat: Der Samuel kommt mit! Wenn der Jesus ihn nicht heilen will, hat er eben Pech gehabt.

Und als er dann eines Tages zum »Tal des langen Todes« kam, er und diese zwölf Begleiter, da hast du mitgeschrien – nicht »unrein, unrein« wie sonst, sondern »Jesus, lieber Meister, erbarme dich unser!«. O Gott, haben wir geschrien – weißt du noch? Selbst Elieser hatten wir rausgeschleppt bis zu dem Stein, wo sie uns immer das Essen hinlegten, die guten Leute aus dem Dorf – und da haben wir geschrien. Und der Jesus blieb tatsächlich stehen! Aber näher kam er nicht, und ich dachte schon: Der kümmert sich doch einen Dreck um uns Aussätzige!

Tat er ja auch nicht – ich meine: so mit Handauflegen oder so. Nein, bloß gerufen hat er: »Geht und zeigt euch den Priestern!« Mann, war ich enttäuscht und böse! Und wir alle waren es! Wie hat der Simon geflucht! »Zeigt euch den Priestern!« Welche Gemeinheit – wir hatten doch alle noch unseren Aussatz am ganzen Körper, dem Elieser fehlten die Füße, dem Simon die Hände und wir alle waren angefressen von der Krankheit. Was sollte da der Gang zum Priester?

Nur der Josef blieb ruhig – und du ja auch, weil du ohnehin nichts von diesem Jesus zu erwarten hattest. Josef – du weißt es sicher noch – hat uns dann gut zugeredet, er hat gesagt: »Kommt, lasst uns den Versuch machen! Ich jedenfalls glaube, hinter dem Befehl von diesem Jesus steckt was.«

Und dann hat er solange auf uns eingeredet, bis wir alle glaubten, es könnte ja doch was dran sein.

Nun, du wirst dich gewiss erinnern an unseren Elendszug. Du hast ja, abwechselnd mit mir, den Elieser getragen. Josef hat den blinden Levi geführt – na, und so sind wir Zehn langsam nach Jesreel getappt, wo der nächste Priester wohnte. –

Aber was schreibe ich das alles? Wir können uns das doch alles erzählen, wenn wir uns sehen! Ich schätze, nach zwei Vollmonden werde ich Zeit haben zu einem Treffen. Allerdings: nach

Samarien kann ich als Jude nun wirklich nicht kommen. Das kannst du mir nicht zumuten. Du kannst ja mal überlegen, wo es dir hier in Galiläa am liebsten wäre.

Für heute mit herzlichen Grüßen
dein Nathan

An
Nathan Ben-Mosche
Nain in Galiliäa

Lieber Nathan,
welche Freude hast du mir mit deinem Antwortbrief gemacht! Und dass du mit einem Treffen einverstanden bist – großartig! Selbstverständlich sollst du nicht nach Samarien kommen. Ich schlage vielmehr vor, dass wir uns in Nazareth, wo er ja aufgewachsen ist, oder in Kapernaum, wo er zeitweise gewohnt und gewirkt hat, treffen. In Nain, deiner Heimatstadt, soll ja übrigens auch einmal etwas Aufsehenerregendes durch ihn geschehen sein. – Du wirst mir sicher davon erzählen können.
Du erinnerst an unsere mühsame Wanderung nach Jesreel. Oh ja, ich sehe es noch vor mir! Aber du wirst zugeben: Das Aufregendste und ganz und gar Unvergessliche geschah ja am zweiten Tag, als wir erwachten. Wir hatten uns für die Nacht einfach unter ein paar Wacholdersträucher gelegt, denn in ein Dorf konnten wir ja nicht. Als ich die Augen aufschlage, sehe ich Simon, der herumspringt wie ein Verrückter, »Halleluja« ruft und sich mit seinen Händen – wohlgemerkt: mit seinen Händen! – überall hingreift und sie immer wieder befühlt und knetet und faltet und betrachtet. Nun, ich brauche dir ja nicht den Jubel zu beschreiben (ich könnte es auch gar nicht!), in den wir alle ausbrachen, einer nach dem anderen. O Gott, war das wunderbar und herrlich! Levi betrachtete uns alle immer wieder. Elia konnte sich nicht satt sehen an seiner wiederhergestellten Haut. Simon tanzte auf gesunden Füßen – und wir waren alle außer Rand und Band! Dann hattet ihr es eilig, zu eurem Priester zu kommen, damit er die Heilung bestätigen konnte. Ich als Samariter hatte ja bei

einem israelitischen Priester nichts zu suchen, und darum verabschiedeten wir uns sehr rasch. Im Übrigen schien es mir wichtiger, ihn aufzusuchen, dem wir unsere Heilung zu verdanken hatten, was ich dann selbstverständlich so schnell wie möglich getan habe.

Ich nehme an, ihr neun habt es bei nächster Gelegenheit auch getan, denn auch ihr wart ja sicher sehr, sehr dankbar für das, was er an euch getan hat im Namen eures Gottes – oder darf ich sagen: unseres Gottes? Denn er hat ja auch mir das Heil geschenkt – unverdient, wie ich gerne zugebe. –

Nun, was soll ein langer Brief? Noch ein Vollmond, und wir treffen uns – wenigstens wir zwei aus dem »Tal des langen Todes«, jetzt aber können wir zwei ja wohl sagen: »auf der Straße zum ewigen Leben«.

Ich grüße dich herzlich
dein Samuel

An
Samuel Bin-Sbaron
Ginäa / Samarien

Lieber Samuel,
dein Brief hat mich gefreut, andererseits aber sehr verwirrt!

Du redest von Nazareth und Kapernaum als Orten, wo »ER« gelebt hat. Wer, bitte sehr? Und hier in Nain soll »ER« etwas Aufsehenerregendes getan haben?

Wiederum: wer ist »ER«? Ein Bekannter von dir, dessen Namen du in der Eile vergessen hast anzugeben?

Deine Schilderung, wie wir unsere Heilung erlebt haben, hat mich alles noch einmal nacherleben lassen, und ich habe fast geweint, als ich daran erinnert wurde.

Ja, das war ein Tag! Was du natürlich nicht wissen kannst: Nachdem wir uns verabschiedet hatten, sind wir neun fast nach Jesreel gerannt. Die Untersuchung beim dortigen Priester ging rasch, nicht zuletzt, weil wir ihn gedrängt haben, die sehr umständliche gottesdienstliche Feier aus Anlass unserer Gesundung so kurz wie möglich zu gestalten. Natürlich waren wir unserem Gott dankbar für diese wunderbare Heilung und haben das auch zum

Ausdruck gebracht. Aber es drängte doch jeden, so rasch wie möglich heimzukommen zu seiner Familie!

Wie diese Heimkehr bei den anderen gewesen ist, weiß ich nicht, aber sicher nicht viel anders als bei mir in Nain. Doch das brauche ich dir ja wohl kaum zu schildern, was sich da abgespielt hat. Du hast sicher Ähnliches erlebt, als du in dein Dorf zurückkehrtest. –

Du schreibst da einiges von »Dankbarkeit«. Wie gesagt: Jeder war dankbar, zweifellos. Ich habe es auch nicht unterlassen, bei meinem nächsten Besuch in Jerusalem in unserem Tempel ein sehr großzügiges Dankopfer darbringen zu lassen, und bis heute gebe ich jeden Sabbat eine reichlich bemessene Gabe für die Armen unseres Städtchens. Wenn man selber mal so im Elend war, ist man ja dankbar, dem entronnen zu sein und helfen zu können. –

Du schreibst gegen Ende deines Briefes, du hättest diesen Jesus aufgesucht. Hast du lange suchen müssen und hat er sich von dir als Samariter überhaupt ansprechen lassen? Ob die anderen bei ihm waren, weiß ich nicht. Ich selber habe jedenfalls diesen Umweg nicht gemacht, wozu auch? Schließlich war es seine Pflicht, uns zu heilen, falls er der Messias Gottes war. Aber er war es ja nicht, trotz unserer Heilung, sonst wäre wohl vieles anders in unserem Volk.

Ich habe mal irgendwas davon gehört, man habe ihn hingerichtet. Schade um den Mann, der offenbar über besondere Kräfte verfügte.

Was du da von der »Straße zum ewigen Leben« schreibst, habe ich nicht verstanden. Ewiges Leben kann uns nur Gott in seiner großen Barmherzigkeit schenken, wenn wir seine Gebote halten. Aber wer kann das schon?

Nun – du wirst mir sicher erzählen, was du da gemeint hast. Ich schlage vor, dass wir uns am dritten Tag nach dem Sabbat treffen, der dem nächsten Vollmond folgt.

Ich kenne den Gasthof »Zum See Genezareth« in Kapernaum recht gut und meine, wir sollten dort zusammenkommen.

Bis dahin in großer Vorfreude
dein Nathan

An
Nathan Ben-Mosche
Nain in Galiläa

Lieber Nathan,
obwohl wir uns in Kürze sehen und sprechen werden (mit Tag
und Ort unseres Treffens bin ich sehr einverstanden), möchte ich
dir doch auf deinen letzten Brief hin schreiben, denn du berührst
darin Dinge, die mein Leben mindestens so sehr verändert haben
wie unsere Heilung vom Aussatz. Ich meine: die Begegnung mit
Jesus.
Wie ich schon schrieb, bin ich nach dem Abschied von euch
umgekehrt. Da ich gesund und bei Kräften war, dauerte es nicht
lange, bis ich in dem Dorf in der Nähe unseres »Tales des langen
Todes« war. – Nebenbei: Ich habe den Bewohnern, die uns so
lange ernährt haben, unseren Dank ausgesprochen und ihnen
später zwei fette Hammel aus meiner Herde gesandt. Ich nehme
an, dass jeder aus unserer Gruppe solch ein Zeichen der Dankbarkeit zu den freundlichen Dorfbewohnern geschickt hat. – Im
Dorf haben sie mir den Weg beschrieben, den Jesus eingeschlagen hat, und so habe ich ihn nach kurzer Zeit erreicht.
Auf dem ganzen Weg dorthin sang ich immer wieder Loblieder
für Gott, denn mein Herz war natürlich erfüllt von großem Dank
und unendlicher Freude über dieses wiedergeschenkte Leben. Ich
zog also lauthals singend dahin – und hätte auf diese Weise beinahe Jesus verpasst, denn er hatte sich mit seinen Männern ein
wenig abwärts vom Weg in den Schatten einiger Bäume begeben.
ben. Ich sang gerade:

> »Preis und Lob sei dir, o Gott,
> des Messias große Tat
> uns vom Tod gerettet hat ...«,

da erblickte ich ihn. Und da bin ich auf ihn zugestürzt und habe
mich vor ihm auf die Knie geworfen und meinen Dank ausgesprochen. Genau weiß ich es nicht mehr, aber ungefähr das habe
ich gerufen: »Dank sei dir, Messias Jesus! Dank, dass du mir
und den anderen die Güte und das Erbarmen Gottes erwiesen
hast! Und Dank, Lob und Ehre sei Gott, der dich, Messias Jesus,

in unser ›Tal des langen Todes‹ gesandt und uns durch dich zu neuem Leben erweckt hat!«

So oder ähnlich habe ich gesprochen. Und Jesus hat mir nicht, wie du vermutest, den Rücken zugekehrt und mich abgelehnt, weil ich Samariter bin. Nein, im Gegenteil! Er hat mich freundlich angesehen und sich dann an seine Begleiter gewandt und zu ihnen und gleichzeitig zu mir gesagt – und nun kommt etwas, lieber Nathan, was mir sehr peinlich war und mir auch jetzt peinlich ist, dir zu berichten – er hat nämlich gesagt: »Sind nicht zehn gesund geworden? Einer ist hier – wo sind aber die neun anderen? Hat sich sonst keiner bereit gefunden, umzukehren und Gott die Ehre zu geben, nur dieser Samariter?« So hat Jesus gefragt – und es klang ein bisschen empört, mehr aber noch: traurig.

Ich habe leise eingewendet, ihr kämt sicher noch, eben etwas später wegen der Untersuchung beim Priester, aber er hat nur ein wenig den Kopf geschüttelt.

Damals habe ich es nicht wahrhaben wollen, aber inzwischen weiß ich durch deinen Brief, dass zumindest du und vermutlich auch Levi und Simon und Elieser und die anderen nicht bei ihm waren. Er hatte also recht.

Du schreibst in deinem Brief: »Wozu ihm danken? Es war seine Pflicht als Messias, uns zu heilen.« Du meinst also, ihr hattet einen Anspruch, ein Recht auf Heilung, weil eben der Messias dazu da ist? Aber, lieber Nathan, kann denn ein Mensch vor Gott je ein Recht anmelden? Sind wir nicht alle sündige Menschen und haben von Gott also Strafe verdient? Jesus aber hat uns nicht Strafe gebracht, sondern Begnadigung, Erlösung, Hilfe und Heilung! Müssen wir ihm nicht zutiefst dankbar sein? Und ihm diesen Dank erweisen?

Nun, jedenfalls ich konnte nicht anders und habe Jesus, dem Messias, gedankt. Und dann hat er gesagt: »Stehe auf und geh, dein Glaube hat dir geholfen.« Also bin ich aufgestanden und habe mich verabschiedet und auf den Heimweg gemacht.

Und dabei habe ich nicht mehr gesungen, sondern über das letzte nachgedacht, was Jesus mir gesagt hat. Es war mir – damals, muss ich betonen – ein Rätsel, das mit dem Glauben, der mir geholfen hat. Haben wir nicht alle geglaubt, als wir uns – noch aussätzig – auf den Weg nach Jesreel zum Priester machten? Und hat dieser Glaube nicht uns allen geholfen, nämlich gesund zu werden? »Warum«, habe ich mich gefragt, »sagt er dir das? Nur, weil ich vor ihm auf die Knie gefallen bin?«

Heute weiß ich es und darum schrieb ich dir von der »Straße zum ewigen Leben«. Doch das kann ich jetzt nicht erklären. Wozu auch – wir sehen uns ja in wenigen Tagen! Bis dahin in großer Ungeduld und Vorfreude,

dein Samuel

P.S.: Jesus – wie du auch erfahren hast – ist in Jerusalem gekreuzigt worden und ist – ganz anders als wir – in das »Tal des langen Todes« gelangt.

Aber er ist drei Tage später vom Tod erstanden. Er war und ist wirklich der Messias Gottes!

An
Samuel Bin-Sbaron
Ginäa in Samarien

Lieber Samuel,
erst vor drei Tagen haben wir uns nach unserem Treffen in Kapernaum getrennt – und schon drängt es mich, dir nochmals zu schreiben.

Warum? Weil ich gewiss bin, dass nun auch zu mir gesagt ist: »Dein Glaube hat dir geholfen!« Und diese Gewissheit habe ich durch das, was du mir in Kapernaum erzählt hast.

Mir ist aufgegangen: Dieser Jesus ist eben nicht irgendein Wunderarzt, der einem wie uns eine neue Haut schenkt und Gesundheit gibt, damit man dann wieder weiterlebt wie vor der Krankheit.

Gewiss, das ist etwas Wunderbares, wieder gesund zu werden und fröhlich leben zu können, aber das bringen auch unsere Ärzte fertig, je länger desto besser. Und natürlich sollten wir dafür ihnen und Gott dankbar sein.

Jesus ist mehr als so ein Arzt, der einen heilt, damit man weitere dreißig oder fünfzig Jahre leben kann, um dann endgültig im

»Tal des langen (oder genauer: ewigen) Todes« zu verschwinden. Vielmehr hat er durch seine Auferstehung uns deutlich zu verstehen gegeben, dass wir uns auf der »Straße zum ewigen Leben« befinden, wie du, lieber Samuel, es gesagt hast. Jedenfalls alle, die an

ihn glauben. Und ich glaube das! Und mein Leben hat sich verändert: Ich bin ruhiger, fröhlicher, längst nicht mehr so besorgt um das, was morgen sein wird. Und dankbar für alles, was ich habe und erlebe, bin ich auch.

Und so möchte ich auch dir danken für deine vielen Briefe und das von dir herbeigeführte Treffen. Wenn das nicht gewesen wäre, hätte ich Jesus nie kennen und neu leben gelernt!

Ich denke, wir werden weiter in Verbindung bleiben.

Herzlichst grüßt dich
dein Nathan

P.S.: Ich habe hier in Nain ein wenig geforscht und siehe da: Hier gibt es sie auch wie bei dir in deinem Dorf; sie nennen sich nach Ihm »Christen«.

Ich habe mich ihnen angeschlossen.

Jesus ist der Herr!

Eine Erzählung aus der Zeit der ersten Christen
zum Verständnis der Osterberichte

»Wie das mit der Auferstehung Jesu gewesen ist«, sollte ich den Kindern im Grundschulgottesdienst erzählen und dabei möglichst alle Fragen der Kinder berücksichtigen – und »Belehrung« sollte es nicht sein, sondern Erzählung. Von so vielen »Auflagen« geplagt, erfand ich die nachfolgende Geschichte. (J.K.)

Eben ist die Sonne über Jerusalem aufgegangen. Es ist der erste Tag in der Woche, der Tag nach dem Sabbat, dem Ruhetag.

Obwohl es so früh am Morgen ist, herrscht schon geschäftiges Treiben in den Gassen und Straßen. Überall machen die Händler ihre Läden auf, die Handwerker beginnen mit der Arbeit, die Bauern vom Lande breiten ihre Waren aus und preisen sie laut an. Dazwischen sind die Frauen, die einkaufen, miteinander schwätzen. Kinder tummeln sich auf den Straßen.

Timotheus kennt sich in Jerusalem nicht gut aus. Er sucht angestrengt nach der Gasse der Gürtel- und Taschenmacher. Endlich hat er sich dahin durchgefragt.

Es ist eine ziemlich lange Gasse. Links und rechts haben die Handwerker und Händler ihre Läden und Stände. Überall riecht es nach Leder. Er drängt sich durch die Menge und schaut nach links und rechts, aber nicht auf die vielen Gürtel und Riemen, auf die Sandalen, auf die Taschen und Täschchen und Beutel, die da hängen und ausliegen. Er selbst hat zwar nur eine ziemlich abgeschabte Reisetasche – eine neue wäre sicher schön, denkt er und ein paar Händler rufen ihm auch etwas Entsprechendes zu. – Aber Timotheus kümmert sich nicht darum. Jetzt geht es ihm nicht um eine neue Tasche, nein ...

»Ob es das Haus ist, in das eben die drei Männer gegangen sind?«, fragt er sich. »Nein, wahrscheinlich nicht, der eine war ein Pharisäer, das sieht man an der Kleidung. Also das Haus nicht – oder das da? – Mhm? – Nein da drüben, das könnte es sein!« Das ist ein Laden mit Sandalen. Auf zwei langen Tischen liegen sie aus. Ganz einfache, daneben kunstvolle, bunte, und solche mit langen Riemen dran, mit denen man sie sich am Bein festbinden kann.

Eben sind da zwei Männer und eine Frau hineingegangen. Sie haben die ausgelegten Sandalen überhaupt nicht beachtet, sondern sind einfach zwischen den Tischen hindurch ins Haus gegangen.

Ein Junge steht neben den Tischen. Timotheus sieht, der passt bloß auf, dass niemand etwas wegnimmt. Verkaufen tut der aber nicht. Timotheus geht langsam vorbei, schaut die Sandalen an und schaut den Jungen an. Er merkt, dass ihn der Junge ständig beobachtet. Er geht weiter. Als er sich nach ein paar Schritten umdreht, ist der Junge verschwunden. Zwei Frauen gehen gerade zwischen den Tischen hindurch und verschwinden im Haus.

Timotheus kehrt um und nähert sich wieder dem Sandalenladen. Da ist auch der Junge wieder. Er sieht Timotheus kommen und wird sichtlich unruhig. Er ruft etwas ins Haus hinein. Ein Mann tritt zu dem Jungen und schaut nach Timotheus.

Der geht auf die beiden zu, betrachtet einen Augenblick die Sandalen und murmelt dann dem Mann zu: »Jesus ist der Herr!«

Der Mann nickt und murmelt ebenso leise »Jesus ist der Herr!« – »Wer bist du und wo kommst du her?«, fragt der Mann.

»Ich heiße Timotheus und komme aus Kapernaum.«

»Römer?«, fragt der Mann.

»Ja«, sagt Timotheus, und dann: »Versammeln sich hier die Jesusfreunde?«

Der Mann zögert und sortiert Sandalen hin und her. Aus dem Inneren des Hauses hört man, dass mehrere Leute etwas im Chor sprechen. Im Straßenlärm kann man es aber kaum verstehen. Timotheus meint zu hören: »... im Himmel wie auf Erden« – »... täglich Brot und vergib ...«

Der Mann zischt dem Jungen leise etwas zu. Der rennt ins Haus. Drinnen wird es sofort leiser.

»Also«, fragt Timotheus, »was ist nun?«

»Komm!«, sagt der Mann.

Als sie zwischen den Tischen durch sind, sagt der Mann: »Versteh bitte, Timotheus, wir müssen sehr vorsichtig sein. Ständig sind Spione unterwegs, um uns Christen zu entdecken und zu verhaften. Vor ein paar Tagen noch, da ... Aber lassen wir das. Du bist ein Römer und aus Kapernaum?«

»Ja«, sagt Timotheus. »Aber das ist eine lange Geschichte. Kurz gesagt: Jesus hat mich mal gesund gemacht – vor ein paar Jahren. Und dann habe ich später gehört, dass sie ihn umgebracht haben – gekreuzigt ... Na, und jetzt ist mein Hauptmann vorübergehend hier in Jerusalem und da wollte ich wenigstens das Grab von Jesus besuchen, der mich seinerzeit gesund gemacht hat. Aber ich habe – trotz allem Fragen und Forschen – dieses Grab nicht finden können. Einmal hat einer mir gesagt, ich solle da draußen die Familiengrabstätte eines gewissen Josef von Arimathia aufsuchen, da hätten sie den toten Jesus beigesetzt. Aber, als ich da war, war da nichts. Das Felsengrab schien mir unbenutzt zu sein. Also wieder nichts. Und dann hat mir jemand geraten, ich soll mal hier in die Gasse der Gürtel- und Taschenmacher gehen, da gäbe es noch Jesusfreunde, die sich manchmal träfen ...«

Der Mann lacht leise. »Manchmal ist gut!«, sagt er. »Wir treffen uns regelmäßig am ersten Tag der Woche. So wie heute. Auch noch öfter, aber vor allem am Tag nach dem Sabbat, morgens.«

»Warum denn an dem Tag?«, fragt Timotheus. »Ich denke, Jesus ist am Tag vor dem Sabbat gestorben? Da läge es doch nahe, sich an seinem Todestag zu versammeln. Ich nehme doch an, ihr kommt zusammen, um an den Toten zu denken oder so?«

Der Mann lacht wieder vor sich hin. »Man merkt, dass du nicht alles von Jesus weißt«, sagt er. »Das Wichtigste weißt du jedenfalls nicht. Sonst wärest du auch nicht zu der Grabstätte gegangen, wenn du alles über Jesus wüsstest.«

Stimmt es denn nicht, dass sie Jesus gekreuzigt haben und er gestorben ist und ihr ihn beigesetzt habt – da draußen?«

»Doch, doch!«, sagt der Mann. »Das alles stimmt schon. Genau so ist es gewesen. Und es war schrecklich für uns, das kannst du mir glauben. Zu erleben, dass dieser Mann, der für uns der Sohn Gottes war, dass der so elend am Kreuz starb, obwohl er ja nichts Böses getan hatte – das war schrecklich, unerklärlich und unfassbar für uns! – Aber lassen wir das jetzt. Es ist ja ohnehin alles ganz anders geworden. Er ist ja auferstanden!«

»Was ist er?«, fragt Timotheus und runzelt die Stirn.

»Auferstanden«, sagt der Mann. »Jesus ist auferstanden vom Tode. Er lebt.«

»Nein, so was!«, ruft Timotheus erregt. »Das ist ja ... Nein, also ... Dann war er also bloß – scheintot? Ha, so was habe ich schon mal gehört, dass es das gibt. So ist das also: Er war bloß scheinbar tot, und dann habt ihr ihn heimlich weggeholt aus dem Felsengrab und ihn hierher geschafft und ihn gesund gepflegt – und jetzt ist er da drinnen bei euch. Muss ja wahnsinnig schwer sein, ihn schon so lange – schon fast zwei Jahre, oder – ihn so lange bei euch zu verbergen! – Aber, meine Güte, dann kann ich ihn also gleich wiedersehen, den Jesus, der mich geheilt hat?«

Der Mann schüttelt den Kopf. »Nein, Timotheus, das kannst du nicht«, sagt er. »Du hast mich missverstanden. Er ist nicht da drinnen – jedenfalls nicht so, wie du es dir vorstellst.«

»Ach so«, sagt Timotheus, »ihr habt ihn heimlich weggebracht, damit man ihn hier nicht findet? Wo ist er denn jetzt? In Jericho? Oder in Arabien? Ich würde ihn gerne wiedersehen!«

Wieder schüttelt der Mann den Kopf. »Nein, nein«, sagt er. »Alles nicht richtig. – Jesus war nicht scheintot, sondern wirklich – ganz tot. Das kannst du mir glauben. Und wir haben ihn auch nicht bei Nacht und Nebel aus seinem Grab geholt und ihn gesund gepflegt und dann später irgendwo versteckt. Nein, Gott hat ihn ... aus dem Tode erweckt. Zu einem neuen Leben erweckt. Und jetzt ist er beim Vater, bei Gott. Er ist lebendig, so wie Gott lebendig ist. Und er ist auch dem Petrus und den anderen erschienen, lebendig erschienen, verstehst du?«

»Ich verstehe gar nichts!«, sagt Timotheus. »Das – das kann ich einfach nicht glauben!«

»Komm!«, sagt der Mann. »Gehen wir nach hinten in meine Wohnung. Da sind Petrus und Johannes und die anderen. Die werden dir ganz genau sagen, was Gott mit Jesus getan hat. Die haben es selber erlebt. Die sind Zeugen.«

Timotheus geht hinter dem Mann her. Sie kommen in einen größeren Raum. Viele Leute sitzen und stehen da. In der Mitte steht einer, der spricht zu ihnen.

»Das ist Petrus!«, flüstert der Mann.

»Amen!«, rufen die Leute gerade. »Vorsicht beim Verlassen des Hauses!«, ruft Petrus. »Nicht alle auf einmal, sonst fällt es auf!« Nach und nach verlassen die Leute den Raum. Petrus schaut misstrauisch zu Timotheus hin und dann fragend zu dem Mann.

»Schon gut, Petrus, keine Sorge!«, sagt er. »Dieser Mann ist zwar Römer, aber ein Jesusfreund. Er heißt Timotheus und ist aus Kapernaum. Du müsstest ihn eigentlich kennen, Petrus, denn Jesus hat ihn geheilt.«

»Nein«, sagt Timotheus, »er kann mich nicht kennen. Mein Hauptmann war bei Jesus und hat ihn für mich um Hilfe gebeten. Ich lag krank in der Kaserne ...«

»Ja, ich erinnere mich an den Fall!«, sagt Petrus und lächelt jetzt Timotheus freundlich an. »Der römische Hauptmann bat für seinen Diener ... und Jesus musste nicht mit in die Kaserne, um zu heilen. Er sagte bloß zu dem Hauptmann: ›Geh, dein Diener ist gesund!‹ – Und so war es denn wohl, oder?«

Ja, so war es«, sagt Timotheus. »Ich konnte plötzlich wieder aufstehen. Ich war wirklich todkrank, aber Jesus – so hat mir der Hauptmann erzählt – hat mich durch sein Wort zum Aufstehen gebracht!«

»Ja, unser Herr Jesus ist mächtig!«, sagt Petrus voller Freude. »Wie wahr ist doch sein Wort, das er einmal gesagt hat: ›Ich bin die Auferstehung und das Leben!‹ Ja, das ist er, wie man ja an deinem Fall auch sehen kann. – Komm, setz dich doch!«

Timotheus setzt sich neben Petrus auf eine Bank. »Ja«, sagt Timotheus. »Das ist es eigentlich, warum ich mit dir sprechen möchte. Das mit der Auferstehung. Der Mann ...«

»Entschuldige, ich habe vergessen, dir zu sagen, dass ich Joel heiße!«

Timotheus nickt. »Also, der Joel hat mir da eben schon was erzählt, aber ich bin nicht schlau daraus geworden.«

Petrus lächelt. »Das geht vielen so«, sagt er. »Du bist nicht der erste, der danach fragt. – Ich will dir kurz erzählen, was wir erlebt haben ...«

»Wer ist wir?«, unterbricht Timotheus.

Wir – das sind die Jünger Jesu und seine Mutter Maria und einige andere Frauen. Wir haben es erlebt. Wir haben Jesus beerdigt, nachdem er gekreuzigt und gestorben war. Tja – und genau am dritten Tag danach. Wir waren bei Ruth, der Wasserträgerin, in der Bethesdagasse beisammen. Ein paar von uns jedenfalls. Einige waren schon weg von Jerusalem. – Also am dritten Tag nach seinem Tod ist Jesus zu uns gekommen. Wir saßen da und erzählten von ihm, was wir Großartiges mit ihm erlebt hatten und wie schrecklich das mit seinem Ende war. Und manchmal weinte einer von uns – nun ja, und da war er plötzlich unter uns, ganz lebendig bei uns ...«

»Ach«, unterbricht ihn Timotheus, »entschuldige, aber das habt ihr euch bloß so vorgestellt. Ich meine: Ihr habt so lange von ihm geredet, bis er euch sozusagen vor Augen war oder wie im Traum oder so ...«

»Nichts da, nichts da!«, sagt Petrus und schüttelt den Kopf. »Ich weiß, was ich erlebt habe. Wir sprachen von Jesus und dann – wir haben uns sehr erschreckt! – war er da. Ganz lebendig. Nicht so wie sonst, wie zum Beispiel damals in Kapernaum, aber er war es, unser Herr!«

»Das kann ich nicht glauben!«, sagt Timotheus.

»Tja«, sagt Petrus, »das hat Thomas – das hat einer von uns, der nicht dabei war, als Jesus kam – das hat Thomas auch gesagt. – Aber dann, ein paar Tage später, ist Jesus wieder erschienen – und da hat er dem Thomas die Stellen in seinen Händen gezeigt, wo sie ihm die Nägel durchgeschlagen haben bei der Kreuzigung – und da hat auch der Thomas gesagt: ›Wahrhaftig, jetzt glaube ich's: das ist unser Herr Jesus, er ist vom Tode erstanden!‹«

Timotheus schüttelt noch immer den Kopf. Dann sagt er: »Was ist denn mit denen gewesen, die gleich nach der Beerdigung von Jerusalem weg nach Hause in ihre Heimat gegangen sind? Du hast da doch eben so etwas erzählt!«

»Richtig«, sagt Petrus, »gut, dass du mich daran erinnerst! Also die, die haben ihn auch so erlebt. Es waren zwei von uns, die in Emmaus daheim waren. Denen ist er unterwegs erschienen und da sind sie sofort hierher zurück zu uns und haben es uns erzählt. Und wir hatten keinen Grund, es zu bezweifeln, denn uns war es genauso gegangen: Jesus ist zu uns gekommen als Lebendiger. Wir wissen: Gott hat ihn von den Toten auferstehen lassen. Du kannst mir glauben: Es ist wahr!«

Auf Jesus sehen

Eine Erzählung aus der Urgemeinde zu Matthäus 14,22–34

Nach dem Pfingstfest ist die Jesus-Christus-Gemeinde in Jerusalem rasch groß geworden, und jeden Tag wird sie größer.

Mit dem Wachsen der Gemeinde nimmt aber auch die Aufmerksamkeit zu, die die Gemeinde nach außen findet, sowohl bei Sympatisanten als auch bei Gegnern. Die nachfolgende Erzählung setzt sich damit auseinander.

Jürgen Koerver zeigt mit dieser Geschichte, wie die Jünger nach Ostern ihre ursprünglichen Erfahrungen mit Jesus (Fischfang und Seesturm) mit ihrer aktuellen Lebenssituation verbunden haben. Damit zeigt er auch den Weg, wie Gläubige heute ihre Lebenssituation im Licht des Evangeliums deuten können.

Es ist einfach wunderbar!«, ruft Johannes, als die Jünger wieder einmal beisammen sind. »Einfach wunderbar! Es kommt mir so vor wie damals auf dem See Genezareth, als sich dein Boot, Petrus, mehr und mehr mit Fischen füllte, du erinnerst dich!«

Petrus lächelt. Natürlich erinnert er sich, was da geschehen war, als er Jesus an Bord hatte und den großen Fang machte! Und jetzt so viele Menschen, die an Jesus glauben, sich taufen lassen, zur Christengemeinde gehören! Ja, wirklich: wie ein übervolles Boot ist das ...

»Nun ja, gewiss«, lässt sich jetzt Andreas vernehmen. »Gewiss! Viele, sehr viele erkennen: Jesus ist der Herr, und kommen zu uns. Schön und gut, aber, liebe Freunde, vergesst bitte nicht: Je größer unsere Jesusgemeinde wird, je mehr dazukommen, desto zahlreicher sind auch unsere Gegner! Der Hohe Rat, die Schriftgelehrten und Pharisäer sind sehr wütend, dass wir von Jesus erzählen, in seinem Namen predigen, und dass sie vor allem behaupten, er sei von den Toten auferstanden.«

»Genau!«, fällt ihm Levi ins Wort. »Überall, wo wir Jesus verkündigen, wo wir zusammenkommen zum Gebet und Lob und zum Abendmahl – überall haben sie ihre Spitzel ...«

»Und einige«, wirft Bartholomäus ein, »einige haben sie sogar verhaftet und verhört und bedroht, sie würden ...«

»Noch schlimmer!«, fährt Andreas dazwischen. Den Ben-David haben sie sogar verprügelt, weil er gesagt hat, nur der Hohe Rat sei schuld, dass Jesus gekreuzigt worden ist. Und einige haben sogar die Gemeinde verlassen aus Angst, dass ...

»Und die Römer«, bemerkt jetzt Matthäus, »die Römer belauern uns auch misstrauisch. Sie fürchten wohl, wir machen einen Aufstand oder so etwas. Das geht nicht mehr lange gut!«

»Das fürchte ich auch!«, sagt Andreas mit düsterer Miene. »Es geht nicht mehr lange gut, Freunde. Um das noch einmal aufzugreifen, was du, Johannes, eben gesagt hast: Unser Boot, die Gemeinde, ist wie auf dem See, wenn der Sturm tobt. Es schwankt auf den Wellen dahin, und es ist nur eine Frage der Zeit, dann geht es unter. Dann ist Schluss mit der Gemeinde. Aus. Vorbei. Ende.«

»Aber Jesus. ...!«, wirft Levi zaghaft ein.

»Jesus?«, ruft Thomas. »Jesus? Entschuldigt, aber ich muss es einfach mal sagen: Jesus ist von Bord und hat uns allein gelassen. Allein mit all den Anfeindungen und unserer Angst!«

Da wird es ganz still unter den Jüngern. Einige nicken bestätigend, traurig und mutlos.

Auch Petrus schweigt.

In Gedanken sieht er das Boot vor sich. Die Wellen, die hereinschlagen ... Er hört den Sturm heulen. Und Jesus? Wo ist der in diesem Unwetter? Lässt er sie wirklich allein? Lässt er das Boot, lässt er seine Gemeinde im Stich? Oder ...

»Freunde«, sagt Petrus, »ich gebe euch recht! Wir sind in einer sehr schwierigen Lage. Ja, ich gestehe euch: Auch ich habe oft Angst, wenn ich sehe, wie sie uns verfolgen, wie sie uns und die Gemeinde von Jesus vernichten wollen. Es ist schon so: Wir sind wie ein Boot, das von Sturm und Wellen hin- und hergeworfen wird und das zu sinken droht.«

»Hab ich ja gesagt!«, wirft Andreas ein. »Und was schlägst du vor, Bruder?« Petrus sieht sie alle der Reihe nach an und sagt dann: »Ich schlage vor, wir ... wir schauen nicht länger auf die Wellen, wir lassen uns nicht länger beeindrucken von Sturm und Wogen, also: von unseren Feinden und ihren Vorhaben. Wir sehen und gehen einfach drüber weg, so als wären sie gar nicht da ...«

Die Jünger schauen Petrus an, als wäre er nicht ganz richtig im Kopf. Und Thomas ruft: »Du bist wohl total verrückt! Wir sollen einfach ... wegucken?«

»Ja!«, sagt Petrus, »einfach nicht mehr auf die Wellen schauen und nicht beachten, was uns Angst macht, sondern ...«

»Was: sondern ...?«, ruft Andreas ärgerlich.

»Über alle Wellen und Wogen hinweg auf Jesus sehen, auf ihn zugehen ...«

»Und versinken und ertrinken!«, lacht Thomas höhnisch. Aber Petrus beachtet es nicht. »Jesus hat uns versprochen: Ich bin immer bei euch, auch wenn wir ihn nicht sehen. Wir wissen: Er ist der Herr! Auch der Herr über alles, was uns und seine Gemeinde bedrängt und bedrückt. Darum: Ihn müssen wir im Auge behalten und ihm vertrauen, sonst versinken wir in Angst und ertrinken in Mutlosigkeit.«

»Und du kannst das – über alle Wogen hinweg auf Jesus vertrauen, dass er hilft?«, fragt Andreas. »Ich ... wir wollen es versuchen!«, sagt Petrus leise.

Die Heilung des Lahmen am »Schönen Tor«

Eine Erzählung mit Sprechchor zu Apostelgeschichte 3,1–10

Die kleine Erzählung zum Mitmachen (mit Sprechchor) ist so gedacht, dass die Zuhörer aktiv in die Geschichte einbezogen werden. Dies geschieht dadurch, dass neben dem Erzähler ein Chorführer als Sprecher auftritt. Er sitzt am besten zwischen den Zuhörern und spricht seinen Part. Die Zuhörer werden aufgefordert, jeden Vers des Chorführers nachzusprechen. Erfahrungsgemäß ahmen sie dabei Tempo, Tonfall und Ausdruck des Chorführers nach. In dieser Geschichte können sich die Zuhörer so mit der Person des Gelähmten identifizieren. (J.K.)

Erzähler: Zu Pfingsten in Jerusalem,
da ist Gewaltiges geschehn:
Gott schenkt durch Jesus seinen Geist,
der sich durch Wort und Tat erweist.
Denn seit der geisterfüllten Stund
tun auf die Jünger ihren Mund
und machen 's Evangelium kund.

Viel Hundert zählt der Hörer Haufen;
bekehren sich; es folgen Taufen.
Doch nicht allein durch Jesu Wort
wächst die Gemeinde fort und fort:
auch durch die Tat in Jesu Namen
viele Menschen zur Gemeinde kamen.

Davon erzählt uns die Geschichte,
die ich euch jetzt, ihr Leut, berichte.

Die Jünger Petrus und Johann,
die gingen tempelwärts bergan,
dass sie in altgewohnter Weise
teilnähmen dort an Lob und Preise

des Gottes, der in Jesus Christ
der Vater aller Menschen ist.
So kamen sie ans »Schöne Tor«.
Ein Bettler saß – wie stets – davor.

Chorführer: Leute. Leute, habt Erbarmen!
Gebt ein Almosen doch mir Armen!
Ich bin gelähmt von Kindheit an!
Erbarmt euch! Helft mir armem Mann!

Erzähler: Johannes, Petrus bleiben stehn.
Sie können nicht vorübergehn.
Sie denken an das Wort des Herrn:
Wenn ihr es könnt, so helfet gern,
und was ihr habt, das gebt und teilt,
dass durch euch Leben werd geheilt.
So tritt denn Petrus vor und spricht:
Schau, Bettelmann, uns ins Gesicht!

Chorführer: Ich seh mit Freuden zu euch hin!
Ihr seht, dass ich voll Hoffnung bin!

Erzähler: Und er betrachtet unverwandt
die beiden und erhebt die Hand.
Sei nicht enttäuscht, der Petrus spricht,
Gold, Silber haben wir freilich nicht ...
Doch was wir haben, sollst du kriegen,
sollst länger nicht am Boden liegen.
Vielmehr – ich sag's in Jesu Namen:
Durch seine Kraft: Steh auf, Mann! Amen.

Chorführer: Ich stand und ging noch nie im Leben ...!
Wie sollt – wie könnt ich mich erheben?

Erzähler: Nimm unsre Hand und glaube fest,
dass Jesus dich aufstehen lässt.
Er ist lebendig und nicht fern.
Steh auf im Namen unsers Herrn!

Chorführer:	Ich glaub, ich kann's – ich stehe schon …! Ich geh umher … dank Gottes Sohn!
Erzähler:	Wahrhaftig! – Der gelähmte Mann auf einmal gehn und stehen kann. Er springt umher. Laut lobt er Gott:
Chorführer:	Vorbei ist alle meine Not! Dem Herren sei Lob, Ehr und Preis!
Erzähler:	So ruft er – er tut's nicht leis …! Ringsum die Leute können 's hören. Muss er denn unsre Andacht stören? Der springt? Ich könnte schwören: Der hat am Tor gesessen lahm, als ich hierher zum Tempel kam. Kommt, gehn wir hin! Und lasst uns sehn, wie solches Wunder ist geschehn!
Chorführer:	Dem Herren ich ein Loblied singe! Die Männer machten, dass ich springe!
Erzähler:	Die Leute sehn bewundernd an den Petrus und auch den Johann. Doch Petrus hebt die Hand und spricht: Wir waren es beileibe nicht! O nein! Nicht wir! Durch Jesus Christ der Lahme ein Geheilter ist! Ihr tötet Jesus. Gott erweckte den Toten, der im Grabe steckte, zum Leben. Dessen sind wir Zeugen! Ihr solltet Herz und Knie beugen und ihn als Gottes Sohn erkennen. Nur Jesus ist der Herr zu nennen! Durch seine Kraft und Geist allein, regt der Gelähmte Arm und Bein!

Chorführer: Lob sei dem, der erstanden ist!
              Gelobet seist du, Jesus Christ!

Erzähler: Kaum war das Loblied ausgesungen,
              sind Tempelwächter vorgedrungen:
              Wer hier von Jesus Christus spricht,
              der kommt sofort vor ein Gericht!
              Wer tot ist, bleibt auch bei den Toten!
              Von mehr zu reden ist verboten!
              Sie führ'n die Jünger in den Kerker. –
              Doch seht: Der Herr ist dennoch stärker!
              In seiner Kraft der heile Mann
              stimmt laut und klar sein Loblied an:

Chorführer: Ich tanze, springe – ich kann stehn und gehn!
              Der Auferstandene ließ mich auferstehn!
              Traut ihm, der euch das Leben bringt!
              Singt mit sein Lob, ihr Leute, singt!

              (Chorführer stimmt ein Loblied an, in das alle einstimmen.)

Der Gottesdienst in der Wüste

Eine Erzählung mit Sprechchor zu Apostelgeschichte 8,26–39

Diese Erzählung mit Sprechchor zur Geschichte »Der Kämmerer aus Äthiopien« ist von Jürgen Koerver zu einer kleinen Lehrerzählung über Taufe und Rechtfertigung ausgestaltet worden. Dass dieser »trockene Stoff« lebendig rübergebracht werden kann, das zeigt diese Darbietung. Durch die etwas seltsame Frage »Kann ein Gottesdienst in der Wüste stattfinden?« macht er neugierig. Dabei versteht Jürgen Koerver es, spirituell gehaltvolle Aussagen in elegante Verse zu packen, so dass man ihm gerne zuhört.

Die Darbietung ist so gedacht, dass die einzelnen Verse des Chorführers jeweils von allen nachgesprochen und damit verinnerlicht werden.

Erzähler: Ein Gottesdienst findet meistens statt
in einer Kirche. – Wenn man eine hat!
Hat man sie nicht, geht's allemal
zum Beispiel im Gemeindesaal.
Auch dient schon mal ein Klassenzimmer –
in einer Scheune ist's schon schlimmer.
Zur Not nahm hin und wieder auch
ein Kino man mal in Gebrauch.

Kurz: Es ist klar: Es hängt ja kaum
der Gottesdienst ab von dem Raum;
vielmehr, es kann an jedem Ort
verkündet werden Gottes Wort.

Wenn allerdings, wie einst geschehen,
von all dem *gar nichts* ist zu sehen
wenn weder Raum, Stub', Zimmer, Saal –
wenn sozusagen alles kahl:
nur öde Wüste ringsumher
und diese Wüste menschenleer –
dann allerdings sagt man zu Recht:
Hier Gottesdienst? Das geht wohl schlecht!

Wer überhaupt, ein jeder fragt,
hat Gottesdienst *hier* angesagt?

Ihr ratet's nicht! – Es wird berichtet:
Gott selber hat das angerichtet!
Gott selber hat sich's vorgenommen:
es soll zum Gottesdienst hier kommen!

Er hat's Philippus, dem Pastor,
auf seine Art gesagt ins Ohr:
»Geh in die Wüste, warte dort, –
und dann verkündige mein Wort!
Und klingst für dich auch noch so dumm:
Geh hin – sag's Evangelium!«

Gehorsam der Philippus geht
und schließlich an dem Wege steht,
der von Jerusalem der Stadt
die Richtung Süd, zum Nilfluss hat.
Hier Gottesdienst? Kein Mensch zu sehn!
Doch der Philippus, der bleibt stehn.

Da! – Plötzlich hört man Räderknarren
und schon erscheint entfernt ein Karren.
Und als der Karren näher holpert,
Philippus ihm entgegen stolpert
und hört – traut seinen Ohren nicht! –,
dass auf dem Wagen jemand spricht ...

Chorführer: Versteh ich nicht! Versteh ich nicht!

Chorführer: Was mag Jesaja hier wohl meinen?

Chorführer: Versteh ich nicht! – Es ist zum Weinen!

Erzähler: Philippus denkt: Der Mann versteht
nicht, was geschrieben der Prophet?

Nun ja, der Mann hat schwarze Haut,
der so betrübt ins Buch reinschaut.
Kommt offenbar aus fernem Land,
ist mit der Schrift nicht so bekannt.
Nun ja – ich mach mal 'nen Versuch ...

Chorführer: Ich werd nicht schlau aus diesem Buch!

Chorführer: »Zur Schlachtbank ging er ganz geduldig ...

Chorführer: Er opfert sich – und ist unschuldig ...«

Erzähler: »Verzeiht!«, hört man Philippus sagen
und geht jetzt neben seinem Wagen. –
»Mein Herr, verzeiht mein dreistes Wesen:
Verstehen Sie, was Sie da lesen?«

Chorführer: Nein, leider muss ich sagen: Nein!

Chorführer: Verstehst du es, dann steige ein!

Chorführer Erklär du mir, was soll das sein?

Erzähler: Philippus, derart eingeladen
besteigt des schwarzen Mannes Wagen
und setzt sich und beginnt zu sagen:
»Nun, lieber Herr aus Afrika,
wir lesen, was geschrieben da,
in diesem Buche vom Prophet
und was ihr bisher nicht versteht:

Er ist als wie ein Schaf geführt
zur Schlachtbank. – Wie ein Lamm ganz still
vor seinem Scherer ist, so tat den Mund
er nimmer auf. Gerechtes Urteil ward
ihm nicht zuteil. Und so wurde er
dahingerafft aus dieser Welt.«

Chorführer: Ich frag mich, was soll das bedeuten?

Chorführer: Spricht er von sich? Von anderen Leuten?

Chorführer: Wer ist's, der sich so hingegeben?

Erzähler: Erinnert euch! – Wir dachten eben,
dass in der öden Wüstenei
ein Gottesdienst unmöglich sei ...
Jetzt sehn wir: schon hat er begonnen!

Philippus hat's nicht lang besonnen.
Er kann dem fremden Mann bekennen:
»Ich muss dir einen Namen nennen,
der über alle Namen ist:
es ist der Name ›Jesus Christ‹
Von ihm im Spruch die Rede ist!

Ihn gab uns Gott als Mensch zur Erde,
damit er unser Heiland werde.
Er sagt uns, dass Gott Sünder liebt
und ihnen ihre Schuld vergibt.
Doch er fand Glauben nicht bei allen.
So ließ er sich am Schluss gefallen,
ein unrecht' Urteil zu erleiden,
und dann am Kreuze zu verscheiden.

Doch Gott sagt Ja zu Jesus Christ
und macht, dass er erstanden ist
vom Tod. – So spricht Gott *den* gerecht,
der glaubt an Jesus, Gottes Knecht.«

Chorführer: Auch mich, der ich ein schwarzer Mann?

Chorführer: Auch mich sieht Gott jetzt gnädig an?

Chorführer: Wenn ich ihm glaube – dann auch mich?

Erzähler:	Philippus spricht: »Gott meint auch dich!
	Auch du darfst Gottes Kind nun sein!
	Er lädt durch mich dich herzlich ein,
	ein neues Leben zu erreichen!«
Chorführer:	Gibt es dafür ein sichtbar' Zeichen?
Chorführer:	Kannst du mir's zeigen, dass Gott liebt?
Erzähler:	»Als Zeichen es die Taufe gibt!
	Ich tauche dich in Wasser ein
	als wie in Gott – und du bist sein!
	Zuvor jedoch möcht ich erfahren:
	Hast du den Glauben auch, den wahren?
	Und was du glaubst, kannst du's bekennen?«
Chorführer:	Nur Jesus ist der Herr zu nennen!
Erzähler:	Der Wüstengottesdienst – er neigt sich
	dem Ende zu, denn alsbald zeigt sich
	in 'ner Oase Wasser reichlich.
	Und hier geschieht's. Zu dieser Stund
	nimmt Gott den Mann in seinen Bund,
	verspricht: »Ich kenn dich, Mensch, beim Namen,
	bist nun erlöst und mein und Amen!«
	Ein Segenswunsch, ein kurzer Gruß –
	und mit dem Gottesdienst ist Schluss.
	Philippus, der Pastor, verschwindet.
	Der schwarze Mann allein sich findet,
	und so auf sich gestellt – er spricht:
Chorführer:	Gott liebt mich, Bessres gibt es nicht.
Chorführer:	Ich bleib bei ihm – so oder so. –
Chorführer:	Zieh meine Straße und bin froh!

Erzähler: Der schwarze Mann besteigt den Wagen,
fährt heimwärts. – Und wir können sagen:

Der Gottesdienst (wie hierzulande)
verlief – trotz Wüste – nicht im Sande ...

Und dass das auch bei uns geschieht,
erbitten wir mit unserm Lied:

»Erhalt uns, Herr, bei deinem Wort;
erhalt uns, Herr, bei deinem Wort;
erhalt uns, Herr, bei deinem Wort.«

Aufruhr in Ephesus

Eine Erzählung mit Sprechchören
zu Apostelgeschichte 19, 23–40

Dies ist weniger eine Erzählung als vielmehr eine Art Spiel mit zwei Chören (und dementsprechend zwei Chorführern) sowie drei Einzelspielern. Einen »Erzähler« gibt es nicht.

Ich stelle mir vor, dass die Gesamt(kinder)gemeinde in zwei Gruppen (linke Bankreihen / rechte Bankreihen) geteilt wird – nämlich die »Christen« und die »Leute« (= Silberschmiede usw.) in Ephesus. In jeder Gruppe ist der entsprechende Chorführer (der singen können sollte!).

Vor den »Christen« steht Paulus, vor den »Leuten« der Demetrius. Der »Oberbürgermeister« tritt erst gegen Ende auf und stellt sich dann auch vor die »Leute«.

Das Lied der »Christen« – man muss es nicht im Kanon singen! – ist möglicherweise ein bisschen schwierig und sollte daher von den »Christen« vorab gelernt werden (so was macht man am besten in der Hinführung oder Einleitung). Der Song der »Leute« ist so einfach, dass man nicht viel daran üben muss. – Die beiden Melodien klingen natürlich harmonisch, vorausgesetzt, die »Leute« setzen mit ihrem Song bei :1., 2. oder 3. des »Christen«-Liedes ein. (J.K.)

Lied der Christen

Groß	ist	Je - sus	Christ,	der	Sohn	
Got - tes	ist!	Groß	ist	Je - sus	Christ!	

Paulus: *(hält in der geballten Faust eine Dianafigur)*
Ratet, Freunde, was ich habe:
Silber ist's – 'nen Finger lang –
innen hohl – zwei Drachmen das Stück ...
Jedermann in Ephesus
hat's auf der Kommode stehen,

auf dem Nachttisch, in der Küche,
staubt es täglich einmal ab ...
Ratet, Freunde, was ich hab!

Christen: Die Diana, die Diana!

Paulus: Richtig!
In der Hand hab ich Diana,
eure vielgepries'ne Göttin,
die in eurer schönen Stadt
einen großen Tempel hat.
Dies hier ist zwar nur ein kleines
Abbild der verehrten Göttin
– 'ne Figur aus Silberguss –,
doch ihr meint, selbst so ein kleines
Bild der Göttin in der Wohnung
bringe Glück und Segen euch ...
oder um den Hals am Bande
würd vor Unglück sie beschützen ...
die Figur am Eselskarren,
mit 'nem Nagel festgehämmert,
würd' im Fall von Unfall nützen ...!
Ja, ihr glaubt daran – ich wette –,
Hilfe käm durch Amulette!
Glaubt ihr! Ha! Dass ich nicht lache!

Christen: Die Diana, die bringt Segen!

Paulus: Ja – von wegen!
Freunde! Die Diana-Göttin
bringt euch keinen Segen ein!
Wenn aus Holz ihr oder Stein,
wenn aus Silber oder Gold
ihr euch Götterbildchen macht,
unser Gott im Himmel lacht
über solche Albernheiten!
Hohl wie dieses Silberding
ist der ganze Götterglaube!

Einer nur ist Herr und Meister,
einer nur kann euch erretten,
einer nur ist's, der euch liebt,
einer nur, der Leben gibt:
Der Gott, der durch Jesus Christ
unser aller Vater ist.
Drum: das Ding aus Silberguss
heut noch in den Abfall muss,
Christen ihr in Ephesus!

Christen: Mit Diana ist jetzt Schluss!

Paulus: Groß ist Jesus Christ allein!
Darum kommt und stimmt mit ein
in das Lied, das ich euch singe:

Christen: *(singen)* »Groß ist Jesus Christ, der ...«
(Lied wird einstimmig oder im Kanon mehrfach gesungen. Paulus gibt das Schlusszeichen und setzt sich.)

Demetrius: Freunde! – Hier in Ephesus
macht ein Paulus viel Verdruss!
Denkt nur: Ohne jede Scheu
predigt er mit frechem Munde
in den Häusern, auf den Gassen
– ach, ich kann's noch gar nicht fassen! –,
predigt unverschämterweise,
unsre vielgeliebte Göttin,
die Diana, die verehrte,
die uns soviel Glück bescherte –,
die Diana sei – ein Nichts!

Leute: Groß ist die Diana von E-phe-sus !

Demetrius: Ja, ihr sagt es, liebe Freunde!
Groß muss man die Göttin nennen,
denn wie groß ist doch ihr Segen
– grad für uns, die Silberschmiede!

Täglich hämmern wir Figuren
der Verehrten oder gießen
Bildnisse der Hochgelobten
mal aus Gold und mal aus Silber,
auch aus Kupfer oder Blei.
Und die kunstvoll hergestellten
Bilder unsrer lieben Göttin
bieten wir zum Kaufe dann
denen, die im Orte wohnen
oder die aus fernen Zonen
uns besuchen, teuer an. –
So bringt unsre Göttin uns allen Überfluss …

Leute: Groß ist die Diana von E-phe-sus!

Demetrius: Doch nun seht, ihr lieben Freunde:
Dieser Paulus geht umher
und macht das Geschäft kaputt!
Predigt, unsre liebe Göttin
sei ein Nichts und tauge nichts!
Stellt euch vor: Man glaubt dem Burschen
und verachtet unsre Bilder,
kauft nicht mehr, was wir gemacht –
dann, Kollegen: gute Nacht!
Wenn die Göttin nichts mehr gilt,
gilt auch bald nichts mehr ihr Bild! –
Werdet ihr gern arbeitslos?

Leute: Die Diana – sie ist groß!

Demetrius: Groß ist die Diana! – Klar!
Aber leider ist's auch wahr,
dass der Paulus und die Christen
frechweg ihren neuen Glauben
unter alle Leute tragen!
Und schon hört man allerwegen,
von Diana käm kein Segen …

Leute: Groß ist die Diana von E-phe-sus!

Demetrius: Ja! – Und diesen guten Spruch
            hört man jetzt nicht oft genug.
            Darum wär es besser, fänd ich:
            Wiederholt den Spruch beständig!

Leute: Groß ist die Diana von E-phe-sus!

Demetrius: Auf zur Demonstration!
            Weg, wer uns nimmt weg den Lohn!
            Ephesus, wir kommen schon!

Leute: Groß ist die Diana von E-phe-sus ...
            (geht über in Gesang:)

Groß   ist   die   Di - a - na   von   E - phe - sus!

(Nachdem die »Leute« ihren Gesang mehrfach wiederholt haben, fallen die »Christen« auf ein Zeichen des Paulus mit ihrem Lied ein. – Schließlich gibt Paulus das Zeichen zum Schluss.)

Christen: Hörst du, Paulus, wie sie schrei'n?

Paulus: Oh gewiss, ich hör ihr Brüllen!
            Ob sie wissen, was sie sprechen?
            Angst hat sie gepackt und Wut,
            ihre Göttin könnt verschwinden,
            könnt von Ephesus entweichen,
            weil der eine Herr und Gott
            in der Stadt jetzt Einzug hält!
            Obendrein: es geht ums Geld,
            das man mit Dianas Bild
            hier hat haufenweis' erzielt ...

Leute: Groß ist die Diana von E-phe-sus!

Christen: Hör – sie schreien immer lauter!

Leute: Groß ist die Diana von E-phe-sus!

Christen: Oh – sie werden immer wilder!

Paulus: Ha – jetzt seh ich hier durchs Fenster:
Gajus ist in ihren Händen,
Aristarchus ist daneben –
zwei von unsern besten Leuten,
die an Jesus Christus glauben!
Freunde: zwei von unsern Brüdern
hat die wild geword'ne Masse
sich gegriffen ... Hab Erbarmen,
Herr, errette diese Armen!

Christen: *(singen)* »Groß ist Jesus Christ, der ...«

Paulus: Betet, Freunde, und bekennt,
den, den euren Herrn ihr nennt!
Bittet auch für mich! – Ich laufe
schnell hinab, dass ich sie rette
aus der Hand des wilden Volkes! ...

Christen: Bleibe, Paulus, geh nicht fort!

Paulus: Ich muss zu den Leuten sprechen!

Christen: Keiner hört jetzt auf dein Wort!

Paulus: Gott wird ihre Wut zerbrechen!

Christen: Sie sind rasend! Das gibt Mord!

Leute: *(singen)* »Groß ist die Diana ...«

Christen: *(fallen ein)* »Groß ist Jesus Christ, der ...«

Oberbürgermeister:

(tritt vor die »Leute« und winkt zum Schluss des Liedes)

Ruhe, Leute, werdet still,
weil ich etwas sagen will!
Hört: Als Oberbürgermeister
sag ich: Stürzt doch nicht kopfheister
euch ins Unglück durch Geschrei
und Getümmel! – Unsre Stadt
freilich die Diana hat,
welche unser Ephesus
macht zu einem Hochgenuss
für Touristen. Und der Name
ist genügend an Reklame.
Nicht Geschrei, wie ihr es macht!
Wenn hier etwas vorgebracht
von Bedeutung, dann bezicht' er
den Beklagten vor dem Richter!
Klagt mir durch Geschreie nicht –
klagt vorm Oberstadtgericht!
Das ist Rat – und ist Beschluss!

Leute: Groß ist die Diana von E-phe-sus!

Paulus: Herr, dein Name sei gepriesen,
dass du gnädig sandtest diesen
klugen und verständ'gen Mann,
der die Masse bänd'gen kann!
Nun gib deiner Christgemeinde,
dass sie sich nicht schaffe Feinde,
sondern durch Geduld und Treue
regen Zulaufs sich erfreue,
dass sie bete, pred'ge, lehre
und in Frieden, Herr, dich ehre,
der du Herr der Herren bist!

Christen: *(singen)* »Groß ist Jesus Christ, der ...«

Geschichten von Herrn J.

Die Entstehungsgeschichte: Eines Tages übergab mir ein Kollege einen Film-karton, wie ihn die Verleihstellen benutzen; er sollte am nächsten Tag bei mir abgeholt werden. Ich war neugierig, was für ein Film darin sei und stellte fest: »... und schloss von innen fest zu«. Ich hatte schon von diesem Film gehört – und da es mir noch an einer Idee für den am nächsten Morgen zu haltenden Grundschulgottesdienst mangelte, entschloss ich mich kurzer-hand, diesen Film zu zeigen.

Nach vorgeführtem Film ergab sich ein angeregtes Gespräch mit den Kin-dern, und ich bekam Lust, in den folgenden Schulgottesdiensten noch bei diesem Thema zu bleiben. Und so entstanden die »Geschichten von Herrn J«. Da nicht jeder den Film kennt oder sich ansehen kann, erzähle ich im 1. Kapitel den Inhalt des Films nach. (J.K.)

In Irgendwo, der kleinen Stadt

Also, da ist das kleine Städtchen Irgendwo. Ein entzückendes Städtchen mit Mauern und Toren, mit einer kleinen alten Kirche und einem Rathaus, mit einer Schule und vielen hübschen Häusern.

Und mitten in der Stadt Irgendwo ist das Gasthaus mit Namen »Zur Heimat«. So steht es mit großen Buchstaben über der Tür. Dieses Gasthaus gehört den Weißen. Eben hat der Wirt ein Schild hingestellt: »Gäste herzlich willkommen!«

Und da kommt auch schon einer durchs Stadttor, ein schwarzer Mann. Er geht durch die Straßen, und schließlich findet er, was er sucht: das Gasthaus.

Der Wirt und seine Frau stehen am Fenster und sehen ihn kommen, den Schwarzen. Der Wirt und seine Frau sehen sich an und schütteln den Kopf.

Dann macht der Wirt die Tür zu und schließt von innen ab.

Der Schwarze klopft. Nichts passiert.

Er geht wieder. Er sieht nur noch, wie der Wirt jetzt heraus-kommt und das Schild »Gäste herzlich willkommen« umdreht.

Und jetzt steht da: »Schwarze Gäste nicht willkommen!«

Aha, denkt der Schwarze.

Er bleibt in der Stadt, weil es ihm da gut gefällt. Er findet einen freien Platz, ein Grundstück gleich neben dem Gasthaus, und baut darauf ein eigenes Haus. Und als es fertig ist, da errichtet er aus den übriggebliebenen Steinen eine hohe Mauer zwischen seinem Haus und dem Gasthaus »Zur Heimat«.

Später kommen andere Schwarze in die Stadt. Sie ziehen alle in das schwarze Haus an der Mauer zum Gasthaus.

Nicht lange danach kommt ein Roter in die Stadt Irgendwo. Auch er geht zum Gasthaus, um da unterzukommen. Aber der Wirt hat ihn schon kommen sehen. Schnell hat er die Gasthaustür verschlossen. Er steht hinter dem Fenster und schüttelt den Kopf. Nein, soll das heißen, rote Leute will ich nicht in meinem Haus haben.

Traurig geht der Rote weg. Aber auch er bleibt in der Stadt Irgendwo, weil es ihm da gefällt. Auch er kauft sich ein Grundstück. Es liegt gleich neben dem Gasthaus. Er baut ein Haus, und als es fertig ist, zieht er eine Mauer zwischen seinem Haus und dem Gasthaus »Zur Heimat«.

Später kommen noch mehr Rote und sie alle wohnen bei ihm.

Und wieder wartet der Wirt auf Gäste.

Da kommt ein Grüner daher.

»Grün?«, denkt der Wirt. »Auf keinen Fall! Wie kann man nur grün sein?« Rasch schließt er die Gasthaustür. Und dann geschieht das Gleiche wie vorher ...

Nach kurzer Zeit stehen drei Häuser um das Gasthaus herum und drei Mauern.

Schließlich kommt ein Gelber in die Stadt. Auch für ihn ist das Gasthaus geschlossen. Gelbe Leute wollen der Wirt und seine Frau nicht. Gelbe Leute sollen sein Haus nicht betreten.

Ja – und da baut der Gelbe auch ein Haus, genau auf das eine Grundstück, das noch auf der einen Seite des Gasthauses frei ist. Und auch der Gelbe zieht eine Mauer zwischen sich und dem Gasthaus.

Und als der Wirt eines Tages vor die Tür seines Gasthauses tritt, da ist er ringsum von Mauern umgeben. Vorn, hinten, links und rechts – alles zu um sein Haus.

Und er und seine Frau gehen durch ihr leeres Haus, von leerem Zimmer zu leerem Zimmer. Nichts regt sich, keine Menschenseele außer ihnen beiden ist da ...

Sie haben die anderen nicht gewollt: die Schwarzen nicht, die Roten, die Grünen, die Gelben nicht.

Jetzt sind sie allein – hinter verschlossenen Türen.

Schließlich kommen die beiden vor einen Spiegel zu stehen und schauen hinein. Und sie sehen – sich selber und sehen: Wir sind weiß, wie die anderen schwarz oder rot oder gelb oder grün sind. Das ist der einzige Unterschied.

Nur ein bisschen Farbe unterscheidet uns, sonst nichts. – Aber diese Erkenntnis kommt zu spät.

Sie leben hinter Mauern, einsam und ausgeschlossen von den anderen, weil sie die anderen ausgeschlossen haben.

Und die anderen – wie leben die?

Herr J. kommt nach Irgendwo

Eines Tages zog wieder jemand Neues in die Stadt, wo die weißen, die schwarzen, die roten, gelben und grünen Leute in ihren Häusern lebten. Das war Herr J.

Er zog in das zufällig leerstehende Pfarrhaus neben der Kirche. Herr J. war weder rot noch grün, weder schwarz noch weiß; er hatte eine sozusagen allgemeine Hautfarbe.

Das war natürlich verdächtig und aufregend für die Stadtbewohner. Aber da Herr J. nichts Böses tat, als eben da zu wohnen, konnten die Leute nicht mehr, als über ihn zu reden. Und das taten sie kräftig. Im übrigen war Herr J. sehr freundlich und besuchte nach und nach die Leute im Städtchen.

Rein zufällig kam er zuerst zum grünen Haus und traf Grete Grün an. Sie unterhielten sich sehr nett. Und Herr J. sagte: »Sie stammen aus Grünland?« »Ja«, sagte Grete Grün, »da kommen wir her. Ach, wir haben's schwer gehabt, hier in der Stadt Fuß zu fassen. Im Gasthaus nahmen sie uns nicht auf, diese widerlichen Weißheimers. Na, und da zogen wir eben einen Zaun zwischen ihnen und uns, und später die Mauer und bauten uns unser Häuschen. Und seitdem leben wir hier. Uns gefällt es hier sehr gut.«

»Wenn«, fuhr Frau Grün fort, »wenn bloß nebenan nicht die Rotenhäuser wohnten! Die Rotenhäuser, wissen Sie, die gehen einem auf die Nerven! Die sind alle so laut, und alle singen und musizieren sozusagen von morgens bis abends. Und immer bei offenem Fenster. ›O sole mio‹ tönt es aus dem einen Fenster, und aus dem anderen kommt Klaviermusik. Und wenn die Frau Rotenhäuser Wäsche aufhängt, singt sie ›Robert, wir fahr'n nach Lodsch!‹ Oh, wenn sie's nur täten!«

»Mein Mann«, beschloss Grete Grün ihre Rede, »mein Mann hat schon gesagt: ›Eines Tages nehme ich ein Hackebeil und bringe sie um, diese kreischende Bande.‹«

Ein paar Tage später kam Herr J. zu den Rotenhäusers ins Haus. Er traf Robert Rotenhäuser an, der gerade Gitarre spielte.

»Nett, dass Sie kommen, Herr J.«, sagte Robert Rotenhäuser, »und Sie stören gar nicht, nein. Aber wenn Sie Zeit haben, dann gehen Sie doch auch mal zu den Grüns und versuchen Sie, denen mal so nebenbei deutlich zu machen, dass wir Nachbarn es auf die Dauer einfach nicht ertragen können, dass ihre Hühner dauernd rumgackern und ihre Hähne kreischen und ihr Hund bellt und ihre Katzen Nächte lang auf den Dächern jaulen. Nichts gegen Tiere! Aber es geht einem auf die Nerven! Und ich habe schon zu meiner Frau gesagt: ›Eines Tages dreh ich den Biestern die Hälse um – und den Grüns dazu!‹«

»Und Ihre Musik? Glauben Sie, die stört nicht?«, fragte Herr J.

»Musik ist schön!«, sagte Robert Rotenhäuser. »Musik ist Ausdruck des Guten im Menschen. Tiere stören. – Aber nicht nur das! Auch die Gelbmanns nebenan – kennen Sie die? Da auf der anderen Seite? Wenn Sie dahin kommen – ha! Fassen Sie nichts an, rutschen Sie nicht aus im Flur! Die müssen nämlich einfach, die müssen einfach in Butter und Margarine und Öl schwimmen! Ja wirklich, wir wissen das! Da stinkt es ewig nach irgendwelchem Fett.

Reibekuchen, Kroketten, Pommes frites und alle diese fettigen Sachen – und dann diese Imbissstube, diese Pommes–Bude, aus der es immer stinkt, e-kel-haft! Das hält kein Mensch auf die Dauer aus! Ich habe schon mal zu meiner Frau gesagt: ›Eines Tages leg ich denen eine Bombe in ihre Fettbude – was meinst du, was das in unserer Stadt für Fettflecken gibt, wenn deren Ölpötte in die Luft gehen.«

»Und was ist mit den Weißheimers und ihrem Gasthaus jenseits der Mauer?«, fragte Herr J.

»Die«, sagte Robert Rotenhäuser, »die sind für uns erledigt. Begraben. Die haben uns nicht aufgenommen, als wir in die Stadt kamen. – Aus für uns! – Leben die überhaupt noch?«

»Ich weiß nicht«, sagte Herr J., »ich werde wohl mal nachgucken müssen.«

Herr J. ging weiter. Er kam in das Haus der Gelbmanns.

Es war gar nicht schmierig und fettig, aber es roch in der Tat sehr nach Öl und dergleichen.

Frau Gertrud Gelbmann machte gerade Pommes frites. Durch das offenstehende Fenster hörte man »Kikeriki« und »Miau« und »Hoch auf dem gelben Wagen« mit Gitarre und »Wau-wau« und das Harfenkonzert in e-moll von Ruth Rotenhäuser. Dazu quiekte ein Schwein aus dem Stall der Grüns.

In Frau Gelbmanns Topf brutzelten die Pommes frites. Aber trotzdem hörte man aus dem Haus der Familie Schwarz einen keuchend-bellenden Husten.

»Sie werden uns noch alle anstecken, die Schwarzbachs!«, sagte Frau Gelbmann zu Herrn J. »Alle, alle sind sie krank! Sie husten und schnupfen und spucken und – ach, ewig sind sie krank! Und unsere Kinder holen sich bestimmt was bei denen! Man sollte diese Schwarzbachs alle zusammen in ein Krankenhaus stecken – oder gleich auf dem Friedhof ansiedeln. Da können sie wenigstens kein Unheil anrichten!«

»Vielleicht sind sie unterernährt?«, sagte Herr J. »Vielleicht sollten Sie mal ein paar Portionen Pommes frites rüberschicken oder sonst etwas Nahrhaftes, damit die wieder zu Kräften kommen!«

Frau Gelbmann sah Herrn J. entgeistert an. »Was haben Sie denn mit denen zu tun?«, fragte sie, »mit dieser kranken Bande? Sollen wir uns anstecken? Wenn die was essen wollen oder müssen, sollen sie doch ins Wirtshaus gehen, falls sie es sich leisten können!«

»Aber das Gasthaus ist doch zugemauert«, sagte Herr J. »Sie haben doch auch an der Mauer mitgearbeitet, oder?«

»Natürlich!«, sagte Gertrud Gelbmann. »Alle haben an der Mauer gebaut! Sie wissen ja, wie die Weißheimers zu uns gewesen sind! Da haben wir sie zugemauert.«

»Die Mauer muss weg!«, sagte Herr J. »Ich werde die Mauer abtragen.«

»Na, dann viel Vergnügen«, sagte Frau Gelbmann, »da werden Sie aber ganz nett Krach kriegen mit den Nachbarn! Da laden Sie sich aber einiges auf den Rücken, Herr J.«, sagte sie.

»Ja«, sagte Herr J., »das muss ich wohl auf mich nehmen!«

Und Herr J. ging, um zu überlegen, wie man die Mauer, die vielen Mauern, abtragen könnte. Er wusste, er würde der Leidtragende sein.

Herr J. als Brückenbauer

Ja, und dann, eines Morgens, hingen überall Plakate aus. Genau gesagt waren es große handgeschriebene Zettel. Sie waren mit Reißbrettstiften an die Bäume geheftet oder mit Leim an die Litfasssäulen, Laternenpfähle, Telefonhäuschen und an die Mauer um Weißheimers Gasthaus geklebt. Auf den Plakaten stand immer wieder was anderes, zum Beispiel:

Lasst uns aus Mauersteinen
Brücken bauen!

oder

Wer mit mir reißt hier Mauern ein,
der soll mir sehr willkommen sein!

oder

Lasst die Mauern doch verschwinden,
miteinander uns verbinden!

Solche und ähnliche Sprüche standen da. Die Leute lasen sie und schüttelten die Köpfe. »Wer hat denn diesen Unsinn gemacht?«, fragten sie. »Sicher irgendein Dummkopf, der nicht weiß, wie die Weißheimers sind und was sie uns angetan haben! – Und im Übrigen haben wir unsere Probleme!«, sagten sie und gingen in ihre Häuser. –

Auch Grete Grün wollte gerade in ihr Haus, als Herr J. daherkam.

»Guten Tag, Frau Grün!«, sagte er. »Was ich fragen wollte: Sie haben doch auch eine Kuh, nicht wahr? Kann man bei Ihnen Milch haben?«

»Aber sicher«, sagte Frau Grün. »Wieviel soll's denn sein?«

»Zwei Liter«, sagte Herr J. »Und wenn es geht: zwei Pfund Schweinefleisch – haben Sie doch auch, oder?«

»Aber ja!«, sagte Frau Grün. »Ich wusste gar nicht, dass Sie eine so große Familie haben ...«

»Doch«, sagte Herr J., »ich habe eine sehr, sehr große Familie.«

»Und die wohnen alle bei Ihnen in dem kleinen Haus neben der Kirche?«

»Nein«, sagte Herr J., »die wohnen überall in der Stadt.«

»Ach so!«, sagte Frau Grün. »Und – sagen Sie mal, was sind Sie eigentlich von Beruf, Herr J.?«

»Ich bin Mauereinreißer und Brückenbauer«, sagte Herr J. »Kann ich morgen wieder zwei Liter Milch und zwei Pfund Schweinefleisch haben?«

»Gewiss«, sagte Frau Grün, »ich schreib's dann an und Sie bezahlen es später.«

»Ja, ist recht«, sagte Herr J. und ging.

Aber er ging bloß um die Ecke. Er klopfte an die Tür von Schwarzenbachs. Es dauerte eine Weile. Dann näherte sich langsam jemand der Tür und eine schwache Stimme fragte von drinnen: »Wer ist denn da? Wir haben alle den Keuchhusten, Opa hat Lungenentzündung und Siegfried dazu noch Mumps. Ich selber kann mich kaum auf den Beinen halten ...«

»Machen Sie nur mal die Tür auf«, rief Herr J., »und nehmen Sie das hier entgegen. Das wird Ihnen helfen!«

»Wer wird uns schon helfen?«, sagte die Stimme im Haus, schob aber den Riegel zurück und öffnete die Tür.

»Hier«, sagte Herr J., »Milch und Schweinefleisch – nehmen Sie – es wird Ihnen gut tun!«

Die schwarze Frau war ganz verwirrt und stammelte irgendwas. Aber dann nahm sie die Dinge entgegen, murmelte »Danke« und »Ach, wie herrlich!« und »So etwas haben wir lange nicht gehabt!« ...

Herr J. ging. –

Und von da an ging er jeden Tag zu Frau Grün, holte Milch und Fleisch und manchmal ein paar Eier und trug sie zu Schwarzenbachs.

Und eines Tages öffnete nicht Frau Schwarzenbach, sondern der Siegfried, der Keuchhusten und Mumps gehabt hatte.

»Ich bin wieder gesund!«, sagte er. »Und Opa geht es auch viel besser. Danke für die Milch und das Fleisch. Das hat uns sehr geholfen!«

»Das ist ja schön«, sagte Herr J., »du solltest ein bisschen mit mir an die frische Luft kommen!«

»Gern«, sagte Siegfried und kam vor die Tür zu Herrn J. »Wohin gehen wir?«

»Zu Frau Grün!«, sagte Herr J.

»Zu der?«, fragte Siegfried misstrauisch.

»Ja«, sagte Herr J., »ich will dich ihr zeigen, damit sie sehen kann, wie ihre Milch und ihr Fleisch dir geholfen haben.«

Zögernd ging Siegfried mit.

Als sie um die Ecke bogen, sagte Herr J.: »Ach bitte, komm, steig doch mal auf meine Schultern, so wie Huckepack!«

Siegfried tat es verwundert. – Herr J. ging mit ihm an die Mauer um Weißheimers Gasthaus.

»Guck mal rüber!«, sagte Herr J., »was siehst du?«

»Der alte Weißheimer geht um sein Gasthaus rum«, sagte Siegfried.

»Und wie sieht er aus?«, fragte Herr J.

»Weiß und traurig«, sagte Siegfried.

»Dann ruf ihm doch ›Guten Tag‹ zu«, bat Herr J.

»Neieiein!«, schrie Siegfried. »Das tu ich nicht, das tu ich nicht, das tu ich nicht! Den verdammten Weißheimers sag ich nicht«, schrie er, »Guten Tag.«

Und dazu strampelte er mit den Beinen und Füßen. Und er stieß dabei gegen die Mauer. Wahrscheinlich waren einige Steine schon etwas locker. Jedenfalls – rums! rums! – fielen ein paar Steine herunter. Sie krachten Herrn J. vor die Füße. Einer fiel ihm sogar direkt auf den rechten Fuß und einer schlug ihm gegen das Schienbein.

»Au!«, schrie Herr J.

»Oh, das tut mir leid«, rief Siegfried und sprang so rasch es ging von Herrn J.'s Schultern. »Das hab ich nicht gewollt!«, sagte er.

»Macht nichts«, sagte Herr J., »ist jedenfalls ein hübsches Loch!«

»Ja, ich seh's – es blutet aus dem Schienbein«, sagte Siegfried bekümmert.

»In der Mauer!«, rief Herr J., »In der Mauer ist ein Loch! Du hast ein Loch in die Mauer gemacht! Großartig!«

»Aber nun komm!«, sagte Herr J., »nimm ein paar von den Steinen; wir tragen sie zu Frau Grün. Damit kann sie ihren Schweinestall ausbessern, der hat's nötig!«

Siegfried nahm ein paar Steine; Herr J. nahm auch welche und humpelte mit Siegfried zum grünen Haus.

Frau Grün war entsetzt, dass Herr J. so humpelte, aber noch entsetzter war sie über den schwarzen Jungen.

»Lassen Sie ihn«, sagte Herr J., »er gehört zu meiner Familie, und er wollte sich bloß für die Milch und das Fleisch bedanken und dass er wieder gesund ist, dank Ihrer Gaben, Frau Grün!«

»Meine Milch hat er zu den Schwarzenbachs getragen!«, stöhnte Frau Grün erschüttert. »Ausgerechnet zu denen! – Und wer bezahlt das alles?«, fragte sie.

»Ich«, sagte Herr J., »ich bezahle. Hier sind zum Beispiel Steine für Ihren Schweinestall. Gute Mauersteine! Sie sind sozusagen zufällig da aus der Mauer gefallen, unter anderem auf mein Schienbein ...«

»Setzen Sie sich«, sagte Frau Grün. Und dann, nach einer Pause: »Du auch, Schwarzer. Ich bring euch ein Glas Milch.«

Und sie brachte die Milch und sie tranken und redeten miteinander, die Frau Grün und der Herr J. Und irgendwann wandte sich Frau Grün auch mit ein paar freundlichen Worten an den schwarzen Siegfried.

Und dann fragte Siegfried: »Darf ich ... darf ich die Kuh füttern?«

Frau Grün lächelte. »Na gut«, sagte sie, »geh. Aber nur zwei Arme Heu!«

Und zu Herrn J. sagte sie: »Es ist ja schließlich sozusagen auch seine Kuh, nicht wahr? Ihre Milch hat ihn ja gesund gemacht.«

Herr J. lächelte und nickte.

»Genau genommen waren Sie es natürlich, Sie haben's ja hinübergebracht!«, sagte Frau Grün.

Herr J. lächelte und zwinkerte ihr vergnügt zu.

»Aber«, sagte Grete Grün und lehnte sich vertraulich über den Tisch, »was ich sagen wollte: Sie sind das mit den Plakaten, oder?«

Herr J .lächelte und nickte.

»Dann«, verkündete Grete Grün, »dann sehe ich schwarz für Sie, Herr J.!« »Da mögen Sie wohl recht haben«, sagte Herr J. und lächelte nicht mehr.

»Aber«, fuhr Herr J. fort, »wo Sie gerade ›Schwarz‹ sagen: Ob Sie wohl noch mal zwei Liter Milch und zwei Pfund Schweinefleisch für Schwarzenbachs haben ...?«

»Sie sind mir ein richtiger Schwarz-Händler und gar kein Brückenbauer!«, lachte Frau Grün.

»In diesem Falle ist es dasselbe!«, sagte Herr J., und beide lachten schallend.

Die gebratene Geige und der fliegende Topf

Nachdem Herr J. lange genug gelacht hatte, ging er hinaus, um zu sehen, was Siegfried machte. Und er guckte ihm zu, wie er die Kuh fütterte. Aber nicht nur er guckte. Aus Rotenhäusers Garten guckten auch zwei über den Zaun. Das waren Roswitha Rotenhäuser und ihr Bruder Rüdiger.

»Guck bloß mal«, sagte Rüdiger sehr laut, »sieh dir das an, Roswitha: So 'n verdammter Schwarzer füttert die verdammte Kuh von diesen verdammten Grüns!«

Siegfried zuckte zusammen und schaute hilfesuchend nach Herrn J. Der aber sagte: »Na, wollt ihr auch die Kuh füttern? Dann kommt doch rüber!«

»Aber Herr J.!«, sagte Grete Grün entsetzt. »Das sind doch ... das sind doch ...« – »Das sind auch welche von meiner Familie!«, sagte Herr J.

»Wenn du da rüber gehst, dann sag ich's der Mama!«, schrie Rüdiger. Herr J. fragte: »Roswitha, wie ist es?«

Roswitha sagte leise: »Ich möchte schon, aber der Zaun hier, der Zaun ..., über den komm ich nicht rüber ...«

»Wir helfen dir«, sagte Herr J. »Komm, Siegfried, pack mal mit an!«

Da, wo der Zaun zwischen Grüns und Rotenhäusers an der Mauer um Weißheimers Gasthaus befestigt war, kletterte Roswitha hoch. »Gleich hab ich's geschafft!«, keuchte sie. Aber dann machte es Rums! Krach! Rumpeldipumpel! Bum!

Frau Grün schrie: »Mein schöner Zaun!« Roswitha schrie: »Hilfe!« und Siegfried schrie: »Vorsicht! Steine, Herr J.!«

Und dann war's passiert: Der Zaun, der schon ein bisschen verrostet war, ging kaputt. Und da, wo er an der Mauer befestigt war, riss er sich los. Und dabei lösten sich gleich ein Dutzend Steine aus der Mauer und krachten herunter. Einer traf Herrn J. am Arm, riss ihm den Ärmel und den Arm auf. Und Siegfried heulte: »Mein Fuß, mein Fuß!« und hüpfte herum. Die Hühner waren in eine Ecke des Hofes unter empörtem Tucktucktucktoooch davon gestoben und sahen sich das seltsame Schauspiel mit schräggestellten Köpfen an. Und der Hahn war vor Schreck in die falsche Richtung geflattert. Er saß in dem großen Loch in der Mauer und schrie erbost: »Kikeriki!«

Das war das Zeichen für Frau Grün: Sie stürzte an Herrn J., Siegfried und Roswitha vorbei auf den Hahn im Mauerloch zu, um ihn zu packen. Aber bevor sie ihn greifen konnte, flatterte er – flappflappflapp – durch die Mauer in den Hof der Weißheimers.

»Mein Hahn, mein Hahn!«, rief Frau Grün schluchzend und beugte sich durch das Mauerloch.

Herr J. sagte: »Der kommt schon wieder, Frau Grün!« Aber Frau Grün drehte sich um und schüttelte den Kopf. »Sie füttert ihn!«, flüsterte sie erschüttert. »Sie füttert ihn schon!«

»Wer?« fragte Herr J.

»Die Weißheimerin!«, sagte Frau Grün. »Sie füttert meinen Hahn. Und ... und ...«

»Kikeriki!«, schrie der Hahn.

»Und?« forschte Herr J.

»Und die Weißheimerin ... die Weißheimerin hat mir ... hat mir zugewinkt«, sagte Frau Grün.

Da lachte Herr J. und dachte: »Na, das ist ja großartig.«

Frau Grün aber schlurfte kopfschüttelnd davon. –

Herr J. hatte derweil gar nicht mehr auf die Kinder geachtet. Als er sich ihnen jetzt wieder zuwandte, sah er sie emsig hantieren. Sie hatten den Zaun ein Stück weit auf die Seite geräumt und legten die Steine aus der Mauer nebeneinander auf den Boden. »Was macht ihr denn da?«, fragte Herr J.

»Wir machen so was wie einen Plattenweg von hier nach da, damit man besser hierher gehen kann«, sagte Roswitha. »Wenn ich hierher komme, um der Frau Grün beim Hühnerfüttern zu helfen, dann kann ich besser ...«

»Komm sofort nach Hause!«, schrie in diesem Augenblick Robert Rotenhäuser.

»Wir kommen!«, rief Herr J. zurück und ging voran über den soeben erbauten Weg in Rotenhäusers Garten. Siegfried und Roswitha kamen hinterher. Und da stand auch schon Robert Rotenhäuser.

In der einen Hand hielt er seine Geige wie eine Keule und in der anderen Hand den Geigenbogen wie eine Lanze. Und er sah überhaupt sehr angriffslustig aus.

»Raus!«, schrie er. »Raus!«, brüllte er mit hochrotem Kopf. »Sie da und dieser Schwarze da, raus! Runter von meinem Grundstück!« Und dazu schwang er die Geige bedrohlich über sich und es sah aus, als wolle er sie Herrn J. auf den Kopf hauen.

Aber dazu kam es nicht.

Irgendwie hatte Robert Rotenhäuser seine Geige nicht richtig gepackt oder den Griff gelockert. Jedenfalls flog sie plötzlich davon, sauste über die kleine Mauer, die zwischen Rotenhäusers und Gelbmanns gezogen war, und verschwand im offenstehenden Fenster von Frau Gelbmanns Küche. Dann zischte es gewaltig, man hörte einen markerschütternden Schrei, und dann erschien Frau Gelbmann wutentbrannt am Fenster und kreischte: »Was fällt Ihnen ein, Ihre verdammte Geige in meinen Pommes-frites-Topf zu werfen?« Und dann schleuderte sie die fetttriefende Geige aus dem Fenster. Sie krachte gegen die Mauer. Und Sekunden später flog ein schwerer Eisentopf hinterdrein. Und Frau Gelbmann schrie: »Alles verdorben! Das bezahlen Sie! Oder der Herr J.!«

Und der Topf krachte gegen die Mauer zwischen den Grundstücken, Pommes frites wirbelten durch die Luft, Öl spritzte ... Und weil der schwere Eisentopf wie eine Bombe daherfuhr, riss er ein ziemlich großes Loch in die Mauer zwischen Gelbmanns und Rotenhäusers – ein Loch fast so groß wie eine Gartentür.

Das ging alles in Sekundenschnelle vor sich. Und zuerst standen sie alle mit offenem Mund da.

Dann aber fingen die Roswitha und der Siegfried und schließlich der Herr J. schallend zu lachen an; denn das war ja in der Tat sehr komisch: die gebratene Geige und der fliegende Topf ...!

Nur Robert Rotenhäuser fand das gar nicht komisch.

»Raus!«, schrie er wieder. »Schert euch weg!«, brüllte er und hob den Geigenstock.

»Kommt«, sagte Herr J. Und sie flüchteten schnell durch die Mauerlücke zu Frau Gelbmann ins Haus. –

Drinnen saß Frau Gelbmann auf einem Küchenstuhl und rang nach Atem. Und dabei liefen ihr Tränen die Backen hinunter.

»Nein, so etwas Komisches!«, stieß sie keuchend hervor, »gebratene Geige – gebratene Geige! Nein, ist das komisch! Wie das gebrutzelt hat!«

»Sie sind also nicht böse?«, fragte Herr J.

»Ach was«, sagte Frau Gelbmann. »Der Topf war sowieso nichts mehr wert. Und das Öl war auch nicht mehr so richtig gut. Nein, ich bin nicht böse darüber.«

»Mein Vater ist sehr wütend!«, sagte Roswitha Rotenhäuser. »Er wird bestimmt irgendwas Schlimmes tun, Herr J.«

»Ja«, sagte Herr J., »ich fürchte auch, dass noch was passiert ...«

»Und Sie werden bestimmt der Leidtragende sein, Herr J.«, sagte Frau Gelbmann leise.

»Sie mit Ihrem Mauern-Abtragen und so. Sie leben gefährlich! Passen Sie nur auf, dass da nicht mal so eine Mauer auf Sie fällt, Herr J., und Sie erschlägt!«

»Das würde mich nicht wundern«, sagte Herr J. sehr ernst. Und die Kinder schauten ihn erschrocken an.

Im Auftrage und zu Ehren von Herrn J.

Keine Frage: Zunächst hatte Herr J. einige Freunde gewonnen: die Frau Grün, den Siegfried, die Roswitha Rotenhäuser und die Frau Gelbmann und noch einige andere, die ich hier nicht weiter erwähnen will.

Aber er hatte eben auch Feinde, z. B. Robert Rotenhäuser. Der ging sogar hin und mauerte die Lücke in dem Mäuerchen zu

Gelbmanns wieder zu und machte noch Stacheldraht obendrauf. Und der Roswitha verbot er strengstens, sich mit Herrn J. sehen zu lassen. Sie konnte also nur manchmal und heimlich Herrn J. »Guten Tag« sagen oder ihm verstohlen aus dem Fenster zuwinken.

Aber auch sonst machte sich Herr J. Feinde, weil er immer wieder auf die Mauer um Weißheimers Gasthaus hinwies. Und das mochten die Leute gar nicht; denn damit erinnerte er sie an ein Unrecht, an das sie nicht erinnert werden wollten.

An den Anblick der Mauer hatten sie sich so gewöhnt, dass sie ihnen ganz natürlich und wie selbstverständlich vorkam. Auch hatten sie Bäume und Sträucher davor gepflanzt, Rosen rankten daran hoch. Einige Leute hatten Haken für die Wäscheleine darin eingeschlagen und fanden die Mauer nützlich. Und Gelbmanns Kinder hatten ein Korbballgestell daran befestigt.

So hatte man also in der Stadt irgendwo die Mauer sozusagen in Vergessenheit geraten lassen – bis eben Herr J. kam und an sie erinnerte. Und damit machte er sich – wie gesagt – viele Feinde. Eines Tages zum Beispiel kam Herr J. zu Schwarzenbachs und fand den wieder zu Gesundheit und Kräften gekommenen Opa im Garten.

»Ha!«, rief der, »nett, dass Sie kommen, Herr J.! Da können Sie mir gleich helfen. Ich streiche die Mauer blau an, da kann man sie an schönen Tagen wie heute nicht vom Himmel unterscheiden, hahahaha! Kommen Sie, machen Sie mit!«

»Ich finde das gar nicht so komisch!«, sagte Herr J. »Und im Übrigen: Auch eine himmelblaue Mauer bleibt eine Mauer und wirft ihren Schatten. Man sollte sie wegreißen – dann kann man nämlich wirklich den Himmel sehen!«

»Kommt gar nicht in Frage!«, schrie Opa Schwarzenbach wütend. »Ich verbitte mir solche Vorschläge! Ja, da merkt man, dass Sie nicht von hier sind und keine Ahnung von der Vergangenheit haben, was wir mit denen da erlebt haben. Und überhaupt«, schrie er, »Leute wie Sie gehören nicht hierher. Sie stören. Sie verbreiten Unruhe und sind darum fehl am Platz!« Und er drehte Herrn J. zornig den Rücken und klatschte himmelblaue Farbe auf die Mauer.

»Ein Feind mehr!«, dachte Herr J. und ging traurig davon.

Unterwegs sah er die Plakate. Sie hingen immer noch da, aber waren in Fetzen gerissen. Einige lagen so, wie die Leute sie heruntergerissen hatten, im Schmutz, und einige waren überhaupt ganz verschwunden. Einmal – fiel Herrn J. dabei ein – einmal hatte er sogar Siegfried erwischt, wie der ein Plakat von einer Hauswand wegriss. Als Herr J. fragte: »Aber warum das denn, Siegfried?«, sagte der: »Ach, Herr J., ich will Ihnen doch bloß Ärger ersparen, darum mach ich das weg!« – »Glaubst du mir nicht, dass man die Mauer wegmachen kann?«, fragte Herr J. Aber Siegfried zuckte bloß mit den Schultern, sagte: »Weiß nicht«, und trollte sich. – Auch Herr J. ging traurig weiter. Wie uneinsichtig waren doch die Leute! Verstanden sie denn gar nicht, was er wollte?

Und dann kam jene stürmische Nacht, an die man sich noch lange erinnerte. Schon am Nachmittag blies der Wind ziemlich stark, später heulte er um die Häuserecken und fegte alles Bewegliche vor sich hin.

Die Leute in den Häusern waren unruhig. Sie zankten sich wegen Kleinigkeiten, und da und dort gab es Ohrfeigen aus nichtigen Anlässen.

Auch Robert Rotenhäuser war geladen, wie man so sagt, und regte sich wegen geringfügiger Dinge auf. Er schaute hinaus in den Abend, und da sah er Herrn J. und Siegfried und Frau Grün, wie sie sich durch den Sturm kämpften, um zu Frau Gelbmann zu kommen.

»Diese verdammte Bande!«, schimpfte er, »dieser dreimal verfluchte Herr J. Man sollte ihn ... sollte ihn und seine ganze Bande ... Immer hocken sie in Gelbmann's Bude! Ah, der werd ich doch noch eine Bombe in ihre dreckigen Fetttöpfe werfen ... und den Herrn J. gleich hinterher. Dann sind wir ihn los!«

Später setzte ein Gewitter ein. Blitze zuckten und zackten über den Himmel, Donner krachten über der Stadt.

Die Leute bekamen Angst. Manche murmelten was von »Weltuntergang« und »Jüngstes Gericht«, machten die Augen zu, wenn es blitzte und zogen den Kopf ein, wenn es krachte. Andere zogen die Bettdecke über die Ohren und versuchten zu schlafen; aber es wurde nur ein sehr unruhiger Schlaf.

Was dann im Einzelnen in dieser schrecklichen Nacht geschah, ist nicht mehr genau festzustellen. Das Gewitter tobte die ganze Nacht, es blitzte und krachte unentwegt, der Sturm heulte, und der Regen stürzte nur so vom Himmel ...

Aber dann brach ein schöner, strahlend heller Sonnentag an. Die Vögel zwitscherten und die Sonne schien freundlich – wie das ja manchmal nach einem Gewitter ist.

»Ah, es wird schön heute!«, riefen die Leute, als sie endlich aus dem Schlaf erwachten. »Ein richtiger Sonntag wird das heute, herrlich!«

Und sie warfen die Bettdecken weg und schwangen die Beine aus dem Bett, rissen die Vorhänge weg, machten die Fenster auf, und ...

Opa Schwarzenbach rieb sich zuerst mal die Augen – und dann noch einmal, so als ob er sagen wollte: »Ich seh wohl nicht recht.« Und Ruth Rotenhäuser rief: »Robert, komm mal schnell her! Das ... das darf doch nicht wahr sein!«

Und Rüdiger Rotenhäuser stand schon im Garten und rief seiner Mutter zu: »Habt ihr schon gesehen?«

Und ja – das mussten ja alle sofort sehen, und alle Nachbarn sahen es; die Grüns, die Rotenhäusers, die Schwarzenbachs und die Gelbmanns, alle sahen es aus mehr oder weniger verschlafenen Augen:

Die große Mauer um Weißheimers Gasthaus war größtenteils eingestürzt, zerfallen, umgekippt, in sich zusammengesunken. Die Hühner von Frau Grün gackerten fröhlich auf den Überresten herum.

Der Gasthof war von allen Seiten zu sehen; wenn man über die Mauerreste stieg, konnte man gut an ihn heran. – Herr Weißheimer war gerade dabei, mit einem großen Besen den Schutt ein bisschen beiseite zu fegen. Und Frau Gelbmann sagte zu Frau Weißheimer: »Keine Sorge, das mit dem Abendessen, das kriegen wir zwei schon hin!«

»Was für ein Abendessen?«, fragte Robert Rotenhäuser seine Frau.

»Na, lies doch, was da steht!«, sagte Frau Ruth.

Und da stand – für alle roten und schwarzen, gelben und grünen Nachbarn gut lesbar, auf Schildern, die gegen die Wände des Gasthauses gelehnt waren, da stand:

Wir laden Sie alle herzlich ein
in unseren soeben eröffneten Gasthof

»Zur neuen Heimat«

FESTLICHES ABENDESSEN
im Auftrage und zu Ehren von Herrn J.

Um es kurz zu machen:

Nicht alle Leute folgten der Einladung, nein, nicht alle. Einige versuchten sogar, noch am gleichen Tage die Mauer wieder aufzubauen ...

Aber es waren eben doch viele, die eigentlich ganz froh waren, dass die Mauer endlich gefallen war. Dass sie weg war. Sie atmeten sozusagen auf.

Und es waren darum eine ganze Menge, die sich am Abend in den Gasthof »Zur neuen Heimat« drängten, sich zu Tisch setzten und sich bewirten ließen.

Und dann war es, glaube ich, Frau Grün, die als erste fragte: »Wo ist eigentlich Herr J.? Er müsste doch eigentlich jetzt hier unter uns sein, oder?«

»Ja«, riefen die Nachbarn, »ganz richtig: er müsste doch jetzt wirklich hier unter uns sein!«

Da stand Siegfried auf und sagte: »Ist er ja auch! Er ist doch unter uns!«

»Wo denn?«, riefen die Roten und die Schwarzen, die Grünen und die Gelben und die Weißen, die da nebeneinander saßen. Und sie schauten sich suchend um und überall hin und sahen sich dann gegenseitig fragend an.

Und als sie sich so gegenseitig ins Gesicht sahen – da im Gasthaus »Zur neuen Heimat« – da sahen sie ihn. Und sie gaben sich beglückt die Hand und sagten: »Gott sei Dank! Herr J. ist wirklich mitten unter uns!«

Zwischen Kunst, Kabarett und Kirchenordnung

Auszug aus der Rede von Herrn Landeskirchenrat Dr. Engels bei der Trauerfeier für Landespfarrer Jürgen Koerver im Jahr 1994

»Und sie brachten Kinder zu ihm, damit er sie anrühre. Die Jünger aber fuhren sie an. Als es aber Jesus sah, wurde er unwillig und sprach zu ihnen: Lasst die Kinder zu mir kommen und wehret ihnen nicht, denn ihnen gehört das Reich Gottes.« (Mk 10,13–14)

Von dieser Unbedingtheit, von diesem hohen Anspruch, mit dem Jesus die Kinder behandelt, schätzt, schützt und beschenkt, hat Jürgen Koerver Entscheidendes gelernt. Und unwillig werden, um der Sache der Kinder willen, – das konnte er freilich auch, aber ebenso witzig, überzeugend, geistvoll, lebendig! ...

Gerne erinnern wir uns an den schönen 12. Rheinischen Kindergottesdiensthelfertag am Himmelfahrtstag 1993 zu Bad Kreuznach mit den vielen fröhlichen jungen Menschen, die mitzudenken, zu feiern und auf die biblische Botschaft zu hören verstanden. Der Helfertag, dessen Einrichtung im wesentlichen ja Jürgen Koervers Initiative zu verdanken ist, erscheint als ein Zeichen der Hoffnung für unsere landeskirchliche Arbeit an und mit der kommenden Generation.

Kurz danach – es ist ja kein Dreivierteljahr her – wählte und probte er den Ruhestand. Nun geht sein über dreißigjähriger pastoraler Dienst in unserer Evangelischen Kirche im Rheinland zu Ende, der uns geprägt hat, dem er umgekehrt Originalität und Vielseitigkeit seiner eigenen Gaben hat zugute kommen lassen: Ein sehr eigenständiger Weg zwischen Kunst, Kabarett und Kirchenordnung!

Wie gut, dass Jürgen Koerver bei seinen vielen Möglichkeiten und nach reiflichen Überlegungen 1952 doch mit dem Studium der Theologie begann. Die Gemeinde Bad Neuenahr erlebte er danach als besondere Ausbildungszeit während seines Vikariates ...

Es folgte die Zeit als Hilfsprediger und zugleich Verwalter der zweiten Pfarrstelle in Düsseldorf-Urdenbach. Hier wurde er im Advent 1962 auch ordiniert und als Gemeindepfarrer gewählt. Nach fast fünfzehnjährigem Dienst in dieser Gemeinde berief die Kirchenleitung ihn zum Landespfarrer für Kindergottesdienstarbeit, eine weise Entscheidung! Die Einrichtung dieser Landespfarrstelle erfolgte erstmalig: die Kirchenleitung wollte damit auf die Notwendigkeit einer intensiveren Arbeit der Rheinischen Kirche an und mit Kindern, insbesondere im Bereich des Kindergottesdienstes, aufmerksam machen und zugleich alle in der Kindergottesdienstarbeit Tätigen ermutigen, fördern, korrigieren und sammeln. Diese Aufgabe hat nichts von ihrer Aktualität eingebüßt.

Es erscheint als eine für die Evangelische Kirche im Rheinland besonders glückliche Entscheidung, dass er sich 1977 zum ersten Inhaber dieser Landespfarrstelle hat berufen lassen. Fast sechzehn Jahre hat er diesen Dienst ausgeübt, der ungezählten haupt-, neben- und ehrenamtlichen Mitarbeitern kreative Anregungen und Modellangebote für die Arbeit mit Kindern vermittelt hat. Sein Rat und seine Erfahrungen sind sowohl in landeskirchlichen, kreissynodalen und gemeindlichen Gremien als auch über den Bereich der Evangelischen Kirche im Rheinland hinaus geschätzt.

Als einer, der selber über zwanzig Jahre lang mit Jürgen Koerver hat zusammenarbeiten dürfen, in der Arbeit mit Kindern in ganz verschiedenen Zusammenhängen und Aufgabenstellungen, fühle ich mich als Beschenkter – und erinnere mich mit Freude und Respekt seiner Phantasie, seiner Gewitztheit, seiner Kritik, seiner Beharrlichkeit und seiner Ermutigung. Doch: jede und jeder hier kann eine ähnlich gute Geschichte mit ihm erzählen.

Für allen treuen Dienst, den er in der reichhaltigen Verkündigung des kindgemäßen Wortes Gottes versehen hat, insbesondere durch seine sehr sensible, sehr kompromisslose Bedachtsamkeit auf das Wort unseres Herrn, der den Kindern das Reich Gottes zuspricht, möchten wir unserem Gott herzlich danken. Bei unserer pastoralen Arbeit von »Erfolg« zu reden, erscheint nicht angemessen. Darum ist es gut, dass wir die Summe unserer Bemühungen unserem Herrn zurückgeben dürfen, der uns beauftragt hat und uns zugleich in seiner Gnade und Treue trägt ...